Cartografias para a ficção científica mundial

cinema e literatura

Cartografias para a ficção científica mundial

cinema e literatura

Alfredo Suppia (Org.)

alameda

Grafia atualizada segundo o Acordo Ortográfico da Língua Portuguesa de 1990, que entrou em vigor no Brasil em 2009.

Edição: Haroldo Ceravolo Sereza
Editora assistente: Camila Hama
Projeto gráfico, capa e diagramação: Cristina Terada Tamada
Revisão: Andressa Neves
Assistente acadêmica: Bruna Marques
Assistente de produção: Jean Ricardo Freitas
Imagem da capa: <freepik.com>

Este livro foi publicado com o apoio da Unicamp e da Capes.

CIP-BRASIL. CATALOGAÇÃO NA PUBLICAÇÃO
SINDICATO NACIONAL DOS EDITORES DE LIVROS, RJ

C316

Cartografias para a ficção científica mundial: cinema e literatura
Organização: Alfredo Suppia. - 1. ed.
São Paulo: Alameda, 2015.

320 p.; 23 cm.

Inclui bibliografia
ISBN 978-85-7939-356-3

1. Filmes de ficção científica - História e crítica. I. Suppia, Alfredo.

15-26967 CDD: 791.4375
CDU: 791

ALAMEDA CASA EDITORIAL
Rua 13 de Maio, 353 - Bela Vista
CEP 01327-000 - São Paulo, SP
Tel. (11) 3012-2403
www.alamedaeditorial.com.br

Para minha mãe, Dolores.

SUMÁRIO

APRESENTAÇÃO

Por Alfredo Suppia

Para além das *space operas* com seus reinos intergalácticos, heróis apolíneos salvando princesas em perigo, espaçonaves reluzentes e muitos tiros de raio laser, a ficção científica é hoje um gênero multifacetado, heterogêneo e universal, talvez um dos mais complexos "modos de expressão e comportamento" que extrapolam as fronteiras de um gênero textual específico, estendendo-se por uma variedade de mídias (a literatura, o cinema, a televisão, o teatro, o videogame, etc.) e confundindo-se, muitas vezes, com a própria agenda contemporânea (na biomedicina, na exploração espacial, no aparato de estado, na guerra e em outros momentos do assim chamado "mundo histórico").

Na literatura, as origens da ficção científica são geralmente localizadas na esteira das revoluções científica e industrial do final do século XVIII e início do XIX - ou mesmo antes, na sátira menipeia e na literatura utópica europeia de autores como Johannes Kepler, Thomas More, Francis Bacon, Jonathan Swift, Voltaire e Cyrano de Bergerac, entre outros. Nesse contexto, *Frankenstein, ou O Prometeu Moderno (Frankenstein, or The Modern Prometheus)*, romance de 1808 de Mary Wollstonecraft Shelley, costuma ser apontado como obra seminal da ficção científica enquanto gênero emergente na modernidade. Desde então, alguns dos mais influentes autores da literatura ocidental se aventuraram pelo *romain scientifique* ou *scientific romance,* dentre eles Edgar Allan Poe, Robert Louis Stevenson, Jules Verne e Herbert George Wells. Mas o termo *science fiction,* traduzido aproximadamente para o português como ficção científica, embora ocasionalmente utilizado no século XIX, só se cristaliza no mercado editorial e no âmbito da crítica especializada com o trabalho de Hugo Gernsback. Editor e escritor americano de origem luxemburguesa, Gernsback lançou em 1926 a primeira *pulp magazine* dedicada a histórias de ficção científica em sua concepção mais moderna e contemporânea: *Amazing Stories*. Nessa publicação, Gernsback cunhou o termo *scientifiction* (cientificção), que depois viria a se transformar em *science fiction* (ficção científica). Desde a segunda década do século XX, o gênero se espalhou e se diversificou em diversos países do mundo. Ainda nos EUA, com o editor Joseph Campbell Jr. à frente da revista *Astounding Stories*, o gênero ganhava novo impulso, laureado por uma geração "de ouro" de autores como Isaac Asimov, Arthur C. Clarke e Ray Bradburry - num momento em que as fronteiras erguidas entre alta e baixa cultura, e mesmo literatura de gênero e *mainstream* já davam claros sinais de desgaste.

No cinema, a ficção científica constitui um gênero mais propriamente consolidado a partir da segunda metade do século XX, sobretudo após o *boom* de produção no cinema americano dos anos 1950. Desde então, o cinema de ficção científica tem sido um dos mais rentáveis da indústria audiovisual, vitrine para a vanguarda da tecnologia cinematográfica (estereoscopia e *computer-generated imagery*, por exemplo) e, em sua forma expandida (a da ficção especulativa, ou *science fiction and fantasy*), responsável por 9 entre os 10 maiores sucessos de bilheteria no mundo. Mas o cinema de ficção científica não se restringe ao espetáculo visual dirigido a públicos globais; foi e continua sendo campo de experiências no que diz respeito a novas formas de "estranhamento cognitivo" e *sense of wonder* baseado em exercícios intelectivos. Não apenas a indústria cinematográfica tida como hegemônica, mas também cineastas-autores mundialmente reconhecidos têm contribuído para a história da ficção científica audiovisual, aventurando-se na semântica e sintaxe do gênero em suas filmografias – lembremos aqui de Fritz Lang, Chris Marker, Jean-Luc Godard, Stanley Kubrick, Andrei Tarkovsky, Hiroshi Teshigahara, Andrei Zulawski, Alexander Kluge, Piotr Szulkin, Werner Herzog, Wim Wenders, Hugo Santiago, David Cronenberg e David Lynch, entre muitos outros - além dos brasileiros Nélson Pereira dos Santos e Walter Lima Jr.

Esta coletânea de ensaios sobre cinema e literatura visa preencher uma lacuna na bibliografia em língua portuguesa sobre os estudos da ficção científica, campo em expansão no âmbito acadêmico e dos mercados editorial e audiovisual brasileiros. Trata-se de uma seleção de ensaios, alguns originais, outros previamente publicados em alguns dos mais prestigiados periódicos acadêmicos dedicados aos estudos da ficção científica. Os textos aqui reproduzidos se oferecem como cartografias compactadas num pequeno atlas introdutório aos estudos da ficção científica em suas manifestações literária e audiovisual, visando principalmente o leitor e pesquisador brasileiro. A coletânea cobre os dois hemisférios do planeta sob uma perspectiva global e inclusiva, sem sugerir nenhuma hierarquia geopolítica ou valorativa, nem oposições binárias como centro *versus* periferia. Assim, filmografias e literaturas das mais diversas regiões do globo são investigadas por especialistas em literatura, cinema e audiovisual, muitos deles com formação acadêmica voltada às respectivas culturas onde tais objetos de estudo foram produzidos.

Abre a coletânea o ensaio de Barry Keith Grant, "Ansiedade digital e o novo cinema *verité* de horror e ficção científica". Grant traça uma genealogia crítica com foco sobre apropriações estéticas e entroncamentos entre a ficção especulativa (ficção científica, fantasia e horror) e o documentário cinematográfico, remontando a visionários dessa tendência, como o cineasta britânico Peter Watkins. Autor de *Film Genre: From Iconography to Ideology* (London and New York: Wallflower Press, 2007), *Invasion of the Body Snatchers* (London: British Film Institute/Palgrave Macmillan, 2010) e *100 Science Fiction Films* (London: British Film Institute/Palgrave Macmillan, 2013), entre outras obras, Grant denomina "novo cinema verité de horror e ficção científica" toda uma produção recente ou contemporânea, no âmbito do cinema fantástico, que dialoga com tradições documentárias - como a estilística do cinema *verité* americano e francês, o *found footage* (filme de arquivo) e, em larga medida, o *mockumentary* (pseudo-documentário). São filmes autorais, independentes e de baixo orçamento, alguns obtendo altíssima rentabilidade, de maneira que sua fórmula foi logo cooptada pelos grandes estúdios.

Em "A Pátria-Terra e o Outro: 2001, Solaris e Eolomea em diálogo", Sonja Fritzsche investiga possíveis relações entre os filmes de Stanley Kubrick, Andrei Tarkovski e Hermann Zschoche enquanto artefatos culturais representativos das tensões sociais e geopolíticas à época de suas respectivas estreias, e mesmo após. Fritszche identifica convergências estéticas e discursivas, bem como divergências particularmente significativas, a partir de uma releitura dos filmes que extrai observações de caráter mais geral relativas a seus respectivos países de origem, ou seja, Estados Unidos, União Soviética e Alemanha Oriental (EUA, URSS e RDA).

Em "No espaço ninguém pode ouvir seus gritos: ficção científica, horror e viagens interplanetárias", Lúcio Piedade oferece um panorama comentado das transposições cinematográficas da literatura gótica e do próprio cinema de horror para o *locus* ficcional do espaço profundo. Valendo-se de vasto conhecimento cinéfilo, o autor propõe releituras "arejadas" de personagens como vampiros e extraterrestres, tendo como pano de fundo não apenas a paranoia nuclear da Guerra Fria e da "ameaça comunista", mas também o período que sucedeu a queda do muro de Berlim.

Inspirado em canção de David Bowie, Lúcio Reis Filho procede a uma releitura do longa-metragem seminal de George A. Romero em *Impermanência entusiasta: A Noite dos Mortos-Vivos e os sangrentos espasmos dos anos 60*. A abordagem de Reis Filho, misto de análise fílmica e historiográfica, reinsere *A Noite dos Mortos-Vivos* no contexto mais amplo da Guerra Fria, do Vietnã e da luta pelas liberdades civis nos EUA da segunda metade do século XX.

Ainda no âmbito do hemisfério norte, porém ao leste da Europa, Eva Näripea busca subsídios na teoria *queer* para investigar três filmes de ficção científica da era soviética no ensaio "Queerizando gêneros? De mulheres, homens e alienígenas no cinema de ficção científica do Leste Europeu". Os filmes investigados são o tchecoslovaco *The End of August at the Hotel Ozone* (*Konec srpna v hotelu Ozón*, 1966), de Jan Schmidt, o estoniano *Dead Mountaineer Hotel* (*Hukkunud Alpinisti hotell*, 1979), de Grigori Kromanov, e o polonês *Sexmission* (*Seksmisja*, 1983), de Juliusz Machulski.[1] Segundo Näripea, essas produções se destacam por seus retratos de identidades genérico-sexuais difusas, os quais, cada qual à sua maneira, surgem para divergir da norma heterossexual. É de interesse de Näripea compreender melhor, em cada filme, suas eventuais imagens desviantes da heteronormatividade, bem como a maneira com que suas perspectivas sobre questões de gênero interagem com várias posturas sócio-políticas, tais como críticas à norma comunista, valores do Estado-nação, etc.

Sob uma perspectiva inicialmente marxista, porém alimentada por vetores de pensamento mais contemporâneos e especialmente inspirada pelo conceito foucaultiano de "heterotopia", Ewa Mazierska investiga, em *Entre o passado e o futuro*, Polônia e Japão: heterotopias de Avalon, a co-produção nipo-polonesa dirigida por Mamoru Oshii. Mazierska procura deslindar como o encontro dessas duas culturas – a polonesa e a japonesa - refletiu-se no "corpo" do filme Avalon, e como este foi recepcionado pelo público polonês. Nas palavras da própria autora, seu ensaio é destinado a contribuir para o subcampo dos estudos de cinema conhecido como "cinema transnacional".

Em "Mundos perdidos e (anti)utopia na arqueoficcão", Mariano Martín Rodriguez oferece uma rica e detalhada genealogia (ou arqueologia) do gênero literário conhecido em língua inglesa como *lost-race fiction* ou *lost world romance*, o qual poderíamos chamar em português de *arqueoficção*. Tradição narrativa literária

1 Filmes sem distribuição no Brasil serão aqui referidos por meio de seus títulos internacional e original (N. T.).

com forte impacto sobre o cinema e audiovisual de ficção científica e fantasia, Martín Rodriguez explica que a arqueoficção, enquanto forma literária, alcançou seu apogeu na segunda metade do século XIX e primeira metade do século XX, na esteira da mudança de mentalidades propiciada pela Revolução Industrial.

Em "Uma chave para a ficção científica: revisitando o senso do maravilhoso", o veterano estudioso e crítico literário romeno Cornel Robu defende a ideia de que a ficção científica seja essencialmente uma literatura do sublime, tendo em vista que esse tipo moderno de literatura (mas também cinema, TV e arte gráfica) seria, atualmente, o mais bem equipado e apto a gerar, capturar e comunicar a milenar emoção estética do sublime, expressado especificamente neste ensaio como o "senso do maravilhoso" (*sense of wonder*). O sofisticado ensaio de Robu encerra o bloco dedicado ao hemisfério norte com uma instigante releitura dos potenciais e efeitos estéticos da ficção científica, num modelo de interpretação válido não apenas para a literatura do gênero, mas para todas as manifestações da ficção científica como "macrogênero" ou "modo de expressão" multimidiático.

O bloco de ensaios focados na produção literária e audiovisual do hemisfério sul é aberto por "De volta para o futuro: a expansão da ficção científica latino-americana", no qual Rachel Haywood Ferreira cataloga criticamente a eclosão e desenvolvimento da ficção científica latino-americana, revisitando não apenas obras de literatura, tais como antologias, mas também trabalhos acadêmicos e esforços de pesquisa individual que contribuíram para a consolidação do gênero no continente. Estudiosa destacada no âmbito dos estudos de ficção científica latino-americana, Haywood Ferreira é autora de *The Emergence of Latin American Science Fiction*, publicado pela Wesleyan University Press (2011).

Em seguida, Roberto de Sousa Causo reexamina a crítica especializada e a recepção brasileira à ficção científica nos meios acadêmicos e literários em "Esboço de uma história da crítica de ficção científica no Brasil". Um pouco como Haywood Ferreira, o ensaio de Causo aposta numa dimensão metacrítica geralmente negligenciada por estudos históricos do gênero, mais atentos à produção literária *per se*. Como seu próprio título exprime, o foco do ensaio de Causo é a crítica brasileira de ficção científica, e em sua investigação acabam sendo deslindados, revelados, ou mesmo inferidos, alguns fatores eventualmente elucidativos acerca do estado da ficção científica no Brasil, os entraves a seu desenvolvimento e os preconceitos que pairam sobre o gênero, além de algumas de suas características locais mais dignas de nota. Autor de *Ficção Científica, Fantasia e Horror no Brasil: 1875 a 1950* (Belo Horizonte: Ed UFMG, 2003), Causo é simultaneamente escritor de ficção científica e crítico literário, um dos mais ativos jovens pesquisadores do gênero no país.

Em "Eugenia, a mulher e a política na literatura utópica brasileira (1909-1929)", Mary Elizabeth Ginway aborda criticamente a zona de convergência entre os discursos de representação do feminino, de pureza racial e política, configurada a partir da leitura da literatura utópica brasileira produzida entre 1909 e 1929, notadamente os seguintes títulos: *São Paulo no Anno 2.000* (1909) de Godofredo Emerson Barnsley, *O Reino de Kiato no Paiz da Verdade* (1922) de Rodolpho Theophilo, *O Presidente Negro ou O Choque das Raças* (1926) de Monteiro Lobato, e *Sua Excelência a Presidente no Anno 2.500* (1929) de Adalzira Bittencourt. Autora de *Cultural Myths and Nationhood in the Land of the Future*, publicado pela editora Bucknell (2004) e lançado no Brasil como *Ficção Científica Brasileira: Mitos Culturais e Nacionalidade no País do Futuro* (São Paulo: Devir, 2005), Ginway esclarece em seu ensaio que "[a]o focalizar questões de melhoramento e regeneração do país, as utopias dispõem de conceitos da eugenia, higiene e saneamento com uma visão conservadora, quando não racista, da sociedade brasileira. (...) [S]e considerarmos as utopias a partir do ponto de vista da mulher, podemos traçar uma história paralela ao modernismo oficial, talvez menos rica literariamente, porém culturalmente reveladora".

Em "Raimunda Torres y Quiroga: precursora do fantástico argentino", Carlos Abraham resgata a história do que ele define como um dos episódios mais enigmáticos da literatura argentina, ocorrido entre 1878 e 1884. Abraham explica que, em 1878, uma escritora completamente desconhecida pelo restrito ambiente literário do período, que assinava como Matilde Elena Wuili, começou a publicar contos fantásticos e de horror em diversos periódicos de Buenos Aires, como o diário *El Pueblo Argentino* e os semanários femininos *La Ondina del Plata, La Lira Argentina, El Álbum del Hogar* e *La Alborada Literaria del Plata*. Tais contos, que apresentavam fortes influencias de E. T. A. Hoffmann, de Edgar Allan Poe e do Shakespeare mais obscuro e sangrento, foram reunidos sob o título *Histórias Improváveis* (*Historias Inverosímiles*). A trajetória literária dessa escritora é o objeto de interesse do ensaio de Abraham.

Outro autor argentino que colabora com este volume é Mariano Paz, o qual oferece uma densa e elucidativa varredura do cinema de ficção científica latino-americano em "Ao sul do futuro: panorama do cinema latino-americano de ficção científica". Cotejando sobretudo as cinematografias de México, Argentina e Brasil, sem negligenciar o panorama mais amplo do cinema de ficção científica latino-americano, Paz elabora questões relevantes acerca da eclosão, desenvolvimento e aceitação do gênero no continente, com *insights* pertinentes sobre as relações cinema-história, contextos políticos, inclinações alegóricas e peculiaridades infraestruturais ou da economia do audiovisual de cada país comentado.

O caso específico brasileiro é mais pormenorizado no ensaio de minha autoria, "Sob o signo de Varginha: aparições da ficção científica no cinema brasileiro". Procuro aqui desenvolver uma filmografia comentada, ou ainda uma história crítica resumida, no sentido de introduzir o leitor e eventuais pesquisadores ao campo da ficção científica no cinema brasileiro, terreno muitas vezes negligenciado ou inexplorado, e que julgo merecer estudos mais aprofundados.

Finalmente, encerra a seção de trabalhos relativos ao hemisfério sul o ensaio de Laura Cánepa, "Horror, ficção-científica e tecnologias da comunicação em três filmes brasileiros", pormenorização ainda mais acentuada do fenômeno da ficção especulativa (ficção científica, fantasia e horror) no cinema brasileiro. Cánepa analisa três longas-metragens brasileiros realizados na década de 1970: *O Signo de Escorpião* (1974) de Carlos Coimbra, *Excitação* (1976) de Jean Garrett, e *As Filhas do Fogo* (1978) de Walter Hugo Khouri. Segundo a autora, as respectivas tramas desses filmes trouxeram a fantasia de um retorno violento do passado articulada ao interesse pelas possibilidades de exploração de universos desconhecidos através de tecnologias de comunicação. Cánepa se propõe investigar, por meio da observação de alguns aspectos temáticos dessas obras, como um universo cultural vinculado ao misticismo em torno de vidas passadas ou maldições ancestrais encontrou espaço para se ligar ao imaginário tecnológico, repetindo um fenômeno verificado em várias cinematografias nacionais, mas que teria ganho, no Brasil, algumas características particulares.

Articulados em conjunto, os ensaios aqui publicados oferecem múltiplas vias de acesso ou interfaces introdutórias ao fenômeno ficção científica mundial, com especial atenção à heterogeneidade, polifonia, polimorfismo e mutabilidade inerentes a um gênero de aspiração universal.

ANSIEDADE DIGITAL E O NOVO CINEMA *VERITÉ* DE HORROR E FICÇÃO CIENTÍFICA[1] [2]

Barry Keith Grant

No recente ciclo do que estou chamando de cinema *verité* de horror e de FC (ficção científica), a câmera existe dentro da diegese, em geral com muito da história se descortinando em tempo real, como se estivesse registrando eventos não-ficcionais, assim como na tradição documentária do cinema-verdade (*cinéma-vérité*). Essa câmera, ou câmeras, podem ser manuseadas por um dos personagens, tal como uma equipe televisiva de reportagem no filme espanhol *[REC]* (Jaume Balagueró e Paco Plaza, 2007) ou estudantes de cinema no norueguês *O Caçador de Troll* (*Trolljegeren*, André Øvredal, 2010), ou operadas mecanicamente, como as câmeras de vigilância de *Atividade Paranormal* (*Paranormal Activity*, Oren Peli, EUA, 2009), ou ainda a câmera do painel da viatura de polícia em *Infection* (Albert Pyun, EUA, 2005). Em ambas as variações, ela é sempre motivada e conhecida diegeticamente. Neste ensaio, quero explorar a história desse subgênero do horror e da ficção científica, e especular sobre algumas razões para o recente ciclo de filmes, não apenas de Hollywood, mas também de outras partes do mundo. Além dos já mencionados *[REC]*, *Infection* e *O Caçador de Troll*, filmes nesse grupo incluem, entre outros, *A Bruxa de Blair* (*The Blair Witch Project*, Eduardo

1 Publicado originalmente como "Digital anxiety and the new verité horror and sf film" em *Science Fiction Film and Television*, vol. 6, n. 2, Summer 2013, Liverpool University Press, p. 153-175. Agradecemos os editores de *SFFT*, Sherryl Vint, Mark Bould e Gerry Canavan, por terem autorizado a publicação desta versão traduzida.

2 Texto traduzido do inglês para o português por Gabriel Carneiro e Letizia Osorio Nicoli.

Sánchez e Daniel Myrick, EUA, 1999), *Diário dos Mortos* (*Diary of the Dead*, George A. Romero, EUA, 2007), os demais filmes da série *Atividade Paranormal*, *Filha do Mal* (*The Devil Inside*, William Brent Bell, EUA, 2012) e *Poder sem Limites* (*Chronicle*, Josh Trank, EUA, 2012). eu argumento que a estética realista desses filmes, em combinação com seus elementos fantásticos e assustadores, revela a ansiedade pós-moderna acerca da verdade indexadora da imagem que foi exacerbada pela ubiquidade da tecnologia digital.

Nesses filmes, quase todos lançados na última década, a câmera não é presença invisível ou apagada na narrativa cinematográfica clássica; ao contrário, a presença do aparato fílmico é frequentemente trazida à frente. Em um ponto de *O Caçador de Troll*, por exemplo, sangue jorra na câmera quando um *troll* explode por perto; depois, quando Kalle (Tomas Alf Larsen), o *cameraman*, é morto num ataque de *troll*, a lente da câmera quebra e permanece assim até que outro estudante chegue com um nova lente. Ainda assim, ao mesmo tempo, o cinema *verité* de horror e FC coaduna a identificação do espectador mais com a câmera propriamente do que com qualquer um dos personagens. Em *Diário dos Mortos*, o cinegrafista Jason Creed (Joshua Close) coloca a câmera ainda gravando no chão e aparece no quadro para consolar alguém, apresentando assim a cena a partir de um ponto de vista disponível apenas para a câmera. Similarmente, próximo à conclusão de *[REC]*, Angela (Manuela Velasco) e Pablo (Pablo Rosso) estão na cobertura do apartamento fechado quando um alçapão para o sótão estoura. Para ver o que está lá sem se colocar diretamente em perigo, Pablo tira a câmera de seu ombro e a coloca no sótão, com o objetivo de filmar uma panorâmica de 360º e então trazer a câmera de volta e checar as gravações. Novamente, nesse ponto, claramente estamos vendo o que as lentes da câmera veem, já que nenhum personagem está vendo o que vemos. Enquanto a câmera faz a *pan* e uma das criaturas aparece inesperadamente na escuridão, atacando-a e destruindo sua luz, o espectador tende a se sentir ameaçado.

Se os monstros retratados nesses filmes vão do extraterrestre ao sobrenatural, passando pelo reconhecidamente humano, o estilo desses filmes é notavelmente consistente. Em muitos deles, a narrativa é enquadrada como se a filmagem fosse de alguma forma descoberta após a morte ou o desaparecimento dos que a gravaram, e subsequentemente teria chegado aos cinemas onde podemos assisti-la, incitando alguns a se referirem a esses filmes como horror "*found footage*". No entanto, como espero demonstrar com meus comentários, penso que o termo "*verité*" os descreve mais acuradamente.

O começo do cinema *verité* de horror

Os antecedentes do cinema *verité* de horror podem ser rastreados no passado desde os efeitos realistas *gore* do Grand Guignol, que começou em Paris no final do século XIX. Não coincidentemente, a moda de fotografias de espíritos se desenvolveu durante o mesmo período. Com essas imagens, também conhecidas em seu tempo como "fotografias de sobrevivência evidente", charlatães buscavam convencer os céticos e obter dinheiro dos crentes no além-morte ao mostrar suposta evidência documental que apoiasse suas alegações referentes a visitas de entes queridos mortos (Gettings, 1978, p. 5). As duas formas de cultura popular usaram os meios tecnológicos disponíveis para apresentar o horror na maneira mais realista possível; a segunda talvez revelando uma tensão cultural sobre uma relativamente nova mídia comparável à discutida aqui.

No cinema, o horror (diferentemente da FC, que demorou mais tempo para se desenvolver) tem sido um gênero consistentemente popular quase desde o começo, sendo sujeito de diversos filmes de um só rolo, desde o pioneiro Georges Méliès na virada do século; mas foi *Psicose* (*Psycho*, Alfred Hitchcock, EUA) e *A Tortura do Medo* (*Peeping Tom*, Michael Powell, RU), ambos lançados em 1960, que marcaram uma virada significativa no gênero, para longe do expressionismo afetado do cinema silencioso alemão que teve início com *O Gabinete do Dr. Caligari* (*Das Cabinet des Dr. Caligari*, Robert Wiene, 1920), e do cinema clássico de horror norte-americano definido pela Universal Studios nos anos 1930, direcionado para uma audiência mundial cotidiana mais familiar. Ao invés do exotismo de uma Transilvânia estilizada, *Psicose* é ambientado em escritórios contemporâneos, lojas de ferramentas, concessionárias de carros usados e quartos de motéis com banheiros de porcelana reluzente (completo com instalações sanitárias). O filme situa o lugar do horror no mundo cotidiano do espectador – começando imediatamente com as imagens da abertura de Phoenix, a linha do horizonte do Arizona, a câmera selecionando uma janela em particular e se movendo para ela, aparentemente por acaso, penetrando a cortina fechada e a escuridão do quarto como se o horror prestes a se revelar fosse parte integrante da classe média norte-americana, reprimida pelo seu aparente exterior plácido. Ainda por cima, e crucialmente, tanto *Psicose* quanto *A Tortura do Medo* usam técnicas de câmera subjetiva para encorajar a identificação do espectador com o assassino, uma técnica que seria levada adiante na onda de filmes *slasher* dos anos 1970 e 1980, iniciada pelo sucesso inesperado de bilheteria de *Halloween – A Noite do Terror* (*Halloween*, John Carpenter, EUA, 1978).

Slashers frequentemente usaram técnicas de câmera subjetiva para colocar os espectadores na perspectiva tanto do assassino quanto da vítima, e, como em *Halloween – A Noite do Terror*, também empregaram a ocasional câmera na mão para transmitir uma aprimorada sensação de imediatismo. Esses elementos estilísticos foram largamente responsáveis pelo subsequente debate acerca da moral e das implicações ideológicas dos filmes *slasher* que foi do vilipêndio (Roger Ebert) à valorização na forma do empoderamento das mulheres (Carol Clover). *A Tortura do Medo*, com suas visões periódicas de horror iminente observadas pelo visor da câmera e por binóculos, claramente antecipou o ciclo de *slashers*, assim como o uso mais substancial da perspectiva para diferentes fins no cinema *verité* de horror e FC. Mas enquanto tais filmes podem ser vistos, de certa forma, como predecessores do cinema *verité* de horror, eles são, de qualquer forma, muito diferentes no aspecto do ponto de vista, independentemente de sua fidelidade discutível e inconstante, que permanece com um ou outro personagem, sem distinguir quão mau ele pode ser, não com a câmera propriamente.

Nesse mote, portanto, o primeiro filme do cinema *verité* de horror de fato seja o infame *Holocausto Canibal* (*Cannibal Holocaust*, Ruggero Deodato, Itália, 1980). O filme está enraizado na tradição dos filmes "*mondo*" italianos dos anos 1960 – talvez o primeiro ciclo de falsos documentários (*mockumentary*) -, mas sua estrutura narrativa também o situa no contexto do horror. No filme, antropólogos de Nova York assistem a um material filmado recuperado feito por uma equipe de documentaristas que desapareceu em uma expedição pela floresta amazônica. O filme dentro do filme mostra a jornada da equipe através da floresta e de suas próprias trevas, com um comportamento cada vez mais bárbaro. Para o filme dentro do filme, o diretor italiano Ruggero Deodato empregou uma estética de câmera na mão e também riscou a película para dar um visual mais autêntico. Como se sabe, diversos animais foram mortos no processo e filmados, e as mortes humanas pareciam tão reais que alguns espectadores o confundiram com um filme *snuff*.

Em 1992, o filme belga *Aconteceu Perto da sua Casa* (*C'est arrivé près de chez vous*; Remy Belvaux, André Bonzel e Benoît Poelvoorde), um falso documentário sobre uma equipe fazendo um filme sobre um *serial killer*, do qual eles eventualmente se tornam cúmplices, virou *cult*. O filme consiste na suposta filmagem de uma equipe documentária cujo objeto é Ben (Benoît Poelvoorde), um sujeito charmoso e articulado que também é um *serial killer*. *Aconteceu Perto da sua Casa* é uma piada de humor negro acerca da impossibilidade de cineastas observacionais continuarem imparciais e não envolvidos nos eventos registrados. Os integrantes da equipe acompanham Ben, primeiramente filmando os assassinatos à maneira desapaixonada da "mosca na parede" dos cineastas observacionais, para então ficarem cada vez mais envolvidos como cúmplices, estuprando uma das vítimas de Ben e se livrando do corpo de outra. Ao final do filme, Ben é morto por um assaltante não visto, assim como são o restante da equipe de filmagem, um a um. Quando o personagem do cameraman é morto, a câmera cai no chão registrando a morte do último membro da equipe, o técnico de som direto.

Enquanto esses dois filmes claramente estabeleceram as convenções do cinema *verité* de horror, o filme que providenciou o primeiro ímpeto para o recente ciclo foi *A Bruxa de Blair*. Lançado em 1999, o filme foi produzido com um orçamento incrivelmente baixo, de não mais que US$ 350 mil, e se tornou um enorme sucesso financeiro, rendendo perto de US$ 300 milhões ao redor do mundo. Muito popular, foi largamente parodiado em filmes posteriores, como *A Bruxa de Blair – A Paródia* (*The Bogus Witch Project*, Victor Kargan, EUA, 2000), *The Tony Blair Witch Project* (Mike A. Martinez, EUA, 2000) e *The Bare Wench Project* (Jin Wynorski, EUA, 2000), *A Bruxa de Blair* solidificou a convenção da narrativa através da câmera diegética e, como *Canibal Holocausto*, da explicação do filme como material encontrado (*found footage*), produzido por cinegrafistas que desapareceram. Conforme os letreiros de abertura de *A Bruxa de Blair* nos dizem, "Em outubro de 1994, três estudantes de cinema desapareceram na floresta próxima a Burkittsville, Maryland, enquanto filmavam um documentário. Um ano depois, suas filmagens foram encontradas". O filme que vemos é, em tese, a filmagem feita pelos três estudantes, retratando sua busca pela lendária bruxa de Blair e sua viagem caótica pela floresta, onde eles se perderam e eventualmente desapareceram.

O cinema *verité* de horror e FC

Meu termo "cinema *verité* de horror e FC" se refere, claro, ao estilo específico do documentário observacional conhecido como cinema direto.[3] O

3 Aqui o autor não faz distinção entre os estilos, escolas ou eventuais movimentos cinematográficos do cinema direto e do *cinéma-vérité*. O primeiro, geralmente associado ao estilo "mosca-na-parede", da câmera supostamente não-intrusiva que capta acontecimentos no calor da hora, é com frequência evocado para designar o trabalho de documentaristas como Robert Drew, Richard Leacock e D. A. Pennebaker, baseados nos EUA. O segundo, a princípio associado ao cinema francês, designa um documentarismo participativo que assume sua presença enquanto fonte enunciadora do relato, por vezes provocando ostensivamente

desenvolvimento das câmeras 16mm portáteis para objetivo militar durante a Segunda Guerra Mundial trouxe mudanças significativas para a prática do filme documentário, pois permitiu aos cineastas filmarem com relativa facilidade em locações. Nos anos 1960, o menor peso e a portabilidade da câmera cinematográfica e do equipamento de gravação de som significou que a câmera não precisava mais estar no centro da ação filmada, mas poderia acompanhar eventos como e quando eles se descortinassem. Tudo que era preciso era uma equipe de duas pessoas – uma para operar a câmera, e a outra para o áudio (e claro, com o equipamento de vídeo e de áudio digital de hoje, como Ross McElwee e outros demonstraram, excelentes documentários podem ser feitos por uma equipe de uma só pessoa). O tripé foi abandonado em prol da mobilidade da câmera na mão quando uma geração inteira de cineastas começou a trabalhar de um modo que Stephen Mamber chamou de "cinema descontrolado". Assim como o cinema *verité* de horror e de FC de hoje, o cinema direto nos anos 1960 era um estilo internacional, com importantes trabalhos aparecendo quase que simultaneamente em países como a França, o Canadá e os EUA. Diretores como Jean Rouch na França (*Crônica de um Verão, Chronique d'un été,* 1961), Wolf Koenig e Roman Kroitor no Canadá (*Lonely Boy,* 1962), e Albert e David Maysles nos EUA (*Gimme Shelter,* 1970) acreditavam que, se eles expusessem a presença da câmera assim como a deles, seus filmes seriam mais verdadeiros acerca do contexto da produção e também revelariam verdades entranhadas sobre o mundo que estariam apenas observando, ainda que atentamente.

Sem dúvida, a mais importante influência para o cinema *verdade* de horror e FC foi a obra do cineasta e ativista de mídia Peter Watkins, particularmente sua notável abordagem pioneira em seus dois primeiros filmes, *Culloden* (Reino Unido, 1964) e *The War Game* (Reino Unido, 1965). Nesses filmes, Watkins combina falsas imagens ao estilo cinema direto, falsas entrevistas com autoridades e pessoas na rua, atores citando passagens verdadeiras de documentos oficiais e narração em voz *over* promovendo um contexto informativo para criar meticulosamente documentários hipotéticos convincentes. Em *Culloden,* sobre a Batalha de Culloden, de 1746, que resultou na pulverização na insurreição dos jacobitas pelo exército britânico e na destruição do sistema de clãs das terras altas escocesas, uma equipe de reportagem acompanha o exército do rei.

a situação documentada, como em filmes de Jean Rouch, ou da dupla Jean Rouch e Edgar Morin, como *Crônica de um Verão* (*Chronique d'un été,* 1961). Não raro, no entanto, os dois termos são tomados como intercambiáveis, sendo que às estéticas às quais se referem também podem aparecer justapostas ou combinadas, como numa enorme variedade de filmes documentários, sobretudo os mais contemporâneos (N. do O.).

Quando o canhão da coroa atira nos rebeldes das terras altas, a câmera próxima treme com o impacto percussivo da explosão e o repórter cobre suas orelhas, sua voz absorta pelo som. "Terei de gritar para me fazer ouvir", ele grita para a câmera. O repórter e o câmera são ativos participantes na ação.

The War Game é um documentário de FC sobre um hipotético ataque nuclear à Grã-Bretanha. Ele mostra com um realismo muito convincente a extensão da destruição – o completo colapso da civilização se apenas uma bomba fosse detonada na Inglaterra. O angustiante retrato da completa inadequação dos planos da defesa civil foi tão perturbador para os oficiais do governo britânico que o filme foi banido da televisão. O governo emitiu uma declaração em 26 de novembro de 1965 dizendo que "o efeito do filme foi julgado pela BBC, emissora que o havia encomendado, como muito apavorante para transmissão pela mídia", e que "o melhor elogio que podemos fazer ao filme do Sr. Watkins é não mostrá-lo" (Gomez, 1979, p. 45-46). Ironicamente, *The War Game* venceu o Oscar de Melhor Documentário em 1966. O filme não foi exibido na íntegra na televisão britânica até 1985. Como o estudioso de documentário John Corner corretamente aponta, *The War Game* alcança seu poder extraordinário ao "mostrar a *particularidade terrível* do ataque nuclear e ao colocar o espectador como um observador disso, ao estilo do cinema-verdade" (1999, p. 42). Para Corner, a concretude particular das imagens de aparência documental do filme choca as pessoas a ponto de fazê-las rejeitar o "consentimento 'abstrato'" referente à política nuclear (*ibidem*). Essa emoção é alcançada, em parte, por ter um operador de câmera interagindo com a cena filmada, como, por exemplo, quando a câmera fustigada pelas ondas de choque da detonação nuclear e quando o cameraman não identificado é prevenido a não chegar perto e fotografar os corpos dos cidadãos executados durante os tumultos por comida, uma cena que se encerra com um policial cobrindo as lentes com sua mão.

O novo cinema *verité* de horror e FC, em que a câmera e seu operador são ambos testemunhas e participantes, claramente revela seu débito a Watkins. *Cloverfield – Monstro* (*Cloverfield*, Matt Reeves, EUA, 2008), por exemplo, que versa sobre uma criatura que aparece do nada e ataca Nova York, continua a tradição de filmes clássicos de monstros como *O Monstro do Mar* (*The Beast from 20,000 Fathoms*, Eugéne Lourié, EUA, 1953) e *Godzilla, o monstro do mar* (*Gojira*, Ishirô Honda, Japão, 1954), mas sua construção narrativa é bastante diferente, desviando-se consideravelmente da estrutura convencional de filmes de monstro segundo a famosa identificação de Susan Sontag (1966, p. 209-210). Além do mais, ao invés de ser construído de acordo com as regras da narrativa cinematográfica clássica (em terceira pessoa), o campo de visão do filme é limitado a acompanhar os acontecimentos através de uma câmera operada por um dos personagens principais – na maioria do tempo, Hud (T.J. Miller), que está numa festa de despedida para seu amigo Rob (Michael Stahl-David). A festa é interrompida quando o prédio treme e o grupo corre para o telhado, onde veem um arranha-céu explodir. Eles posteriormente descem o prédio, passando pelo apartamento, até chegarem à rua. A destruição se alastra e as pessoas da festa se dispersam em pânico, sendo que cinco deles se unem para ir até o centro de Manhattan em busca de uma amiga que está presa em um prédio danificado. Enquanto tentam atravessar a destruição, a câmera tremula constantemente devido ao alvoroço do monstro e à tentativa de Hud em filmá-lo enquanto procura permanecer vivo.

O espanhol *[REC]* também se apropria de Watkins. Assim como *Culloden*, *[REC]* é construído como se a filmagem fosse de uma equipe local de reportagem. No começo do filme, Angela, a repórter, e seu *cameraman* Pablo, saem para gravar com a equipe local de bombeiros. No departamento, uma ligação é recebida e a equipe de reportagem vai junto com os bombeiros. Chegando ao prédio de onde veio o chamado, encontram uma mulher que está, aparentemente, isolada. Logo descobrimos, junto com Angela e os outros, que a mulher presa é um zumbi infectado e contagioso. O prédio, com todos dentro, é também isolado pelo governo. Após o departamento de bombeiros, todo o filme se passa nesse prédio, com Pablo registrando suas tentativas de permanecerem vivos enquanto a doença se espalha pelo prédio.

Se, como Jane Roscoe e Craig Hight argumentam em seu livro *Faking It: Mock-documentary and the Subversion of Factuality*, "todos os falsos documentários contém potencial para crítica reflexiva" (2001, p. 182-184), o cinema *verité* de horror e FC se difere no aspecto de que raramente faz isso. Aliás, poderia ser argumentado o oposto para esse ciclo de filmes, pois ele explora nosso investimento mental no poder e no status das imagens documentais para gerar um apelo emocional. Escrevendo sobre *Aconteceu Perto da sua Casa* e *A Bruxa de Blair*, sobre o que chama de "*mockumentaries* de horror", Gary Rhodes observa que:

> Mais importante que o desenvolvimento de personagem é o fato de que os filmes em questão são feitos com a intenção de brincar com os pressupostos da audiência em relação à qualidade técnica do documentário. A suposição ordinária permanece de que luz, câmera, som e mesmo montagem serão diferentes, mais crus, de certa forma, do que o estilo clássico hollywoodiano.

> Imperfeições técnicas são compreendidas como parte da forma e parte do que a realidade aparenta nos filmes. (Rhodes, 2002, p. 57)

De fato, é tão sedutora a sensação de imediatismo do documentário, a sensação de mobilização – o que Richard Barsam chamou de sensação de "estar lá" (1986, p. 135) do documentário observacional -, que, como registrei em outra ocasião, o *mockumentary Forgotten Silver* (Nova Zelândia, 1995), de Peter Jackson, enganou brevemente toda uma nação quando primeiramente exibido na televisão neozelandesa. Apesar de sua estranheza e absurdez ao reescrever a história do cinema, argumentando que um sujeito esquecido chamado Colin Mackenzie era mais importante para a história do cinema do que D.W. Griffith, Sergei Eisenstein e Orson Welles juntos, o filme de Jackson foi aceito como verdade por seus espectadores por conta de sua notável manipulação dos códigos estéticos do documentário (Grant, 1999, p. 19-22).

A imagem documental tem um status ontológico diferente para os espectadores em comparação com a imagem ficcional, pois a entendemos como tendo uma relação mais próxima do real. Discutindo *Forgotten Silver*, Vivian Sobchack aponta para "a intersecção da ficção do filme com o documentário – e sua excitação quase comum (proposital ou não) do que podemos chamar de 'a consciência documental' do espectador: um modo particular de ética e incorporação de audiência que informa e transforma o espaço do irreal no espaço do real" (2004, p. 261). O entendimento fenomenológico de Sobchack de como respondemos à filmagem do real explica a estratégia do cinema *verité* de gênero de acionar nossa "consciência documental" para gerar, de maneira efetiva, medo no espectador.

Cinema *verité* de gênero e a tecnologia digital

A Bruxa de Blair também foi pioneiro de uma nova abordagem de marketing e promoção, pois foi amplamente feita pela internet, que, àquela altura, estava pública havia apenas uma década. O filme, emblematicamente lançado com a aproximação do novo milênio, apontou o caminho para o marketing dos filmes de hoje na nova mídia, em que todo filme *mainstream* tem um site. A campanha promocional de *A Bruxa de Blair*, como hoje é bem conhecida, envolveu a criação de um site convincente, com uma história por trás extremamente detalhada, oferecendo uma linha do tempo dos eventos relacionados à bruxa de Blair e à descoberta de Burkittsville. O site era rico em opções clicáveis para saber mais sobre a bruxa de Blair e os supostos eventos e figuras históricas. A história por trás e o site eram tão detalhados que, como J.P. Telotte notou, o filme era quase auxiliar ao site, uma extensão dele.[4] O "projeto" de *A Bruxa de Blair* consistia na recriação, à moda documentária, do mundo correspondente à história-base, no qual o filme para a tela grande era meramente um de muitos artefatos nesse processo. O site densamente detalhado usado para promover *A Bruxa de Blair* na verdade convenceu muitas pessoas de que o filme era baseado numa história real. De fato, no auge da popularidade do filme, e por algum tempo depois, houve uma "invasão turística" em Burkittsville, pois as pessoas iam à região para visitar as locações (Robé). Grande parte da responsabilidade por gerar interesse no filme, assim como a crença em sua autenticidade, veio da manipulação da campanha de marketing numa mídia recentemente nova: a internet.

A tecnologia digital não só favoreceu a criação de um site denso como parte da campanha publicitária de *A Bruxa de Blair*, como também permitiu o próprio estilo documentário do filme. Por não envolver película, a cinematografia digital permite a possibilidade de se gravar por horas sem pausa. Isso é consideravelmente mais do que os aproximados dez minutos máximos de uma filmagem com película, o tempo limite permitido pelo tamanho do chassi das câmeras 35mm. Em 1948, Alfred Hitchcock, com considerável dificuldade técnica, filmou *Festim Diabólico* (*Rope*, EUA) como experimento num aparente único plano, embora, na verdade, tenham sido feitos dez planos-sequências editados de maneira "invisível". Trinta anos depois, em *Esta Terra é Minha Terra* (*Bound for Glory*, Hal Ashby, EUA, 1978), sobre a vida do cantor *folk* Woody Guthrie, em determinado momento a câmera desce ao nível do chão em uma feira *country* e, assustadoramente, sem cortes, começa a se mover através da multidão enquanto o diretor de fotografia Haskell Wexler desmontava a grua e começava a andar no que seria a primeira tomada de *steadicam* em Hollywood. Isso resultou em um tipo completamente novo de plano-sequência, e a tecnologia digital permitiu um impressionante salto nas possibilidades de longos planos, como enfaticamente foi demonstrado, por exemplo, pelos planos em *zoom* do cósmico Google Earth no filme *Queime Depois de Ler* (*Burn After Reading*, Joel & Ethan Coen, EUA/Reino Unido/França, 2008) e *Agora* (Alejandro Amenábar, Espanha, 2010). Hoje, filmes como *Arca Russa* (*Russkiy kovcheg*, Aleksandr Sokurov, Rússia/Alemanha/Japão/Candá/Finlândia/Dinamarca, 2002) podem, de fato, ser constituídos por um único plano-sequência. Deveras, *Timecode* (Mike Figgis, EUA, 2000) é composto por quatro planos contínuos e simultâneos de 90 minutos. Ambos os filmes foram feitos no espaço de três anos após *A Bruxa*

4 Quando tratamos de transmídia, *A Bruxa de Blair* permanece como caso digno de nota (N. do O.).

de Blair, e ajudaram a transformar a nova tecnologia do cinema digital em um estilo que era impossível com a antiga tecnologia cinematográfica. Hoje, filmes próximos ao *mainstream*, como *Filhos da Esperança* (*Children of Men*, Alfonso Cuarón, EUA/Reino Unido, 2006), apresentam planos-sequência que excedem inclusive a abertura lendária de *A Marca da Maldade* (*Touch of Evil*, Orson Welles, EUA, 1958).

A tecnologia digital e o cinema convergiram de forma mais dramática em jogos de computador, os quais, por sua vez, tiveram um profundo impacto na aparência dos filmes *verité* de horror e FC. A sinergia entre as duas formas de entretenimento vem sendo considerável, ao menos desde a inauspiciosa tentativa de adaptar o jogo da Nintendo *Super Mario Bros* como um longa-metragem em 1993. Entretanto, as duas formas se sobrepõem mais frequentemente no gênero horror, particularmente no subgênero do horror de sobrevivência. Nos jogos desse subgênero, os jogadores enfrentam monstros "com limitações de munição, energia, e de meios de reabastecê-las" (Kirkland, 2005, p. 172), usualmente em ambientes fechados, semelhantes a labirintos, enquanto procuram itens escondidos que lhes permitirão mover-se para novas áreas ou níveis, ou lhes proverão meios variados de sobrevivência. Esse contexto é surpreendentemente parecido ao que sucede nas narrativas de *Diário dos Mortos*, *Cloverfield - monstro*, *Infection* e *[REC]*. Em certo ponto, em *[REC]*, Pablo segue Angela enquanto ela vasculha freneticamente o apartamento do síndico em busca de suas chaves, replicando exatamente o tipo de interatividade apresentada aos jogadores em busca de armas, recompensas ou pistas. Ademais, assim como se passa com os jogadores de um jogo de horror de sobrevivência, como espectadores de horror *verité* temos "menos poder" porque nossa perspectiva está mais alinhada a uma máquina passiva do que a um personagem ativo, com a possibilidade apenas de observar, e não de agir.

O termo "horror de sobrevivência" foi usado pela primeira vez para o lançamento original japonês de *Resident Evil: O Hóspede Maldito* em 1996, embora alguns jogos anteriores tenham sido retrospectivamente categorizados dessa forma (Perron, 2009, p. 5-7). No entanto, mesmo antes dessas referências, podemos pensar em *Pac-Man*, um dos primeiros jogos populares de fliperama, como um precedente do horror de sobrevivência. Apresentado pela Midway, fabricante de máquinas de *pinball*, em 1980, *Pac-Man* era de certa forma como um dos tantos filmes *slash* da época. Em ambos, caricaturas de personagens se movem freneticamente em espaços fechados tentando sobreviver. Além disso, o desenrolar de sua "narrativa" nesse contexto durava até que o avatar do jogador morresse, tudo em um único "plano". Dessa forma, *Pac-Man* também se antecipou a outro ciclo mais recente de filmes de horror, o filme de invasão domiciliar, que talvez não coincidentemente começou a se desenvolver ao mesmo tempo que o cinema *verité* de horror e FC. Essa conexão é explicitada por Michael Haneke em seu *Violência Gratuita* (*Funny Games*, Áustria, 1997; refilmagem norte-americana em 2007), que imagina o filme de invasão domiciliar como um jogo cruel com o espectador. Em um determinado momento da narrativa, os invasores sádicos e suas vítimas lutam pelo controle remoto da televisão, ou pelo "*game controller*", não para retroceder o aparelho de televisão que está audível e visível na sala de estar, mas para reverter a ação diegética do próprio filme.

Indubitavelmente, jogos de computador são interativos, e filmes *verité* de horror e FC, eu argumento, encorajam uma interatividade semelhante por parte do espectador. Em dado momento da versão cinematográfica do jogo de horror de sobrevivência *Doom: A porta do Inferno* (*Doom*, Bartowiak, GB/ República Tcheca/ Alemanha/ EUA, 2005), o filme muda seu estilo, até então de narrativa clássica, para uma perspectiva subjetiva contínua em um plano de seis minutos, equivalente ao de um jogo de atirador em primeira pessoa, como seu texto-fonte. Entretanto, com exceção de alguns filmes fora dos circuitos comerciais como o recente *Enter the Void: Viagem Alucinante,* de Gaspar Noe (*Enter the Void,* França/Alemanha/Itália/Canadá, 2010), essa técnica foi praticamente abandonada no cinema, considerada ineficaz para promover a identificação da audiência com um personagem desde o experimento de Robert Montgomery, em 1947, com um ponto-de-vista em primeira pessoa prevalecente em seu filme *noir A Dama do Lago* (*Lady in the Lake,* EUA). E, de fato, apesar desse interlúdio em primeira pessoa em *Doom: A Porta do Inferno,* a interatividade em filmes *verité* de horror e FC deriva de um nível de participação cognitiva que ultrapassa a mera identificação com o personagem.

Para o teórico de cinema cognitivista David Bordwell, até o mais convencional dos filmes de narrativa clássica, como ele diz, "demanda atividades por parte do espectador". Para que a ilusão funcione, afirma Bordwell, "o espectador deve reconhecer a obra de arte pelo menos na metade do caminho", constantemente engajado na averiguação de hipóteses sobre a construção da narrativa (Bordwell; Staiger; Thompson, 1985, p. 8). No caso dos filmes de gênero, esse tipo de interatividade aumenta. Como Thomas Schatz argumenta, narrativas de gênero estabelecem "uma arena simbólica de ação" em que "um conflito social específico é violentamente encenado em uma localização familiar, de acordo com um sistema de regras e códigos de comportamento prescrito" (1981, p. 27). Uma vez que filmes de gênero operam dentro de um circuito de convenções textuais e expectativas do espectador, essas regras e códigos se aplicam não apenas aos personagens inscritos nos mundos convencionados dos filmes de gênero, mas também aos públicos assistindo-os, que são "treinados" pelos protocolos do sistema de gêneros. Para além disso, filmes *verité* de horror e FC encorajam ou constroem uma posição espectatorial que requer um engajamento intensamente ativo com a imagem.

Esse envolvimento crescente constitui nada menos que um respeito bazaniano pelo real. Como André Bazin salienta, "a realidade que é produzida livremente pelo cinema e que ele organiza é a realidade do mundo do qual somos parte, e do qual o filme recebe um molde ao mesmo tempo temporal e espacial" (1971, p. 13). Assim, uma das marcas do estilo realista é a sensação de que o espaço se estende para além do enquadramento da imagem. Para Leo Braudy, o "filme aberto", como o autor denomina, "puxa-nos para fora, revelando um mundo além do quadro a qualquer instante" (1977, p. 48). Muitos críticos notaram que *A Bruxa de Blair*, por exemplo, demonstra um aguçado entendimento do espaço extrafílmico. Scott Dixon McDowell afirma: "Eu não consigo pensar em outro filme que induza o espectador a procurar ansiosamente, na margem da tela, enxergar algo que simplesmente não está lá" (2001, p. 141). Outros filmes de *verité* de horror e FC oferecem, da mesma forma, apenas vislumbres parciais de seus monstros, quando a visão da câmera é obscurecida pelo desfoque, movimento ou escuridão, e por operadores de câmera diegéticos tentando captar eventos que acontecem demasiadamente rápido para que possam reagir. Até mesmo as câmeras de vigilância de *Atividade Paranormal* não mostram muito do que capturam ininterruptamente. Neste filme, em sua penúltima cena da madrugada, por exemplo, nada fora do comum acontece até que uma grande sombra pode ser vista se movendo através da porta do quarto, indicando, sem mostrar explicitamente, uma presença que agarra Katie (Katie Featherston) pela perna e arrasta-a para fora do quarto.

Para Bordwell, a forma mais óbvia em que o cinema clássico cria sua ilusão de realidade é através da representação de profundidade espacial da imagem (1985, p. 52). Essa ilusão é construída, em filmes *verité* de horror e FC, de forma mais contundente, através da câmera percorrendo o espaço em tempo real - seja andando sobre túneis do metrô (*Cloverfield - monstro*), um dormitório e um hospital abandonados (*Diário dos Mortos*), uma sinuosa estrada secundária (*Infection*) ou os cantos e fendas de um prédio isolado pelas autoridades (*[REC]*). Esses filmes também criam a ilusão de profundidade espacial de outras maneiras. Em *[REC]*, por exemplo, quando a luz da câmera estraga, Pablo é obrigado a usar lentes de visão noturna. Isso torna mais difícil para os espectadores discernir o que está acontecendo, de forma que é preciso olhar mais intensamente para a profundidade da imagem, tentando penetrá-la para antecipar-se a quaisquer possíveis perigos que se encontrem "lá fora". Assim se explica a efetividade do plano mais adiante no filme, mostrando Angela sendo repentinamente arrastada para longe da câmera e mergulhando nas sombrias profundezas do desconhecido.

Infection trabalha de maneira similar, explorando a ilusão de profundidade da imagem e desvelando a travessia do espaço em tempo real ao se restringir a um *travelling* de 90 minutos que segue uma estrada secundária . Todo o filme consiste em imagens supostamente registradas por uma câmera do painel de uma viatura policial, acompanhada da gravação de uma conversa de rádio entre o motorista - inicialmente um policial e mais tarde uma adolescente tentando escapar de pessoas possuídas por alienígenas - e um policial escrivão que está na cidade. Ao longo da narrativa, o carro-patrulha deixa a estrada principal, segue por uma estrada sinuosa no meio da floresta na escuridão da noite, dá a volta, dirige quase todo o caminho de volta e novamente percorre por duas vezes esse caminho. Essa repetição, que também evoca o movimento repetitivo de um avatar quando o jogador explora o espaço do jogo de computador, transforma-se em um longo plano iluminado apenas pelas luzes do carro patrulha, forçando-nos a continuamente observar para onde estamos nos dirigindo, em posição de guarda por conta do que pode estar à frente, monitorando os movimentos e conversões da imagem e, por extensão, também da trama.

Em *Atividade Paranormal*, somos posicionados como espectadores que devem intencionalmente estudar a imagem posicionados como uma câmera fixa, procurando por evidências de tal atividade espectral em todo e qualquer lugar da tela. A narrativa é apresentada pela perspectiva de câmeras de segurança montadas sem movimentação, na casa de Katie e Micah (Micah Sloat), no subúrbio de San Diego; ou então pela perspectiva das gravações feitas por Micah em uma *camcorder*. Katie acredita que está sendo assombrada, e Micah torna-se obcecado por tentar registrar acontecimentos possivelmente paranormais em vídeo. A maior parte das gravações feitas pela câmera de segurança é tomada na mesma posição, no quarto do casal, enquanto eles dormem. Perto do final do filme, como mencionado, vemos Katie repentinamente sendo arrastada para fora de seu quarto por forças invisíveis, e ela é então encontrada por Micah com uma grande marca de mordida em suas costas. A cada noite somos posicionados na mesma posição espectatorial, sendo a possibilidade de alguma diferença nessa repetição uma preparação para o *frisson* final.

De forma semelhante, *Atividade Paranormal 3* (Joost e Shulman, EUA, 2011) explora uma atenção visual lateral através de sua estrutura de planos panorâmicos insistentemente repetidos. A trama, um prólogo aos dois primeiros filmes, passa-se 18 anos antes. Em 1988, uma Katie adolescente (Chloe Csengery) e Kristi (Jessica Brown) moram com sua mãe, Julie (Laura Bittner), e seu namorado Dennis (Christopher Nicholas Smith). Kristi começa a interagir com um amigo invisível chamado Toby. Dennis percebe que, desde o surgimento do amigo de Kristi, estranhos eventos vêm ocorrendo na casa. Convenientemente, Dennis trabalha como autônomo fazendo vídeos de casamento, e tem o equipamento e o conhecimento necessários para instalar uma câmera de vídeo na base de um ventilador giratório.

Assim, sua filmagem faz constantes panorâmicas, indo da esquerda para a direita repetidamente, da cozinha para a sala de estar, com uma coluna entre eles, atuando quase que como uma cortina, atrasando momentaneamente a visão de cada um dos cômodos a cada movimento. Ocasionalmente, um evento inexplicável é capturado pela câmera, como um cobertor aparentemente envolvendo uma figura e então caindo no chão; ainda assim, muito da discussão entre a criança Katie e seu amigo invisível Toby poderiam encontrar explicação na imaginação hiperativa de uma criança. Então, mais adiante no filme, após incontáveis oscilações da câmera em que nada acontece, enquanto a câmera gira para a sala de estar à esquerda ouvimos o som de coisas quebrando, e quando a câmera mecanicamente volta à cozinha, tudo o que há no cômodo está agora no teto. Como espectadores, sabemos que há algo por acontecer, mas não exatamente o que ou quando. O efeito aterrorizante depende da duração e repetição em tempo real - como em jogos de computador.

O horror no horror *verité*

Como os exemplos da série *Atividade Paranormal* demonstram, os momentos mais aterrorizantes nos filmes *verité* de horror e de FC incitam o olhar investigador do espectador com a promessa de algum tipo de conhecimento sobre a narrativa - normalmente revelando o monstro; mas, ao encorajar o olhar ativo do espectador, os filmes tiram proveito dessa curiosidade mostrando algo assustador. Podemos dizer que esses filmes de horror *verité* e ficção científica exploram o que o teórico de documentário Bill Nichols, em sua obra *Representing Reality*, chama de "epistefilia": o desejo e o prazer no conhecimento do mundo - que, no caso do cinema, é obviamente visual (1991, p. 76, 178 -180). Filmes *verité* de horror e de FC prometem uma exposição diegética de seus monstros, deliberadamente contida, provocando, dessa forma, o impulso epistefílico do espectador; porém, ao encorajar essa resposta, esses filmes apresentam-na como uma vulnerabilidade, tornando a câmera, e por extensão o espectador, alvo de ameaças ou ataque.

Para encorajar o desejo epistefílico do espectador, os filmes *verité* de horror e FC tendem a enfatizar, diegeticamente, a importância da documentação visual que vemos como evidência da verdade. O filme de Brian de Palma sobre a Guerra do Iraque, *Guerra sem Cortes*, de 2007 (*Redacted*, EUA/Canadá), constroi-se como uma combinação de telejornais árabes, testemunhos em vídeo, filmagens de câmeras de vigilância, conversas por Skype, um documentário de dois realizadores franceses e vídeos gravados por uma *camcorder*, supostamente pelo soldado Angel Salazar (Izzy Diaz), um aspirante a estudante de cinema que fora rejeitado pela Escola de Cinema da Universidade do Sul da Califórnia. Salazar explica aos seus companheiros de exército sua motivação para filmá-los com sua câmera digital como uma vontade de documentar o que realmente acontece por lá. O desejo de Salazar de documentar a verdade motiva também muitos dos operadores de câmera no cinema *verité* de horror e FC. Em *Cloverfield - monstro*, Hud encontra uma missão moral quando recebe uma câmera do irmão de Jason, Rob. Inicialmente Hud trata-a com imaturidade, usando-a para filmar voyeristicamente os corpos de mulheres atraentes e, como Ross McElwee em *Sherman's March* (McElwee, EUA, 1986), como uma forma de se aproximar delas. Mas no desenrolar dos fatos, ele assume seu papel como documentador do ataque do monstro porque, como diz Rob, "As pessoas vão querer saber como tudo aconteceu". Em *Diário dos Mortos*, da mesma forma, Jason argumenta que, uma vez que ele possui o equipamento, é seu dever filmar a verdade sobre o ataque dos zumbis na ausência da grande mídia e disponibilizar suas gravações na internet para que outros possam aprender formas de sobreviver. Os estudantes de cinema de *Caçador de Troll* sentem um dever moral semelhante de levar ao conhecimento das pessoas a conspiração governamental que silencia a existência dos *trolls*. Como um deles afirma enquanto perseguem obstinadamente Hans (Otto Jespersen), o caçador que dá título ao filme, "Você acha que Michael Moore desistiu depois da primeira tentativa?". No final, eles reafirmam a importância de seu filme ao dizer que Hans é um herói nacional, ainda que até então desconhecido.

[REC] alcança sua verdade ao ter uma equipe profissional de telejornalismo gravando os eventos narrativos, da mesma forma que *Infection*, o qual apresenta imagens gravadas pela câmera "imparcial" e sem cortes de uma viatura policial. Em *A Filha do Mal* (*The Devil Inside*), o documentarista Michael (Ionut Grama), acompanhando uma mulher chamada Isabela Rossi (Fernanda Andrade), que vai a Roma para providenciar um exorcismo não-autorizado para sua mãe, enfatiza

a importância de sua gravação como prova visual da possessão demoníaca que irá abalar a indiferença da burocracia eclesiástica. Uma legenda no início do filme informa-nos que o Vaticano não endossa a produção e que não cooperou com sua realização. Uma vez que essa alegação parece ser verdadeira, de fato ela acaba por sugerir que o próprio filme deve ser verdadeiro, já que foi repudiado pela autoridade papal! Os personagens em todos esses filmes, como Mickey e Mallory (Woody Harrelson e Juliette Lewis) em *Nascidos para Matar* (*Natural Born Killers*, Oliver Stone, EUA, 1994), designaram à própria câmera o status de testemunha confiável.

De uma perspectiva cínica, poderíamos recusar o ciclo dos filmes *verité* de horror e FC como meramente um meio de cineastas realizarem filmes com baixíssimos custos. Afinal, ambos os gêneros têm diversos e devotados fãs que constituem subculturas elaboradas, servindo assim como um ponto de ingresso viável na carreira para muitos cineastas iniciantes, e os requisitos baratos para filmagem no estilo *verité* fazem desse gênero algo ainda mais atraente. Como Rhodes observa, "simular a aparência de documentário é mais barato e, portanto, mais acessível a cineastas com pouco orçamento do que realizar um projeto ficcional mais alinhado com o estilo clássico hollywoodiano" (2002, p. 53). Entretanto, o notável sucesso dos filmes *verité* de horror e FC nas bilheterias não pode ser ignorado. *A Bruxa de Blair* e *Atividade Paranormal* são dois dos filmes mais exitosos financeiramente não apenas dentro do gênero, mas em toda a história do cinema. Ambos têm força suficiente para gerar sequências - o último, já no quarto filme, ameaça se tornar uma franquia de horror sangrento rivalizando apenas com a série *Jogos Mortais* (2004-2010). *Atividade Paranormal 3* quebrou diversos recordes financeiros em seu lançamento, e alguns meses depois *A Filha do Mal* atingiu sucesso parecido nas bilheterias. O apelo internacional de *[REC]* incitou um *remake* norte-americano, *Quarentena* (*Quarantine*, Dowdle, EUA, 2008), que reproduziu o original cena a cena, e uma sequência (*Pogue*, EUA, 2011), com um terceiro filme em produção.

Por que, poderíamos questionar, esse estilo se tornou tão popular, especialmente no cinema de gênero, na época atual? Quando Salazar explica, em *Guerra sem Cortes*, que a câmera sempre captura a verdade, outro soldado imediatamente replica que não, ela sempre mente: as visões divergentes expressadas no diálogo capturam explícita e sucintamente a tensão pós-moderna em relação ao status de verdade da documentação visual. Sugiro que é essa tensão que impulsiona o ciclo *verité* do horror e da ficção científica, e que esses filmes são sintomáticos de nossa sensibilidade pós-moderna que, na era digital, coloca o status ontológico de toda a imagem em dúvida. Colocado de outra maneira, o cinema *verité* de horror e FC expressa uma hesitação pós-moderna entre nossa fé e nosso medo da alegação de verdade das imagens documentárias hoje - visões contraditórias apenas exacerbadas pela perfeita facilidade com que, desde que as pernas de Gary Sinise foram removidas digitalmente em *Forrest Gump: O Contador de História* (*Forrest Gump*, Robert Zemeckis, EUA, 1994), todos temos consciência das possibilidades ilimitadas de manipulação de imagens digitais.

O impulso de fundamentar o horror e a ficção científica na atualidade tem uma longa linhagem, desde o estilo de prosa epistolar de *Frankenstein*, de Mary Shelley (1818), às falsas histórias orais de *World War Z*, de Max Brooks (2006). A hoje infame adaptação para o rádio que Orson Welles fez de *Guerra dos Mundos* (*War of the Worlds*), de H. G. Wells, transmitida na noite de Halloween de 1939 - referenciada especificamente em *Diário dos Mortos* - segue a mesma tradição (uma tradição que o próprio Wells ajudou a desenvolver em livros como *The Shape of Things to Come*, em 1936). O show foi construído como uma série de pronunciamentos de rádio, reportagens ao vivo e falsas entrevistas com cientistas, contextualizadas como interrupções na programação musical (RHODES, 2002, p. 50). Dois anos depois, em seu primeiro longa-metragem, *Cidadão Kane* (Citizen Kane, EUA, 1941), Welles utilizou a mesma abordagem documental na sequência de abertura "*News on the March*", uma simulação impressionantemente precisa de uma edição do cinejornal "*March of Time*", de Louis de Rochemont, amplamente exibida à época. Mais recentemente, o notável *Faces of Death* (Schwartz, EUA, 1978), apresentado na forma de um documentário "mondo", continha uma combinação de material inventado e filmagens da realidade, e inicialmente foi amplamente aceito como completamente real por muitos espectadores. Mas o prevalecimento da abordagem *verité* no cinema recente de horror e ficção científica sugere que o estilo em si é hoje percebido como igualmente familiar e assustador. Os monstros dos filmes *verité* de horror e FC existem em ambientes físicos que são espaços públicos comuns, parecendo-se a imagens que poderíamos registrar em nossos celulares ou em nossas câmeras digitais e compartilhar na internet. É nesses espaços que personagens e câmeras se movem semelhantemente, fugindo de monstros, em narrativas de sobrevivência.

Uma vez que canais de notícias televisivos como a CNN crescentemente incorporam e-mails, tweets e vídeos de celulares de espectadores em suas reportagens, e ainda usam Skype para substituir entrevistas em estúdio, a tradicional e aparentemente clara (porém imaginária) distinção entre a objetividade jornalística e a subjetividade das redes sociais estão se tornando indistinguíveis. *Cloverfield - monstro* explicitamente evoca esse embaçamento das fronteiras entre documentário e ficção em suas referências à cobertura jornalística dos ataques de 11 de setembro ao World Trade Center em Nova Iorque, especialmente nas cenas que ocorrem durante o ataque inicial da criatura. Quando Hud e sua câmera testemunham a explosão do prédio, uma densa nuvem de fumaça e destroços avança em sua direção, em meio à multidão; eles então fogem, primeiramente em direção à câmera e logo se dispersando para dentro de lojas e becos, enquanto todos, inclusive Hud, buscam proteção. Esses eventos e sua representação mostram uma chocante semelhança com as imagens das torres caindo em 11 de setembro - imagens que eram facilmente acessíveis, já que vídeos de celulares eram postados em sites como YouTube, e também repetidamente exibidos nas reportagens de televisão na época do evento, até se integrarem à consciência coletiva. A imagem publicitária de *Cloverfield - monstro* mostrava a Estátua da Liberdade decapitada em primeiro plano, com a *skyline* sob a fumaça ao fundo - outra imagem impressionantemente semelhante a algumas das mais famosas imagens de 11 de setembro.

Não é uma coincidência que por volta da mesma época em que o horror *verité* se desenvolvia na década de 1990, com *Aconteceu perto da sua Casa* e *A Bruxa de Blair*, a televisão testemunhava a rápida ascensão dos chamados *reality shows*, começando com *Cops* no canal Fox Network em 1989. O status ambíguo entre o real e o ficcional encontrado nos *reality shows* que hoje, de uma maneira ou de outra, dominam a programação de televisão na América do Norte, gerou a nova e crescente tendência de *reality shows* paranormais com programas como *Living with the Dead* (EUA, 2002), *It's supernatural* (EUA, 2007), *Celebrity Ghost Stories* (EUA, 2008) e *Long Island Medium* (EUA, 2011-2012). Apesar de que, mesmo antes desses programas recentes, os *reality shows* já eram organizados como um jogo de sobrevivência de horror - isto é, como uma narrativa em que participantes eram paulatinamente eliminados de uma ilha, palco, oficina ou cozinha.

Conclusão

Filmes como *Forgotten Silver* ensinaram os espectadores a desconfiar da veracidade do visual, a atentar para o que Jean Baudrillard (apropriadamente ao contexto presente) chamou de "demônio das imagens", mesmo que nossa consciência documental seja reflexivamente comprometida. Já em 1957, o canal de televisão BBC enganou os espectadores com sua transmissão da colheita de uma imaginária árvore de espaguete na Itália, tal como fez Jim Mc Bride uma década mais tarde, com seu *David Holzman's Diary* (EUA, 1967), uma perfeita paródia do cinema direto sobre um aspirante a documentarista de observação que enfrenta dificuldades para fazer um filme sobre sua própria vida. Desde então, o efeito acumulado de tais filmes, como a série de *mockumentaries* de Christopher Guest - começando por *This is Spinal Tap* (EUA, 1984) - enfraqueceram ainda mais a segurança de nossa "consciência documental". No caso dos filmes de Sacha Baron Cohen, *Borat* (EUA, 2006) e *Brüno* (EUA, 2009), é impossível distinguir o ficcional do factual. Notadamente, realizadores de filmes *verité* contemporâneos, como Werner Herzog, Marcel Ophuls e Nick Broomfield empregam essa abordagem tanto para questionar como para defender a verdade dos eventos que capturam.

Nosso mal-estar coletivo sobre o status de verdade da documentação visual emergiu em numerosos filmes da última década. Esses incluem *The Truman Show : O Show da Vida* (*The Truman Show,* Peter Weir, EUA, 1998), sobre um rapaz que ignora viver dentro de um *reality show* televisionado 24 horas por dia para bilhões de pessoas em todo o mundo; e *O Quarto Poder* (*Wag the Dog,* Barry Levinson, EUA, 1997), em que uma falsa guerra é encenada para as câmeras, mostrando que as notícias dos *fronts* podem ser tão fabricadas quanto um filme de Hollywood, para fins políticos. Na ficção científica, filmes como *Matrix,* dos irmãos Wachowski (*The Matrix,* EUA/Austrália), *eXistenZ,* de David Cronenberg (Canadá), e *13º Andar* (*The Thirteenth Floor,* Josef Rusnak, Alemanha/EUA), todos lançados em 1999 (mesmo ano de *A Bruxa de Blair*), têm como premissa a confusão entre o mundo real e o virtual. Mais recentemente, filmes como *Substitutos* (*Surrogates,* Mostow, EUA, 2009), *Jogo* (*Gamer,* Taylor e Neveldine, EUA, 2009) e *Jogo Mortal* (*Stay Alive,* Bell, EUA, 2006), em que um grupo de jogadores de videogames são mortos no mundo real da mesma forma que morreram em um jogo, revela temores similares sobre a confusão pós-moderna entre o real e o simulacro.

Filmes *verité* de horror e FC constituem um dos exemplos de como filmes de gênero, como muitos críticos argumentaram, são narrativas míticas que auxiliam membros de uma cultura a pensar dilemas existenciais e conflitos do mundo real de uma maneira formulista. Em sua abordagem estilística compartilhada, esse ciclo de filmes de gênero retrata o monstruoso em espaços terrenos, os espaços que vemos diariamente nas redes sociais, mas que também capturam e disseminam globalmente atrocidades diárias que fariam os "filmes de monstro" empalidecerem. Até o apocalipse é hoje representado com o prosaico estilo do digital: no filme do diretor dinamarquês Lars von Trier, *Melancolia* (*Melancholia,* Dinamarca/Suécia/França/Alemanha, 2011), nominalmente um filme de ficção científica, o fim do mundo é apresentado como nada além de um melodrama familiar com estilo observacional caracterizado pela câmera na mão e por longos planos. Há mais de meio século, Siegfried Kracauer escreveu que "o que os filmes refletem não são tanto credos, mas disposições psicológicas - aquelas profundas camadas de mentalidade coletiva que se estendem mais ou menos abaixo da dimensão da consciência" (1947, p. 6-7). Filmes *verité* de horror e FC revelam as mesmas disposições abordadas na era das comunicações globais. Suas implicações alcançam tanto quanto sua aparência se dissemina geograficamente. Como Baudrillard profeticamente observou, "é precisamente quando ela se parece mais verdadeira, mais fiel e mais em conformidade com a realidade que a imagem é mais diabólica" (1987, p. 13) - um desígnio que o cinema *verité* de horror e FC têm seguido literalmente.

Bibliografia

BARSAM, Richard. "American Direct Cinema: The Re-Presentation of Reality". *Persistence of Vision* 3–4 (1986), p. 132–59.

BAUDRILLARD, Jean. *The Evil Demon of Images*. Sydney: Power Institute of Fine Arts, U of Sydney, 1987.

BAZIN, André. *What Is Cinema?*. vol. 2. Ed. and Trans. Hugh Gray. Berkeley: U of California P, 1971.

BORDWELL, David, Janet Staiger and Kristin Thompson. *The Classical Hollywood Cinema: Film Style and Mode of Production to 1960*. New York: Columbia UP, 1985.

BRAUDY, Leo. *The World in a Frame: What We See in Films*. Garden City: Anchor Doubleday, 1977.

CLOVER, Carol J. *Men, Women and Chain Saws: Gender in the Modern Horror Film*. Princeton: Princeton UP, 1992.

CORNER, John. "British TV Dramadocumentary: Origins and Developments". In ROSENTHAL, Alan (org.). *Why Docudrama?*. Carbondale: Southern Illinois UP, 1999.

EBERT, Roger. "Why Movie Audiences Aren't Safe Anymore". *American Film,*

March 1981, p. 54–6.

GETTINGS, Fred. *Ghosts in Photographs: The Extraordinary Story of Spirit Photography*. New York: Harmony Books, 1978.

GOMEZ, Joseph A. *Peter Watkins*. Boston: Twayne, 1979.

GRANT, Barry Keith. *A Cultural Assault: The New Zealand Films of Peter Jackson*. Nottingham: Kakapo Books, 1999.

KIRKLAND, Ewan. "Restless Dreams in 'Silent Hill': Approaches to Video Game Analysis". *Journal of Media Practice* 6:3, 2005, p. 167–78.

KRACAUER, Siegfried. *From Caligari to Hitler: A Psychological History of the German Film*. Princeton: Princeton UP, 1947.

MAMBER, Stephen. *Cinema Verite in America: Studies in Uncontrolled Documentary*. Cambridge: MIT, 1973.

MCDOWELL, Scott Dixon. "Method Filmmaking: An Interview with Daniel Myrick, Co-Director of The Blair Witch Project". *Journal of Film and Video* 53:2–3, 2001, p.140–7.

NICHOLS, Bill. *Representing Reality: Issues and Concepts in Documentary*. Bloomington and Indianapolis: Indiana UP, 1991.

PERRON, Bernard. "Introduction: Gaming After Dark". *Horror Video Games: Essays on the Fusion of Fear and Play*. Ed. Perron. Jefferson, NC: McFarland, 2009. 1–13.

RHODES, Gary D. "Mockumentaries and the Production of Realist Horror". *Post Script*, 21:3, 2002, p. 46–60.

ROBÉ, Christopher. "In Search of Burkittsville". In: *Nothing That Is: Millennial Cinema and the Blair Witch Controversies*. Ed. Sarah L. Higley and Jeffrey Andrew Weinstock. Detroit: Wayne State UP, 2004, p. 217–28.

ROSCOE, Jane, and Craig Hight. *Faking It: Mock-documentary and the Subversion of Factuality*. Manchester: Manchester UP, 2001.

SCHATZ, Thomas. *Hollywood Genres: Formulas, Filmmaking, and the Studio System*. New York: Random House, 1981.

SOBCHACK, Vivian. *Carnal Thoughts: Embodiment and Moving Image Culture*.

Berkeley: U of California P, 2004.

SONTAG, Susan. "The Imagination of Disaster". In: *Against Interpretation and Other Essays*. New York: Delta, 1966, p. 209–225.

TELOTTE, J.P. "The Blair Witch Project Project: Film and the Internet". *Nothing That Is: Millennial Cinema and the Blair Witch Controversies*. Ed. Sarah L. Higley and Jeffrey Andrew Weinstock. Detroit: Wayne State UP, 2004, p. 37–51.

A PÁTRIA-TERRA E O OUTRO:
2001, *Solaris* e *Eolomea* em diálogo[1] [2]

Sonja Fritzsche

Quando a *détente* trouxe um degelo à Guerra Fria, dois filmes surgiram dos dois lados da Cortina de Ferro: *2001: Uma Odisseia no Espaço* (*2001: A Space Odyssey*; Estados Unidos), de Stanley Kubrick, em 1968, e *Solaris* (União Soviética), de Andrei Tarkovsky, em 1972. Lançados no ápice da corrida espacial, ambos faziam a mesma pergunta: o que significa ser humano no planeta Terra? Numerosos pesquisadores e críticos de cinema comentaram sobre a exploração dos limites humanos por Kubrick, em termos de natural *vs.* técnico, humano *vs.* máquina, e de físico *vs.* desmembramento.[3] De muitas maneiras, Kubrick celebra a engenhosidade e as realizações da humanidade tanto no conteúdo do filme, quanto no seu formato de 70mm. Ao mesmo tempo, ele também aponta a tendência humana para a *húbris* que se expande a partir da minúscula Terra. O filme de Tarkovsky assume esses mesmos temas primariamente em termos da inabilidade humana de perceber o Outro.[4] Ao invés de assumir a abordagem expansiva de Kubrick, *Solaris* levanta um espelho diante dos seus personagens humanos, sob a perspectiva do *Doppelgänger*.

---

1 Agradecimentos à revista *Film & History* (URL: http://www.filmandhistory.org/)pela permissão de reproduzir porções de um artigo que apareceu originalmente na edição 40.2 (2010).

2 Ensaio traduzido do inglês para o português por Roberto de Sousa Causo.

3 Veja por exemplo Michel Chion (2001), Robert Kolker (2006) e Kevin L. Stoehr (2008), entre outros.

4 Para um trabalho sobre Tarkovsky, veja Robert Bird (2008), Sean Martin (2005) e Maya Turovskaya (1989), entre outros.

Kubrick certamente faz isso, como o final de *2001* exemplifica, mas o filme de Tarkovsky é particularmente saturado de uma inquietante alteridade (i.e., o planeta Solaris/Terra, os visitantes, etc.). Como filmes de ficção científica, ambos deslocam ansiedades contemporâneas para o futuro. Assim, o contínuo discurso acadêmico sobre esses filmes também nos ajuda a compreender melhor os Estados Unidos e a União Soviética à época de suas estreias.

Dois filmes adicionais vindos da República Democrática Alemã (RDA), contudo, ainda precisam ser analisados em termos do diálogo Kubrick-Tarkovsky: *Signals – A Space Adventure* (*Signale – Ein Weltraumabenteuer*, 1970), de Gottfried Kolditz, e *Eolomea* (1972), de Hermann Zschoche. Também filmes de ficção científica, *Signals* e *Eolomea* igualmente revelam muito acerca da Alemanha Oriental, tanto na natureza mutável da sua ideologia, quanto em críticas associadas a ela. Num certo nível, os filmes surgiram por razões políticas. A RDA os fez para demonstrar que possuía a capacidade de assumir seu lugar entre uma pletora de diretores de "classe mundial" filmando em 70mm. Oficialmente reconhecida pela comunidade internacional, primeiro em 1972, a Alemanha Oriental buscava modos de demonstrar internacionalmente a sua legitimidade. Nos anos 1960, o estúdio alemão oriental Deutsche Filmaktiengesellschaft (DEFA) desenvolveu sua própria câmera de 70mm.[5] Foi o terceiro país a fazê-lo, depois dos Estados Unidos e da União Soviética. Como *2001*, tanto *Signals* quanto *Eolomea* foram filmados em formato 70mm, e seus custosos efeitos especiais foram baseados diretamente naqueles do filme de Kubrick.[6] Às expensas do enredo, *Signals* provou ser uma área de testes e uma peça de exibição desses efeitos. *Eolomea*, contudo, tinha mais a oferecer do que efeitos especiais de alta qualidade. Zschoche, seu diretor, é mais conhecido pelo seu filme banido *Karla* (1965), o qual tematizava a busca frequentemente conflituosa pelo indivíduo na sociedade. *Eolomea* continua o tema preferido de Zschoche, os limites do autodesenvolvimento, mas de uma maneira muito mais cautelosa do que em *Karla*.[7]

---

5 Para mais informações sobre a indústria do cinema em 70mm da Alemanha Oriental, veja Ingolf Vonau (2002).

6 Para mais informações, ver: "Cosmonaut Dreams". Numa entrevista, o *cameraman* de efeitos especiais Kurt Marks e o técnico Jan-Peter Schmarje discutem como o filme de Kubrick forneceu a inspiração para a criação de efeitos similares para *Signals* e *Eolomea*. Schmarje menciona que eles aprenderam muito fazendo *Signals*, e usaram esse conhecimento em *Eolomea*. Os modelos de nave podem ser encontrados na exibição permanente sobre o cinema da DEFA no Filmmuseum Potsdam.

7 Em uma curta entrevista por telefone, Zschoche mencionou que pediram a ele que fizesse *Eolomea* pela DEFA, e que ele o fez para que pudesse continuar seus próprios projetos.

Eolomea acompanha *2001* de Kubrick e *Solaris* de Andrei Tarkovsky, tanto em forma quanto em estilo. Zschoche emprega muitas das técnicas cinematográficas e de som presentes nos filmes de Kubrick e Tarkovsky, incluindo sequências oníricas e uma justaposição simbólica da Terra e do espaço. Ele já havia começado a associar a Natureza com a voz individual em *Karla*, e explorou isso ainda mais em *Eolomea*. Por um lado, *Eolomea* reforça a equação ideológica socialista da subjugação da Natureza e da inovação tecnológica perpétua, com a obtenção da utopia comunista. A trama do filme é ambientada em uma Terra pacífica e comunista do futuro próximo, com a ciência unificando um mundo concentrado na exploração espacial. Por outro lado, como Tarkovsky, Zschoche mistifica a Natureza e interroga as fundações morais da ciência. *Eolomea* acompanha um certo discurso sobre um amor renovado pela pátria (*Heimat*) Terra. Entretanto, o filme derradeiramente rejeita as meditações tanto de Kubrick quanto de Tarkovsky sobre esse assunto, e fornece seu próprio final ambíguo, ajustado ao contexto alemão oriental.

O filme também faz as mesmas perguntas filosóficas de *2001* e *Solaris*, porém dentro do socialismo — i.e., o que significa ser um ser humano socialista no espaço? Em parte, a resposta a essa questão restaura a legitimidade doméstica da ideologia da SED.[8] A construção do Muro de Berlim, em agosto de 1961, falhou em cobrir um conflito de gerações que só fez se alargar com os crescentes movimentos ambientais, pacifistas e feministas do fim dos anos 1960 e começo dos 70. Dirigida aos públicos jovem e adulto, essa história de ficção científica tenta se recolocar perante o amadurecimento da Personalidade Socialista. Ao final do filme, os corajosos heróis socialistas da geração mais jovem embarcam em uma nova jornada revolucionária para encontrar o sistema de Eolomea. Esses heróis socialistas devem planejar secretamente a sua missão a Eolomea, que significa "primavera". Assim, eles também representam a juventude descontente que não encontra nem uma voz nem um desafio no socialismo estagnado de "existência real" do premiê Erich Honecker, dos anos 70. A primavera de Eolomea ressuscita os sonhos fracassados da Primavera de Praga de 1968. Portanto, esse filme critica, mas derradeiramente confirma o projeto socialista da Alemanha Oriental.

Embora não pretenda me aprofundar sobre *Signals*, de Kolditz, devo destacar alguns aspectos rapidamente. Esse filme demonstra o que em outro momento eu chamei de "realismo utópico", característico de muitos dos romances de ficção científica da Alemanha Oriental dos anos 1950 e 60. Esse subgênero que soa

---

8 Sigla de "Sozialistische Einheitspartei Deutschlands" ou "Partido da Unidade Socialista Alemã" (N. T.).

tão paradoxal representou um ponto de tensão ideológica. Nos anos 1950 e 60, o realismo socialista, a estética oficial e politicamente motivada da Alemanha Oriental, requeria a ilustração de uma "realidade" socialista ideal. Essa realidade deveria agir como um modelo proletário positivo para urgir o leitor a trabalhar pelo comunismo. Para a ficção científica, o real consistia no conhecimento científico corrente, em noções iluministas do racional, e naquilo que concordava com o mais recente plano ideológico e econômico. Por outro lado, tudo aquilo que fosse utópico era considerado irracional e escapista, esse segundo adjetivo sendo usado com frequência para obras rotuladas como fascistas, capitalistas ou associadas à tradição romântica da Alemanha.

A tecnologia, contudo, tinha um papel central nas visões utópicas marxistas-leninistas. De acordo com os seus princípios, o comunismo verdadeiro, que representava o ápice da evolução da história e da sociedade, seria alcançado mais rapidamente por meio daquilo que Marx e Engels chamaram de "socialismo científico".[9] Esse caminho rumo ao comunismo sustentava que ele incorporava o método científico, ao contrário dos movimentos socialistas utópicos do século XIX, considerados pouco práticos. Por essa razão, a SED tolerava a ficção científica como uma maneira de visualizar esse futuro socialista de base tecnológica. De uma forma "blochiana", as autoridades culturais queriam que autores e diretores "sonhassem adiante" até um futuro comunista, para que outros pudessem adotar o mesmo sonho. Todavia, ao contrário de Ernst Bloch,[10] cuja filosofia da utopia apoiava-se numa criatividade sem peias, esse sonhar era limitado pelo perfil da utopia futura traçado pela SED. Assim, o utópico era restringido pela realidade ideológica e pelo que era cientificamente possível. Em *Signals*, esse fato é evidente na fascinação pelo voo espacial humano e em como o filme se apoia nos detalhes e perigos da missão.

Eolomea também partilha muitos elementos com o realismo utópico: sua ambientação de um futuro próximo numa Terra comunista e no espaço, seus comitês internacionais de cientistas, e seus protagonistas que são heróis socialistas. Todavia, esse filme também questiona fundamentalmente o projeto marxista-leninista por meio de várias dicotomias: humano/Natureza, Terra/espaço, indivíduo/comunidade. Ao fazê-lo, ele reflete não só o conflito de gerações corrente na Alemanha Oriental, mas também o crescente descontentamento

---

9 Veja Engels, "Do socialismo utópico ao científico socialismo" (*Die Entwicklung des Sozialismus von der Utopie zur Wissenschaft*, 1880).

10 Um filósofo humanista que refletiu sobre o comunismo, Ernest Bloch (1885-1977) sustentou opiniões reformistas e apoiou a Primavera de Praga. (N. T.)

quanto aos altos níveis de poluição causados pela industrialização rápida e voraz. De fato, tanto a forma quanto o conteúdo do filme podem ser lidos em termos do conflito entre o utopismo de um marxismo-leninismo linha-dura e as variadas expectativas utópicas daqueles que pediam reformas. Movimentos por reformas demandavam não só a mudança política, mas também consciência ambiental.

O significado de *Eolomea* (primavera) pode ser interpretado de vários modos diferentes. Tradicionalmente, refere-se a uma vida nova e aos recomeços. É a esperança para esse recomeço em termos de exploração espacial, de primeiro contato e da descoberta de um lugar melhor, uma utopia alternativa no universo, que conduz o enredo. De acordo com o filme, por volta de 1961 um cientista soviético descobre estranhos raios *laser* emanados de um distante sistema estelar. Ele conclui que eles provêm de uma fonte artificial. A esperança de um primeiro contato já existia entre os exploradores da geração mais velha — o professor soviético Olo Tal e o veterano do espaço Kun. Todavia, em 1961 as naves da Terra não eram capazes de enfrentar uma jornada ao espaço profundo. Quarenta anos mais tarde, em 2001, a tecnologia de naves havia avançado a esse ponto.[11] Além disso, o cientista Pierre Brotsky havia recentemente reinvestigado as descobertas anteriores e postulado a existência de um planeta nesse mesmo sistema estelar, que ele chamou de "Eolomea". Um movimento secreto então se forma para organizar uma expedição a Eolomea. Encabeçado pelo Professor Tal, esse movimento rouba uma série de naves da Terra e eventualmente até mesmo a estação espacial Margot. Tal tinha feito isso ao se dar conta de que o comitê científico internacional não se arriscaria a aprovar uma missão dessas. Assim, o enredo primário do filme consiste em uma narrativa no estilo do romance de detetive, na qual Maria Scholl, a diretora da estação de comando central na Terra, busca as naves roubadas e eventualmente viaja até a estação Margot, apenas para chegar tarde demais. As naves roubadas são lançadas da estação espacial para a sua jornada a Eolomea, antes mesmo que ela possa intervir.

"Eolomea/primavera" tem ainda mais uma conotação. O filme começa com um *flashback* do seu personagem principal, o piloto Daniel Lagny, na idealizada ambientação de uma praia nas Ilhas Galápagos, onde ele tem a esperança de redescobrir sua humanidade pela beleza da Natureza. O papel de Dan como indivíduo dissidente se destaca entre outros supercientistas dedicados.[12] Ele se descreve a Kun, seu parceiro em Luna Três, como um "motorista de espaçotáxi" farto de tudo. Dan faz o individualista jovem e brincalhão, um idealista

11 O ano 2001 também pode ser lido como uma referência direta ao filme de Kubrick.

12 A praia é real e fica no Mar Negro, na Bulgária.

espirituoso que se tornou cínico, que contrabandeia uísque a bordo e fornece alívio cômico. Ele é o protagonista que incorpora o "questionamento brincalhão e sério acerca dos limites da auto-realização na RDA", que Marc Silberman cita como uma marca registrada dos filmes da DEFA nos anos 1970 (Silberman 1995, p. 163). De muitas maneiras, Dan é também um precursor do Han Solo de George Lucas, em *Guerra nas Estrelas* (*Star Wars*; 1977). O personagem retornou recentemente de uma longa missão em Luna Dois e pretende desistir, deixar o serviço, já que está cansado do que percebe como a artificialidade e repetitividade da viagem espacial. Sofre de saudades, e deseja um recomeço de volta à Terra, onde espera continuar o seu novo relacionamento com Maria Scholl. Na cena inicial, Dan corre para dentro do oceano, proclamando sua liberdade e renunciando ao seu trabalho. "Nie wieder Kosmos!!!" ("Ao cosmos nunca mais!!!"). Mas, ainda assim, recebe ordens de Maria para aceitar mais um serviço no novo posto avançado — Luna Três. Ela lhe dá uma pequena tartaruga, como símbolo do seu amor, para subir com ele ao espaço.

A representação de *Eolomea* expressa uma mudança em relação aos voos espaciais heroicos das tradições americana e alemã oriental, nas quais o voo espacial era completado em uma questão de segundos, passados em uma "câmara criogênica", ou resolvido pelo "motor de dobra", "sobreposição do espaço" ou "portais de salto". Ele se afasta também do *2001* de Kubrick. Quando em última análise Kubrick questiona o lugar da humanidade no espaço, sua cinematografia celebra o progresso humano. As origens naturais da humanidade permanecem primordiais sem a intervenção de um extraterrestre/Deus invisível. Os instintos animais na famosa cena dos macacos são lentamente superados pelo pensamento racional, que culmina na exploração do espaço. A reprodução dos ritmos circulares da Terra havia permitido à humanidade criar a sua própria gravidade na estação espacial, um mundo primeiramente retratado como sendo mais preferível em sua sublime beleza tecnológica. A Terra foi deixada para trás.

Diferente de *2001*, *Eolomea* primeiro questiona o progresso do comunismo no espaço. Esse aspecto é mais aparente na representação das espaçonaves. Enquanto os exteriores de *Eolomea* foram feitos para parecer com a estação espacial e com a *Discovery* de Kubrick, os interiores são radicalmente diferentes. Ao invés dos imaculados interiores artificiais, as naves de *Eolomea* são marcadas pelo desgaste e melancolia humanos. A própria Luna Três não é mais um dispositivo novo, asséptico e avançado de alta tecnologia, e apresenta aqui as marcas da habitação humana. Sua pequena nave de transporte inclui adesivos de para-choque de uma Alemanha contemporânea que diz: "É terminantemente proibida a conversa entre passageiros do trem e o capitão durante o funcionamento." Há desenhos nas paredes, sinais de longas horas de ócio, um contraste com as personalidades socialistas modelo de *Signals*, que continuamente se ocupam de algum tipo de tarefa necessária e importante. Estes cosmonautas não ocupam meramente a sua estação, mas conferem a ela alguma humanidade, transformando-a em sua residência, senão em seu lar. Além disso, enquanto o *expertise* de HAL 9000 é legendário, o malfeito e confuso robô na estação espacial Margot de *Eolomea* serve chá para Scholl e Tal. A quase sagrada manutenção que Dave faz das funções da *Discovery* com HAL, contrasta com a celebração embriagada de Dan e seu parceiro Kun da passagem do Ano Novo no espaço. Kun havia trazido um despertador antiquado com ele, ao invés de usar o computador. Os dois cosmonautas repassam registros diários, filosofam e reclamam acerca da lenta passagem do tempo. De fato, a missão deles já não demonstra mais um progresso tangível rumo a um futuro comunista, considerando que esse estágio já foi alcançado. De fato, Erich Honecker[13] havia anunciado recentemente que a Alemanha Oriental havia atingido o socialismo de "existência real". Isso deixava apenas a ocupação muito menos romântica de monitorar e registrar o sistema existente.

A banalidade da vida diária no espaço foi o tema de uma seleta literatura de ficção científica da Europa do Leste, nos anos 1960 e 70. Yvonne Howell explora o conceito soviético de *byt* para descrever a monotonia da vida diária, que ela encontra nos escritos de Boris e Arkady Strugatsky.[14] Esse aspecto também é encontrado com frequência nas obras do escritor polonês Stanislaw Lem. Também está presente na adaptação de Andrei Tarkovsky do romance *Solaris* de Lem, lançada em março de 1972, apenas três meses antes de *Eolomea*. Aqui, também, a estação de pesquisa acima do planeta Solaris é cinzenta, dilapidada e agourenta. A artificialidade da estação como o Outro (sem mencionar a alteridade proposta pelo planeta inteligente) causa não apenas tédio, mas também perturbações psicológicas reais. Além de remodelar os seus alojamentos, os habitantes da estação tentam simular a Terra. Por exemplo, o Dr. Snaut mostra ao psicólogo Kris Kelvin como o Dr. Gibarian havia prendido tiras de papel a uma saída de ar para simular o som de folhas sopradas pelo vento. Todavia, isso falha em salvar a vida de Gibarian.

---

13 Erich Honecker (1912-1994) foi secretário geral do Partido da Unidade Socialista Alemã e líder máximo da Alemanha Oriental de 1971 até 1989, pouco antes da queda do Muro de Berlim. (N. T.)

14 Howell, 1994, p. 111. Os Strugatskys, que eram autores russos de ficção científica, foram populares na Alemanha Oriental (RDA) e influenciaram os escritores de FC da RDA.

Tarkovsky apresenta o que Simonetta Salvestroni chama de uma "estrutura binária [...] um diálogo entre mundo e antimundo", o mundo sendo a Terra e o antimundo sendo a atmosfera alienante da estação e do próprio planeta (Salvestroni, 1987, p. 295). Este encontro com o antimundo era central na crítica original de Lem à arrogância científica. Solaris era o primeiro contato, o objetivo primário da exploração espacial. Todavia, a ciência humana foi incapaz de compreender o planeta senciente. Quando o planeta tenta se comunicar pela imagem e materializa "visitantes" vindos do inconsciente dos cientistas, eles não conseguem abrir-se para o planeta. Ao invés, tornam-se preocupados demais com seus próprios sentimentos de culpa e remorso, associados com os "convidados" a quem recebem individualmente. Uma inabilidade de entender o eu impede o entendimento do outro, e a aceitação da diversidade (Salvestroni, 1987, p. 295). No *Solaris* de Lem, o que os cientistas não conseguem entender, eles tentam destruir, sujeitando o planeta à radiação.

A adaptação de Tarkovsky mantém a busca pela verdade interior como a sua mensagem suprema, mas o faz traçando um paralelo entre a alteridade do planeta Solaris e a da Terra. A despeito das contestações de Lem, Tarkovsky começa o seu filme com uma comprida cena na Terra e com sequências intercaladas de sonhos da visita de Kris Kelvin à *dacha* de seu pai. A tradição da *dacha* russa brota da necessidade de deixar a cidade insalubre e artificial, em favor da limpeza e renovação espiritual da vida no campo e com a natureza. O pai de Kris construiu essa casa porque ele ansiava por estar em contato com "uma natureza viva e não mecanizada" (Salvestroni, 1987, p. 296). Seu pai havia aprendido o valor do espiritual acima do material, um tema central que percorre muito da obra de Tarkovsky, e é uma das suas críticas principais ao materialismo marxista-leninista. Onde o comitê científico rejeita a noção de Solaris como senciente, o pai de Kelvin argumenta a favor do reconhecimento de sua existência, e pela realização do primeiro contato. Ele é capaz de fazer uma conexão espiritual com o seu planeta natal, a Terra, e assim consegue aceitar e se beneficiar da sua diversidade, tanto quanto a de Solaris. Para o pai de Kris, o antimundo é aquele da ciência, e o mundo é tanto Solaris quanto a Terra.

Assim como Solaris, a própria Terra se torna um protagonista no filme. Onde a estação espacial aparece em tons monótonos, apagados, a Terra é plena de cores ricas, vívidas e vibrantes. Ela é abundante e irrestrita, expressa por tomadas de chuva farta, os ritmos e sons naturais dos juncos no lago, os estalos da fogueira, e o cavalo vagando livremente nos terrenos. Antoine de Baecque observa que "a Terra no trabalho de Tarkovsky possui uma força real de autonomia, de resistência, de destruição" (De Baecque, 1986, p. 24). Essa oposição é mais evidente na Zona em *Stalker* (dir: Andrei Tarkovsky, 1980). Em *Solaris,* está dividida entre a frágil Terra e o seu *doppelgänger,* Solaris. A Terra é o local de nascimento de Kris. Mesmo no espaço, seus colegas cientistas demonstram a nostalgia deles por suas origens com as tentativas de criar o barulho da água. Somente pela rejeição e aceitação final da convidada *doppelgänger* de Kris, Hari, é que ele consegue não só reconciliar as contradições dentro de si mesmo quanto ao suicídio dela, mas também a dualidade entre a Terra e Solaris. A associação entre mulher/natureza/outro também não deve ser desprezada. É por meio de Hari que o planeta encontra representação no mundo material masculino. É a tentativa dela/do planeta de se tornar humano, e a aceitação final de Kris (do *status* dela como humano/outro), que leva ao *insight* dele. A cena final de Kris no planeta Solaris, na *dacha* simulada de seu pai representa uma união dos dois para ele. Kris veio a aceitar Hari e, consequentemente, ao planeta como outro. É a estação, o artificial, que se tornou o antimundo.

Em *Eolomea,* a Terra também se torna um personagem. Como em *Solaris,* as espaçonaves parecem desgastadas pelo uso. A Terra, por outro lado, é retratada como o paraíso verde luxuriante das Galápagos e a majestosa beleza das Montanhas Rhodope na fronteira sul da Bulgária com a Grécia. Uma conexão com nosso planeta como terra natal permanece importante tanto para Dan quanto para Kun, já que ambos trouxeram lembranças de lá. Em *Eolomea,* o antiquado despertador de Kun permite que ele saiba que horas são na Terra. Para ele, os ritmos naturais da Terra permanecem de primordial importância, ao contrário da atemporalidade do posto espacial. Dan sai para observar o pôr do sol a partir do asteroide, e se recorda dos poentes da Terra. A tartaruga de Dan não simboliza somente o seu amor por Maria, como também o conecta com a Terra. Mais uma vez, a Terra é feminilizada pelo fato de que o desejado retorno de Dan a ela também é duplicado por seu desejo de retornar a Maria. O fato de a tartaruga vir das Galápagos também conota a tremenda força vital que emana dessas ilhas, lar de uma vida animal e vegetal altamente incomum e frágil.

Entretanto, a representação da Terra por Zschoche permanece antropocêntrica, enquanto Tarkovsky garante à Terra/Solaris o *status* de um ser autônomo que empalidece a humanidade em significância e poder. Em *Eolomea,* as Ilhas Galápagos já não são mais um paraíso imaculado, são agora o quartel general do comitê científico mundial. De fato, o único traço de vida nas ilhas, além dos humanos e da vegetação, é a tartaruga de Dan. Conhecidas como sítio fundamental no desenvolvimento de *A Origem das Espécies,* de Darwin, as Galápagos simbolizam a habilidade da humanidade em deslindar um dos segredos primários da Natureza. Somado a isso, enquanto discutem as naves desaparecidas, Scholl e Tal estão empoleirados no topo das Montanhas Rhodope tomando chá em uma campina, como os deuses gregos. Tal até se refere a essas montanhas como o local de nascimento da lendária figura de Orfeu.

Eolomea também liga o retrato da Terra com sentimentos de nostalgia. Enquanto permanece na estação, Dan sonha com seu retorno final à Terra e à sua Maria. Ele havia voltado ao espaço por ordem de Maria. Contudo, a despeito do desejo de Dan pela Terra/Maria, quando ele decide juntar-se à missão até Eolomea, esta opção é restrita ao passado idealizado. Sua expressão "Cosmos nunca mais!", do início do filme, se torna "Terra nunca mais!", pois Eolomea é tão distante que ninguém voltará à Terra novamente, em seu tempo de vida. Kun também é tomado de nostalgia pela Terra. No estilo de Tarkovsky, o personagem imagina a visita de Sima como um passeio de barco. Na sequência do sonho, Sima é um menino vestido com uma roupa de marinheiro, e ele e Kun partilham um belo dia juntos na água. Os juncos e a água aludem aqui diretamente à cena inicial de Tarkovsky em *Solaris* e à visita de Kris ao seu pai. Todavia, essa nostalgia do passado prova ser apenas o desejo errôneo de um homem mais velho, cujo filho cresceu para se tornar o líder da expedição dissidente a Eolomea.

A percepção nostálgica da Terra leva à abordagem da complexa noção de *Heimat,* ou terra natal. Na Alemanha, esse conceito é identificado com o lugar de nascimento, as primeiras experiências de alguém, e a infância, tanto quanto com a língua. Ela ganhou sua significância moderna e mítica como resultado de movimentos em massa do interior para a cidade. A identidade idealizada, regional ou rural, torna-se então um lugar de refúgio simbólico na face da alienação urbana, perda da comunidade, e perda da individualidade. Esse patriotismo regional foi facilmente explorado pelos nacional-socialistas, e não foi integrado com facilidade à ideologia marxista-leninista da Alemanha Oriental. Elizabeth Boa e Rachel Palfreyman escrevem sobre a necessidade de dar a essa nova terra natal um apelo a todas as gerações como sendo um desafio perene à RDA, o qual havia se tornado incontornável no final dos anos 1960. Além disso, Boa e Palfreyman sublinham a necessidade de reconciliar a visão marxista da modernização levando à alienação do trabalho com seu entendimento de que a vinda da modernização levaria ao comunismo, e à criação de uma classe trabalhadora *Heimat* urbana. Definições iniciais assinalavam uma necessidade oficial "de mostrar a RDA como aberta para o futuro, como um lugar para se *trabalhar* na transformação em *Heimat,* que tinha que ser equilibrado com a da RDA como um lugar já agradável para se *ficar*" (Boa e Palfreyman, 2000, p. 134). Uma tensão persistia entre o mito fechado do retorno a um passado, e a simultânea sujeição desse passado à dialética e ao *status* de uma utopia ainda não presentificada.

Sob a perspectiva da dicotomia campo/cidade - na qual a cidade é vista como o espaço de alienação e artificialidade, enquanto o campo representa o retorno à natureza, lar orgânico da humanidade -, em *Eolomea* a cidade equivale ao espaço exterior, alienígena, lugar inóspito para o ser humano, enquanto o planeta equivale ao campo; a Terra é aqui a Mãe-Terra, representação da natureza provedora. O conflito entre novo e velho é aquele entre artificial e natural, o qual ameaça o modo tradicional de existência e moralidade humanas. Dan é o alienado protagonista principal, que anseia por sua Terra *Heimat*. É o indivíduo que perdeu sua identidade e anseia por encontrar suas raízes. Essa narrativa desafia o realismo utópico. Todavia, no final ele decide renunciar à Terra e segue o grupo de jovens aventureiros em sua busca. Com essa decisão, Dan descobre que essas raízes não são tão importantes quanto o novo objetivo. Em essência, *Eolomea* pode ser lido como um filme *anti-Heimat*. Ele termina por apoiar a visão marxista-leninista de uma comunidade internacional de trabalhadores como *Heimat*. Não é a identidade nacional ou regional que define uma pessoa, mas a identidade de classe.[15] A família e o amor romântico também deixam de ser valorizados acima da irmandade do trabalhador/cientista. Maria, afinal, é quem está investigando as naves desaparecidas, e o faz estritamente pela cartilha. Dever acima do amor. Dan finalmente enxerga isso e é reintegrado à ordem social de uma nova geração que havia escolhido espalhar alguma forma de comunismo pelas estrelas.

No fim, *Eolomea* então retém a sua mensagem utópica realista. A nova geração, liderada pelo filho de Kun, Sima, abraça um novo sonho utópico de sua própria criação. Todavia, esses não são indivíduos isolados que desistiram da sociedade. Eles estão, pelo contrário, unidos em sua imagem ideal de Eolomea. Além disso, a presença do mandante soviético, Tal, o representante do país no qual "o futuro já é a realidade de hoje", garante legitimidade ideológica à insatisfação da nova geração com o sistema existente. Nenhuma utopia alternativa é oferecida na história. À assistente de Sima, Kun somente afirma que "Eolomea significa tudo para nós". O entusiasmo partilhado pela descoberta, pelo primeiro contato, é mais enfatizado do que Eolomea como sendo um lugar melhor, concretamente.

15 O tratado de Günther Lange de 1973 sobre *Heimat* na Alemanha Oriental enfatizava a importância de um *Heimat* regional. Ele acentuava a identificação com as várias regiões da Alemanha Oriental (Saxônia, Brandenburgo etc.). Anteriormente, a política oficial da RDA havia acentuado a irmandade internacional de trabalhadores e a localização da Alemanha Oriental dentro dessa comunidade, com a União Soviética como líder. Como pode ser visto, *Eolomea* apresenta uma visão futura na qual o nacionalismo já não existe mais, e, derradeiramente, nem a *Heimat*. O discurso da Terra/Maria desafia isso até um certo limite.

O fim, contudo, permanece ambíguo, graças a uma conotação mais final da palavra "primavera". A partir de certo ponto de vista, o grupo se coloca no verdadeiro espírito do comunismo, sacrificando qualquer contato futuro com o lar Terra como a "Personalidade Socialista" o faria em nome do comunismo. A leitura alternativa, subversiva de *Eolomea* está em sua referência à Primavera de Praga em 1968. Esta segunda interpretação enxerga um grupo que deixa para trás uma Terra estagnada, com nada a oferecer à nova geração, e que parte para encontrar o novo sistema de Eolomea. Contudo, não há qualquer menção no filme de que essas espaçonaves estejam rumando para portos ocidentais. Mesmo essa alusão permanece dentro das fronteiras do socialismo, embora sendo o "socialismo com uma face humana" de Alexander Dubček, o qual havia sido decididamente rejeitado pela Alemanha Oriental em 1968.[16]

De um modo ou de outro, a Terra como *Heimat* é deixada para trás. Aqui *Eolomea* se afasta tanto de *2001* quanto de *Solaris*. Onde ambos, Kubrick e Tarkovsky, retornam derradeiramente a uma meditação sobre as limitações terrenas da humanidade, Zschoche mantém a fé em um inevitável futuro socialista entre as estrelas.[17] Em última análise, o filme sublinha o maravilhamento em relação ao espaço e ao lugar da humanidade no universo, encontrado no início de *2001*. Assim, *Eolomea* cria uma realidade alternativa ficcionalmente sancionada pelos soviéticos, na qual existe um espaço livre para se recomeçar e para se construir um sistema socialista dinâmico novo e ainda melhor, no lugar de um velho sistema estático que já havia terminado.

Bibliografia

DE BAECQUE, Antoine. "L'Homme de Terre." *Cahiers du cinema*, Paris, n.º 386, 1986. p. 23-24.

BEINDORF, Claudia. *Terror des Idylls. Die kulturelle Konstruktion von Gemeinschaften in Heimatfilm und Landsbygdsfilm 1930-1960.* Die kulturelle

---

16 A RDA contribuiu com um número significativo de tropas para a invasão de Praga pelo Pacto de Varsóvia.

17 Para Kubrick, a revelação da jornada a Júpiter e o "passeio" de Dave, seja ele induzido por drogas ou causado pelo obelisco, derradeiramente conduz de volta à Terra. Chion também lê o final como uma confirmação fatalista da "impossibilidade de se escapar do berço" que ele enxerga no coração da obra de Kubrick (Chion, 2001, p. 2). Ao invés, ele crê que o Bebê Espacial vê a Terra com novos olhos e descobre que as respostas da vida estão lá, e não nas estrelas.

Konstruktion von Gemeinschaften im Modernisierungsprozeß 5. Baden-Baden: Nomos Verlagsgesellschaft, 2001.

BIRD, Robert. *Andrei Tarkovsky. Elements of Cinema*. London: Reaktion Books, 2008.

BLOCH, Ernst. *Freiheit und Ordnung* New York: Aurora Verlag, 1946.

______. *The Principle of Hope*. 3 vols. Traduzido por Neville Plaice, Stephen Plaice e Paul Knight. Cambridge, MA: The MIT Press, 1986.

BOA, Elizabeth; PALFREYMAN, Rachel. *Heimat. A German Dream*. Oxford, New York: Oxford University Press, 2000.

CHION, Michel. *Kubrick's Cinema Odyssey*. Traduzido por Claudia Gorbman. Londres: British Film Institute, 2001.

CLAUS, Horst. "Rebels with a Cause: The Development of the 'Berlin-Filme' by Gerhard Klein and Wolfgang Kohlhaase." In: ALLAN, Séan; SANDFORD, John (orgs.). *DEFA. East German Cinema 1946-1992*. Nova York; Oxford: Berghahn Books, 1999.

"Cosmonaut Dreams – Made in Babelsberg". Entrevista. *Eolomea* DVD. Dir.: Hermann Zschoche. University of Massachusetts-Amherst, DEFA Film Library; First Run Features, [1972] 2005.

EMMERICH, Wolfgang. *Kleine Literaturgeschichte der DDR*. Rev. Ed. Frankfurt/M: Luchterhand, 1997.

ENGELS, Friedrich. "Socialism: Utopian and Scientific." In: TUCKER, Robert C. (org.). *The Marx-Engels Reader*. Nova York: Norton, 1978, p. 683-717.

Eolomea. Bundesarchiv Berlin-Lichterfelde DR 117 – 2895, 3025/26 and DR 1 Z 556.

Eolomea. Filmarchiv-Bundesarchiv, Berlin "Eolomea" HV182 F99.

FEINSTEIN, Joshua. *The Triumph of the Ordinary. Depictions of Daily Life in the East German Cinema. 1949-1989*. Chapel Hill e Londres: University of North Carolina Press, 2002.

GIANVITO, John, ed. *Andrei Tarkovsky. Interviews*. Jackson: University of Mississippi Press, 2006.

HOWELL, Yvonne. *Apocalyptic Realism: the SF of Arkady and Boris Strugatsky*. Nova York: Lang, 1994.

KANNAPIN, Detlef. "Peace in Space – Die DEFA im Weltraum. Anmerkungen zu Fortschritt und Utopie im Filmschaffen der DDR". In: HÖRNLEIN, Frank e Herbert HEINECKE (orgs.). *Zukunft im Film*. Reihe Bildwissenschaften Band 6. Magdeburg: Scriptum Verlag, 2000, p. 55-69.

KOLKER, Robert, ed. *Stanley Kubrick's 2001: A Space Odyssey*. Oxford: Oxford University Press, 2006.

LANGE, Günter. *Heimat. Realität und Aufgabe. Zur marxistischen Auffassung des Heimatbegriffs*. Berlim (Oriental): Akademie-Verlag, 1973.

LUKACS, György. *Ész trónfosztása. The Destruction of Reason*. 1952. Traduzido por Peter Palmer. Atlantic Highlands, NJ: Humanities Press, 1981.

Der Mann mit dem Objektiv. Dir.: Frank Vogel. (1961) Bundesarchiv-Filmarchiv, Berlin "Der Mann mit dem Objektiv" 10871, p. 1-6.

MARTIN, Sean. *Andrei Tarkovsky*. Harpenden, Pocket Essentials, 2005.

NELSON, Arvid. *Cold War Ecology. Forests, Farms, and People in the East German Landscape. 1945-1989*. New Haven; Londres: Yale University Press, 2005.

RAUHUT, Michard. *Beat in der Grauzone. DDR-Rock 1964 bis 1972 – Politik und Alltag*. Berlim: BasisDruck Verlag GmbH, 1993.

REDLIN, Ekkehard. "Die utopische Dimension." *Neue Deutsche Literatur*, Berlim Oriental, n. 10, vol. 16, p. 166, 1968. "Regelung der Tätigkeit von Verlagen und Druckereien und der Herausgabe von Druckschriften durch den Präsidenten der Deutschen Verwaltung für Volksbildung in der sowjetischen Besatzungszone." (1948) Barch DR 2/1149 pp. [Bl.] 1–19.

SALVESTRONI, Simonetta. "The Science-Fiction Films of Andrei Tarkovsky." Traduzido por R.M.P. *Science-Fiction Studies*, Greencastle, Indiana, EUA, vol. 14, p. 294-306, 1987.

SCHÖNFELDER, Jan. *Mit Gott gegen Gülle: die Umweltgruppe Knau/Dittersdorf 1986 bis 1991: eine regionale Protestbewegung in der DDR*. Beiträge zur Geschichte und Stadtkultur, Bd. 7. Rudolstadt: Hain, 2000.

SCHRÖDER, Gustav. "Zur Geschichte der utopischen Literatur in der DDR." In: SCHRÖDER, Gustav (org.). *Potsdamer Forschungen. Untersuchungen zur sozialistischen Unterhaltungsliteratur*. Gesellschaftswissenschaftliche Reihe A Heft 16.Pädagogische Hochschule "Karl Liebknecht," Potsdam 1975, p. 31-47.

SILBERMANN, Marc. *German Cinema: Texts in Context*. Detroit: Wayne State University Press, 1995.

SOLDVIERI, Stefan. "Socialists in Outer Space. East German film's Venusian adventure." *Film History*, OshKosh, Wisconsin, EUA, n. 3, vol. 10, *The Cold War and the Movies*, 1998, p. 382-98.

STOEHR, Kevin L. "2001: A Philosophical Odyssey." In: SANDERS, Steven M. (org.). *The Philosophy of Science Fiction Film*. Lexington: The University Press of Kentucky, 2008, p. 119-33.

STOTT, Rosemary. "Continuity and Change in GDR Cinema Programming Policy 1979-1989: The Case of the American Science Fiction Import." *German Life and Letters*, London, n.º 1, vol. 55, p. 91-99, 2002.

TUROVSKAYA, Maya. *Tarkovsky. Cinema as Poetry*. Tradução, Natasha Ward. Londres; Boston: Faber and Faber, 1989.

VONAU, Ingolf. "Das 70-mm-Filmformat in der DDR." In: POLZER, Joachim (org.). *Aufstieg und Untergang des Tonfilms. Weltwunder der Kinematographie. Beiträge zu einer 6. Ausgabe 2002*. Potsdam: Buchverlag Polzer Media Group, 2002, p. 423-39.

ZSCHOCHE, Hermann. Conversa Pessoal Telefônica. 2 jun 2003.

ZULASSUNG ZUM FILM *EOLOMEA* (1972). Filmarchiv-Bundesarchiv, Berlin "Eolomea", HV182 F99: 1-10.

NO ESPAÇO NINGUÉM PODE OUVIR SEUS GRITOS:

Ficção científica, horror e viagens interplanetárias

Lúcio De Franciscis dos Reis Piedade

O espaço. A fronteira final.

Desde a antiguidade, a humanidade especula o que poderia existir para além das estrelas. Assombrados por aquela vastidão infinita, os homens criaram seus deuses, as moradas celestiais, hostes de anjos, signos zodiacais e criaturas maravilhosas. Elementos oriundos de uma natureza além da conhecida, responsáveis pela criação e interação do homem com o mundo. De acordo com Chevalier e Gheerbrandt (1989, p. 227), o céu seria "uma manifestação direta da transcendência, do poder, da perenidade, da sacralidade: aquilo que nenhum vivente da terra é capaz de alcançar". Além disso, seria para os citados autores

> símbolo complexo da ordem sagrada do universo, que ele revela pelo movimento circular e regular dos astros, e que esconde sugerindo apenas a noção de ordens invisíveis, superiores ao mundo físico, a ordem transcendente do divino e a ordem imanente do humano (1989, p. 277).

Mas esse espaço imensurável também sugeria, em suas trevas, terrores que alimentavam a imaginação e enchiam de maus presságios os corações. O que vai de acordo com inspirado comentário de Carl Sagan de que, da mesma maneira que os deuses cuidam de nós e orientam nossos destinos, outras entidades, mais malévolas, são responsáveis pela existência do mal. E que "ambas as classes de seres, tanto faz se consideradas naturais ou sobrenaturais, reais ou imaginárias, servem às necessidades humanas" (Sagan, 2006, p. 138).

Conforme o escritor Howard Phillips Lovecraft, "a emoção mais forte e mais antiga do homem é o medo, e a espécie mais forte e mais antiga de medo é o medo do desconhecido". De acordo com ele,

> o desconhecido, sendo igualmente o imprevisível, tornou-se para os nossos avós primitivos uma onipotente e terrível fonte de bênçãos e calamidades despejadas sobre a humanidade por razões impenetráveis e inteiramente extraterrenas, portanto pertencentes a esferas de existência de que nós nada sabemos e em que nada participamos. (Lovecraft, 1987, p. 3)

Sendo assim, nada mais coerente que as primeiras narrativas girassem em torno de monstros, demônios e mundos misteriosos. Amparadas pelo desenvolvimento tecnológico e pelas mudanças na maneira de pensar através da história, essas narrativas foram se modificando e, através delas, novos desafios, crenças e temores ganharam corpo. Muitas delas traduzindo de modos particulares o medo instintivo perante o indizível - fazendo presente, como sugere Lovecraft, "uma certa atmosfera de terror sufocante e inexplicável ante forças externas ignotas" (1987, p. 5). Na mesma página o escritor alude também "à mais terrível concepção da inteligência humana – uma suspensão ou derrogação particular das imutáveis leis da natureza, que são a nossa única defesa contra as agressões do caos e dos demônios do espaço insondado". Portanto, novamente remetemos a Sagan, quando este questiona se não seria natural, numa época como a nossa, "cobrir os antigos deuses e demônios com vestes científicas e chamá-los de alienígenas" (2006, p. 138).

Olhe para o céu...

Para o escritor Stephen King, o verdadeiro terror começou numa tarde de outubro de 1957. Acabara de completar dez anos e estava num cinema no centro da cidade de Stratford, Connecticut. Assistia a *A Invasão dos Discos Voadores* (*Earth vs. The Flying Saucers*, 1956) quando, na parte final do filme, a projeção foi interrompida e as luzes acesas. O gerente solenemente se encaminhou para o meio do palco pedindo silêncio e anunciou que os russos tinham acabado de colocar um satélite em órbita. De acordo com o escritor:

> Essa informação foi brindada com silêncio absoluto, sepulcral. Nós permanecemos ali. (...) De alguma maneira aquilo tinha sido a prova. A prova de que os russos nos haviam vencido no espaço. Sinal triunfante disso era que em algum lugar acima de nossas cabeças havia uma bola eletrônica que tinha sido concebida e construída sob a Cortina de Ferro. (...) Ela estava lá em cima e se chamava Sputnik. (...) E, naquele contexto, o filme recomeçou em Stratford com a voz soturna e desafinada dos extraterrenos se espalhando por todos os lados: - Olhe para o céu... um aviso virá dos céus... olhe para o céu... (King, 1989, p. 1-13)

Para melhor compreendermos o sentimento de Stephen King, devemos ter em mente o contexto dos anos 50, quando a sociedade norte-americana do pós-guerra, confrontada com a Guerra Fria e com o terror nuclear (desde 1949 já não eram mais os únicos a dominar o átomo) se deu conta de que algo sombrio se descortinava por trás das promessas de prosperidade e progresso - o que vai influenciar decisivamente a produção cinematográfica e, bastante significativamente, a ficção científica. A ingenuidade que permeava as produções dos anos 1940, de monstros "domesticados" ou prenunciando sociedades utópicas e avanços tecnológicos, relacionada com a euforia que seguiu o fim da guerra, foi suplantada pelas incertezas e temores dos novos tempos. Voltemos mais uma vez a King e sua experiência no cinema de Stratford. Segundo o escritor (King, 1989, p. 10-12), "os filhos da guerra" eram solo fértil para a semente do terror, tendo sido "criados numa estranha atmosfera circense de paranóia, patriotismo e orgulho nacional". Os Estados Unidos estavam no topo, substituindo a Inglaterra na liderança mundial e com a menor taxa de desaparecidos e feridos entre todas as grandes potências envolvidas na guerra. Diz ele:

> Que mundo se descortinava sobre nós! Ele fora todo esquematizado nas histórias de Robert A. Heinlein, Lester del Rey, Alfred Bester, Stanley Weinbaum e dezenas de outros. (...) Esses autores nos diziam que o espaço seria mais que conquistado; ele seria... desbravado. Agulhas de prata cortando o vácuo, seguidas de foguetes flamejantes pousando gigantescas naves em planetas alienígenas, seguidos por caravanas repletas de audaciosos homens e mulheres (americanos, desnecessário dizer) transbordando espírito pioneiro (...) Esse foi o berço da teoria política elementar e da utopia tecnológica em que eu e um grande número de outros filhos da guerra fomos criados até aquele dia de outubro, quando o

> berço foi rudemente desmantelado e nós despencamos. Para mim, foi o fim do doce sonho e o começo do pesadelo. (*Ibidem*)

O cinema de horror, também influenciado pelos novos ares, rendeu-se à ficção científica com que sempre andou de mãos dadas, deixando o sobrenatural para trás com seus góticos castelos empoeirados e assombrações. Voltou as atenções para o espaço sideral, cientistas loucos, experiências diabólicas e radiação, tornando mais tênues as fronteiras que porventura existiram entre ficção científica e horror. Foi o período em que monstros gerados pela radioatividade colocavam em perigo seus semelhantes, invasões interplanetárias tornavam-se iminentes e astronautas entravam em apuros quando se deparavam com alienígenas pouco amistosos. Já se tornou senso comum dizer que esses filmes refletiam nas telas a corrida espacial e armamentista, o terror da aniquilação nuclear e a paranoia política americana com sua fobia ao comunismo no apogeu da Guerra Fria. E que muitos dos invasores extraterrestres daqueles filmes eram, na verdade, representação do inimigo – o temor personificado do "eles estão entre nós" tão comum em filmes como *O Monstro do Ártico* (*The Thing from Another Worl*, 1951), de Christian Nyby – produzido por Howard Hawks - *e Vampiros de Almas* (*Invasion of the Body Snatchers*, 1956), de Donald Siegel. Mas também devemos relevar que foi essa época que viu florescer o mito dos discos voadores e suas derivações, configurando um sistema de crenças que vai transitar entre o científico e o esotérico. Podemos estabelecer a partir daí duas correntes que irão influenciar significativamente parte da produção de ficção científica relacionada ao espaço e seus mistérios, e dar margem a exercícios de horror dentro dessa vertente. A primeira delas deriva do que é considerado o ponto de partida das especulações sobre os discos voadores: o avistamento de luzes brilhantes pelo piloto civil Kenneth Arnold quando sobrevoava o estado de Washington em seu monomotor (junho de 1947) e, poucos dias depois, a lendária queda de uma dessas naves nas proximidades da cidade de Roswell, no Novo México. Estes supostos incidentes não só inauguraram a era do disco voador, mobilizando tanto políticos e militares – que viam a agitação provocada pelo fenômeno como uma ameaça à segurança nacional – quanto jornalistas, escritores e produtores de cinema. Criava-se um poderoso ícone, logo incorporando à cultura de massas.[1]

1 A famigerada Área 51, base militar americana no deserto de Nevada, continua sendo, até hoje, objeto de especulações acerca de teorias da conspiração envolvendo alienígenas. Sendo proibida a entrada de civis sem autorização na base que é área de testes da Força Aérea americana, turistas e curiosos se contentam em visitar as cercanias da Área 51, hospedando-se em paragens pitorescas como o Little A'Le'Inn (http://littlealeinn.com/), em Rachel, NV (N. do O.).

A segunda corrente, de pendão esotérico, estabeleceu-se mais tardiamente, nos primeiros anos da década de 1960, dando um caráter sobrenatural ao tema: os ataques e sequestros de pessoas por alienígenas, seja em estradas escuras ou no próprio quarto de dormir. Esses indivíduos seriam cobaias em dolorosas experiências e exames, pontuados por relações sexuais forçadas ou inseminação artificial em mulheres, as quais teriam depois retirados seus fetos híbridos.

O cinema de ficção científica, que já mandava homens ao espaço e lidava com seres extraterrestres desde a divertida expedição lunar de Méliès em *Viagem à Lua* (*Le Voyage dans la Lune*, 1902), encontrou nesse momento singular respaldo para novas abordagens. E se algumas produções passaram a ver os seres de outros planetas como semi-deuses preocupados com os rumos da nossa civilização – como o poderoso e messiânico Klaatu de *O Dia em que a Terra Parou* (*The Day the Earth Stood Still*, 1951) -, a maior parte viu boas bilheterias na exploração do medo do desconhecido e das ameaças de destruição, caracterizadas na composição de monstruosidades disformes dispostas a conquistar o planeta. Não entraremos nesse ponto em discussões bizantinas sobre as diferenças entre o cinema de ficção científica e o de horror, nem tentaremos demarcar territórios, sendo a linha fronteiriça entre os mesmos bastante sutil. Como sugere Stephen King, esse problema de definição é uma cilada (King, 1989, p. 18), principalmente se levarmos em conta que vários filmes de horror estão fundamentados numa base científica e inúmeros de ficção científica se estruturam de forma semelhante às produções de horror. Nesse sentido, concordamos com Noel Carroll, segundo o qual essa suposta distinção é

> muitas vezes proposta por especialistas em ficção científica, à custa do horror. Para eles, a ficção científica explora grandes temas, como sociedades ou tecnologias alternativas, ao passo que o gênero do horror é realmente um negócio de monstros aterrorizantes. Os defensores da ficção científica, por exemplo, costumam dizer que o que geralmente passa por ficção científica no cinema é na verdade apenas horror – uma série de exercícios na arte dos monstros de olhos arregalados. (...) Que os monstros sejam uma característica do horror é uma idéia útil. No entanto, ela não fará o trabalho que os entusiastas da ficção científica lhe atribuem. (...) Nem tudo o que estão propensos a chamar de ficção científica preocupa-se com altos pensamentos sobre sociedades e tecnologias alternativas". (1999, p. 29)

Nesse sentido, nos inclinamos a considerar as fronteiras entre esses gêneros fluidas, pensando em um sistema de aproximações e de inter-relações onde o horror se insere numa trama estabelecida a partir de um sistema de convenções que tem como fonte primária a ambiência da ficção científica. Nesse caso, uma ficção científica de caráter aterrador, um universo hostil formado por distopias, alienígenas monstruosos, invasões, destruição em massa e mundos ameaçadores.

O horror está lá fora

O horror de uma invasão alienígena foi vivenciado pela primeira vez pelos terráqueos na costa leste dos Estados Unidos, na noite de *halloween* de 1938. E o mais interessante: em uma peça pregada pelo futuro diretor de *Cidadão Kane* (*Citizen Kane*, 1941), Orson Welles. Transmitida na forma de notícias e entrevistas pelo rádio, meio bastante popular na primeira metade do século XX, essa versão de *A Guerra dos Mundos* (*The War of the Worlds*, 1898) do escritor H. G. Wells criou pânico entre ouvintes. Advertia, já naquele ano, que poderia não ter bons resultados a vinda de extraterrestres ao nosso mundo. Importante escritor de ficção científica, Wells não só deixou um surpreendente número de escritos de horror, como era um especialista em incluir ideias apavorantes em suas tramas científicas. Tendo angariado severas críticas pelas "aterrorizantes cenas, beirando a blasfêmia (Kyle, 1976, p. 34), em seu romance *A Ilha do Dr. Moreau* (*The Island of Dr. Moreau*, 1896), tornou a agitar o circuito literário com os monstros assustadores, batalhas ferozes e a destruição de Londres pelas forças alienígenas.

A Guerra dos Mundos encontrou na paranoia dos anos 1950 ambiente propício para um dos mais assustadores filmes de invasão do período. Dirigido por Byron Haskin e produzido por George Pal em 1953, sua versão homônima serviu de matriz para o que seria produzido no restante dos anos 1950 e boa parte da década seguinte, quando nosso pobre planeta sobreviveu a bolhas assassinas (*The Blob*, 1958), homenzinhos verdes maléficos (*Invasion of the Hell Creatures*, 1957) e morcegos espaciais (*It Conquered the World*, 1956).[2]

Mais do que qualquer escritor até então, entretanto, foi um contemporâneo de Wells que estabeleceu as bases sobre a qual se desenvolveria a ficção científica

2 A primeira adaptação de *A Guerra dos Mundos*, dirigida por Haskins, abandona uma matriz visual para os alienígenas e sua tecnologia que só seria retomada anos depois por Steven Spielberg em sua releitura cinemática do célebre romance de H. G. Wells, estrelada por Tom Cruise. Essa matriz visual à qual nos referimos, dos alienígenas com aparência cefalópode e suas máquinas de destruição semelhantes a aranhas ou octópodes mecânicos foi obra e criação de um brasileiro, Henrique Alvim Corrêa (1876-1910), artista que assinou as ilustrações da edição belga de 1906 de *A Guerra dos Mundos*, de Wells (N. do O.).

de horror. Howard Philips Lovecraft, já citado, desafiou a imaginação de seus leitores com histórias que davam um sentido mais oculto e assustador (e menos científico) às ideias sobre civilizações extraterrestres. Em seus livros ele instituiu, em narrativas que se complementam, uma mitologia elaborada e consistente, onde o ser humano é insignificante perante seres mais poderosos e inteligentes oriundos de mundos desconhecidos. Eles teriam habitado o planeta muito antes do surgimento do homem, deixando ruínas de suas civilizações em locais inalcançáveis, sendo sua terrível influência (maldições ancestrais) perceptível para alguns indivíduos que mergulham em indescritível horror. As ideias de Lovecraft, que ainda hoje transcendem a maior parte dos paradigmas do horror e da ficção científica, chegaram às telas em 1963, na produção da American International *O Castelo Assombrado* (*The Haunted Palace*), livre adaptação de *O Estranho Caso de Charles Dexter Ward* (*Case of Charles Dexter Ward*) pelo escritor de ficção científica e roteirista Charles Beaumont para a obra de Lovecraft. No filme, dirigido por Roger Corman e enganosamente creditado também "a um poema de Edgar Allan Poe" (para fazer crer se tratar de mais um título do ciclo baseado nas obras de Poe), o descendente do feiticeiro Joseph Curwen (Vincent Price), queimado um século antes, chega ao vilarejo de Arkham para tomar posse da mansão de seu ancestral. Acaba possuído pelo espírito de Curwen que pretende, além de se vingar dos sucessores de seus algozes, retomar sua obra profana. Se temos em *O Castelo Assombrado* todos os elementos do horror gótico – castelos sinistros, antigas maldições, possessão espiritual, grimórios[3] proibidos -, é na ficção científica que o mesmo se sustenta, ao vincular a esses tópicos tão caros à narrativa de horror temas como intervenção alienígena e hibridismo. No caso, a criatura a quem Curwen e seus asseclas prestam obediência, é um extraterrestre verde (os "deuses antigos" de Lovecraft), que reside nas profundezas do porão da mansão e acessa a superfície para copular com as mulheres a ele oferecidas. O resultado desse cruzamento mal-sucedido foram gerações de criaturas mutantes.

Mas se eles vêm até nós (com motivos nefastos ou não), nós também vamos até eles. É o que mostraram novamente os russos, ao mandarem para o espaço a nave Vostok I em abril de 1961. Este feito aceleraria a corrida espacial e resultaria no pouso da Apollo 11 na superfície lunar. Por sua vez, relatos envolvendo discos voadores e contatos imediatos tornavam-se cada vez mais frequentes e rocambolescos. Fitando o espaço, milhares de olhos indagavam: que horrores esperam além das estrelas? O cinema iria responder a essa questão com uma abordagem mais adulta e séria ainda na década de 1950.

3 Coletâneas medievais de feitiços, fórmulas mágicas e rituais.

No espaço ninguém pode ouvir seus gritos

Podemos demarcar o final dos anos 1950 até meados da década seguinte como o momento em que se cristalizou o que vamos chamar de horror espacial, com uma aproximação mais madura das consequências nefastas da interação do homem com os mistérios do espaço e elementos alienígenas. O que se deve a alguns filmes que, independente de bilheteria ou sucesso de crítica, serviram para estabelecer parâmetros – notadamente influenciados pelas ideias lovecraftianas de um "horror cósmico", ainda atuantes mais de trinta anos depois. Vale relembrar que a filmografia de ficção científica da década de 1960, se ainda abria espaço para as produções de baixo orçamento e monstruosidades de borracha, começava a trilhar um novo caminho buscando maior seriedade na abordagem dos já conhecidos temas. E não partiu de nenhum estúdio norte-americano uma das produções pioneiras nessa senda, mas de uma pequena e ainda desconhecida companhia inglesa: a Hammer Films, mais tarde famosa por sua série de filmes que revitalizaram os monstros da Universal. Produzido por Michael Carreras e Anthony Hinds, *Terror que Mata (The Quatermass Xperiment, 1955* - com essa ortografia arranjada para enfatizar o "X" que determina o certificado de filme somente para adultos) – foi o primeiro empreendimento do estúdio a tornar-se um grande sucesso internacional. Derivado da série de TV criada por Nigel Kneale para a BBC entre julho e agosto de 1953, o filme dirigido por Val Guest narra a história do professor Quatermass (Brian Donlevy), o homem que pôs no espaço o primeiro foguete britânico e investiga o desaparecimento de dois astronautas em seu retorno. O único sobrevivente foi afetado por misteriosas mutações e lentamente sucumbiu à força alienígena que fez dele hospedeiro. Transformado em um ser com a capacidade de disseminar crias que eventualmente se espalhariam pelo planeta, acaba eletrocutado na Abadia de Westminster após ser perseguido pela agência espacial e pela polícia. Com roteiro e atmosfera bem superior ao que se fazia nos Estados Unidos, o filme é ousado e assustador na caracterização do desafortunado Victor Carroon (Richard Woodsworth) como o astronauta que vai se decompondo em vida enquanto vaga pelas ruas de Londres, assumindo a forma de seu parasita.

Mas se *Terror que Mata* ainda se insere dentro da linha da invasão por forças alienígenas que poderiam estar de olho em nosso planeta, é marcante por ser motivador dessa intrusão a intermediação humana em um habitat notadamente externo, no caso o espaço. Fator determinante para o questionamento de que, se os extraterrestres vêm até nós, o que aconteceria quando fossemos até eles? O cinema de ficção científica vai responder a essa pergunta através da ideia bastante pertinente da possibilidade de não só encontrarmos coisas ruins lá em cima, mas de trazermos coisas ruins de volta conosco. Situação que vai ser sentida na pele pelos expedicionários espaciais da produção de 1958 *It! The Terror from Beyond the Space*, dirigida por Edward L. Cahn. Importante por ser um passo significativo para o estabelecimento do horror espacial, reunindo os elementos constitutivos dessa modalidade narrativa, construída a partir do envolvimento de expedições de astronautas nas mais insólitas e assustadoras situações, seja em territórios hostis ou dentro de naves interplanetárias. *It!*, que pode ser considerado o precursor mais próximo de *Alien, o Oitavo Passageiro* (*Alien*, 1979), de Ridley Scott, com exceção de uma rápida introdução e conclusão em solo terrestre, se passa inteiramente no interior de um foguete interplanetário. E de forma semelhante (ainda que menos aprofundado, sem grandes conflitos) descreve o dia a dia da tripulação, que resgatou em Marte o Coronel Edward Carruthers, único sobrevivente de uma missão anterior, acidentada no planeta vermelho em 1973. Acusado de assassinar seus comandados para que usufruísse sozinho dos mantimentos, seu destino seria a corte marcial na Terra. Alegando inocência, culpa uma monstruosa forma de vida pelos crimes, sendo desacreditado até começar uma sequência de desaparecimentos e mortes brutais no interior da nave. Devemos ter em mente que *It!* foi rodado mais de cinquenta anos atrás, com evidente baixo orçamento, o que só valoriza a sua consistência dramática e desenvolvimento do ambiente de suspense que logo se transforma em horror. Cahn foi bastante eficiente em transmitir a situação de claustrofobia e medo do grupo de seres humanos encerrados num cilindro de metal, sem possibilidade de fuga. Os únicos obstáculos entre eles e a criatura aparentemente indestrutível e de força sobre-humana eram as comportas que separavam as câmaras do foguete, que ela transpunha, ceifando vidas e acuando cada vez mais os sobreviventes.

Pouco depois, em 1963, uma das mais atípicas e estranhas produções de ficção científica do período foi rodada, com direção de Maury Dexter: *O Dia em que Marte Invadiu a Terra* (*The Day Mars Invaded Earth*). Conta a história do Dr. David Fielding (Kent Taylor), responsável pelo envio de uma sonda-robô a Marte. Aproveitando uma folga no projeto, após receber os registros enviados pela máquina na superfície do planeta, o cientista vai passar uns dias com a família numa mansão isolada. O que ele não sabe é que seria acompanhado por invasores marcianos. Vindos sob forma de energia através das transmissões da sonda – conceito sofisticado -, tinham o poder de se materializar como simulacros de Fielding, sua mulher e filhos, para substituí-los (como os alienígenas de *Vampiros de Almas – Invasion of the Body Snatchers*, 1956) e iniciar a invasão da Terra.

A narrativa é desenvolvida de forma lenta, realçada pelos cenários labirínticos da propriedade e enquadramentos que sugerem uma atmosfera onírica. Partindo de uma premissa científica, *O Dia em que Marte Invadiu a Terra* aproxima-se do cinema de horror pelo modo como alguns paradigmas do gênero são utilizados no desenvolvimento de uma trama que se furta a explicar alguns acontecimentos, e por vezes parece confusa. Tanto que um espectador desavisado poderia supor tratar-se de mais um filme de casa mal assombrada, sendo os alienígenas emulações de espíritos inquietos (ou duplos fantasmagóricos dos protagonistas) que vagam pela mansão da propriedade e por seus sinistros jardins. Para o que contribui a fotografia em preto e branco, que intensifica o suspense até o final pessimista e contrário às regras que regiam essas produções.

O diretor Mario Bava dá um passo além, cristalizando com *Planeta dos Vampiros* (*Terrore nello Spazio*, 1965) os fundamentos do horror espacial ao situar em ambiência extraterrestre elementos assustadores, que já ganhara forma com *It! The Terror from Beyond the Space*. Bava, já veterano no tratamento de monstros e assombrações, tendo em seu currículo o emblemático *A Máscara do Demônio* (*La Maschera Del Demonio*, 1960), é bastante eficaz ao contar a história da tripulação da espaçonave Argos que, após aterrissar em estranho planeta em socorro dos companheiros da acidentada Galliot, encontra todos mortos. Liderados pelo capitão Markary (Barry Sullivan), os oficiais da Argos acabam entrando em um mundo de pesadelo, onde os cadáveres se erguem das sepulturas, animados por entidades hostis. Bava pode ser considerado o grande pioneiro em lançar mão de lugares-comuns das histórias de horror gótico e narrativas de fundo sobrenatural – o castelo mal assombrado e seus bosques soturnos – e adaptá-los para um cenário futurista: a nave estelar e suas cercanias inóspitas, envolvidas na bruma. O mais interessante é a conclusão, quando os únicos sobreviventes, Markary e a tripulante Sanya (a atriz brasileira Norma Bengell), se revelam possuídos e alcançam a Terra. Ficamos sabendo que eles também são alienígenas e percebem no pequeno planeta azul, anos atrás em tecnologia, local propício para se estabelecerem - reforçando as consequências nefastas da interação entre extraterrestres e humanos, ameaça em potencial para o futuro da nossa civilização.

Menos sutil, mas com premissa semelhante, *Queen of Blood* (1966) de Curtis Harrington, é mais explícito em tratar o tema vampirismo numa obra de ficção científica. Neste filme, uma transmissão de rádio vinda do espaço deixa em polvorosa a comunidade científica por notificar um primeiro contato de uma raça alienígena. Entretanto, antes de chegar à Terra, a nave dos visitantes se acidenta no planeta Marte. Enviada pelo cientista-chefe Dr. Farraday (Basil

Rathbone), uma missão parte em socorro, resgatando uma estranha mulher de pele esverdeada. Na viagem de volta, ela ataca os tripulantes para alimentar-se de sangue e termina morta ao confrontar o casal sobrevivente. Quando a nave finalmente chega ao seu destino, descobrimos que a vampira espacial deixou uma significativa quantidade de ovos, os quais seriam levados pelos cientistas para serem estudados, dando a entender que a progênie do monstro encontraria em nosso habitat campo fértil para se desenvolver

As sementes lançadas por essa linha de produção iriam frutificar mais de vinte anos depois, graças em parte aos avanços da tecnologia dos efeitos especiais e cenografia, mas também da maior maturidade e liberdade para se lidar com temas violentos e assustadores. Ecos dessas produções podem ser encontrados na trilogia que irá, entre o final dos anos 1970 e meados da década de 1990, consolidar o horror espacial enquanto uma vertente marcante do cinema fantástico e resultado mais efetivo da interseção não só entre gêneros, mas de diversos elementos que caracterizaram o cinema de ficção científica, notadamente dos anos 1980 - como atesta Amaral (2006, p. 194), década que se destaca pela representação explícita da violência, do sexo e dos corpos humanos. O citado *Alien, o Oitavo passageiro, Força Sinistra* (*Lifeforce*, 1985), de Tobe Hooper, e *O Enigma do Horizonte* (*Event Horizon*, 1997), de Paul Anderson, não flertam com o horror, mas o assumem enquanto elemento dominante de tramas que permitem leituras diversificadas das comumente encontradas nas discussões sobre ficção científica. E como seus antecessores dos quais tratamos possuem uma linha narrativa semelhante que poderia ser resumida da seguinte forma: missão espacial encontra nave à deriva – ou desce em mundo desconhecido – e se depara com força maligna além de sua compreensão, e que eventualmente irá ameaçar não só a tripulação como toda a humanidade.

Em *Alien, o oitavo passageiro,* os ocupantes da nave Nostromo – "uma ruína gótica, um castelo assombrado completo, com corredores sombrios e passagens secretas, goteiras e correntes chocalhantes" (Winter, 1994, p. 40) - recebem um pedido de socorro vindo da superfície de um planeta. Obrigados a atender, acabam se deparando com uma forma de vida parasitária que é inoculada no organismo de um dos astronautas e, após sangrento nascimento, se esconde nas sombras da gigantesca nave. Desenvolvendo-se como monstro feroz, uma aparente simbiose entre orgânico e máquina (graças ao trabalho do artista plástico H.R. Giger), se esconde nos recantos escuros da Nostromo e mata um a um os tripulantes. Notável e bastante crível na ambientação futurista, sustentada por parafernália científica e personagens bem desenvolvidos, o filme tem como ponto forte a criatura alienígena, diferente de qualquer outra já criada para as telas. Sua caracterização inspira medo e refuta qualquer sentimento de esperança ou escapatória. Personificação da ferocidade, sempre nas trevas com garras e dentes prontos para estraçalhar, é a transposição mais efetiva vista até então no cinema de um dos piores e mais antigos pesadelos: um demônio vindo diretamente do inferno com nenhum outro objetivo senão a destruição do homem. É interessante constatar que *Alien, o oitavo passageiro,* em sua incorporação de significativas vertentes do horror, não só rouba de *It! The Terror from Beyond the Space* a ideia de um monstro acuando um grupo de pessoas, ou de *Planeta dos Vampiros* a ambiência fantástica, mas também se apropria de fortes elementos do *slasher* – linha de filmes em que um assassino à espreita surpreende e mata suas vítimas de forma violenta e sangrenta - em pleno desenvolvimento naquele final dos anos 1970.

Com ecos de *Queen of Blood, Força Sinistra* retoma o tema do vampirismo, remetendo aos filmes da Hammer, notadamente os da série *Quatermass.* Inspirado no romance *Vampiros do Espaço*, de Colin Wilson, a produção também aproveitou a onda criada pela aproximação do cometa Halley, que passou pela Terra em 1986. No filme, dirigido por Tobe Hooper, uma missão anglo-americana é enviada ao cometa a bordo da astronave Churchill. Os astronautas encontram em seu núcleo uma antiga nave e os corpos de três tripulantes em animação suspensa: dois homens e uma mulher. A Churchill retorna seriamente avariada, com todos os ocupantes mortos. Somente os alienígenas estão intactos, sendo levados para um centro de pesquisas espacial em Londres onde despertam. Liderados pela mulher (Mathilda May), atacam quem encontram pela frente, valendo-se de seus atributos físicos e sexuais para sugar a energia vital das vítimas. Estas, transformadas em zumbis, precisam se alimentar de outros indivíduos para garantirem a sobrevivência. Deflagram uma praga que avança sobre a humanidade em progressão geométrica (alusão aos primeiros anos da ainda pouco conhecida e temida AIDS) a partir de uma Londres apocalíptica, saída do que poderia ser um dos piores pesadelos do diretor de *A Noite dos Mortos Vivos* (*The Night of the Living Dead*, 1968), George A. Romero. Os únicos que se interpõem no caminho das criaturas são o coronel Carlson (Steve Railsback), sobrevivente da Churchill que é encontrado no Texas após aterrissagem forçada da cápsula de emergência, e o Dr. Fallada, cientista que teoriza serem tais seres a fonte das lendas sobre os vampiros, extraterrestres que teriam visitado o planeta em tempos remotos, mitologia melhor explorada no romance de Wilson.

Foi com *O Enigma do Horizonte,* realizado quase vinte anos depois de *Alien,* que o horror espacial atinge seu ápice por inserir o sobrenatural como fator predominante. Se em seus precursores os paradigmas do horror se fazem presentes traduzidos para o universo da ficção científica principalmente pela ação de criaturas de origem extraterrestre e/ou ambientes inóspitos, na produção dirigida por Paul Anderson o horror não precisa da ciência para se justificar. Na verdade, lida com a crença metafísica de uma dimensão de dor e sofrimento. Reduto de entidades extracorpóreas dispostas a colocar em risco não mais nosso planeta ou a integridade física de seus habitantes, mas a nossa alma. *O Enigma do Horizonte* transporta para o espaço sideral a ideia, generalizada por diversas culturas, de um mundo de provações onde, como já advertia Dante, toda a esperança seria abandonada: o inferno.

Semelhante aos seus antecessores, o filme começa com uma missão de resgate da enorme espaçonave Event Horizon, desaparecida sete anos antes nas cercanias do planeta Netuno (o filme se passa em 2047), em suposta jornada exploratória das fronteiras do sistema solar. O veículo experimental, concebido pelo cientista Dr. Weir (Sam Neill), tinha como real propósito testar um dispositivo capaz de criar um buraco negro capaz de "dobrar o espaço" e levar a nave de um ponto a outro da galáxia além da velocidade da luz. O aparecimento de um sinal emitido pela *Event Horizon* faz com que, a contragosto, a tripulação de *marines* leve o Dr. Weir até a origem da transmissão. A partir dessa premissa, o filme toma rumos inesperados, repleto de acontecimentos insólitos calcados no repertório dos filmes de horror (espectros, possessões e mortes violentas) e graficamente elaborado com referências ao gótico e à iconografia religiosa. Temos exacerbada a ideia da casa mal assombrada, reproduzida em uma nave que lembra as grandes catedrais europeias, com seus escuros labirintos e iluminação indireta. Design que difere bastante da concepção biomecânica de *Alien* e acaba se tornando um dos pontos fortes, conferindo personalidade ao filme. Este aprimorado desenho de produção, denominado por seu criador, Joseph Bennett, de "tecnomedieval" (Hughes, 1997, p. 33), reforça a sensação de a nave estar observando os tripulantes todo o tempo, analisando seus movimentos e perscrutando seus inconscientes, esperando o melhor momento para torná-los vítimas de seus próprios pesadelos.

A evolução do suspense, através das experiências vividas pelos tripulantes, segue o padrão de filmes emblemáticos sobre casas mal assombradas, como *Desafio do Além* (*The Haunting*, 1963) e *A Casa da Noite Eterna* (*The Legend of Hell House*, 1973): gradual desestabilização da sanidade dos personagens através de eventos que podem ser ou não de origem sobrenatural, até a completa desintegração das relações entre o grupo fragilizado e à mercê das forças ocultas. Ao que se somam paradigmas da demonologia fílmica, que reverberam desde *O Exorcista* (*The Exorcist*, 1973) – a possessão do Dr. Weir e forte simbolismo religioso de base cristã – até as mais recentes representações, como as do *Hellraiser* (1987) de Clive Barker, que também situa o inferno em uma dimensão alcançada através de um portal aberto por um artefato conhecido como "configuração dos lamentos".

Alien, o oitavo passageiro; Força Sinistra e *O Enigma do Horizonte*, importante ressaltar antes de concluirmos, não estão sozinhos na consolidação do horror espacial nas últimas três décadas. Afinal, várias outras produções nesse período – dos mais variados calibres -, de olho nas registradoras das redes de cinema ou do mercado de *home video*, aproveitaram o filão. Podemos inclusive dizer que, tanto *Força Sinistra* quanto *O Enigma do Horizonte*, devem algum tributo a *Alien, o oitavo passageiro*. Este, sem dúvida, o grande divisor de águas, não só por reciclar os elementos já estabelecidos pelo cinema de ficção científica e horror das décadas anteriores, como pelo desenvolvimento de novos modelos que podem ser vistos em grande parte dos filmes envolvendo viagens interplanetárias desde então. Como no próprio retorno do diretor Ridley Scott ao universo que criou em 1979, com o recente *Prometheus* (2012).

Certamente horrores insidiosos e indizíveis continuarão espreitando além das estrelas, esperando com sede infinita os próximos temerários que se aventurarem na vastidão desconhecida com seus trajes reluzentes e arrojadas espaçonaves. A título de encerramento, reproduzimos aqui a chamada promocional de *Dracula 3000* (2004):

"O sol nunca se levanta no espaço".

Bibliografia

AMARAL, Adriana. *Visões Perigosas: uma arque-genealogia do cyberpunk*. Porto Alegre: Sulina, 2006.

CARROLL, Noël. *A Filosofia do Horror ou Paradoxos do Coração*. Campinas (SP): Papirus, 1999.

CHEVALIER, Jean; GHEERBRANT, Alain. *Dicionário de Símbolos*. Rio de Janeiro: José Olympio, 1989.

HUGHES, Dave. "Terrors Beyond the Event Horizon". In: *Fangoria*, New York, n. 165, Starlog Inc., ago. 1997.

KYLE, David. *A Pictorial History of Science Fiction*. London: Hamlyn, 1976.

LOVECRAFT, Howard Phillip. *O Horror Sobrenatural na Literatura*. Rio de Janeiro: Livraria Francisco Alves Editora, 1987.

SAGAN, Carl. *O Mundo Assombrado pelos Demônios*. São Paulo: Companhia das Letras, 2006.

WINTER, Douglas E. "The Alien Chronicles". In: *Fangoria's Best Horror Films*. New Jersey: Crescent Books, 1994.

IMPERMANÊNCIA ENTUSIASTA: *A Noite dos Mortos-Vivos* e os Sangrentos Espasmos dos Anos 60

Lúcio Reis Filho

O ambiente social dos Estados Unidos do pós-Segunda Guerra fomentou o interesse pelo cinema nos filhos dos anos de 1950, estimulando as produções de baixo orçamento. Muitas vezes marginalizado pela cultura dominante, o cinema independente americano fez brotar uma visão de mundo original que suscitou uma tomada de consciência. O gosto pela sétima arte, o engajamento político de uma nova geração, desiludida com o *status quo*, e a maior liberdade de expressão, permitida por uma vertente cinematográfica até certo ponto dissidente do *establishment*, culminaram na obra fílmica de diversos cineastas, dentre os quais figura George A. Romero.

Uma década mais tarde, os jovens experimentavam suposições culturais alternativas baseadas nas diferenças de atitudes, costumes e estilos. Um novo mundo parecia chegar à soleira da porta. À medida que os movimentos sociais avançavam no campo dos direitos políticos e civis, o cinema independente tornava-se palco para esses movimentos e contraponto ao *mainstream*. Dentro desse contexto, e para além dele, *A Noite dos Mortos-Vivos* (*Night of the Living Dead*, 1968) é considerado um marco. Aborda o fracasso das instituições sociais tradicionais. Fala sobre a necessidade de uma revolução, sobre as novas gerações ocuparem o lugar das mais velhas. A partir dele, surge um novo subgênero dentro do cinema de horror e ficção científica, fundamentado na crítica social.

De acordo com Saracino, Romero soube transmitir na tela, de modo crível e cotidiano, o medo máximo da humanidade: a morte e o que se sucede depois dela. Dessa forma, pode aferir em que medida o que se passa dentro de uma casa consegue ser muito pior do que aquilo que ocorre em seu exterior, apesar de o quintal estar repleto de mortos-vivos (2009, p. 41). Rodar o filme em preto e branco teria resultado em "um ambiente plano e tenebroso, perfeito para o cenário gótico norte-americano, em ruínas, no qual os eventos se desenrolam" (Stein *apud* Dillard, 1987, p. 18). Para Grunenberg, foi a partir do contraste entre comunidade pacífica e caráter ordinário dos personagens que *A Noite dos Mortos-Vivos* floresceu; e, desde o seu lançamento, o horror parece ter se instalado nas pequenas cidades suburbanas dos Estados Unidos (1997, p. 176-5). Contudo, o *horror nos subúrbios* teve precursores no cinema, com Herschell Gordon Lewis,[1] e na literatura fantástica e de ficção científica, com Richard Matheson. Esse fenômeno será analisado adiante.

Tendo em vista que não é feita menção a outros países no filme de Romero, Maddrey sugere que a epidemia dos mortos-vivos seja sintomática da própria vida nos Estados Unidos, de modo a funcionar como indicador do quão desarticulada a nação se encontrava para sobreviver a uma violenta crise como a Guerra do Vietnã (2004, p. 51). Em suma, define a obra como uma acusação da vida contemporânea na medida em que propaga as ansiedades de uma nação subjugada por forças ocultas, irracionais e indestrutíveis, em tempos de incertezas políticas e teológicas (2004, p. 123-4).

Pensar que Romero buscava "responder aos problemas da sua realidade", como aventam Guadagnin e Almeida (2008, p. 226), seria incorrer em reducionismo. Para Dillard, o filme rebaixa os valores mais estimados da civilização Ocidental, valores que o escritor William Faulkner definiu como "as eternas verdades". Ridiculariza o governo, denigre a organização familiar, levanta suspeitas acerca da mídia, leva ao colapso o individualismo e nega a própria racionalidade, "a virtude que tradicionalmente separa o ser humano do restante da natureza" (1987, p. 28). Tudo isso dentro de uma conjuntura em que a violência horrífica e a desintegração social eram forças onipresentes e poderosas (Kellner, 2001, p. 166).

> O foco desolador de Romero na destruição da ordem atual dizia muito sobre as mudanças cataclísmicas que aconteciam no subconsciente norte-americano desde o assassinato do presidente Kennedy, em 1963. Ao

---

1 Com os sangrentos *Banquete de Sádicos* (*Blood Feast*, 1963), *Maníacos* (*Two thousand Maniacs!*, 1964) e *Color Me Blood Red* (1964).

> imaginar uma catástrofe apocalíptica de proporções tais que a esperança de regeneração social se mostre impossível, Romero levou seu público numa jornada ao coração negro dos EUA. (Russel, 2010, p. 119)

Para Russel, "os monstros que dominam qualquer cultura ou período particular oferecem um vislumbre pouco usual dos medos e tensões que caracterizam o momento histórico" (2010, p. 18). A figura do monstro, em *A Noite dos Mortos-Vivos*, é definida por Maddrey como emblema do caos secular – recurso comparável ao "Dia do Julgamento Final", utilizado por Hitchcock em *Os Pássaros* (*The Birds*, 1963) para exteriorizar o fracasso das relações sociais. Nesse sentido, Romero teria feito uso do mesmo artifício. Maddrey nota que espécie alguma de autoridade une os personagens, seja ela natural ou sobrenatural. "A religião está conspicuamente ausente do filme. Nem os políticos nem a mídia são capazes de oferecer respostas decisivas. Eventualmente, o elo entre os sobreviventes [...] se desintegra" (2004, p. 50).

Rodado na inquietude da era atômica, o primeiro longa-metragem de Romero evoca ecos da sociedade que o gestou. O filme será analisado a partir do seu contexto e entendido enquanto manifesto contracultural. Isso sem perder de vista a produção de ficção científica, gênero correlato que o antecedeu. Perrine considera que a ficção científica, historicamente, tem examinado a sociedade de seu tempo a fim de criticar o *status quo* e sugerir alternativas possíveis (1998, p. 23). Adiante, veremos a casa de fazenda isolada e desanimadoramente mundana em Evans City transformar-se num microcosmo dos Estados Unidos daquele momento histórico.

Era de inquietação social

Nas palavras de Ferro, um filme "não vale somente por aquilo que testemunha, mas também pela abordagem sócio-histórica que autoriza" (1992, p. 87). Em *Cinema e história*, o pesquisador francês atesta as múltiplas interferências entre esses campos. No presente estudo, adoto a abordagem metodológica proposta por ele. *A Noite dos Mortos-Vivos* será examinado não apenas enquanto narrativa, ou obra de arte, mas como produto, imagem-objeto cujas significações superam o campo cinematográfico, refletindo os valores culturais da sociedade que o produziu. Segundo Capelato, por meio do exame detalhado dos filmes pode-se "entender o cinema de uma época como uma expressão de valores (...), pela forma como foram concebidos os registros visuais e sua organização na forma fílmica" (2007, p. 10). Aqui, os elementos fílmicos e extra-fílmicos serão observados sem perder de vista a integração do objeto ao mundo social, com o qual se comunica, necessariamente. O filme enquanto documento que possibilita a discussão de uma época, seu estatuto de objeto de cultura, dentro de determinado contexto, bem como as releituras que sofre no decorrer do processo histórico.

A expressão "impermanência entusiasta" foi adotada como síntese do espírito de fins dos anos 60, momento de inquietude em que a geração da contracultura vivia engajada com as lutas sociais. Trata-se de uma paráfrase de *warm impermanence*, verso extraído de *Changes*, do músico britânico David Bowie. No contexto do álbum *Hunky Dory* (1971) – espelho de experiências pessoais do artista tais como a vida caótica, o futuro incerto, a inconstância –, a canção representaria ainda um manifesto final daquela década e uma chamada à conquista, imediata, que a próxima exigia (Spitz, 2010, p. 176-8). Afinal, em fins da década de 60 o mundo parecia estar mudando... Saracino lembra da nova música, que levava os jovens a um lugar nunca antes permitido; da arte, com seus manifestos pela liberdade e da união em prol do pacifismo; das drogas e da experimentação com a própria mente; de Martin Luther King, Malcolm X e da busca pela igualdade racial; do Maio francês e da imaginação que poderia dominar o mundo; dos hippies, da paz e da liberdade sexual, que contrariava os falcões da Guerra do Vietnã; das mulheres, que lutavam por seu lugar ao Sol (2009, p. 39).

Hervey nos lembra da definição do crítico Ado Kyrou acerca d'*A Noite dos Mortos-Vivos*: *un film politique* disfarçado de um (efetivo) filme de horror (2008, p. 21). Hoberman e Rosenbaum, por sua vez, consideram-no "não apenas um clássico do gênero, mas uma visão singular do fim dos anos 1960" (1983, p. 125), momento histórico entendido por Sellers, May e McMillen como "era de mudança e inquietação social" (1990, p. 410) e por Goffman como "a grande época contracultural", período selvagem da história humana e da contracultura (2007, p. 311). Para o último, embora no início de 1968 o movimento da contracultura fosse ainda jovem e ganhasse *momentum*, teria sido aos poucos empurrado para um padrão reativo. Sem perder de vista que a primeira metade do decênio já havia sido marcada pelos ataques juvenis à cultura dominante e às instituições políticas ocidentais.

Hobsbawm sustenta que 1968 correspondeu ao levante mundial e simultâneo tão sonhado pelos revolucionários pós-1917. Estudantes se rebelaram em diversos pontos do mundo, em grande parte estimulados pela extraordinária irrupção do Maio de 68, em Paris, epicentro de um levante estudantil continental (2001, p. 292). Châtelet menciona os jovens americanos, que se "recusam a fazer a guerra e preferem a prisão e o exílio", os alemães, franceses, tchecos e, nos anos 70, a multiplicação das dissidências no Leste (2000, p. 371). Dentro dos Estados Unidos, as rebeldias sociais e políticas que marcaram a década de 60 evidenciavam profundos descontentamentos, explica Purdy. Em sua leitura, os movimentos sociais que tomavam forma eram caracterizados pela valorização da juventude, pelas ideias antielitistas e pela ênfase no combate à hipocrisia e à alienação da sociedade norte-americana, em detrimento da preocupação com luta de classes ou miséria econômica (2010, p. 249). Tendiam a envolver estudantes e grupos oprimidos, alimentando posicionamentos contrários à Guerra do Vietnã, em favor dos direitos estudantis e por maior liberdade individual na vida cotidiana.

> Nós somos pessoas desta geração, criados em conforto modesto, agora instalados nas universidades, olhando desconfortavelmente para o mundo que herdamos [...]. À medida que crescemos, porém, nosso conforto foi invadido por acontecimentos perturbadores demais para serem ignorados. Primeiramente, o fato disseminado e cruel da degradação humana, simbolizado pela luta do Sul contra a intolerância racial, levou a maioria de nós do silêncio para o ativismo. Depois, a Guerra Fria, simbolizada pela presença da Bomba, trouxe a consciência de que nós e nossos amigos e milhões de outros "abstratos" podemos morrer a qualquer momento [...]. Nós consideramos os homens infinitamente preciosos e dotados de capacidades não realizadas de razão, liberdade e amor. Ao afirmarmos esses princípios estamos conscientes de sermos contrários talvez às concepções dominantes do homem no século XX: de que ele é algo para ser manipulado, e que ele é inerentemente incapaz de conduzir seus próprios negócios. Nós nos opomos à despersonalização que reduz os seres humanos ao status de coisas [...]. (*apud* Goffman e Joy, 2007, p. 279)

O trecho acima é uma transcrição da Declaração de Port Huron (1962), manifesto elaborado pelo movimento ativista da organização nacional de estudantes, o *Students for a Democratic Society*, SDS, que se propôs a "articular os problemas fundamentais da sociedade americana e expressar uma visão radical em prol de um futuro melhor". Aborda, entre outros pontos, a degradação humana e o medo da morte iminente. Clama por valores humanos considerados fundamentais. Ao analisar *A Noite dos Mortos-Vivos,* Dillard identifica a fonte de horror do filme no medo do próprio "mundo ordinário" e das limitações humanas. Os personagens mortos(-vivos), bem como os vivos, aparentam vulnerabilidade, são pessoas comuns – desfiguradas pela morte e pela vida artificial, mas ainda visivelmente comuns. No momento em que o medo da morte e dos mortos perde força, ele seria substituído pelo medo do perigo que os vivos representam uns para os outros, não apenas por serem mortos-vivos em potencial, pois podem morrer, mas porque são humanos, e possuem todas as ordinárias fraquezas humanas (1987, p. 21-2; 27). Pode-se dizer que o temor alojado nas profundezas da consciência não se refere apenas à morte, mas à morte certa.

O medo da morte iminente parece conectar o filme ao momento histórico de sua produção. No contexto da Guerra Fria, o palco é a nação em crise, tomada pelos movimentos sociais e pelos conflitos sangrentos. A morte, força ubíqua e implacável, é evocada a todo instante: a visita ao cemitério; a bandeira americana a meio-mastro; os cadáveres que voltam à vida, sedentos de carne e sangue; a família que se alimenta de seus próprios membros; os vigilantes armados abatendo a tiros cidadãos comuns. Enfim, "uma representação o mais literal possível dos Estados Unidos devorando a si próprios", em uma projeção de 1968 "como nenhum outro filme ousara realizar anteriormente" (Hoberman e Rosenbaum, 1983, p. 125). Russel concorda. Enquanto a Guerra do Vietnã fugia ao controle e os sonhadores idealistas da contracultura acordavam de ressaca diante dos assassinatos cometidos por Manson e do vergonhoso escândalo Watergate, "o niilismo de Romero parecia muito sintonizado com o seu tempo" (2010, p. 119). "Não é de se admirar que os jovens espectadores tenham reagido ao filme de horror brutalmente violento, ambientado aqui e agora, que descartou as ameaças estrangeiras ou alienígenas e colocou os americanos contra os americanos", aponta Hervey, que rememora trecho do discurso proferido por Arthur M. Schlesinger Jr., na manhã que sucedeu o assassinato de Robert Kennedy: "Somos, hoje, as pessoas mais assustadoras do planeta" (2008, p. 23-4).

Os sangrentos espasmos de morte dos anos 60 antecederam a estreia do filme de Romero no Waverly.[2] Em 1968, os Estados Unidos eram atormentados por múltiplas crises internas e externas. Pareciam tão esquivos, como sempre, os objetivos gêmeos da justiça social e econômica. "Política e culturalmente polarizada, atolada até o pescoço em uma guerra que não conseguia vencer, a nação chafurdava em descontentamento. Preocupados, alguns observadores diziam que a América perdera sua coesão e estava caindo aos pedaços" (Sellers, May e McMillen, 1990, p. 395). Há cinco semanas da *première* – que ocorreu no 1º de outubro –, a polícia de Chicago investiu contra manifestantes pacifistas do

2 Hervey aponta que o Waverly Cinema, em Nova York, situava-se na esquina da Washington Square e no coração de Greenwich Village, "um ponto" central na cena da música folk de protesto, da liberação gay, da literatura de vanguarda, do movimento antibelicista e da contracultura em geral"; "Greenwich Village era mundialmente famosa, sinônimo da juventude hip, politizada e intelectual" (2008, p. 7-8).

lado de fora da Convenção Democrática. Em novembro, a vitória estava nas mãos dos falcões da guerra: "Nixon foi eleito presidente pelo que ele denominou de [...] 'Maioria Silenciosa' de conservadores nacionalistas" (Hervey, 2008, p. 23).

De acordo com Tzioumakis, diversos fatores teriam feito desse período um dos momentos mais voláteis na história dos Estados Unidos, como a inquietação política nas ruas das grandes metrópoles (Nova York e Chicago, por exemplo), o assassinato de figuras políticas extremamente influentes (Robert Kennedy, Martin Luther King e Malcolm X), a continuidade da Guerra Fria com a União Soviética, a escalada da Guerra do Vietnã, o ativismo de grupos sociais quanto às questões de raça e sexualidade (2006, p. 169). Purdy destaca as manifestações e ocupações que irromperam em universidades por todo o país. Estudantes inspirados pelos movimentos negros apoiavam a luta pelos direitos civis, o desenvolvimento econômico em comunidades pobres e, especialmente, o movimento contra a guerra no sudeste asiático (2010, p. 249-50). Na avaliação de Sellers, May e McMillen, o Vietnã, "outrora interesse remoto e periférico dos Estados Unidos, tornara-se o cenário da mais demorada (1950-1975) e impopular guerra da história da nação" (1990, p. 403). Ademais, os resultados do sangrento conflito e os massacres da população civil vietnamita por tropas americanas pareciam afetar cada vez mais a opinião pública.

Os acontecimentos de Maio de 68 reverberaram no mundo artístico em geral, particularmente no cinematográfico, aponta Stam (2003, p. 153). A nova postura anunciada fez com que os realizadores independentes passassem a refletir sobre o caos da vida no país. "Romero, como muitos membros de sua geração, abraçou tal revolução, reconhecendo as possibilidades tanto de um futuro desanimador como de um amanhã melhor" (Maddrey, 2004, p. 122). Durante o curto espaço de tempo em que a juventude explorou a sua própria cultura e os jovens cineastas geravam parte dessa cultura para si, no intuito de desenvolver uma abordagem singular para o cinema, Tzioumakis sugere que mudar os Estados Unidos e o próprio cinema tornaram-se objetivos coincidentes. Considera-se, pois, que os fatores supracitados contribuíram para uma mudança sensível nas atitudes culturais, e que essa nova postura refletiu na produção cinematográfica do período, originando aquilo que o autor chama de "guerra dos novos independentes contra o cinema *mainstream*" (2006, p. 169; 181).

Fala-se de um novo modo de fazer cinema, que partilha dos ideais da contracultura e busca refletir sobre o caos da vida nos Estados Unidos. Nesse contexto surge uma nova vertente do horror, denominada *gore*, *splatter* ou *splatterpunk*[3] (Saracino 2009, p. 39-40). *A Noite dos Mortos-Vivos* desponta

3 "Splatter film" – 1. Qualquer filme que contenha cenas de extrema violência com detalhes

como "um filme feito por jovens politicamente engajados, sem os olhares da geração mais velha sobre seus ombros" (Hervey, 2008, p. 27). Cabe aqui outro trecho da música *Changes*, de Bowie: "E aquelas crianças nas quais você cospe / Enquanto tentam mudar seus mundos / São imunes aos seus conselhos / Elas bem sabem pelo que estão passando".[4]

O gótico suburbano e o Mal residente

Ao longo das últimas décadas do século XX, explica Grunenberg, o último refúgio da classe média norte-americana parece ter se transformado no local preferido das narrativas ficcionais para o encontro com estranhos, assassinos em série e o sobrenatural. No cinema, podemos mencionar *O Exorcista* (*The Exorcist*, dir. William Friedkin, 1973), *A Fúria* (*The Fury*, dir. Brian De Palma, 1978), *The Amityville Horror* (dir. Stuart Rosenberg, 1979) e *Poltergeist – O Fenômeno* (*Poltergeist*, dir. Tobe Hooper, 1982). Segundo o autor, a presença intrusiva de assassinos ensandecidos e de monstros alienígenas nas casas de cidadãos estadunidenses comuns teria um significado ainda mais amplo: a desintegração da instituição burguesa da família nuclear (1997, p. 175). Sobchack complementa, ao sugerir que a família se tornou o lugar das convulsões sociais, passando a servir como um sinal de sua representação (1987, p. 178).

Segundo Murphy, tais narrativas ficcionais compõem o *gótico suburbano*, que instala o "Mal" dentro dos lares americanos. A autora encontra as origens desse subgênero no pós-Segunda Guerra, quando os primeiros empreendimentos habitacionais em massa surgem e se expandem pelos Estados Unidos, iniciando um movimento populacional maciço em direção aos subúrbios. Estes passam a ser percebidos como portadores de uma conexão inata com os valores basilares da própria nação, configurando, ao menos parcialmente, um espaço dualista para escritores, cineastas e comentaristas culturais. Ao mesmo tempo em que o meio social foi considerado uma espécie de paraíso utópico para a população e sua prole crescente, começam a brotar narrativas paralelas, sombrias e não menos visíveis a respeito do sonho americano de otimismo e progresso, e elas encerram algo sombrio por trás das

gráficos macabros, especialmente as produções que recaem na categoria mais ampla dos filmes de horror. 2. Todos os filmes produzidos desde 1963 que têm os efeitos especiais sangrentos como ponto central, à custa de pequenos recursos técnicos (Stine, 2001, p. 2).

4 Livre tradução de: "And these children that you spit on / As they try to change their worlds / Are immune to your consultations / They're quite aware of what they're going through".

pacíficas fachadas. "O gótico suburbano", explica Murphy, "é um subgênero de toda a tradição gótica norte-americana, que, com frequência, dramatiza as ansiedades decorrentes da 'suburbanização' em massa dos Estados Unidos e, em geral, apresenta cenários, preocupações e protagonistas suburbanos" (2009, p. 2). Preocupa-se,

> [...] em primeiro lugar, em tocar na duradoura suspeita de que mesmo as casas, famílias ou vizinhanças de aparência mais comum têm algo a esconder, e que não importa o quão calmo e tranquilo um lugar pareça ser, ele estará sempre a um momento de distância de um incidente dramático (e sinistro). O tropo da casa suburbana aparentemente pacífica com um SEGREDO TERRÍVEL em seu interior é tão familiar que se tornou clichê. Reflete o medo de que as aceleradas mudanças nos modos e estilos de vida que tomaram forma nos anos de 1950 e no início de 1960 tenham causado danos irreparáveis, não apenas ao ambiente, mas ao estado psicológico das pessoas que migraram para esses novos locais e romperam com os velhos padrões de existência. (Murphy, 2009, p. 2)

Ainda de acordo com a autora, o "horror nos subúrbios" teria surgido pela primeira vez em três contos de Matheson: "Eu Sou a Lenda" (1954), "The Shrinking Man" (1956) e "A Stir of Echoes" (1958). O primeiro é peça exemplar dentre as obras de ficção científica que criticavam o conservadorismo político e a classe média americana dos anos 50. O que parecia mais importante para Matheson era explorar as reações de um indivíduo em particular no interior de um contexto totalmente transformado. Ambientado em um futuro próximo, pós-apocalíptico, "Eu Sou a Lenda" oferece um tratamento científico para o tema do vampiro. Evoca o *leitmotif* do fim do mundo por uma praga, bem como do "último homem sobre a Terra". O protagonista da narrativa se vê cercado por uma horda de criaturas vampirescas infectadas por uma doença misteriosa. Lançado na década seguinte, Murphy defende que *A Noite dos Mortos-Vivos* deve muito a esse texto.[5] Considera o filme uma obra-prima que oferece "uma visão terrivelmente convincente das massas norte-americanas enquanto um conjunto de consumidores irracionais e sem emoção" (2009, p. 12; 85). Além disso, é importante destacar que a primeira[6] adaptação cinematográfica da novela de

5 Goffman considera que uma cultura fecunda outra através do tempo por meio de seus produtos culturais (2007, p. 13-4).

6 A novela de Matheson deu origem ainda a outras adaptações, como *A Última Esperança da Terra (The Omega Man, 1971),* de Boris Sagal, e *Eu Sou a Lenda (I am Legend, 2007),* de

Matheson, a co-produção ítalo-americana intitulada *Mortos que Matam* (*The Last Man on Earth*, dir. Ubaldo Ragona, 1964), guarda similitudes com o primeiro filme de Romero, tendo o antecedido e, possivelmente, influenciado.

Perrine observa que o horror e a ficção científica evocam, com frequência, o medo, a ansiedade e o suspense, bem como a representação de mundos alienados ou distantes (1998, p. 25). Para Murphy, as narrativas que exploram a desumanização e a alienação fazem parte de uma das vertentes mais poderosas do gótico suburbano (2009, p. 103). Ao refletir sobre o seu filme, Romero sugere que "o mais assustador é que ninguém se comunica, todos estão isolados e sós com as suas versões particulares do mundo. Estão, de certo modo, loucos" (*apud* Maddrey, 2004, p. 50). Menciona também a desconfiança para com os meios de comunicação. Nas palavras do próprio cineasta, o filme "fala especificamente que... a mídia eletrônica não funciona, as pessoas não se comunicam" (*apud* Hervey, 2008, p. 75).

Das cinzas às cinzas: repensando a mudança

Nos últimos minutos do filme, a noite à qual o título faz alusão chega ao fim, dando lugar à áspera luz do dia, que penetra a atmosfera da casa de fazenda abandonada. Ben (Duane Jones), o derradeiro sobrevivente, destranca a porta do porão onde estivera escondido durante a madrugada, e explora o andar superior. As criaturas desapareceram. Do lado de fora, o pelotão de fuzilamento elimina os últimos retardatários. De repente, um dos homens ouve um barulho dentro da casa. Vemos Ben do ponto de vista do pelotão, conforme o personagem se aproxima cautelosamente da janela. Não se parece com um morto-vivo, mas isso não importa. Um trabalhador rural branco aponta a sua arma e dispara. Subitamente, Ben está morto.

> A morte de Ben nos atinge mais duramente porque pouco se faz a respeito. Não há música, e os efeitos sonoros são subestimados. Um [...] close-up mostra o projétil derrubando Ben fora de quadro, e um plano médio de um segundo mostra o seu corpo sem vida atingindo o chão. Isso é tudo: não há cena de morte elaborada nem momento de glória para esse herói. [...] "Belo tiro", diz o xerife McClelland. Ele parece entediado ao entoar a última fala do filme, cruelmente banal: "OK, ele está morto. Vamos pegá-lo. Será mais um para a fogueira". (Hervey, 2008, p. 113)

Francis Lawrence.

De acordo com Hervey, o herói não foi apenas morto, mas obliterado. "Não haverá registro de sua luta, nem enterro ou memorial, esperança ou justiça" (2008, p. 118). O ator que deu vida a Ben declarou ter sido sua a ideia do pelotão atirar no personagem. "Eu convenci George de que a comunidade negra preferiria me ver morto a ser salvo [...] de uma forma piegas e simbolicamente confusa" (*apud* Hervey, 2008, p. 113). O desfecho do filme parece ainda mais chocante por se mostrar, em certa medida, inevitável. Um negro que se torna líder acaba sendo morto pelos seus "inimigos naturais, os policiais de Pittsburgh e os fazendeiros" (McGuinness *apud* Hervey, 2008, p. 114). Quando o filme foi lançado, a relação com o assassinato de Martin Luther King foi igualmente inevitável. Antes dele, lembra Hervey, outros líderes negros haviam sido mortos, notadamente Medgar Evers, em 1963, e Malcolm X, em 1965, sem contar os linchamentos de menor visibilidade. "Sombras da guerra e do racismo se misturam conforme os homens derramam gasolina sobre Ben e ateiam fogo", aponta o autor, que faz a seguinte leitura do final: os atiradores brancos sabiam que sua vítima negra estava viva, e não se arrependeram disso (2008, p. 116).

> Todos morrem: essa é a verdade fundamental, mas nenhum filme de horror havia terminado dessa forma, antes. *A Noite dos Mortos-Vivos* encara a realização do pesadelo contra o qual a geração de Romero lutava [...]: [os jovens] poderiam seguir todas as regras, ou fazer tudo que a televisão dissesse, mas ainda assim morreriam, condenados pela loucura de seus líderes, cientistas e generais. E, além disso, *todos* morreriam, coletivamente e sem cerimônia: misturados em pilhas irreconhecíveis de carne e cinzas. A fogueira, no final, nos deixa irritados com os atiradores, mas também nos deixa no nítido aguilhão da insignificância, o absurdo de um mundo que pode virar fumaça "*sem qualquer aviso!*". (Hervey, 2008, p. 118)

O mundo não mudou. Essa é a percepção de Hervey. Tal ideia permite revisitar a era contracultural e reavaliar seus resultados, reforçando a relação entre o filme e o momento histórico em que foi rodado. Romero explicou o significado de realizar o seu primeiro longa naquele contexto. Em suas palavras, o filme

> falava sobre a revolução, sobre as novas gerações tomando o lugar das mais velhas. Nosso conceito era que uma revolução e um novo mundo estavam a caminho. No fim dos anos sessenta esperávamos mudar o mundo de alguma forma. Queríamos alcançar uma mudança que por fim nunca ocorreu, e, nesse momento, todos nos decepcionamos muito. Eu tentei usar isso. Na noite em que terminamos o filme, entramos no carro e viajamos a Nova York para ver

> se alguém se interessava em exibi-lo. E naquela noite, enquanto viajávamos, escutamos na rádio que Martin Luther King havia sido assassinado. Por isso, foi uma noite muito estranha, estávamos todos muito irritados. Com tudo, com a Guerra no Vietnã, com a ideia de que a nossa opinião não contava... Incomodava pensar que, depois de tudo o que uma pessoa havia feito, nada havia mudado. Era essa a mensagem que tínhamos em mente naquele momento. (Romero *apud* Saracino, 2009, p. 41)

Na óptica de Russel, o niilismo da narrativa estava "muito sintonizado com o seu tempo" (2010, p. 119). Parecia transbordar do *zeitgeist* de fins da década de 60 / início da década de 70. Em suas considerações a respeito d'*A Noite dos Mortos-Vivos*, Maddrey atesta que "Nos Estados Unidos de George Romero, quanto mais as coisas mudam, mais elas permanecem as mesmas" (2004, p. 122). A citação destacada no fragmento acima – "Incomodava pensar que, depois de tudo o que uma pessoa havia feito, nada havia mudado" – também nos remete a Bowie em Changes: "Assim os dias passam diante dos meus olhos / Mas os dias ainda parecem os mesmos".[7]

No vértice de toda uma era de turbulência social, a estranha noite imaginada por Romero obscurece os valores tradicionais da nação. Sete pessoas combatem seus próprios egos na tentativa de sobreviver à invasão dos mortos, e tateiam nas sombras da irracionalidade, trancadas à própria sorte na casa abandonada. Confrontamo-nos (nós, os espectadores, por meio deles, os personagens) com o medo do mundo ordinário, dos governos, da mídia, das pessoas comuns, das limitações humanas, da efemeridade, da decadência. Ficamos expostos ao medo da própria morte, que pode funcionar como válvula de escape frente aos ditames sociais, resposta violenta ao controle do Estado e seus tentáculos sobre o indivíduo. Então percebemos que nós mesmos, "pacatos cidadãos" fora de qualquer suspeita, podemos nos transformar em verdadeiros monstros diante desses temores emergentes, os quais muitas vezes nos forçam a sacrificar a dignidade e os valores humanos.

Nas situações de crise, o maior dos temores refere-se não apenas à morte, mas à sua certeza e à sua imprevisibilidade. Lembramos que somos todos, em algum sentido, mortos-vivos em potencial, à espera do desfecho inevitável. A ansiedade gerada por esse pensamento parece recrudescer em tempos de crise. Ontem, aflorou devido à iminente aniquilação nuclear e à escalada da "ameaça vermelha", entre outros fatores; hoje, deve-se aos atentados terroristas, guerras civis, armas químicas e de destruição em massa, mudanças climáticas, risco de

7 Livre tradução de: "So the days float through my eyes / But still the days seem the same".

propagação de pandemias ou surtos localizados, como a epidemia de ebola que se espalha pela África Ocidental. Se por um lado *A Noite dos Mortos-Vivos* oferece múltiplas leituras acerca do contexto que o gerou, por outro não perde a sua atualidade. O legado de Romero perdura, adaptando-se às novas configurações políticas, econômicas e sociais, servindo de inspiração para as novas gerações e de contraponto às culturas dominantes. Afinal, os dias ainda parecem os mesmos de tantos anos atrás. E, como dizia Bowie, "O sabor parecia não ser tão doce".[8]

Bibliografia

BOWIE, David. *Hunky Dory*. US: Virgin Records, 1999. 1CD

CAPELATO, Maria Helena *et al*. *História e Cinema*. São Paulo: Alameda, 2007.

CHÂTELET, François; DUHAMEL, Olivier; PISIER-KOUCHNER, Evelyne. *História das Idéias Políticas*. Rio de Janeiro: Jorge Zahar Ed., 2000.

DILLARD, Richard H. W. "Night of the Living Dead: It's not Like Just a Wind that's Passing Through". In: WALLER, Gregory A. *American Horrors*: Essays on the Modern Horror Film. Urbana and Chicago: University of Illinois Press, 1987, p. 14-29.

FERRO, Marc. *Cinema e história*. Rio de Janeiro: Paz e Terra, 1992.

GUADAGNIN, Paulo Roberto; ALMEIDA, César Augusto de. "O Contexto de 1968 no filme 'A Noite dos Mortos Vivos'". In: PADRÓS, Enrique Serra; GUAZZELLI, Cesar Augusto Barcellos (orgs.). *68 História e Cinema*. Porto Alegre: EST Edições, 2008, p. 217-232.

GOFFMAN, Ken, JOY, Dan. *Contracultura Através dos Tempos: Do Mito de Prometeu à Cultura Digital*. Rio de Janeiro: Ediouro, 2007.

GRUNENBERG, Christoph (ed.). *Gothic: Transmutations of Horror in Late Twentieth Century Art*. Cambridge, Massachusetts: MIT Press, 1997.

HERVEY, Ben. *Night of the Living Dead*. London: British Film Institute, 2008.

HOBERMAN, James; ROSENBAUM, Jonathan. *Midnight Movies*. New York: Harper and Brow, 1983.

8 Livre tradução de: "It seemed the taste was not so sweet".

HOBSBAWM, Eric. *Era dos Extremos: o Breve Século XX – 1914-1991*. São Paulo: Companhia das Letras, 2001.

KELLNER, Douglas. *A Cultura da Mídia – Estudos Culturais: Identidade e Política entre o Moderno e o Pós-moderno*. Bauru, SP: EDUSC, 2001.

MADDREY, J. *Nightmares in Red, White and Blue: the Evolution of the American Horror Film*. Jefferson: McFarland & Co., 2004.

MATHESON, Richard. *Eu Sou a Lenda*. São Paulo: Novo Século, 2007.

MURPHY, Bernice M. *The Suburban Gothic in American Popular Culture*. UK: Palgrave Macmillan, 2009.

PERRINE, Toni A. *Film and the Nuclear Age: Representing Cultural Anxiety*. UK: Taylor & Francis, 1998.

PURDY, Sean. "O século Americano". In: KARNAL, Leandro. *História dos Estados Unidos: Das Origens ao Século XXI*. São Paulo: Contexto, 2010, p. 173-195.

RUSSEL, Jamie. *Zumbis: o livro dos mortos*. São Paulo: Leya Cult, 2010.

SARACINO, Luciano. *Zombies! Una Enciclopedia del Cine de Muertos Vivos*. Buenos Aires: Fan Ediciones, 2009.

SELLERS, Charles; MAY, Henry; McMILLEN, Neil R. *Uma Reavaliação da História dos Estados Unidos: de colônia a potência imperial*. Rio de Janeiro: Jorge Zahar Editor, 1990.

SOBCHACK, Vivian. "Bringing it all back home: family economy and generic exchange". In: WALLER, Gregory A. *American Horrors: essays on the modern horror film*. Urbana and Chicago: University of Illinois Press, 1987, p. 175-194.

SPITZ, Marc. *Bowie: a Biografia*. São Paulo: Saraiva, 2010.

STAM, Robert. *Introdução à Teoria do Cinema*. Campinas, SP: Papirus, 2003.

STINE, Scott Aaron. *The Gorehound's Guide to Splatter Films of the 1960s and 1970s*. Jefferson, NC: McFarland, 2001.

TZIOUMAKIS, Yannis. *American Independent Cinema:* an introduction. New Brunswick/New Jersey: Rutgers University Press, 2006.

QUEERIZANDO GÊNEROS?
De mulheres, homens e alienígenas no cinema de ficção científica do Leste Europeu[1]

Eva Näripea

Dentro do modesto *corpus* de pesquisa sobre o cinema de ficção científica do Leste Europeu, estudos sobre a representação de gênero (*gender*) nesse gênero (*genre*) cinematográfico - que por si só já é limitado em quantidade na ecologia fílmica daquela região - são bastante raros. Neste trabalho, debruçar-me-ei sobre três filmes de ficção científica do Leste Europeu da era soviética: o tchecoslovaco *The End of August at the Hotel Ozone* (*Konec srpna v hotelu Ozón,* de Jan Schmidt, 1966), o estoniano *Dead Mountaineer Hotel* (*Hukkunud Alpinisti hotell,* de Grigori Kromanov, 1979) e o polonês *Sexmission* (*Seksmisja,* de Juliusz Machulski, 1983). Essas produções se sobressaem por seus retratos de identidades genérico-sexuais difusas que, de uma maneira ou de outra, surgem para divergir da norma heterossexual. Minhas leituras têm como base a teoria *queer,* especialmente o trabalho inovador de Judith Butler (2004; 2007), no que diz respeito a considerar essas representações genérico-sexuais em justaposição com o discurso dominante do heteropatriarcado. Interessa-me como essas imagens confirmam ou enfraquecem essa visão, bem como a maneira em que suas perspectivas sobre questões de gênero interagem com várias posturas sócio-políticas (por exemplo, críticas à norma comunista, valores do Estado-nação, entre outros).

1 Texto traduzido do inglês para o português por Letizia Nicoli.

Queer e ficção científica

Enquanto diversos trabalhos centrais da teoria *queer* se concentram em "práticas sociais homossexuais e homoeróticas" (Geller, 2004, p. 10), em textos criados por autores não-heterossexuais ou lidos por públicos *queer*, minha principal preocupação é com o potencial desse referencial em problematizar "as complexas forças sociais do heteropatriarcado, os sistemas interligados obrigando à heterossexualidade e à assimetria patriarcal de gênero" (*Ibidem*). Ver também Pearson *et al.*, 2008, p. 4). Para minhas explorações, o entendimento enfatizado por muitos teóricos *queer* – de que o sexo é político – é especialmente pertinente, uma vez que a cultura visual do antigo bloco oriental foi consistentemente interpretada como abundante em tensões políticas. A esse respeito, também é pertinente relembrar a afirmação de Donna Haraway de que ficção científica é teoria política (Haraway, 2004).

Foi apenas recentemente que questões de gênero e de sexualidade ganharam atenção de pesquisadores do gênero cinematográfico ficção científica; o principal periódico acadêmico da área, *Science Fiction Studies*, publicou um simpósio sobre "Sexualidade na Ficção Científica" somente em 2009 (n. 3, vol. 36, p. 385-403)[2] e, de acordo com Mark Bould, um dos seus colaboradores, "a ficção científica foi concebida por muito tempo como assexuada" (Bould 2009, p. 387). É possível perceber uma falta de consenso em questões relativas às relações entre ficção científica como um gênero literário e cinematográfico, teoria *queer* e representações da sexualidade. Por um lado, alguns autores argumentam que a ficção científica e a teoria *queer* partilham bases significativas ao questionar e desnaturalizar certos modelos narrativos (por exemplo, Pearson, 1999, p. 4) e ao "contestar normas sociais" (Foster, 2009, p. 391), incluindo aquelas referentes a gênero e sexualidade. Por outro lado, há um entendimento de que a ficção científica normalmente reproduz as normas sociais de sua época (Elkins, 1977) e de que muitos textos de ficção científica se mostram "completamente inconscientes em sua reprodução do ambiente heteronormativo em que são produzidos" (Pearson 1999, p. 18; ver também Hollinger, 1999, p. 24). Além disso, textos de ficção científica podem apresentar conteúdo *queer*, e ainda assim permanecer no modelo de heterossexualidade branca masculina nas categorias binárias que ela herdou (Melzer, 2009, p. 397).

---

2 No entanto, essa não foi a primeira vez que o tema surgiu nas páginas de *SFS*; uma década antes, em 1999, o periódico já havia publicado uma edição especial sobre *queerness* e gênero (*gender*) na ficção científica.

Levando em consideração que todas as representações são inevitavelmente genéricas de uma maneira ou de outra, os três filmes de ficção científica aqui discutidos se destacam por acentuar o aspecto das identidades de gênero e sexuais em suas narrativas, sendo estas identidades ambíguas em diferentes formas, ou problemáticas de um ponto de vista heteronormativo.

The End of August at the Hotel Ozone: Sem sexo, sem futuro

O mais antigo dos três filmes, *The End of August at the Hotel Ozone* pertence à era do celebrado cinema *New Wave* tchecoslovaco. Trata-se de um gélido conto pós-apocalíptico sobre um grupo de mulheres vagando pelo mundo a cavalo, em busca de gêneros de primeira necessidade, como comida enlatada e, principalmente, sobreviventes homens. O grupo é chefiado por Dagmar Hustolesová, uma senhora que, usando anéis de tronco de árvores como marcos cronológicos, explica no início do filme que, como consequência de uma guerra não-especificada, a humanidade foi gradualmente extinta devido a uma epidemia de leucemia e à poluição da natureza. Os planos de abertura do filme, mostrando o interior de um hangar, um milharal, um livro aberto junto a um par de óculos de leitura e o interior de uma igreja ricamente decorada, juntamente com vozes lendo uma contagem regressiva em inglês, russo, chinês e francês, sugerem que a catástrofe teve dimensões globais, e que afetou mortalmente todos os aspectos da civilização na Terra: tecnologia, agricultura, artes e religião. As masculinizadas meninas sobreviventes se mostram impiedosas, quase bárbaras, ainda que infantilmente impulsivas ao explorarem o terreno deserto, os edifícios fantasmagóricos e as ruínas de vida e valores há muito desaparecidos. Elas têm pouca consideração por suas companheiras e, sobretudo, por qualquer ser vivo, e eventualmente aparecem baleando e matando um cachorro vadio, decapitando uma cobra e até torturando os cavalos que servem como seu próprio meio de transporte. Dagmar é sua única autoridade. Quando elas se deparam com uma vaca e a abatem, o dono, um velho chamado Otakar Herold, corre em direção a elas gritando desesperadamente. Após o choque e a confusão iniciais, o grupo segue o homem até sua casa, o Hotel Ozone do título. Lá, Otakar oferece a elas leite fresco da vaca sacrificada. Martha inicialmente vai às lágrimas, nostálgica, e logo adoece acometida por uma febre. As garotas não demonstram respeito pelos bens materiais do velho, nem por sua sabedoria de vida. A brutalidade delas vem à tona sobretudo quando comparada com a calma e respeitosa gentileza que caracterizam a relação e as maneiras de Otakar e Dagmar. Durante um jantar, quando um brinde é feito ao que a velha geração acredita ser um novo começo para a humanidade, Dagmar morre repentinamente. Após seu funeral, as garotas se preparam para seguir sua jornada, e exigem que Otakar lhes entregue o velho gramofone que ele havia mostrado na noite anterior. Quando ele se recusa, as garotas o perseguem e o atacam, até que uma delas o mata a tiros.

De acordo com Petra Hanáková, "quando assistimos a um filme *New Wave*, imediatamente percebemos a intensa presença e a ênfase no corpo, e também do corpo representado como um espaço de controle e exploração. Acima de tudo, o cinema tchecoslovaco *New Wave* é o cinema da forma humana" (Hanáková, 2011, p. 154). É de especial importância para minha leitura *de Hotel Ozone* a observação de Hanáková de que o corpo muitas vezes se torna "um espaço de possível ataque, controle e exploração" (*Ibidem*, p. 155). No entanto, é interessante perceber que, enquanto ela se refere essencialmente a corpos femininos que são "focalizações e corporificações das fantasias masculinas", assim como "alvos fáceis para agressão, exploração e abuso masculinos" (*Idem*), em *Hotel Ozone*, à primeira vista, as sete "amazonas" são, ao contrário, as agressoras, e os objetos de seus ataques são homens e animais. Inquestionavelmente, a violência explícita para com os animais é, sem dúvida, o aspecto mais perturbador e memorável do filme, e uma conexão claramente discernível é estabelecida entre a tortura e a matança de animais e a execução sumária de Otakar, o único sobrevivente homem. Com exceção da mais civilizada Dagmar, as mulheres são apresentadas como obtusas, perversas e desumanas. Um pouco paradoxalmente, no entanto, eu gostaria de argumentar que essa representação, apesar de mostrar a morte do gênero masculino, trata-se profundamente, na verdade, da agressão e controle do corpo feminino pelos homens. Dito isso, um olhar mais detido no aparente desequilíbrio entre os gêneros também revela contradições de natureza levemente diferente na textura semântica da narrativa. A mais importante delas é indicada pela contagem regressiva no início do filme, lida por vozes masculinas, o que sugere que a catástrofe foi causada sobretudo pela ambição masculina pelo poder, pela militância dos homens e por sua imprudência. A epidemia de leucemia subsequente provou-se mais rapidamente letal para os homens do que para as mulheres, resultando assim na autodestruição da ordem patriarcal. No entanto, é também significativo que o filme mostre que isso não significou a emancipação e o empoderamento das mulheres, ao invés disso levando ao total colapso da civilização. As mulheres podem ser fisicamente mais resistentes que os homens, mas *Hotel Ozone* deixa claro que elas se deterioram mental e intelectualmente sem sua outra metade masculina. Ao perder seus modos tradicionalmente femininos e adquirir outros convencionalmente relacionados à masculinidade, elas são definidas não como heroínas, mas como selvagens, exatamente a partir de um ponto de vista patriarcal e heteronormativo que prescreve o papel de caçadores nômades aos homens e aquele gentil e subserviente de dona de casa às mulheres. Mesmo que a violência excessiva das garotas chame a atenção para as normas e os preconceitos culturalmente construídos sobre comportamentos e atributos de gênero "apropriados", o filme os apresenta como um desvio indesejado da norma heteropatriarcal. Além disso, esta leitura é sustentada pela representação inequivocamente positiva do relacionamento amável de Dagmar e Otakar, bem como o desejo da geração mais velha de facilitar a reprodução natural da vida humana. Ademais, as imagens de mulheres másculas, como testemunham as reações masculinas, ainda funciona para servir às fantasias eróticas masculinas (por exemplo, Pospísil, 2008, p. 142). Outro binário patriarcal funcionando aqui é o da cultura *versus* natureza: as garotas são vinculadas à natureza, ao seu incontrolável aspecto selvagem, à sua imprevisibilidade e fortuita brutalidade, mas também à sua desolação e poluição pós-desastre nuclear; o velho homem e seu lar no *Hotel Ozone* representam a cultura e os valores perdidos do esclarecimento. Em última análise, o filme sugere que não há futuro fora da matriz heterossexual. Contrariamente à opinião de Tomás Pospísil de que "o filme não adere a nenhuma ordem do dia política óbvia" (*Ibidem*, p.146), eu tendo a concordar com leituras de distopias similares no cinema do Leste Europeu, que propõem que filmes desse tipo trazem críticas alegóricas ao regime comunista (ver, por exemplo, Mazierska, 2004). Nessa linha, a violência gráfica, o assustador sentimento de isolamento e o panorama austero de *Hotel Ozone* poderia ser visto como a antecipação dos eventos cataclismáticos de 1968 e a mentalidade dominante dos anos de normalização subsequente.

Dead Mountaineer Hotel: O *queer* proibido do outro

Dead Mountaineer Hotel foi realizado na Estônia no auge da era da estagnação política, no final dos anos 1970, em uma adaptação arrojada do romance de mesmo título, escrito em 1969 pelos célebres autores russos de ficção científica, Arkady e Boris Strugatsky (Strugatsky e Strugatsky, 1975), os quais também assinaram o roteiro do filme. A história é narrada pelo inspetor de polícia Peter Glebsky, que investiga uma misteriosa série de crimes em um remoto hotel alpino. Apesar de ser claramente contemporânea à época de realização do filme, a locação geográfica do cenário pitoresco é levemente ambígua, apesar de o idioma francês, presente nas transmissões de rádio, nos avisos e na escrita, localizá-lo nos Alpes suíços ou franceses. O pequeno hotel, de propriedade de um velho cavalheiro Alex Snewahr, abriga um pequeno porém pitoresco grupo de hóspedes: além de Glebsky, que vem ao hotel atendendo a um chamado aparentemente falso, estão lá Simon Simonet, um entusiasmado escalador e físico trabalhando em um projeto confidencial e enviado ao hotel para curar-se de "prazeres sensuais"; Brun, jovem parente distante de Snewahr; Olaf Andvarafors, namorado de Brun; Sr. Moses, um executivo em viagem, e sua mulher, a Sra. Moses, típica *femme fatale*; Hinckus, um homem sombrio com tuberculose que passa a maior parte do seu tempo sentado no topo do hotel encolhido sob um grosso casaco de pele; e Luarvik Luarvik, amigo de Olaf que é encontrado perto do hotel, quase congelado, após uma avalanche que isola o vale do resto do mundo. Durante o jantar, uma carta anônima é plantada no bolso de Glebsky, anunciando que Hinckus, membro de uma perigosa organização terrorista, planeja matar alguém no hotel. Quando Olaf é encontrado morto em seu quarto apenas alguns minutos depois da avalanche e da posterior falta de energia temporária, Glebsky começa uma investigação. O inspetor chega à surpreendente descoberta de que o Sr. Moses é um "observador" alienígena, Luarvik é seu navegador, e a Sra. Moses e Olaf são androides. Contrariando ordens, o Sr. Moses contata pessoas que, infelizmente, formavam o mencionado grupo de terroristas. Eles se utilizaram de suas habilidades extraordinárias para orientar vários grandes assaltos, enganando-o com uma explicação de que estariam lutando em nome da justiça e do bem comum. O Sr. Moses havia fugido para o isolado hotel com a intenção de deixar a Terra, já que a plataforma de lançamento alienígena se localiza nas montanhas, perto dali. Entretanto, a avalanche danificou o "traje espacial" humanoide de Luarvik e destruiu a fonte de energia que "alimentava" os robôs, razão pela qual Olaf parecia morto. Enquanto Simonet e Snewahr desejam auxiliar a fuga dos alienígenas, solidários com sua situação e fascinados por sua condição técnica e moralmente superior, Glebsky está convencido de que o Sr. Moses deve ser punido como qualquer criminoso comum, mesmo ignorando seu envolvimento em atividades ilegais. Finalmente, o grupo alienígena parte com a ajuda de Simonet e Snewahr, mas já é tarde: os policiais chamados por Glebsky chegam e a fuga é interrompida por um míssil. Anos mais tarde, Glebsky segue atormentado, questionando-se se sua decisão de observar a lei e seu dever como servidor público, ao invés de mostrar compaixão humana, foi de fato acertada.

Há diferenças significantes entre a adaptação fílmica e a obra literária original, sendo que a mais importante, no contexto deste estudo, refere-se à percepção das identidades genérico-sexuais de alguns personagens.

Particularmente no romance, Brun é apresentado(a) como um(a) adolescente cujo gênero não é identificado pelo olhar de Glebsky na maior parte da história, e, de acordo com o personagem Snewahr, Brun é na verdade sem gênero/assexuado (Strugatsky e Strugatsky, 1975, p. 44). Além disso, Brun mostra-se ainda mais impreciso em relação ao seu gênero ao mudar constantemente o tom de sua voz quando fala com Glebsky e flerta tanto com Olaf como com a Sra. Moses. No filme, porém, ela é reconhecidamente uma mulher heterossexual, única e exclusivamente interessada em Olaf. Interessantemente, esse último é apresentado no filme como uma figura claramente efeminada, que veste roupas ajustadas e apresenta habilidades de dança surpreendentemente polidas (a propósito, o personagem é interpretado por Tiit Härm, um bailarino na vida real que criou a coreografia para a sequência da festa no filme). Ademais, em uma cena em que Glebsky, Simonet e Olaf estão jogando bilhar, a Sra. Moses compara Glebsky e Olaf dizendo: "Afinal, Inspetor, o senhor é um homem de verdade; faça picadinho desse Olaf!". Outro personagem *queer* é Luarvik, que tem o físico delicado e a voz androginamente suave. Evidentemente, era importante para os irmãos Strugatsky e para o diretor do filme Grigori Kromanov manter um elemento *queer*, mesmo que eliminando o conteúdo explícito da história (a transformação de Brun de um(a) adolescente unissexual no romance em uma jovem mulher, levemente "moleca" no filme) e introduzindo um nível mais furtivo de representação visual (dois tipos contrastantes de masculinidade: de um lado, a virilidade dura *à la* Harrison Ford de Glebsky; de outro, a efeminação urbana de Luarvik). Uma vez que a homossexualidade era um crime no código penal soviético desde a época de Stálin nos anos 1930 até o colapso da União Soviética, era claramente impossível insinuar qualquer relação íntima entre pessoas do mesmo sexo na tela grande. Por que, então, a censura tolerou esses personagens *queer*? Primeiramente, porque tanto Olaf como Luarvik eram alienígenas, ou seja, não-humanos e, no caso de Olaf, uma forma de vida artificial, de maneira que ambos se localizam fora da convenção mimética de "realidade". Em segundo lugar, uma vez que a história se passa no Ocidente, a falta de masculinidade heterossexual ao estilo "macho-alfa" poderia ser atribuída à típica decadência do Ocidente capitalista, assim como a homossexualidade como um todo era vulgarmente vista dessa forma (ver Veipak, 1991; Kurvinen, 2007, p. 287). Assim, a mudança narrativa que transpôs as manifestações de identidades sexuais elusivas da esfera humana para a alienígena, promovida pelos autores do filme com uma camuflagem conveniente, torna possível problematizar, através do filtro da flexão de gêneros, relações de poder de vários tipos, inclusive aquelas impostas pelas autoridades soviéticas aos habitantes dos territórios conquistados, como a Estônia. Afinal, os alienígenas – o suspeito e potencialmente ameaçador *Outro* – são desempoderados no filme como vítimas da corrupção humana: no início são persuadidos por terroristas a cometer crimes, acreditando estar agindo em nome de uma justiça superior; no final, encontram a morte porque Glebsky (notadamente um representante da lei) não consegue se identificar ou mesmo empatizar com sua alteridade e deixá-los permanecer na Terra. Ademais, Simonet e Snewahr, que convencem Glebsky a ajudar os alienígenas e a deixá-los partir, parecem pessoas de bom coração, de mente aberta e sensíveis – ou seja, mais humanitários – que o bruto policial cuja hostilidade para com a alteridade dos visitantes extraterrestres se torna ainda mais aparente no final do filme, quando ele diz, olhando diretamente para a câmera: "Eu não desrespeitei a lei. Ela permaneceu sagrada para mim (...) Sejamos razoáveis. Se eles são humanos, então eles são bandidos e mereceram o castigo. Se eles não são bandidos, eles tampouco são humanos. E o que eu tenho em comum com eles, os não-humanos, que se disfarçaram de humanos?". Devido à aparente compaixão que o filme demonstra com os personagens alienígenas, que foram enganados por gângsteres para depois serem perseguidos e mortos pela rígida "lei", não é difícil, nem muito forçado, perceber no filme uma crítica mordaz a um sistema repressor que força as mesmas normas (discursivas) a todos, "normas e convenções essas que restringem e evisceram as condições da vida em si" (Butler, 2004, p. 8). Na década de 1950, as narrativas americanas de invasões alienígenas, com extraterrestres assumindo a forma humana e passando "despercebidos em meio às pessoas 'normais'" (Pearson, 1999, p. 9) na execução de seus planos de dominação da Terra, eram frequentemente interpretados como representações da ameaça de uma revolução global comunista/soviética. Em *Dead Mountaineer Hotel,* apropria-se e reverte-se esse enredo, como uma maneira de se referir à diferença étnica, mas também ideológica, entre as pequenas nações oprimidas às quais se infligiu um novo conjunto de regras político-legais, normas sociais e valores culturais, tal como delineado no caso dos aparelhos estatais repressivos e ideológicos althusserianos, por exemplo (Althusser, 1971, p. 127-186). Em resumo, a negação da heteronormatividade como única possibilidade de identidade sexual coaduna-se com a óbvia denúncia de relações de poder opressivas e das tentativas das autoridades soviéticas de combater qualquer tipo de alteridade, incluindo as de origem étnica e ideológica. Dessa forma, o filme harmoniza-se com a teoria foucaultiana de poder "que mostra como gênero, raças, classe, corpos, idade e nacionalidade informam e produzem poder e, assim, fazem parte da sexualidade" (Melzer, 2009, p. 397).

Em uma cena perto do final do filme, em que Glebsky persegue o Sr. Moses e sua "gangue", ele invade o quarto de hotel do Sr. Moses e, repentinamente, se depara com seu próprio sósia, que então toma a forma da Sra. Moses. Além de se alinhar à observação perceptiva de Istvan Csicsery-Ronay Jr., de que "alienígenas são, por definição, *queers*" (Csicsery-Ronay Jr., 2007, p. 14), essa metaformose trans-gênero chama a atenção para a construção performativa de categorias genéricas ditas "naturais" (Laanes, 2009, p. 854), uma ideia introduzida por Judith Butler em seu trabalho inovador sobre identidades *queer* e performatividade de gênero (ver Butler, 2007, p. 185-193). O fato de que os corpos envolvidos nessa transfiguração pertençam aos personagens mais explicitamente heterossexuais do filme, Glebsky e a Sra. Moses, cujas identidades sexuais se situam em opostos arquetípicos extremos na escala masculinidade-feminilidade ("superhomem" contra "supermulher"), serve para ressaltar com particular perspicácia "que o conhecimento naturalizado de gênero opera como circunscrição preventiva e violenta da realidade" e "o que percebemos como 'real', o que invocamos como o entendimento naturalizado de gênero é, na verdade, uma realidade mutável e passível de revisão" (Butler, *op. cit.*, p. XXIV). É importante notar como Butler enfatiza que esses tipos de mudanças radicais "na noção do possível e do real das pessoas" (ibid.) ocasiona um potencial para revolução política ou, neste caso, ao menos para um comentário crítico nas regras políticas compelidas e na realidade à qual elas oferecem ao público como um estado "natural" de existência.

A ideia de que, através de um sutil e inteligente desvio, a *mise-en-scène* francófona e capitalista de *Dead Mountaineer Hotel* se torne uma alegoria do regime carcerário soviético é, além disso, amparada pelos recursos espaciais do cenário: o vale rodeado por uma cadeia de montanhas, acessível por uma única estrada. Significativamente, ele se torna uma armadilha mortal para os visitantes extraterrestres, encurralados, assim como no final da década de 1970 era difícil (senão impossível) imaginar uma rota de fuga para as pequenas nações bálticas das garras da União Soviética.

Sexmission: Heteropatriarcado retorna com uma vingança

Sexmission, feito na sequência da Lei Marcial polonesa, conta a divertida história de uma sociedade pós-apocalíptica de um único sexo em 2044, em que os homens foram extintos e as mulheres se reproduzem por meio de partenogênese artificial, uma forma de reprodução assexuada. Dois homens, o supersticioso e rabugento biólogo Albert Starski e o mulherengo patológico Maksymilian "Maks" Paradys, despertam nesse sombrio mundo feminino, após um experimento fracassado de hibernação. O experimento foi lançado em 1991 e, inicialmente, os homens deveriam ser despertados em três anos, mas a eclosão de uma guerra postergou sua "desibernação" por décadas. Tal guerra se desencadeou após o Professor Kuppelweiser, o mesmo cientista que desenvolveu o experimento de hibernação, inventar uma substância que paralisava temporariamente os genes masculinos. A substância deveria ser disseminada globalmente através da chamada Bomba M. No entanto, ao invés da paralisia temporária, a bomba eliminou os genes masculinos definitivamente, causando o autoextermínio do gênero masculino como em *Hotel Ozone*. Como efeito colateral da poluição radioativa da Bomba M, a superfície terrestre tornou-se inabitável e as pessoas foram forçadas a se realocar em minas no subsolo, que gradualmente se expandiram em uma espécie de "arranha-céu" subterrâneo. Após a guerra, a Liga Feminista toma o poder e todos os meninos sobreviventes são "naturalizados", isto é, cirurgicamente transformados em meninas. A nova sociedade passa a ser gerida por duas "corporações": Genetix, que conduz experimentos biomédicos, e Archeo, que escava as ruínas do mundo pré-apocalíptico ("extraindo velhos sentimentos", como uma funcionária da Genetix diz), ambas subordinadas à líder da Liga, que ostenta o título honorífico de Sua Excelência. Inicialmente, os homens se tornam objeto de um estudo científico da Archeo, e a responsável, uma jovem cientista chamada Lamia Reno, tenta comprovar uma das premissas do regime feminista: a de que o gênero masculino foi meramente um estágio evolutivo entre os macacos e as mulheres. Quando Maks começa a flertar com Lamia, vindo a beijá-la rapidamente, a sexualidade reprimida da cientista começa a emergir, pouco a pouco, evocando fantasias eróticas. Mais tarde, uma assembleia das duas corporações decide que os homens devem ser finalmente "naturalizados" - ou seja, emasculados e transformados em mulheres. Antes que a determinação seja levada a cabo, no entanto, Maks e Albert tentam várias vezes escapar do cativeiro, sendo a última delas bem-sucedida. Com a ajuda de Lamia, que está cada vez mais enfeitiçada por Maks, os homens fogem da sociedade subterrânea para o que parece ser uma paisagem desértica, inabitável e apocalíptica, poluída pela "radiação Kuppelweiser". Mas eles logo se dão conta de que se trata de um cenário pintado ao redor da entrada da estrutura subterrânea. Atravessando o cenário, os dois homens e Lamia, usando trajes anti-radiação e tanques de oxigênio, chegam a uma praia. Explorando as cercanias, eles vagueiam por um bosque, que inicialmente suspeitam ser artificial. Ao perceber uma cegonha sobrevoando as árvores, Maks entende que o ar é respirável e se livra do traje, encorajando Albert e uma inicialmente cética Lamia a fazerem o mesmo. Logo eles descobrem uma casa rodeada por um lindo jardim, ladeada por uma grande parede de pedras e decorada ao estilo do final do século XX.

Uma oficial de Genetix, Emma Dax, segue os fugitivos, determinada a capturá-los e devolvê-los ao subterrâneo, até que um telejornal noticia que as mulheres teriam morrido e os homens naturalizados. Os quatro, então, formam casais e têm relações (heterossexuais), estabelecendo as bases para o renascimento da ordem "natural" (leia-se heteronormativa) mundial. No final, os homens descobrem que Sua Excelência é, na verdade, um homem disfarçado de mulher, e a casa é sua *garçonnière*, herdada de sua mãe que o criou disfarçado de menina. Na cena final do filme, Albert e Maks, vestidos como oficiais da Liga, entram secretamente na incubadora do subterrâneo para contaminar o sistema com genes masculinos. O último plano mostra uma enfermeira gritando aterrorizada diante de um bebê com genitália masculina em *close-up*.

Como inúmeros outros produtos de cultura visual na extinta esfera soviética, *Sexmission* é rico em representações e pontos de vista de certa forma paradoxais e controversos. À primeira vista, o que vemos na tela é, ao contrário de *Hotel Ozone*, o estado final da emancipação feminina, em que as mulheres são completamente autossuficientes, presumidamente o objetivo mais absoluto do projeto feminista. Adicionando-se imagens de flertes e carícias lésbicos,[3] nudez coletiva feminina, desenho do espaço do mundo subterrâneo evocando a forma de uma vagina, o personagem travesti de Sua Excelência, assim como alguns vislumbres de "*bromance*" entre Albert, Maks e Sua Excelência, seria possível concluir que *Sexmission* "efetua uma espécie de desafio discursivo à compreensão naturalizada da sexualidade e seu contexto sócio-cultural concomitante" (Pearson, 1999, p. 4), ao representar identidades e comportamentos genérico-sexuais fora da norma heteropatriarcal. Ainda assim, sugestões de homoerotismo são justapostos, sobrescritos e até mesmo anulados por campos de força diretamente heteronormativos, e as conclusões do filme sem dúvida reafirmam a ordem "natural" da heterossexualidade e ridicularizam os objetivos do movimento feminista em geral. Por exemplo, os abundantes planos de nudez feminina sugerem um ponto de vista masculino e apresentam fantasias masculinas, conjecturando assim um sujeito observador masculino que objetifica e fragmenta o corpo feminino; Albert e Maks, mas sobretudo a falsa mulher (*cross-dresser*) que lidera a Liga subterrânea, controlam os acontecimentos do filme, literalmente "dando um sentido de onipotência" (Mulvey, 2004, p. 842). Ademais, as mulheres que se deixam

3 Diferentemente da União Soviética, a homossexualidade nunca foi criminalizada na Polônia, apesar de ser denunciada pela Igreja Católica e pela opinião pública. Assim, imagens de erotismo lésbico eram mais facilmente toleradas pelos censores do que, por exemplo, sarcasmo em relação aos ideais comunistas.

levar pelo irresistível prazer do beijo de Maks começam a sonhar com homens, e Emma não necessita de muita persuasão para ceder às delícias do intercurso heterossexual e às vantagens dos métodos "naturais" de reprodução. Em última análise, é a energia sexual de Maks que facilita a fuga dos dois protagonistas homens e substitui a distopia pela utopia, levando ao renascimento da ordem "natural", ou seja, heteronormativa.

Como pode ser percebido em diversas análises (ver, por exemplo, Mazierska, 2004), a sociedade matriarcal subterrânea lembra o opressivo governo comunista não apenas na República Popular da Polônia, mas em todo o extinto bloco soviético – uma leitura certamente encorajada pelo lema do filme, "Amanhã é hoje acontecendo amanhã", emprestado do conhecido dramaturgo polonês Slawomir Mrozek. Sem dúvida, o regime militar (que também se refere à Lei Marcial na Polônia, em vigor entre 13 de dezembro de 1981 e 22 de julho de 1983), as instituições ideológicas profundamente hierárquicas (as "corporações") subordinadas às "*apparatchiks*" da Liga e encimadas pela autoridade suprema de Sua Excelência, bem como a completa intolerância com possíveis desvios das normas, valores e dogmas estabelecidos, refletem o sistema de partido único no período mais obscuro do regime stalinista. O sistema educacional "feminista" em *Sexmission* é orientado a criar meninas e mulheres obedientes à lei, que recebem uma versão adulterada da História (em que, por exemplo, todos os vícios foram inventados pelos homens; Copérnico e Einstein eram, na verdade, mulheres, e homens torturavam mulheres cruelmente antes de a Liga tomar o poder) e são doutrinadas com profundo ódio para com o gênero masculino ("Homens são nossos inimigos"). O retrato das práticas midiáticas também evoca o comunismo: na cela em que Albert e Maks são mantidos após a "desibernação", música marcial otimista é tocada pelo sistema de rádio por controle remoto; as pessoas são encorajadas a preencher seu tempo livre assistindo televisão, que exibe programas educacionais que objetivam lavagem cerebral, eventos esportivos e outros tipos de entretenimento leve para acalmar e suprimir qualquer estopim de pensamento crítico, além de telerreportagens que distorcem ou escondem o real estado das coisas. Corpos individuais são coagidos, cirúrgica ou quimicamente, a tomar formas e funções pré-determinadas: os meninos e homens remanescentes são castrados e ganham físico feminino; as mulheres são sujeitadas a exercícios físicos rigorosos para manter seus corpos em forma, e seu desejo sexual – a lei da natureza, como chama Maks – é eliminado ou, mais precisamente, transformado em ambição profissional com a ajuda de medicamentos distribuídos por um sistema central – um exemplo vívido do biopoder foucaultiano em exercício (Foucault, 1998, p. 140). Há até mesmo um equivalente para a resistência comunista – os chamados campos de decadência, habitados por mulheres desobedientes, que aparentemente se recusaram a ser intoxicadas com drogas entorpecedoras da mente; em contraste às leais cidadãs vestindo uniformes, elas vestem roupas boêmias, tocam e dançam jazz (condenado no bloco soviético como um símbolo da decadência da cultura jovem ocidental e dos valores democráticos), comem bolo e fazem sexo lésbico. Quando flagradas pela polícia, são disciplinadas em campos de trabalho forçado; criminosas particularmente perigosas são encarceradas em prisões no modelo do panóptico de Jeremy Bentham. Por fim, a história de Sua Excelência, que foi criado pela mãe como uma menina porque não queria que o filho fosse "naturalizado", evoca o trágico destino dos judeus forçados a se esconder durante a Segunda Guerra Mundial.

Assim, por um lado *Sexmission* apresenta um ponto de vista inquestionavelmente conservador e heteropatriarcal sobre as relações de gênero e, por extensão, sobre as hierarquias sociais em geral. Por outro lado, ao promover uma crítica alegórica à ordem política dominante e ao totalitarismo e, ao se referir ao *Solidarnosc* polonês em diversas ocasiões, ele acomoda um incontestável elemento de resistência e ambição de subversão social, talvez até uma antecipação do colapso do regime comunista. Contudo, a antipatia evidente do filme em relação ao feminismo deve ser considerada no contexto do "feminismo estatal", ou da emancipação do tipo oriental que, contrário ao feminismo ocidental, "cresceu fora dos dogmas políticos e, assim, a partir de registros semânticos e políticos diferentes" (Hanáková, 2011, p. 146), e ocasionou "as políticas sociais centralizadas do estado socialista, cujo objetivo era controlar as mulheres em particular e a população em geral" (Imre, 2005, p. XIV). Portanto, o ressentimento com o feminismo e com o comunismo estão entrelaçados. Entretanto, não se pode esquecer que, na famosa asserção de Benedict Anderson, a unidade da comunidade nacional é estabelecida pela "fraternidade", e que "apesar da inequalidade e exploração vigentes que talvez prevaleça em cada um, a nação é sempre concebida como um profundo e horizontal companheirismo" (Anderson, 1991, p. 7). Além disso, a ideia de um Estado-nação está fundamentalmente ligada à heteronormatividade. Em *Sexmission*, a ligação entre Albert, Maks e Sua Excelência ilustra perfeitamente essa base homossocial do Estado-nação como uma comunidade de companheirismo masculino. Em combinação com a afirmação do heteropatriarcado como a ordem "natural" do mundo e a crítica da ideologia comunista "transnacional", não é difícil concluir que *Sexmission* comunica um forte desejo de restabelecimento do Estado-nação polonês.

Conclusão

Ao embarcar nessa exploração inicial de retratos do *queer* no cinema de ficção científica do Leste Europeu, eu esperava encontrar imagens subversivas de gênero à altura do já estabelecido potencial da ficção científica da região em promover críticas veladas, porém contundentes, acerca da injustiça social e da repressão política. O que encontrei, no entanto, mais frequentemente do que eu supunha e alinhados a seus equivalentes ocidentais, foram filmes que não conseguiram romper com o binarismo heterossexual, afirmando a hierarquia de gêneros e as relações de poder do sistema patriarcal. Este estudo também mostrou que, por vezes, condições mais limitadas de expressão facilitam a comunicação de imagens mais subversivas, como em *Dead Mountaineer Hotel,* filme realizado em uma sociedade onde a homossexualidade era legalmente criminalizada e numa época profundamente desfavorável a opiniões extravagantes, mas que ainda assim logrou demonstrar algum grau de tolerância ou reconhecimento da alteridade com relação ao caráter *queer.* Contrariamente, o tchecoslovaco *Hotel Ozone* e o polonês *Sexmission,* produzidos em países que não reprimiam a homossexualidade legalmente e durante períodos de relativa liberdade de expressão, oferecem posturas muito mais conservadoras acerca de normas e identidades sexuais, reafirmando a forte conexão entre heteropatriarcado e o Estado-nação. Concomitantemente, porém, todos os três filmes têm êxito em seus ataques incisivos ao regime totalitário, testemunhando o fato de que posicionamentos críticos em relação a algumas questões podem coexistir em pontos de vista conservadores acerca de outras.

Bibliografia

ALTHUSSER, Louis. *Lenin and Philosophy and Other Essays.* Translated by Ben Brewster. New York, London: Monthly Review Press, 1971.

Anderson, Benedict. *Imagined Communities: Reflections on the Origin and Spread of Nationalism.* London: Verso, 1991.

BOULD, Mark. Fucking Machines: A Tirade. SFS Symposium: Sexuality in Science Fiction. *Science Fiction Studies,* vol. 36, no. 3, p. 386-388, November 2009.

BUTLER, Judith. *Gender Trouble: Feminism and the Subversion of Identity*. New York, London: Routledge, 2007 [1990].

BUTLER, Judith. *Undoing Gender*. New York, London: Routledge, 2004.

CSICSERY-RONAY JR., Istvan. "Some Things We Know about Aliens". *The Yearbook of English Studies*, n. 2, vol. 37, 2007, p. 1-23.

ELKINS, Charles. "An Approach to the Social Functions of American SF. *Science Fiction Studies*, n. 3, vol. 4, nov. 1977, p. 228-232.

FOSTER, Thomas. "SF and Queer Theory: Butler vs. Suvin. SFS Symposium: Sexuality in Science Fiction". *Science Fiction Studies*, n. 3, vol. 36, , nov. 2009, p. 390-392.

FOUCAULT, Michel. *The History of Sexuality. Vol. 1: The Will to Knowledge*. London: Penguin Books, 1998.

GAYLE, Rubin. "Thinking Sex: Notes for a Radical Theory of the Politics of Sexuality". In: VANCE, Carole S. (org). *Pleasure and Danger: Exploring Female Sexuality*. London: Pandora, 1992, p. 267-293.

GELLER, Theresa L. "Queering Hollywood's Tough Chick: The Subversions of Sex, Race, and Nation in 'The Long Kiss Goodnight' and 'The Matrix'". *A Journal of Women Studies*, n. 3, vol. 25, 2004, p. 8-34.

HANÁKOVÁ, Petra. "From Mařka the Bricklayer to *Black and White Sylva*: Images of Women in Czech Visual Culture and the Eastern European Visual Paradox". *Studies in Eastern European Cinema*, n. 2, vol. 2, 2011, p. 145-160.

HARAWAY, Donna J. "A Manifesto for Cyborgs: Science, Technology and Socialist Feminism in the 1980s". In: REDMOND, Sean (org.). *Liquid Metal: The Science Fiction Reader*. London, New York: Wallflower Press, 2004, p. 158-181.

HOLLINGER, Veronica. "(Re)reading Queerly: Science Fiction, Feminism, and the Defamiliarization of Gender". *Science Fiction Studies*, n. 1, vol. 26, mar. 1999, p. 23-40.

IMRE, Anikó (Org.). *East European Cinemas*. New York: Routledge, 2005.

KURVINEN, Heidi. "Homosexual Representations in Estonian Printed Media during the Late 1980s and Early 1990s". In: KUHAR, Roman; TAKÁCS,

Judit (org.). *Beyond the Pink Curtain: Everyday Life of LGBT People in Eastern Europe.* Ljubljana: Peace Institute, 2007, p. 287-301.

LAANES, Eneken. "Judith Butler". In: ANNUS, Epp (org.). *20. sajandi mõttevoolud.* Tallinn, Tartu: Tartu Ülikooli Kirjastus, 2009, p. 848-862.

MAZIERSKA, Ewa. "Polish Cinematic Dystopias: Metaphors of Life Under Communism – and Beyond". *Kinema: A Journal for Film and Audiovisual Media,* 2004. Disponível em: <http://www.kinema.uwaterloo.ca/article.php?id=77>.

MELZER, Patricia. "The Coming Future. SFS Symposium: Sexuality in Science Fiction". *Science Fiction Studies,* n. 3, vol. 36, nov. 2009, p. 397-398.

MULVEY, Laura. "Visual Pleasure and Narrative Cinema" [1975]. In: BRAUDY, Leo; COHEN, Marshall (org.). *Film Theory and Criticism.* 6th edition. New York, Oxford: Oxford University Press, 2004, p. 837-848.

PEARSON, Wendy. "Alien Cryptographies: The View from Queer". *Science Fiction Studies,* n. 1, vol. 26, mar. 1999, p. 1-22.

PEARSON, Wendy G. *et al.* (Org.). *Queer Universes: Sexualities and Science Fiction.* Liverpool: Liverpool University Press, 2008.

POSPÍŠIL, Tomáš. "The Bomb, the Cold War and the Czech Film". *Journal of Transatlantic Studies,* n. 2, vol. 6, ago. 2008, p. 142-147.

STRUGATSKI, Arkadi; STRUGATSKI, Boriss. *"Hukkunud Alpinisti" hotell.* Translated by Maiga Varik. Tallinn: Eesti Raamat, 1975.

VEISPAK, Teet. "Homosexuality in Estonia in the 20th Century: Ideological and Juridical Aspects". In: PARIKAS, Udo; VEISPAK, Teet (org.). *Sexual Minorities and Society: the Changing Attitudes toward Homosexuality in the 20th Century Europe.* Tallinn: Institute of History, 1991, p. 105-114.

ENTRE O PASSADO E O FUTURO, POLÔNIA E JAPÃO:

Heterotopias de *Avalon*[1]

Ewa Mazierska

Lech Wałęsa, o primeiro líder do Sindicato Solidariedade e subsequentemente o primeiro Presidente da Polônia democrática, uma vez prometeu transformar o país em um segundo Japão somente se o comunismo pudesse ser derrubado. Suas palavras, mais tarde ridicularizadas por aqueles que não achavam as conquistas pós-comunistas polonesas impressionantes o bastante, vieram à minha mente quando assisti *Avalon* (2001), o primeiro e único fruto da colaboração polonesa-japonesa depois da queda do Muro de Berlim. Tal colaboração sempre promete um encontro de duas culturas no "meio da estrada" e *Avalon* o faz tão especialmente no que surge quase que como um perfeito equilíbrio de coprodução. Foi dirigido pelo diretor japonês Mamoru Oshii, mais conhecido por *O Fantasma na Máquina* (*Ghost in the Shell*, 1995), considerado uma das marcas de *anime*, um gênero que originou-se no Japão, mas tornou-se popular em todo o mundo. Tinha um elenco inteiramente polonês, incluindo a atriz que interpretava o papel principal, Małgorzata Foremniak, usando seu idioma original. Foi gravado na Polônia e fotografado por um diretor de fotografia polonês, Grzegorz Kędzierski, mas foi posteriormente retocado digitalmente em estúdios japoneses. Minha questão é como o encontro dessas duas culturas refletiu no texto do filme e como foi julgado pelos públicos poloneses. Meu ensaio é, assim, destinado a contribuir para o subcampo de estudos de cinema conhecido como "cinema transnacional".

---

1 Texto traduzido do inglês para o português por Alfredo Suppia.

Heterotopias de *Avalon*

Minha principal ferramenta para analisar o filme é a noção de "heterotopia", introduzida por Michel Foucault em uma palestra, dada em 1967 e publicada primeiro em francês em 1984 como "Des Espaces Autres". Seguindo sua tradução para o inglês, por Jay Miskowiec em 1986, o termo "heterotopia" foi aproveitado por muitos autores da língua inglesa, tais como David Harvey (1989), Kevin Hetherington (1997) e Giuliana Bruno (2002), que o usaram para dar conta da especificidade da arte e cultura pós-moderna, marcada pela falta de centros geográficos e ideológicos e incerteza ideológica[2] ou para oferecer uma nova "leitura" de modernidade. Minha discussão seguirá seus passos, na esteira das aplicações de "heterotopia" de Eva Näripea (2012) e Ewa Mazierska (2012) para a coprodução do cinema de ficção científica do Leste Europeu. Também confiarei no pensamento pós-moderno, especialmente a noção de Zygmunt Bauman de "modernidade líquida" (2000), bem como a conceitualização de história de Paul Virilio como desdobramento de guerra (Virilio e Lotringer, 1983; Virilio, 1989; 1994).

Para começar, basta dizer que Foucault define heterotopia como lugar suspenso entre existência e não existência, como

> contra-situação, um tipo de utopia efetivamente promulgada na qual as verdadeiras situações, todas as verdadeiras situações podem ser encontradas dentro da cultura, são simultaneamente representadas, contestadas, e invertidas. Lugares desse tipo estão fora de todos os lugares, embora seja possível indicar sua localização na realidade (Foucault, 1998, p. 231).

Foucault lista como exemplos de heterotopias cemitérios, hospitais psiquiátricos, jardins orientais, bordéis e colônias, navios, espelhos e telas de cinema (Foucault, *op. cit.*, p. 231-6). Minha controvérsia é que, em *Avalon*, Oshii também se refere à heterotopia, ou mesmo a "multi-heterotopia", consistindo em um número de heterotopias inter-relacionadas. Embora o diretor não use esta

2 Heterotopia é um dos vários termos, cunhados ou reinventados no século XX, para capturar a pluralidade e heterogeneidade de criações e experiências humanas. Podemos localizá-lo juntamente com "heteroglossia", inventado pelo filósofo russo e crítico literário Mikhail Bakhtin, "heteronomia", introduzido pelo poeta português Fernando Pessoa, "multidão", emprestado de Spinoza e Hobbes, mas reinventado por Michael Hardt, Antônio Negri e Paolo Virno para se encaixar no pós-modernismo, na sociedade pós-fordista e, finalmente, "uchronia", transplantado para o discurso pós-moderno do romance de 1876 de Charles Renouvier. O último conceito é provavelmente o mais próximo de "heterotopia".

palavra, nas entrevistas ele revela uma "sensibilidade heterotópica". Por exemplo, perguntado sobre a diferença entre filmes de ação (*live-action*) e animação, ele respondeu: "Eles são a mesma coisa... No futuro, não haverá diferença ente animação e *live action*" (*apud,* 2004, p. 166). Conversando com um jornalista polonês sobre *Avalon,* ele disse: "Eu não tinha intenção de descrever a realidade. Além disso, o que é realidade? Para mim este filme é uma realidade. Minha ambição é transcender a chamada realidade, misturar passado e futuro" (Figielski, 2002). Os críticos também reconheceram esta sensibilidade. Por exemplo, Steven T. Brown, autor do livro *Tokyo Cyberpunk,* usa em referência aos filmes de Oshii e especialmente *Avalon* o termo "cinema limítrofe", argumentando que Oshii reúne em seus filmes o que pensava-se estar separado, como por exemplo *live action* e animação, e também passado e presente (Brown, 2010, p. 134).

Já a primeira sequência de *Avalon* prevê um modo de experimentar a realidade na qual diferentes regimes ontológicos se misturam e se sobrepõem. Essa sequência mostra o que parece ser um fragmento de um mapa, dividido em pequenas formas geométricas, como se acessadas através das lentes de uma arma moderna. Este "mapa" é colocado em movimento, como se refletisse a mudança da perspectiva da qual é visto, e então abre caminho a um campo de batalha representado realisticamente no qual, entretanto, acaba por ser apenas um espaço, no qual uma guerra virtual acontece. Nesta guerra tanques e soldados se dividem em partes menores, e então desaparecem em um redemoinho de pixels. Objetos tridimensionais mudam para imagens planas. Cenas subsequentes demonstram que estes processos podem ser revertidos: o que foi dissolvido em elementos minutos pode ser reagrupado, o que foi achatado pode ganhar três dimensões novamente. Também vemos que quando a heroína do filme escreve algo em um computador, tipicamente colocando um pedido para um mecanismo de busca, seu texto multiplica-se, remonta e torna-se acompanhado por linhas de escrita diferente, aparecendo atrás do texto original, como se residisse dentro da tela do computador, como um eco ou imagem posterior. Este "eco textual" não repete passivamente o que ela está escrevendo, mas muda para um novo texto ou imagem, que eventualmente surge na superfície da tela, trazendo uma resposta inesperada. Letras dão origem a formas geométricas do tipo visto através de um caleidoscópio e posteriormente se transformam-se em formas humanas. Assim o filme sugere que o ato de escrever produz um mundo tridimensional ou mesmo uma pletora de mundos, que tem o poder de afetar o mundo material. O resultado de tal técnica é a sensação de que o mundo que Oshii apresenta é literalmente *inter*-textual: é produzido e transformado pelo ato de escrever.

Esta ideia é confirmada e elaborada pela construção da narrativa. Centra-se em Ash, uma jovem mulher que mora em um futuro não muito distante em um país cuja identidade não é revelada, conforme a tradição de ficção científica que apresenta o futuro como uma época em que fronteiras nacionais foram abolidas e particularidades nacionais superadas (Sontag, 1994, p. 220) e um costume mais novo de tornar o ciberespaço como aquele em que as diferenças nacionais, étnicas e raciais não importam (Nakamura, 1998). Seu nome, que é seu pseudônimo como gamer, bem como os de outros personagens, como Murphy, Stunner e Bishop, sugere que este seja um mundo Anglo-Saxão. Entretanto, todos os personagens no filme falam polonês e também vemos rótulos de comida polonesa, anunciando produtos poloneses e elementos de design de interiores, o que sugere que o cenário do filme é polonês, ou mais precisamente, Polônia do comunismo tardio. No entanto, as pessoas que vivem aqui anseiam por comida natural, tão simples como repolho, que na Polônia sempre houve em abundância e passam a maior parte de seu tempo jogando no computador, o que não acontecia na Polônia dos anos 1970 ou 1980. A compensação por prazeres naturais com sintéticos tem associação com o Japão, um país que compensou a falta de recursos naturais com avanços tecnológicos. Procurando escapar de decepções da realidade no mundo virtual, também pode ser visto como uma metáfora da "emigração interna" ou "exílio interno": uma fuga imaginária da uma realidade monótona e rigorosa numa situação em que a emigração verdadeira não era uma opção viável, praticada por poloneses e outros do Leste Europeu sob a condição de socialismo de estado, bem como representantes de outros grupos oprimidos (Naficy, 2001, p. 11).

Neste mundo hibridizado a vida humana é reduzida ao básico: alimentação, descanso e viagens em trens. Não vemos pessoas engajadas no trabalho ou qualquer atividade remunerada, além de jogar jogos de computador, apontando para as necessidades cada vez menores para o trabalho humano em tempos pós-modernos. Ash também se ocupa jogando um jogo de computador chamado "Avalon", o qual combina elementos do gênero do atirador em primeira pessoa (FPS) com jogos de interpretação (RPG) (Brown, 2010, p. 133). Seus participantes entram em uma realidade virtual usando um equipamento especial em um centro de jogo. Em comum com outros jogos FPS, Avalon é um jogo de guerra. O objetivo dos jogadores é destruir os inimigos e suas forças. Eles podem tanto jogar sozinhos como em equipes chamadas "partidos". Usar este termo, que designa organizações políticas, sugere uma politização do mundo virtual e/ou despolitização da vida "real". Se os jogadores forem bem sucedidos, eles podem mudar para um nível mais elevado. É ilegal jogar Avalon, mas não é explicitado o porquê. A razão mais provável é que seja perigoso para o cérebro humano; alguns jogadores não retornam à realidade material como pessoas conscientes, mas apenas como um morto cerebral "sem retorno", tornando-se um fardo para a sociedade saudável. Em um sentido mais amplo, mudando para uma realidade virtual é o mesmo que não contribuir para o mundo material, mas sugando energia dele a fim de bombeá-lo para o "outro mundo" virtual. Esse perigo "real" é transmitido pelo comportamento de Ash e dos outros jogadores, que encontram-se desinteressados de qualquer coisa exceto dos prazeres de Avalon. Para Ash, praticamente a única ligação com a realidade material é seu cachorro. Ela cuida melhor dele do que de qualquer pessoa, até de si mesma.

Ser um jogador talentoso traz lucro. Ash, que é classificada como "guerreira solitária Classe A", parece ter mais dinheiro que a maioria das pessoas próximas a ela, portanto pode ter certos luxos, como comida natural. Também é possível que Ash seja relativamente abastada porque ela não se importa com a maioria dos prazeres terrenos; toda a sua vida é passada na sua cabeça, por assim dizer. Ela é, assim, uma "consumidora imperfeita", e há a hipótese de que esta pode ser uma razão a mais de que jogar Avalon seja visto desfavoravelmente pelas autoridades. Naturalmente, há uma ironia no fato de que sair-se excepcionalmente bem no "outro mundo" implica ter alguns prazeres naturais "neste mundo", mas tais paradoxos estão no centro do universo heterotópico, que reúne o que pensamos estar separado.

Não apenas é difícil estabelecer o caráter nacional do lugar no qual Ash vive, mas também sua organização política. Alguns dos aspectos, tais como a escassez de comida de alta qualidade, as filas nas cantinas, o comportamento de conspiração dos personagens e a eterna escuridão sugerem que testemunhemos um mundo totalitário. Entretanto, se esse for o caso, observamos um totalitarismo frágil, não diferente da Polônia do final dos anos 70. Embora muitas coisas sejam ilegais aqui, tal como jogar jogos virtuais, as pessoas se entregam a eles quase que abertamente, e não existe nenhum sinal da polícia tentando pará-los. As autoridades estão escondidas e esquivas; a única pessoa de autoridade com quem Ash entra em contato é o mestre do jogo, dirigindo-se a ela de uma grande tela de computador, situada na central do jogo. Quando ela pergunta a este homem se ele é real ou não, ele responde que isto não importa. Esta resposta aponta para o fato de que estamos no mundo futuro, onde realidades "virtuais" são sentidas tão reais como no mundo material. Entretanto, também pode ser considerada como a captura adequada à Polônia e ao Leste Europeu dos anos 70 e 80, quando as autoridades comunistas praticamente pararam de se comunicar diretamente com a sociedade, usando a televisão para este propósito. Este fenômeno não era único na sociedade oriental; os líderes socialistas acompanharam a este respeito o Ocidente mais avançado tecnologicamente. Especialmente a lei marcial de 1981 foi um "evento televisionado", e o General Jaruzelski se dirigindo à nação de uma tela de televisão tornou-se sua imagem ícone, repetida infinitamente durante a lei marcial e nos anos seguintes (Mazierska, 2009). O vestuário semiformal do mestre do jogo aumenta sua similaridade com Jaruzelski, que também aparecia na televisão vestido formalmente, em um uniforme militar. Por outro lado, o fato de que as pessoas são deixadas à própria sorte, mas tem poucas oportunidades de exercitar sua liberdade, aponta para uma vivência em tempos de "modernidade líquida". Este conceito foi introduzido pelo sociólogo Zygmunt Bauman (2000) para descrever o estado do capitalismo tardio, marcado pelo desaparecimento de fortes centros de força política, o fim do estado de bem estar e popularização econômica. Tal descrição também se encaixa ao mundo no qual Ash vive. Habitantes desse mundo estão desiludidos, como anuncia Oshii no início de seu filme, o que é um sentimento associado à "modernidade líquida". O "país" de Ash não é, portanto, claramente uma utopia, mas não é uma distopia como as descritas por Orwell ou Solzhenitsyn, onde as pessoas não conseguiam escapar dos olhos onipresentes das autoridades políticas, muito menos porque todos se importavam com seu projeto central. Esta justa posição heterotópica do socialismo tardio com o capitalismo tardio pode ser vista como uma acusação formal da rota feita nos anos 70 pelo oeste e, após 1989, o leste, sugerindo na comunalidade de todas as forças de repressão e miséria, na identidade essencial que desmente supostas diferenças ideológicas. Entretanto, também pode ser visto mais positivamente, prevendo que o futuro será marcado pela rejeição dos excessos tanto do comunismo totalitário quanto do capitalismo.

Em termos de *mise-en-scène*, o mundo no qual Ash vive é também um híbrido, de certa forma nos lembra os clássicos de ficção científica do oeste como *Blade Runner* (1982), dirigido por Ridley Scott, e do leste, como *O Teste do Piloto Pirx* (*Test pilota Pirxa*, 1978), dirigido por Marek Piestrak (sobre *Pirx* veja Näripea, 2010; Mazierska, 2012). Podemos identificar três períodos principais, representados pela arquitetura e design de interiores em Avalon. Um consiste da velha arquitetura (pré-consumista) remanescente: dilapidada, porém sólida de prédios de tijolo. Na realidade Oshii os encontrou em Cracóvia e Wrocław, duas cidades cujas arquiteturas sobreviveram melhor à Segunda Guerra Mundial, e depois de Varsóvia, que foi inteiramente destruída. O fato de que estes prédios podem estar localizados na Polônia e ainda estão em uso, foi aparentemente uma razão importante pela qual Oshii decidiu fazer seu filme na Polônia (Wiktor, 2002, p. 27). Em *Avalon* esses prédios ainda estão "funcionando"; Ash vive em um deles. Entretanto, sua história é esquecida ou torna-se sem sentido e as pessoas provavelmente vivem neles porque não tem opções melhores; eles têm que reciclar o que foi deixado do passado porque pararam de produzir novos bens materiais ou estes estão indisponíveis para eles. Também podemos ver objetos sugerindo uma longa linhagem cultural, tais como postes antigos e esculturas barrocas, mas que aparecem separadas de seu habitat natural. Eles são mostrados tanto em lugares que não se encaixam, como uma pequena escultura de um casal de querubins colocados na recepção da central de jogo, ou surgem como inserções extra-diegéticas. Além disso, eles estão mutilados – por exemplo, a cabeça de um dos querubins está faltando. O passado, assim, permanece nesta terra do futuro, mas é negligenciado.

O segundo período evocado pela arquitetura e design de interiores é o comunista tardio, especialmente a época por volta da introdução da lei marcial em 1981. Os interiores de lugares públicos são escuros, sujos, apertados e desconfortáveis; eles aparecem como passagens sem fim, ao invés de destinos. O exemplo mais claro é uma cantina, onde Ash janta com seu velho companheiro de jogo, Stunner. Vem a mente *Urso de Pelúcia* (*Miś*, 1980), um filme *cult* de Stanisław Bareja, cujo episódio mais famoso ofereceu uma paródia dos "*milk bars*": os lugares mais baratos para ser comer na Polônia comunista, infame por sua comida ruim e um serviço pior ainda. Como em *Urso de Pelúcia*, Ash e Stunner têm que ficar em uma longa fila e eventualmente recebem um caldo sem gosto, baseado em um grão super cozido, servido em grandes tigelas de metal (que em *Urso de Pelúcia* foram acorrentadas às mesas para que os clientes nao pudessem roubá-las). A comida é revoltante ao ponto de Ash não conseguir se forçar a acabar sua refeição, mas seu companheiro está feliz em comer as sobras, novamente não diferente de consumidores mais pobres no bar dos filmes de Bareja. Eu não estou sugerindo que Oshii tenha assistido o filme de Bareja; ele não precisava que, como versões mais suaves do "mundo de Bareja" fossem oferecidas para consumidores ocidentais em vários relatos da Polônia e de outros países socialistas, que distribuídos na literatura e mídia ocidental.

Finalmente, Oshii introduz em seus elementos de *mise-en-scène* características do cinema de ficção científica. Como o equipamento que transfere os jogadores em perspectiva para Avalon, especialmente capacetes com fios, parecidos com aqueles usados por astronautas e alienígenas em filmes de ficção científica. Entretanto, o volume e quantidade de fios conectando o equipamento apontam para sua própria obsolescência. O futuro, como em *Blade Runner*, vem através de um período que perdeu a habilidade de criar verdadeiramente objetos "modernos" e alimenta-se do que foi produzido no passado (Bruno, 1990). A heterogeneidade global do cenário sugere um universo heterotópico, nos quais segmentos de diversas histórias temporais se misturam ou se justapõem.

O espaço "real", no qual Ash opera, surge como descentralizado e vazio, de acordo com a descrição de heterotopia como um local sem geografia ao estilo de um cemitério ou jardim oriental. Ash parece sempre usar o mesmo trem, que passa pelo mesmo prédio grande. Como observa Brian Ruh, "em passeios posteriores, os mesmos passageiros estão posicionados exatamente nos mesmo lugar, como se existissem apenas para dar ilusão de vida, mas sendo, na verdade, meros enfeites de janela" (Ruh, 2004, p. 176). Para Ruh, esta é uma indicação de que para viciados em jogos virtuais o mundo material é, na melhor das hipóteses, semirreal. Essa interpretação é sugerida, mas igualmente podemos deduzir que a cidade onde vive Ash não tem ou perdeu sua identidade cultural: cada localidade tem a mesma aparência; nada animador acontece tanto em seu centro geográfico quanto na periferia.

O mundo material ou "real" é apenas um dos três mundos apresentados no filme. O segundo é o espaço virtual do jogo Avalon. No entanto, ele aparece não menos real que o "mundo real", não menos importante, porque o "mundo real" surge como apático, sem vida. Este mundo, como já mencionei, está em estado permanente de guerra. Mas novamente, como moda heterotópica, podemos identificar aqui traços de várias guerras, e muitas delas surgem como representações mediadas, pelo cinema ou pela televisão. Uma é a Segunda Guerra Mundial, como mostrado em filmes de guerra poloneses e a série popular *Quatro Homens no Tanque e um Cão* (*Czterej pancerni i pies*, 1966), dirigido por Andrzej Czekalski e Konrad Nałęcki. Esta guerra é apresentada nas cenas iniciais mostrando tanques de batalha em espaço aberto. O segundo tipo de guerra pertence a várias invasões do leste europeu, incluindo a lei marcial polonesa de 1981, nos episódios passados na cidade, quando antigos tanques atravessam as ruas,[3] passando um carro icônico polonês, a Syrena. A lei marcial polonesa, como a guerra virtual de Avalon foi descentralizada e quase isenta

3 Críticas polonesas de *Avalon* e entrevistas com o diretor polonês enfatizaram a similaridade entre a guerra virtual mostrada nele e a lei marcial polonesa de 1981. Nas discussões do filme de autores não poloneses, por outro lado, a lei marcial não é mencionada; ao invés a guerra em Avalon é comparada à revolta de 1956 na Hungria e proibição da Primavera de Praga em 1968 (Ruh, 2004, p. 180; Brown, 2010, p. 134). Isto pode sugerir que o conflito na Hungria e Tchecoslováquia são mais conhecidos que a lei marcial polonesa. Igualmente mencionando a Hungria, Polônia e Tchecoslováquia apontam para a similaridade percebida nesses conflitos.

de geografia; não incluía nenhuma batalha memorável ou focos de resistências. As pessoas aprenderam sobre ela mais a partir de telas de televisão do que pela experiência pessoal (Mazierska, 2009). As imagens mais memoráveis da lei marcial mostram o General Jaruzelski se dirigindo à nação via televisão e um tanque próximo ao cinema "Moskwa" em Varsóvia, onde anunciava em um outdoor o filme de Francis Ford Coppola, *Apocalypse Now* (1979), capturadas em uma fotografia de um fotógrafo polonês-britânico, Chris Niedenthal. Em terceiro lugar, as imagens de aviões pesados e outras máquinas voadoras trazem à mente guerras lutadas no espaço cibernético e televisão, relatos de guerras recentes, como as do Afeganistão e Iraque. Estas máquinas parecem não ter tripulação humana; são como pássaros pesados ou dragões invadindo a terra de um planeta distante.

Entrevistando elementos de guerras diferentes e nomeando o jogo virtual, nos quais estas guerras são repetidas, "Avalon", que é o nome do destino final dos guerreiros da lenda Arturiana, o filme transmite a ideia de que toda guerra é uma repetição de uma guerra anterior e a premonição de guerras que estão por vir. Isto liga Oshii a Paul Virilio, que percebe a história em termos de preparação e condução das guerras, e por isso o desenvolvimento do conhecimento militar (Virilio e Lotringer, 1983). Este desenvolvimento consiste, entre outras coisas, inventar máquinas de guerra ainda mais sofisticadas e reduzir o envolvimento humano na linha de frente de combate. O estágio final deste desenvolvimento é "guerra pura". Como Virilio escreve, "guerra pura não precisa mais de homens, e por isso e pura" (*Ibidem*, p. 171). A guerra que Oshii mostra em *Avalon* não é inteiramente pura no sentido de Virilio, já que vemos pessoas ainda lutando nela, mas parece ser um número bastante pequeno de soldados em comparação com a quantidade de armas mostradas nos territórios cobertos por ele. Oshii segue também os passos de *O Jogo da Guerra* (*The War Game*, 1965) de Peter Watkins, onde a guerra nuclear é apresentada como rica em tecnologia e consequências humanas, porém escassas em soldados. Além disso, esta guerra nunca para, em dois sentidos. Primeiro, ela sempre dura no espaço virtual de Avalon e continua independentemente de quem joga a qualquer momento. A guerra na realidade virtual de Oshii, como no modelo de história de Virilio, é assim um constante fator; pessoas são um fator de mudança. Em segundo lugar, a principal ocupação das pessoas no "espaço material" pode ser descrita como preparação para a guerra: eles observam os outros lutando, na tentativa de elaborar uma nova estratégia, encontram seus potenciais parceiros de luta e inimigos etc.

Também em comum com Virilio, que percebe o desenvolvimento da guerra em termos aumento da velocidade dos veículos militares e armas, e sua habilidade de superar obstáculo, Oshii apresenta a guerra virtual sem limites. Os jogadores de Avalon conseguem atravessar grandes distâncias em uma fração de segundo e nenhuma barreira natural, como as montanhas e o mar, os limita. Todos os objetos materiais, sejam pessoas ou tanques destruídos na batalha, desaparecem em um redemoinho de pixels. Por isso, parece que ao contrário das velhas e reais guerras, mais importante a Segunda Guerra Mundial, que deixaram um longo rastro de cadáveres e ruínas, que afetaram, tanto psicologicamente como fisicamente, a habilidade de seus participantes de promover a próxima guerra, a guerra do futuro é pura também no sentido de ser "livre de lixo". A guerra virtual também não tem fronteiras temporais; os jogadores podem se unir a Avalon sempre que lhes convém, e em um certo ponto Ash é informada que pode jogar o quanto quiser. A única razão de participar deste conflito virtual é vencer e recolher o prêmio em dinheiro e, talvez, desfrutar do reconhecimento. Como é o caso do sistema político do "mundo material" de Oshii, não sabemos quem faz as regras da guerra de Avalon e quem policia o jogo. Ambas as ordens ontológicas, assim trazem à mente o conceito de esquiva de Bauman, ainda perigosas em última análise, imorais "modernidade líquida".

A guerra no filme de Oshii evoca as ideias de Virilio, porque o diretor japonês liga a guerra a espetáculo e cinema. Virilio escreve que "o propósito da guerra é produzir o espetáculo" (Virilio, 1989, p. 5) e "não há guerra sem representação" (*Ibidem*, p. 6). O autor apoia esta afirmação apontando para os desenvolvimentos paralelos da guerra e aparelhos de cinema. Construtores e usuários de ambos se esforçaram para conquistar o mundo sendo capazes de vê-lo de todas as perspectivas e especialmente de cima enquanto permaneciam escondidos. A produção massiva de fotografia aérea foi um importante desenvolvimento na técnica militar e no cinema. Assim é, o que sugere Oshii, o desenvolvimento da realidade virtual e tecnologia digitais.

De acordo com as regras, escritas por Virilio, os personagens de Oshii podem assistir em grandes monitores o progresso do jogo Avalon, e é sugerido que os ganhos dos jogadores profissionais vêm de dinheiro pago por espectadores empolgados. Podemos até adivinhar que o jogo inteiro, seu início e desenvolvimento, é perpetuado por um desejo de assistir ao combate. Além disso, Oshii mostra que as armas não são apenas ferramentas de destruição, mas também de percepção, como já está demonstrado na primeira cena do filme, quando vemos um mapa com a visão de uma arma sofisticada. Oshii também está preocupado com a visão do olho do pássaro. A guerra virtual, embora lutada no solo e no ar, é vista amplamente a partir de uma perspectiva aérea; confirmando o pronunciamento de Virilio, "O cinema não é eu vejo, é eu vôo" (*Idem*, p. 11). De certo modo, Oshii vai ainda mais longe que Virilio ao ver a conexão entre guerra e filme. Isto é porque, para Virilio, guerra e filme, embora conectados por suas qualidades espetaculares e desejo de conquistar o mundo, permanecem como entidades distintas. Oshii mistura com sucesso os dois regimes, como transmitido pelos muitos usos da palavra "Avalon" em seu filme (Brown, 2010, p. 133); tanto o nome do jogo/espetáculo quanto da guerra, onde as pessoas podem ser permanentemente prejudicadas. Avalon é assim igualmente o sucessor do cinema e da guerra e, naturalmente, é heterotopia no sentido de misturar o regime de espetáculo com o de ação, a ordem do cinema com a da guerra.

Graças a jogar bem na guerra virtual, Ash consegue alcançar a "Classe Real": a terceira realidade incluída no filme de Oshii, que parece com a lei pós-marcial, pós-comunista da Polônia ocidentalizada. O nome que o diretor deu a este lugar transmite perfeitamente a visão de Oshii que a realidade virtual de classe alta deve aparecer mais real que o mundo material, que está em conformidade com a opinião que, como coloca Robert Stam, "imagem digital leva à desontologização da imagem de Bazinian" (Stam, 2000, p. 319; veja também Batchen, 1998). Ash entra neste nível após completar com sucesso todos os estágios inferiores do jogo e "matando o fantasma": atirando na imagem gerada por computador de uma menina, cuja função é guiar o jogador ao nível mais elevado do jogo. Quando isso acontece, vemos na Varsóvia de hoje, entre habitantes cultos e bem vestidos de uma cidade próspera e moderna. Consequentemente, parece que como recompensa final por vencer a guerra, Ash foi transportada para um lugar melhor, e talvez ainda mais utópico. Entretanto, não é óbvio que ela ficaria lá como, no final, vê-la tentando matar o "fantasma" de novo, talvez para retornar para sua velha e mundana vida ou na esperança de ser levada para um mundo ainda melhor.

Neste mundo pós-comunista Ash encontra Murphy, com quem ela jogava como parte da equipe chamada "Wizard". Murphy tornou-se "não devolvido" e Ash o encontrou anteriormente no hospital, onde ele estava deitado inconsciente entre outras vítimas dos prazeres virtuais. Ele não está disposto a voltar para a realidade, preferindo ficar nesta terra feliz. Não é novidade que Murphy acaba por não ser real, mas virtual, ou é assim que Ash o percebe. Quando ela atira nele, ele explode em pixels, como outras figuras e máquinas que ela destruiu nos níveis inferiores do jogo. O comportamento de Murphy sugere que a realidade virtual bem produzida deve ser mais atraente que "realidade verdadeira". Neste sentido, está em oposição a *The Matrix*, (1999) pelos irmãos Wachowski (o filme com o qual *Avalon* é mais frequentemente comparado), onde a realidade virtual foi retratada como uma prisão e a busca do protagonista era para retornar a "esse" mundo. Como todos os outros lugares, este lugar aparentemente utópico também se apresenta descentralizado e labiríntico, com "buracos" ou "passagens", levando a diferentes realidades.

As três realidades (material, que podemos identificar como comunista tardia; a virtual, marcada por um estado de guerra total; e a de pós-comunismo) estão conectadas por certo número de características. Uma está em câmera lenta, usada para representar o movimento das pessoas em todos esses mundos, que dá a impressão que eles estão sonhando ou sonhando acordados. Isso contribui para uma sensação de que nenhum desses mundos é completamente real, mas igualmente, nenhum é inteiramente desprovido de realidade, confirmando a opinião anteriormente citada de que a realidade virtual criada por computador é o "mundo real", transformando todas as realidades em "espectros". A câmera lenta é também frequentemente usada no cinema "realista" para representar o ato de recolher e uma inabilidade de lembrar-se corretamente. Essa conotação pode estar em jogo aqui também – se *Avalon* for sobre o passado comunista, também mostra que este passado não pode ser trazido de volta na íntegra; pode apenas ter uma presença espectral ou no máximo parcial.

Entretanto, existem também diferenças entre elas. Aquelas semelhanças tolerantes à Polônia comunista são gravadas em sépia e envoltas na escuridão, conforme o estereótipo dos tempos comunistas, como a "noite" na história da Polônia e Europa Oriental. Em contraste, a "parte pós-comunista" é gravada em cores e feita durante o dia, mais provavelmente na primavera ou no verão. A câmera foca nos locais de prosperidade, cultura e progresso feitos pela Polônia desde a queda do Muro de Berlim, como o metrô de Varsóvia, o aeroporto, a sala de concertos e os anúncios de produtos ocidentais. No entanto, o tempo que Ash passou nesta paisagem urbana idílica é pontuada por momentos que enfraquecem suas conotações positivas, como o canhão que fica perto do portão da sala de concertos, o fantasma que aparece no palco ou as palavras "Teste-o" no outdoor anunciando cigarros. Em um contexto diferente essas palavras serão consideradas inócuas, mas onde a realidade nunca é completamente "real", elas parecem sinistras. Estes sinais podem sugerir que este paraíso pós-comunista deveria ser tratado com cautela, porque está ligado a realidades menos bonitas.

A semelhança e a diferença entre os vários mundos criados por Oshii são também indicadas nas pequenas mudanças experimentadas por Ash durante suas viagens. Uma transformação é física – quando joga o jogo Avalon ela tem uma faixa de cabelos brancos (daí o seu nome Ash), que desaparece no "mundo real". Depois de retornar da realidade virtual, ela parece estar confusa, como se não tivesse certeza se ela ainda é ela mesma. Esta falta de reconhecimento tem semelhança com a descrição do espelho de Foucault (considerada por ele uma heterotopia essencial): "No espelho, eu me vejo lá onde não estou, em um espaço irreal, virtual, que se abre atrás da superfície... Do ponto de vista do espelho, eu descubro minha ausência do lugar onde estou desde que me vejo lá" (Foucault, 1998, p. 231-32). O que Oshii mostra, entretanto, é que os viciados em realidade virtual acham particularmente difícil, se possível num todo, recuperar o sentido de individualidade que pessoas "normais" voltam (ou costumavam voltar) com bastante facilidade.

Avalon como um filme transnacional

"Heterotopias" não são uma característica em comum em filmes poloneses; são exemplos o mencionado anteriormente, *O Teste do Piloto Pirx* de Marek Piestrak e seu último filme, *A Maldição do Vale das Cobras* (*Klątwa Doliny Węży*, 1988) (Näripea, 2012), bem como *Goto, a Ilha do Amor* (*Goto, l'île d'amour*, 1968) de Walerian Borowczyk (Owen, 2012) ou *Le Départ* (1966) de Jerzy Skolimowski (Mazierska, 2012). Entretanto, estes filmes ocupam uma posição marginal dentro da história do cinema polonês. Este é também, até agora, o caso de *Avalon*. Depois de jogar acima das expectativas polonesas, transmitidas nos relatórios da filmagem e entrevistas dadas por Oshii antes da estreia de *Avalon* (por exemplo, Wiktor, 2002; Hollender, 2002), seu filme, não diferente da Polônia e Lech Wałęsa em seu vestuário pós-comunista, desapontou os poloneses. Esta decepção refletiu-se nos escassos resultados de bilheteria de *Avalon* com um pouco mais de 13.000 ingressos vendidos, o tom negativo da maioria das críticas e sua negligência subsequente no trabalho acadêmico polonês. Os críticos apontaram para à ação lenta do filme, local que era muito familiar aos espectadores poloneses para projetar com sucesso a imagem virtual de "outro mundo" e o mundo do futuro, o uso insuficiente de efeitos especiais e, consequentemente, o sentido de valores de baixa produção, uma narrativa banal e monótona, a "aparência" mais parecida com um jogo de computador que um filme "apropriado" e a falta de uma mensagem ideológica clara (por exemplo, Sobieszczańska, 2002; Tiuryn, 2002; Wojcik, 2002). Embora eu não tenha encontrado evidência nas críticas, minha investigação privada entre os críticos de cinema poloneses como a razão pela qual *Avalon* era um fracasso na Polônia também sugere que um fator importante foi lançar Małgorzata Foremniakin no papel principal, que é mais conhecida por sua novela *Para Bons e para Piores* (*Na dobre i na zle*, 1999), onde interpreta uma médica loira e altruísta. A bagagem metafórica deste papel ou, para usar o termo de Bourdieu, seu "capital cultural", na opinião dos fãs dos filmes de ficção científica ou mesmo do público do cinema polonês em geral, tornou-a inadequada para tal papel e "barateou" o filme de Oshii.

Para melhor entender por que *Avalon* foi rejeitado pela mídia polonesa também vale a pena compará-lo a dois filmes que compartilham as mesmas características com ele, mas tiveram muito mais sucesso nesse país. Um é *The Matrix* (1999).[4] Na Polônia foi assistido por mais de 400.000 espectadores no cinema e muitos críticos o trataram como um pináculo do gênero graças a ser rápido, cheio de ação, ideologicamente inequívoco e "positivo", por apontar para a superioridade do mundo real sobre qualquer mundo sintético. O segundo filme é uma comédia romântica polonesa *Quanto Pesa Trojan Hore* (*Ile waży koń trojański,* 2008) de Juliusz Machulski, assistido na Polônia por mais de 600.000 espectadores. Como *Avalon,* também se preocupa em ir e vir ao passado comunista e o presente pós-comunista. Esta viagem no tempo é realizada por uma mulher polonesa na faixa dos trinta anos que durante a gravidez perde a consciência e tem um sonho onde é transportada para o passado comunista onde vive com seu primeiro marido. O marido representa um tipo comunista distinto de "montador" que ganha bem por meios não muito honestos e é um adultero sem vergonha. A principal ideia do filme de Machulski é selar estas duas partes da história polonesa mostrando que o passado foi em grande parte distópico; o presente é praticamente utópico, portanto eles têm pouco em comum, apesar de apresentar os mesmo "atores". Sua abordagem da história polonesa pode ser descrita como modernista, que é também a forma dominante que a história da Polônia tende a ser construída.[5] Em contraste, a abordagem da história de

4 Tanto em termos de narrativa e estilo visual *Avalon* revela ainda mais afinidades com *eXistenZ* (1999) de *David Cronenberg* e *O Mundo por um Fio* (*Welt am Draht,* 1973), minisséries de televisão de Rainer Werner Fassbinder, mas não encontrei críticas polonesas comparando os filmes de Oshii a este filmes. O filme de Fassbinder não é conhecido na Polônia.

5 A mais respeitada história da Polônia, tanto na Polônia quanto fora de suas fronteiras, *God's Playground: A History of Poland,* de Norman Davies publicado pela primeira vez em 1979 e traduzido para o polonês em 1989 oferece o que Alun Munslow descreve como história "reconstrucionista" (Munslow, 1997, p. 18-19), ou seja, a história que pertence à perspectiva modernista, sendo realista, empirista, positivista. A ideia de que as histórias sejam uma questão de narração, ao contrário de tornar o passado de forma verdadeira e objetiva, defendida por autores como Michel Foucault e Hayden White, que Munslow descreve como "desconstrucionista" (*Ibidem*), embora conhecida na Polônia, é tratada mais como uma proposição teórica que uma receita para escrever histórias de países ou regiões específicas. Eu acredito que uma razão pela qual a abordagem desconstrucionista (pós-moderna) da história seja rejeitada na Polônia é uma associação de relativismo histórico com manipulação de fatos históricos ao realismo socialista. A queda do comunismo foi saudada como uma promessa de voltar à verdade sobre a história polonesa.

Avalon distintamente pós-moderna – lá a história sempre se confunde com o presente e o futuro. Na minha visão, este sentido pós-moderno de história foi também uma das razões pela qual o filme de Machulski provou ser muito mais popular na Polônia do que *Avalon*.

A percepção de falta de talento e seu caráter paroquial, bem como não se encaixarem perfeitamente em uma categoria de cinema de ficção científica comum, japonês ou polonês também evitou que *Avalon* fosse promovido para estudos acadêmicos poloneses do cinema de ficção científica polonês ou japonês. Este filme não é mencionado na mais recente história do cinema polonês, escrito por Tadeusz Lubelski (2009), nem na história de dois volumes do cinema japonês, de autoria de Krzysztof Loska (2009-11). Loska, perguntado por mim em correspondências sobre as razões de omitir o filme de Oshii do seu estudo, respondeu que "não é um filme sobre o Japão".

A recepção negativa e a negligência acadêmica na Polônia contrastam com uma abordagem mais positiva de críticos estrangeiros. O anteriormente mencionado Brian Ruh argumenta que *Avalon* é filosoficamente o filme mais profundo de Oshii. O mesmo se aplica a seu estilo, que na sua visão é um tipo de apogeu das tentativas do diretor de superar as restrições do cinema tradicional (Ruh, 2004, p. 172). Pode-se tirar uma conclusão parecida com o estudo de Steven Brown, que examina *Avalon* como um exemplo japonês "cyberpunk" (Brown, 2010, p. 135). Ambos os autores também citam opiniões de críticos de países diferentes que apoiam a alegação de que Avalon é um filme altamente talentoso e de vanguarda, próximo de ser uma obra de arte. Eu acrescentaria a isso que *Avalon* também recebeu mais de 7.000 votos no IMDd website, excedendo muitas vezes o número de votos de qualquer outro filme polonês após 1989. A maior parte, das mais de cem críticas dos espectadores postadas neste site também é positiva. Nelas, as características de *Avalon* que adiam muitas das críticas polonesas e possivelmente espectadores comuns, como transmitir um sentido de fluxo, heterogeneidade e um ritmo lento foram identificados como seus pontos fortes. Um grande número de críticos mencionou que estas características tornaram o filme mais realístico, porque a vida contemporânea é experimentada desta forma "heterotópica". Foremniak foi também muito elogiada por sua habilidade em transmitir o enigma de Ash. Algumas dessas características também foram mencionadas ou aludidas e elogiadas em algumas críticas polonesas em jornais e websites mais especializados, direcionado a usuários de jogos de computador e de cultura secundária, mais provavelmente porque eles são mais sintonizados em ver filmes de uma forma não nacional e pós-moderna (por exemplo, Filiciak, 2001-02).

Assim, pode-se notar que praticamente as mesmas razões pelas quais o filme fracassou em atrair os espectadores poloneses foram os fatores importantes por que recorreram a públicos transnacionais e "cult". A este respeito o caso da recepção de *Avalon* é reminiscente daquele dos filmes de ficção científica de Marek Piestrak, que foram admoestados na Polônia por não se encaixarem no ideal de filmes de ficção científica ideologicamente inequívocos e cheios de tecnologia e rapidez, tendo sido negligenciados em histórias acadêmicas, enquanto alcançava um número significativo de seguidores fora da Polônia e no círculo de fãs da ficção científica.

Embora eu pertença a um grupo de fãs do *Avalon*, não é minha intenção aqui repreender os críticos poloneses e os historiadores de cinema por dispensarem ou excluí-lo de suas histórias, como todas as críticas não são, em última análise, objetivas, mas refletem preferências culturais e gostos subjetivos. Ao invés, quero sugerir que embora eu concorde com muitos autores que alegam que o filme pode ser considerado como nacional e transnacional ao mesmo tempo (por exemplo, Higson, 2000; Ezra e Rowden, 2006), geralmente o filme é tomado por um ou outro. Em particular, públicos nacionais tendem a renegar filmes que se apresentem como nacionais, mas não contam suas "histórias nacionais" de uma "forma nacional".

Bibliografia

BATCHEN, Geoffrey. "Spectres of Cyberscape." In: MIRZOEFF, Nicholas (org.), *The Visual Culture Reader*, Sec. Edition. London: Routledge, 1998, p. 237-42.

BAUMAN, Zygmunt. *Liquid Modernity*. Cambridge: Polity, 2000.

BROWN, Steven T. *Tokyo Cyberpunk: Posthumanism in Japanese Visual Culture*. Houndmills Basingstoke: Palgrave Macmillan, 2010.

BRUNO, Giuliana "Ramble City: Postmodernism and *Blade Runner*." In: KUHN, Annette (org.), *Alien Zone: Cultural Theory and Contemporary Science Fiction Cinema*. London: Verso, 1990, p. 183-95.

BRUNO, Giuliana. *Atlas of Emotion: Journeys in Art, Architecture, and Film*. New York: Verso, 2002.

DAVIES, Norman. *God's Playground: A History of Poland*, vol. I and II, second edition. Oxford: Oxford University Press, 2005 [1979].

EZRA, Elizabeth and Terry Rowden "General Introduction: What Is Transnational Cinema." In: EZRA, Elizabeth and Terry Rowden (org.). *Transnational Cinema: The Film Reader*. London: Routledge, 2006, p. 1-12.

FILICIAK, Mirosław. "*Avalon*." *Ha!Art*, n. 4 , 2001, pp. 76-7.

FIGIELSKI, Łukasz. "*Czym jest rzeczywistość*? - rozmowa z Mamoru Oshii, reżyserem filmu Avalon". *Stopklatka*, abr. 2002. Disponível em: http://www.stopklatka.pl/wywiady/wywiad.asp?wi=8197. Acesso em: 16/03/2011.

FOUCAULT, Michel. "Of Other Spaces." In: MIRZOEFF, Nicholas (org.), *The Visual Culture Reader*, Sec. Edition. London: Routledge, 1998 [1967], p. 229-36.

HARVEY, David. *The Condition of Postmodernity*. London: Blackwell, 1989.

HETHERINGTON, Kevin. *The Badlands of Modernity: Heterotopia and Social Ordering*. London: Routledge, 1997.

HIGSON, Andrew. "The Limiting Imagination of National Cinema". In: HJORT, Mette and Scott MacKenzie (org.), *Cinema and Nation*. London: Routledge, 2000, p. 63-74.

HOLLENDER, Barbara. "Cierpienie polskich ulic". *Rzeczpospolita*, abr. 2002, p. A12.

LOSKA, Krzysztof. *Poetyka kina japońskiego*. Kraków: Rabid, 2009-11.

LUBELSKI, Tadeusz *Historia kina polskiego: Twórcy, filmy, konteksty*. Katowice: Videograf II, 2009.

MAZIERSKA, Ewa. "Polish martial law of 1981 in Polish post-communist films: Between romanticism and postmodernism". *Communist and Post-Communist Studies*, n. 2, 2009, p. 289-304.

MAZIERSKA, Ewa "International coproductions as productions of heterotopias". In: IMRE, Anikó (org.), *A Companion to Eastern European Cinema*. Malden, Oxford: Wiley: Blackwell, 2012, p. 483-503.

MUNSLOW, Alun. *Deconstructing History*. London: Routledge, 1997.

NAFICY, Hamid. *An Accented Cinema: Exilic and Diasporic Filmmaking*. Princeton: Princeton University Press, 2001.

NAKAMURA, Lisa. "'Where do you want to go today?' Cybernetic Tourism, The Internet, and Transnationality.". In: MIRZOEFF, Nicholas (org.). *The Visual Culture Reader*. Sec. Edition. London: Routledge, 1998, p. 255-63.

NARIPEA, Eva. "Transnational spaces of science fiction: An Estonian-Polish coproduction *The Test of Pilot Pirx* (*Test pilota Pirxa / Navigaator Pirx*, 1978)". *KinoKultura*, Special Issue 10: Estonian Cinema, mar. 2010. Disponível em: http://www.kinokultura.com/specials/10/estonian.shtml, (2010). Acesso em: 7/10/2010.

NARIPEA, Eva. "Postcolonial Heterotopias in Marek Piestrak's Estonian Co-Productions: A Paracinematic Reading". In: MAZIERSKA, Ewa and Michael Goddard (org.). *Polish Cinema in a Transnational Contex*. Rochester: University of Rochester Press, 2014, p. 115-33.

OWEN, Jonathan. "An Island Near the Left Bank: Walerian Borowczyk as a French Left Bank Filmmaker". In: MAZIERSKA, Ewa and Michael Goddard (org.). *Polish Cinema in a Transnational Contex*. Rochester: University of Rochester Press, 2014, p. 215-35.

RUH, Brian *Stray Dog of Anime: The Films of Mamoru Oshii*. Houndmills, Basingstoke: Macmillan, 2004.

SOBIESZCZANSKA, Małgorzata. "Avalon". *Cinema Polska*, n. 4, 2002, p. 51.

SONTAG, Susan. *Against Interpretation*. London: Vintage, 1994.

STAM, Robert. *Film Theory: An Introduction*. Oxford: Blackwell, 2000.

TIURYN, Tomasz. "Fantazje z PRL-u". *Film*, n. 4, 2002, p. 48.

VIRILIO, Paul. *War and Cinema: The Logistics of Perception*. London: Verso, 1989.

VIRILIO, Paul. *The Vision Machine*. Bloomington: Indiana University Press, 1994.

VIRILIO, Paul and Sylvère Lotringer. *Pure War*. New York: Semiotext(e), 1983.

WIKTOR, Mariola. "Futuryzm po japońsku". *Dziennik Łódzki*, 12/04, 2002, p. 27.

WOJCIK, Jerzy. "Wojowniczka kroi kapustę". *Rzeczpospolita*, 12/04, 2002, p. A12.

MUNDOS PERDIDOS E (ANTI)UTOPIA NA ARQUEOFICCÃO[1]

Mariano Martín Rodríguez

Ao prezado amigo Douglas Aparecido Leite de Oliveira

A mudança de mentalidades trazida pela Revolução Industrial favoreceu, entre outras coisas, um enriquecimento da literatura centrada em pintar sociedades radicalmente diferentes do mundo real. Depois da utopia (ou descrição da cidade perfeita) e da viagem imaginária (ou narração de aventuras em espaços que refletiam como em espelhos distorcidos as aberrações e ridículos da civilização), apareceram então novos gêneros temáticos ajustados às novas circunstâncias. Por exemplo, a crescente influência do progresso técnico e científico facilitou uma voga crescente da ficção científica como um gênero capaz de fornecer nova plausibilidade para o sonho, ou o pesadelo, da sociedade por vir. Outro gênero de enorme popularidade respondeu às novas exigências da verossimilhança na criação de um universo especulativo, mas que situava seu mundo possível não em um futuro imaginário e sim no passado, um passado que milagrosamente sobreviveu para desfrute do aventureiro e, consequentemente, dos leitores. Desta forma, perseguia-se ao mesmo tempo o apelo do cenário histórico e a exploração literária do desejo utópico. Este gênero é o que muitas vezes em inglês é chamado de *lost-race fiction* ou *lost world romance,* e que poderíamos chamar em nossa língua de *arqueoficção,* dadas as suas raízes no progresso da arqueologia e os laços

1 Tradução do espanhol para o português por Edmilson Alves de Medeiros.

tradicionais com a ficção científica.[2] Esta forma literária alcançou seu apogeu na segunda metade do século XIX e primeira metade do século XX. A exploração marítima tinha tornadas incríveis as ilhas fabulosas das viagens imaginárias, mas cabia ainda a possibilidade de pensar que existiam vários locais ainda não pisados pelo homem branco: não só lugares exóticos desconhecidos, mas também comunidades que mantiveram até a época contemporânea civilizações antigas, cujo desaparecimento propiciava uma espécie de nostalgia culturalista que tem relação de modo paralelo com o romance arqueológico (histórico). Poderia-se até mesmo conceber que haveria também lugares tão isolados que teriam sido capazes de preservar a flora e a fauna extinta que os progressos da paleontologia estavam dando a conhecer, ao mesmo tempo em que os arqueólogos aventureiros traziam à luz ruinas esplêndidas, cuja noticia a imprensa rapidamente difundia entre as massas. Todos estes avanços, amplamente divulgados, facilitaram que se aceitasse a plausibilidade da existência de raças e mundos perdidos e, portanto, sua realização literária. Como afirma Guillaud referindo-se a este tipo de ficção:[3]

> A maioria das obras (...) refere-se a viagens "reais" cuja credibilidade tinha como base as possibilidades ilimitadas das novas ciências e das conquistas coloniais. A realidade de repente compete com a ficção. A descoberta de Tróia, Zimbabwe, Machu Picchu, do túmulo de Tutankhamon: tudo isso converte este tempo na idade de ouro da arqueologia e da exploração científica, com quem a ficção tem uma relação natural. (1993, p. 13)[4]

---

2 Em francês, o termo análogo proposto foi *archéologie-fiction*, segundo o seguinte raciocínio: "a relação inevitável com a arqueologia se traduz sempre, mediante uma projeção imaginária, em uma extrapolação dos descobrimentos do momento. Seu potencial se explora através de uma visão própria da antiguidade na época em que se move o narrador contemporâneo. A exemplo da ficção científica que se projeta a partir dos descobrimentos científicos hipotéticos, embora muitas vezes fundamentados, tudo faz pensar que nos encontramos diante de um gênero que funciona de maneira similar" ["La relation incontournable à l'archéologie se traduit toujours par une projection imaginaire dans une extrapolation des découvertes du moment. On exploite leur potentialité à travers une vision de l'Antiquité propre à l'époque où évolue le narrateur contemporain. À la façon de la science-fiction qui se projette à partir de découvertes scientifiques hypothétiques quoique souvent fondées, tout laisse à penser que l'on est en présence d'un genre au fonctionnement analogue"] (Zamaron, 2007, p. 7).

3 Embora a grande maioria das obras do gênero temático em mãos são romances ou novelas, o termo mais geral "ficções" é preferível porque existem também arqueoficções literárias em forma de poema épico (por exemplo, *The White Africans* [1879/1883], de *Pardio*, pseudônimo de John Nott Pyke-Nott) ou de obra teatral (por exemplo, *Arca lui Noe* [2001, póstuma], de Olga Caba).

4 "La majorité des ouvrages [...] concerne des voyages 'réels', rendus crédibles par les possi-

Tais descobertas conferiam a estas arqueoficções uma verossimilhança de novo cunho, compatível também com a maior exigência de realismo na literatura contemporânea em geral. Acrescente-se a isso a estreita relação desses textos com a empresa colonial, sem a qual seria difícil até mesmo pensar em descobrir raças perdidas. Não por acaso o gênero teve enorme fecundidade e sucesso nas décadas da expansão imperialista e foi cultivado principalmente na França e, mais ainda, nas duas grandes potências anglo-saxónicas: "Especialmente na Grã-Bretanha e nos Estados Unidos entre os anos 1870 e 1930, o tipo de viagem imaginária mais popular – de longe – tomou a forma do chamado romance dos 'mundos perdidos'" (Clareson, 1985, p. 118).[5] A respeito disso basta recordar o sucesso de romances como *King Solomon's Mines* (1885) e *She* (1887), de H. Rider Haggard, ou ainda *The Lost World* (1912), de Arthur Conan Doyle, sem esquecer as arqueoficções populares de Edgar Rice Burroughs (por exemplo, *The Land That Time Forgot* [1918], de título significativo), entre muitos outros menos lembrados hoje mas de grande sucesso na época, como *The Aztec Treasure House* (1890), de Thomas Janvier, ou *The Bridge of Light* (1929), de A.H Verrill - além de explorações de índole mais fantástica e, portanto, bastante longe da abordagem racional da arqueoficção propriamente dita, entre as quais cabe mencionar *The Moon Pool* (1919), de A. Merritt, que combina a aventura com uma visual exibição teratológica. Entre as arqueoficções de língua francesa, além dos contos de J.-H. Rosny aîné em que este mestre da ficção pré-histórica imagina a sobrevivência de uma fauna antediluviana e de espécies de diferentes hominídeos ("Nymphée" [1893], "Les profondeurs de Kyamo" [1896], etc.), poderiamos citar o *best-seller* muito bem escrito de Pierre Benoît intitulado *L'Atlantide* (1919), que consagrou o mito, já presente em *She*,[6] da princesa letalmente atraente, e outras arqueoficções hoje também quase

bilités illimitées des sciences nouvelles et des conquêtes coloniales. La fiction est soudainement concurrencée par la réalité. Les découvertes de Troie, de Zimbabwe, de Machu Picchu, du tombeau de Toutankhamon, tout cela fait de l'époque l'âge d'or de l'archéologie et de l'exploration scientifique, avec lesquelles la fiction est en relation naturelle".

5 "Especially in both Britain and America, during those years between the 1870s and the 1930s, by far the most popular kind of imaginary voyage took the form of the so-called 'lost-race' novel".

6 Um número significativo de arqueoficções literárias foram adaptadas para o cinema, como os casos de *L'Atlantide* (1932), adaptação do romance de Benoît dirigida por G. W. Pabst, com Brigitte Helm no papel principal, e *She* (1935), adaptação do romance Rider Haggard dirigida por Lansing Holden e Irving Pichel (N. do O.).

esquecidas, mas que tiveram aceitação suficiente para serem traduzidas para outras línguas, como *L'Épouse du soleil* (1915), de Gaston Leroux; *La Cité des premiers hommes* (1929), de Maurice Champagne, e *Le Peuple du Pôle* (1907), de Charles Derennes, além da castamente erótica arqueoficção italiana *Sirenide* (1921), de Nino Salvaneschi. Estas obras não eram todas necessariamente procolonialistas. Por exemplo, o erotismo de Ayesha de Haggard ou Antinéa de Benoît põe em destaque a vulnerabilidade do aventureiro europeu, que cai amarrado tanto quanto o leitor pela fascinação refinada e bárbara dessas duas figuras femininas, além de servir como um comentário sobre o presente.[7] No entanto, a arqueoficção costumava narrar sobretudo o triunfo do homem branco sobre a sociedade descoberta, embora esta seja apresentada com todo o prestígio da antiguidade. Se tratava de fantasias de posse que correspondiam a uma atualização do impulso utópico, de acordo com a nova visão de mundo econômico e político do capitalismo triunfante, como apontado por vários estudiosos. Para Rieder, "[a]s tramas da ficção 'romântica' de mundos perdidos podem ser resumidas em geral como fantasias de apropriação na (e às vezes da) 'terra virgem' de países estrangeiros anteriormente inacessíveis" (2008, p. 40).[8]

Estas fantasias tinham de fato um caráter marcadamente utópico, ainda que um tanto paradoxal. Não se tratava de contar a ascensão do *self-made man* no marco empírico do romance realista, e sim de dar uma imagem fantástica dessa ascensão, como quimera utópica de substituição. Nas palavras de Khouri, "em um sonho de conquista combinado com o desejo de recuperar uma história perdida utopizada, o viajante-testemunha olha para trás para reconsiderar um passado utópico divorciado do desenvolvimento histórico" (1983, p. 171).[9] No entanto, o papel do visitante é invertido , porque o viajante admirador não deseja integrar a cidade utópica, e sim reconfigurá-la sob medida para os seus desejos: "o utopista do mundo perdido não persegue qualquer igualdade democrática com as classes dominadas, pois deseja tomar o lugar da classe

7 Em Benoît, "a antiguidade histórica, mítica e bíblica renasce num ambiente contemporâneo, de modo que a memória dos eventos mais antigos ilumina a atualidade, projetando sobre ela uma luz poética e simbólica" ["l'Antiquité historique, mythique, biblique renaît dans un décor contemporain, en sorte que le souvenir des événements les plus anciens vient éclairer l'actualité, projetant sur elle une lumière poétique et symbolique"] (Foucrier, 1994, p. 27).

8 "The plots of 'romantic' lost-race fiction can be summarized on the whole as fantasies of appropriation in (and sometimes of) the 'virgin territory' of previously inaccessible foreign lands".

9 "In a dream of conquest coupled with a desire to recapture a utopianized lost history, the witness-traveller looks backward to reconsider a utopian past divorced from historical becoming".

dominante" (p. 188).[10] Tratava-se de apropriar-se dos tesouros, da mão da princesa, ou seja, de satisfazer os anseios mais profundos do homem (pós) vitoriano. Com isto se afirmava, de passagem, a superioridade da sociedade ocidental contemporânea sobre aquela decadente e isolada do espaço utópico, que ficava assim anulada. Inclusive fisicamente, como geralmente acontece nestas ficções onde a intervenção do explorador põe em marcha uma mecânica que leva ao fim a civilização descoberta, seja por aculturação, seja por causa de um desastre natural ou político. O mundo perdido podia ser um paraíso, mas seus habitantes e sua sociedade milagrosamente sobreviventes são equiparados, para efeitos práticos, aos selvagens que, no imaginário colonial, estavam longe de merecer tal Éden:

> O conhecimento da posição do homem europeu no topo da árvore da evolução e sua superioridade hereditária sobre essas formas anteriores das forças vitais obrigam o autor a colocar neste paraíso uma raça de seres humanos selvagens e sanguinários, que correspondiam às expectativas dos leitores dessas narrativas de viagem. Estas criaturas inferiores não foram capazes de tirar o máximo proveito do seu entorno, assim requerendo a tutela benevolente de seus superiores irmãos brancos para colocá-los no bom caminho. (Street, 1975, p. 127)[11]

Contra essa manutenção anacrônica da arqueoficção como uma manifestação da crença colonial da superioridade branca e ocidental moderna, não faltaram obras dessa modalidade escritas por intelectuais atentos para o novo sinal dos tempos, especialmente na esteira da crise de valores subsequente à Grande Guerra. Nesse momento de crise de consciência, a utopia dos mundos perdidos por vezes se transformou em seu oposto. Assim, não é incomum a civilização perdida ter atingido um nível tecnológico avançado, superior até mesmo ao da sociedade do próprio explorador, de modo que a arqueoficção adquire ares de ficção científica, como em *The Land of the Changing Sun* (1894), de Will N. Harben, ou *A República 3000* (1929), de Menotti del Picchia, o

---

10 "The lost-race utopist does not seek any democratic equality with the dominated classes; he yearns to be in the place of the dominant class".

11 "The knowledge of European man's place at the top of the evolutionary tree and his inherited superiority over these earlier forms of life forces the author to place in this paradise a race of men as savage and bloodthirsty as the traveller's tales had led people to expect. These lowly creatures have failed to take full advantage of their environment; so they require the benevolent trusteeship of their superior white brothers to put them on the right path".

romance mais famoso deste gênero no Brasil, país cuja selva amazônica constitui um dos principais cenários mundiais dos descobrimentos arqueofictícios. Nestes dois livros, as cidades perdidas têm um forte caráter anti-utópico, de acordo com a imagem modernista predominante da tecnologia como uma ferramenta que facilita o controle totalitário da população. No entanto, a dimensão política desta fusão peculiar do arcaico e do futurista tende a passar em segundo plano frente à pura aventura e ao interesse amoroso. Porém, a arqueoficção é quase inteiramente distópica em obras como *Land under England*, de Joseph O'Neill, ou *La Révolte des Volcans*, de Camille Audigier, ambas publicadas em 1935 e de assuntos similares. Nelas, "o herói ele mesmo se sente tentado a renunciar à sua personalidade, em antecipação simbólica do processo de apatia coletiva que afetará os povos submetidos sob o jugo totalitário" (Guillaud, 2000, p. 111).[12] Além disso, estes dois romances são parábolas evidentes do nazismo, ainda que o fato de ambas apresentarem como uma raça perdida os descendentes robotizados das legiões romanas sobreviventes em espaços subterrâneos ilustre também, em forma de parábola, que o imperialismo totalitário do presente não fazia senão herdar costumes antigos. A narrativa de mundos perdidos tornou-se assim uma espécie de distopia de um passado submetido ao julgamento através da ficção, tal como também sugerem as duas principais arqueoficções modernas espanholas, a novela "En la caverna encantada" (1929; *El Libro de las Narraciones*, 1936), de José María Salaverría, e *El Dorado* (1942), de Ricardo Baroja. Em ambos os casos, os aventureiros modernos chegam a algumas comunidades isoladas na América do Sul, que são transcrições das lendárias cidades dos Césares da Patagônia e de El Dorado, respectivamente, não encontrando ali mais do que alguns descendentes degenerados e canibais dos conquistadores, cuja descrição supõe uma condenação simbólica da colonização espanhola e, principalmente, das sociedades hispano-americanas do presente, ao ponto de estas narrativas assumirem o caráter de "distopias originais do passado colonial herdado"[13] (Martín Rodríguez, 2013, p. 475). Por outro lado, é possível assinalar que alguns dos principais tratamentos hispano-americanos do mesmo assunto, a julgar por suas reedições, adotam uma visão muito mais positiva da conquista europeia - como, por exemplo, nos romances *La Ciudad de los Césares* (1936, em livro), de Manuel Rojas, e *Pacha Pulai* (1945), de Hugo Silva. Essa conquista é entendida como a origem da sociedade mestiça de hoje, de modo

12 "Le héros est lui-même tenté d'abdiquer sa personnalité, anticipation symbolique du processus d'apathie collective que frappera les peuples subissant le joug totalitaire".

13 "[O]riginal dystopias of the inherited colonial past".

que a conservação na Cidade dos Césares da ordem colonial se apresenta com tintas utópicas, pois a minoria branca constitui ali uma classe dominante caracterizada, em geral, pela honra, pelo respeito à autonomia da comunidade indígena e por uma autoridade europeia de caráter paternalista, coerente com o ideal colonial e, sobretudo, condizente com a permanência das rédeas do poder nas mãos da classe alta descendente dos colonos espanhóis. Apenas a chegada dos exploradores modernos, com sua tecnologia e mentalidade capitalista, coloca em risco a harmonia e o equilíbrio racial idealizado, até o desfecho marcar a recuperação do equilíbrio ameaçado.

A tendência utópica presente nestes dois romances chilenos também pode ser considerada uma resposta do gênero às tensões sociais e geopolíticas contemporâneas, tanto na região como em todo o mundo, e também corresponde a uma evolução da arqueoficção em um sentido utópico oposto ao sonho imperialista anterior, porque a sociedade encontrada não é uma civilização decadente e afluente à espera da modernização capitalista encarnada pelo herói, e sim frequentemente uma comunidade tecnologicamente primitiva, mesmo possuindo valores éticos e espirituais muito superiores aos das sociedades colonizadoras. O exemplo provavelmente mais conhecido desta classe de arqueoficção é um romance inglês de influência incalculável, cuja magistral adaptação cinematográfica de Frank Capra de 1937, com o mesmo título, multiplicou a difusão do seu assunto e consagrou Shangri-La como um exemplo paradigmático do mundo perdido, além de recuperar as raízes históricas da arqueoficção[14] ao imaginar uma terra isolada com todas as

14 Após episódios de mundos perdidos dentro de narrativas pertencentes a outros gêneros, como a parte dedicada a El Dorado em *Candide* (1759), de Voltaire, entre os primeiros exemplos de arqueoficção se contam duas utopias francesas, a saber, *Le Vallon aérien* (1810), de Mosneron, onde um viajante de balão descobre em vale perdido dos Pirineus, uma comunidade agrícola patriarcal e comunista, e principalmente *Les Battuécas* (1816), de Mme de Genlis. Las Batuecas é um vale na região de Salamanca onde, segundo a escritora, alguns godos teriam encontrado refúgio após a invasão muçulmana da Península Ibérica e lá viveram ignorados até sua descoberta: "eles vivem em absoluta igualdade; ignoram o dinheiro, a arte, os metais preciosos e a propriedade privada, e agricultura e pecuária são os seus meios de subsistência em meio a uma perfeita simplicidade de costumes" ("Ils vivent dans une égalité absolue, ignorent l'argent, l'art, les métaux précieux, la propriété privée et subsistent par la culture et l'élevage dans une parfaite simplicité de mœurs") (Trousson, 1999, p. 179). Este romance, que foi traduzido para o espanhol e inglês, foi inspirado em uma lenda que ficou famosa por uma comédia anterior de Lope de Vega intitulada *Las Batuecas del Duque de Alba* (1638). Esta obra poderia ser a primeira arqueoficção europeia, embora haja um mundo utópico perdido precedente muito mais velho, no romance

atrações do utópico e do paradisíaco. *Lost Horizon* (1933), de James Hilton, localiza em um vale desconhecido do Himalaia uma população feliz e de extraordinária longevidade, liderada por um *lama*, um missionário europeu pluricentenário, que trabalha para converter o lugar no refúgio de uma cultura ameaçada pela destruição da guerra mundial, a qual já se pressentia próxima. Desta forma, o isolamento do mundo perdido deixou de ser um obstáculo a ser superado, a fim de incorporar a raça sobrevivente à civilização ocidental moderna, e garantia a possibilidade de preservar a utopia do passado em meio aos horrores da modernidade, isto é, como um museu vivo de uma idade de ouro perdida. Infelizmente, o homem moderno já não parecia digno de desfrutar inocentemente a utopia da cidade sonhada: o diplomata britânico que chega à mítica Shangri-La, idealizado por Hilton, não a atinge por seu esforço explorador, mas é levado a ela para suceder ao velho lama. No entanto, nem sequer parece entender o que essa utopia significa, pois acaba indo embora e, apesar da inevitável nostalgia do paraíso que, no final do romance, o leva a tentar por todos os meios voltar à cidade feliz entrevista, é duvidoso que a possa recuperar - da mesma forma como o oficial francês em *L'Atlantide* de Benoît, milagrosamente salvo do fascínio de Antinéa, acaba por voltar para o deserto em busca do Éden erótico (e efêmero) da Rainha da Atlântida saariana. Este último romance, que carece de qualquer subtexto utópico, já apresenta uma espécie de herói vulnerável e incapaz de aproveitar o que lhe é oferecido sem nenhum esforço de sua parte, de maneira que pôde influenciar também a transformação dos temas do gênero quanto à caracterização do aventureiro moral ou psicologicamente inadequado, antes que Hilton introduzisse a inversão fundamental de seus polos positivo e negativo. A civilização ocidental moderna, que se apresentava mais ou menos claramente como um modelo a ser seguido na arqueoficção imperial tornou-se, assim, o tipo de sociedade da qual era necessário fugir, preferindo-se a cidade perdida do passado, onde um modo de vida estaria preservado na simplicidade pastoral e pré-tecnológica.

Este fenômeno de utopização nostálgica da arqueoficção, especialmente consagrado por Hilton e Capra, ganhou novo auge em torno da Segunda Guerra Mundial. Embora a narrativa popular continuasse a exploração do potencial de aventura que envolve os mundos perdidos, os massacres perpetrados, o

intitulado *Táohuā Yuán*, escrito pelo poeta chinês Tao Yuanming quinze séculos atrás. Pelo menos, a estrutura típica do gênero, em seu modo procolonial mais famoso, já está presente na peça de Lope de Vega: os descendentes selvagens dos godos sobreviveram fechados no vale das Batuecas até a sua descoberta e incorporação à civilização cristã contemporânea, bem como aos domínios feudais do nobre explorador, o Duque de Alba.

horror indizível do Holocausto, a ameaça constante de uma tecnologia que, desde Hiroshima, já fora capaz de acabar com a raça humana e a crise cultural contemporânea da modernidade favoreceram seguramente uma nova valorização da antítese da civilização moderna, ou seja, do primitivo, o qual também se viu favorecido por uma antropologia já muito longe do tosco darwinismo social de seu começo. Esta nova atitude e seu resultado na literatura é evidente em romances como *La Vallée Perdue* (1939), de Noëlle Roger, em que se imagina a sobrevivência no meio dos Alpes suíços de uma população neolítica zelosa de sua forma de vida. Embora eles só tenham noções vagas da civilização moderna, estão cientes dos massacres perpetrados nas guerras, especialmente na Primeira Guerra Mundial, sem falar da Guerra Civil Espanhola, a qual Roger faz alusão em diversas passagens do seu romance. A chegada ao vale por via aérea de alguns parisienses desencadeia um processo que ameaça a sobrevivência da sociedade primitiva, mas o mundo perdido consegue permanecer inviolável. Em maior medida ainda do que em *Lost Horizon*, o primitivismo da sociedade perdida é uma escolha consciente e, ao contrário das arqueoficções imperialistas anteriores, Roger dá a entender que essa sociedade é melhor do que a contemporânea, violenta e materialista. Encontramos a mesma abordagem em um interessante romance espanhol publicado durante a Segunda Guerra Mundial, *Los que no descienden de Eva* (1941), de Luis Antonio de Vega, em que a cidade perdida está localizada no deserto do Saara - como em seu provável modelo *L'Atlantide*, de Benoît. No entanto, esse argumento erótico sofre uma inversão completa por ser o explorador quem pretende seduzir a protagonista dotada de uma pureza literalmente paradisíaca, e esta tentativa o expulsa de uma comunidade cuja felicidade utópica é completa, pois seus membros não são outra coisa senão os filhos de uma primeira mãe mítica da humanidade. Essa descendência está livre de pecado, de modo que não mereceu ser expulsa do Paraíso, e sobreviveu no perfeito vale escondido. A Utopia ali é tingida de um pessimismo radical, pois aqueles que não são descendentes de Eva não são seres humanos idealizados, mas são apresentados como outra humanidade, criados separadamente. Sua existência é irredutivelmente oposta à evolução e à mudança conflitante à que está sempre sujeita a humanidade comum. O mundo utópico harmonioso e estável, isto é, utópico, emana naturalmente da essência de seus moradores, assim como da essência dos seres humanos emana o mundo distópico da sociedade humana. Esta última é resultado de um esforço que remonta ao pecado original simbólico, que é intrínseco e condiciona indistintamente qualquer sociedade primitiva, atual ou futuristicamente avançada. Consequentemente, Vega vai muito além de Roger e, mais tarde, do escritor cubano Alejo Carpentier em

Los Pasos Perdidos (1953). A aldeia selvagem deste último romance certamente parece idílica, mas não subsiste sem falhas e, sobretudo, existe principalmente como uma possibilidade real: se o seu protagonista pudesse ter encontrado novamente o braço do rio que o havia conduzido na primeira vez à cidade primitiva selvagem, nada teria impedido a sua reintegração a ela. Em vez disso, a busca de pura criação artística que tinha levado o músico protagonista dos melhores círculos culturais de vanguarda da metrópole moderna a um espaço atemporal primitivo, livre das ansiedades do criador fáustico moderno, acaba em fracasso justamente por não poder o explorador-artista-narrador escapar da história e do seu mundo. A nova criatividade e contato com as essências que despertam em seus ouvidos uma música que não é primitiva, mas sim primigênia,[15] não é aceita como algo natural, que flui a partir da essência e não necessita de público e, assim, de inscrição em uma tradição histórica, em uma comunidade cultural como aquela da qual ele havia fugido - mas da qual não poderia finalmente escapar:

> A maior questão que o romance examina é ele mesmo, o projeto desafiador para recriar um mundo em que um contexto cultural em que tudo parece já ter sido dito: a selva em que o protagonista se encontra o faz esquecer que ele viveu (e ainda vive) em uma selva de letras e obras-primas com as quais deve medir-se. Livre do seu trabalho opressor na cidade, finalmente sente-se estimulado pelo espetáculo grandioso da natureza - as forças para compor sua cantata inspirada nos poemas de Shelley; porém descobre, ironicamente, que necessita de papel, que pertence a um tempo que já não permite a realização das velhas utopias ou o que as degradou. (Oviedo, 2001, p. 518-519)[16]

15 "O narrador por fim alcançou a época pré-historica que precedeu a invenção da linguagem humana. Depois de voltar as origens da linguagem, mantém uma relação não mediada com as coisas deste mundo. Como Adão, pode dar nome a cada coisa de novo" ["The narrator has at last reached the prehistorical epoch which preceded the invention of human speech. Having returned to the origins of language, he stands in unmediated relation to the things of this world. Like Adam he can once again give things their names"] (Moses, 1984, p. 12).

16 "La mayor cuestión que la novela examina es la novela misma, el desafiante proyecto de recrear un mundo en que un contexto cultural en el que ya todo parece haber sido dicho: la selva en la que el protagonista se encuentra consigo mismo no le hace olvidar que ha vivido (y seguirá viviendo) en una selva de letras y obras maestras, con las cuales debe medirse. Liberado de su agobiante trabajo en la Ciudad, siente al fin —estimulado por el espectáculo grandioso de la Naturaleza— las fuerzas para componer su cantata inspirada en el poema

Assim, o romance de Carpentier, cujos temas e complexidade retórica muito excedem o que é comum na arqueoficção pura, representa simbolicamente a dissolução do impulso (anti)utópico que tinha renovado a arqueoficção num momento em que as dúvidas sobre a civilização europeia (lembre-se o sucesso e a influência contemporânea de um livro de título tão eloquente quanto *Der Untergang des Abendlandes* [1918-1922], de Oswald Spengler) agregou-se à (re)descoberta da rica cultura dos povos colonizados e ao crescente anticolonialismo, tanto nos países capitalistas como nos comunistas,[17] para remover qualquer viabilidade para a arqueoficção, e cujo pecado original era um imperialismo que a evolução (anti)utópica do gênero não tinha conseguido apagar, uma vez que seus clássicos constantemente reeditados eram alguns poucos romances vitorianos claramente procoloniais. Nesses romances é que tem sido tradicionalmente baseada a exegese acadêmica, a qual tende a ignorar os inúmeros exemplos de arqueoficção não-imperialista, talvez por estas não caberem em uma determinada visão da história transmitida pelos chamados estudos pós-coloniais. Porém, é inegável que a arqueoficção, como modalidade literária independente e cultivada por uma comunidade coerente e numerosa de escritores, é algo que pertence ao passado. Os exemplos posteriores a 1970 parecem ser escassos e são apresentados sobretudo como pastiches de um gênero historicamente definido, como o famoso romance *Congo* (1980), de Michael Crichton, que é principalmente uma homenagem à arqueoficção de Rider Haggard. Embora Crichton escreva dentro das coordenadas de *best-seller* e evite qualquer abordagem paródica, sua homenagem em sério é paralela à recuperação pós-moderna de formas de literaturas já extintas, especialmente as populares. Estas têm sido abordadas neste período sob uma ótica lúdica (também pela maior importância dada a um erotismo manifesto) como mero pretexto para jogos criativos mais ou menos arbitrários, e buscando principalmente o prazer da leitura - embora nem sempre negligenciando as considerações intelectuais

---

de Shelley; pero descubre, irónicamente, que necesita papel, que pertenece a un tiempo que ya no permite la realización de las viejas utopías o que las ha degradado".

17 A nova mentalidade pode ser vista até mesmo na narrativa popular, em que o racismo residual é gradualmente sustituído por uma idealização da civilização perdida semelhante à que havia ocorrido anos antes na literatura culta. Por exemplo, um romance de aventuras pra jovens espanhóis intitulado *Kurna, ciudad sellada* (1962), de Jaime Mallas Casas, adota uma abordagem semelhante a *Los que no descienden de Eva* ao narrar a chegada dos europeus num vale saariano desconhecido em uma sociedade que sobrevive do tipo do antigo Egito, embora evoluída no sentido democrático e pacifista, e a luta do herói de preservá-la contra os projetos colonizadores dos seus colegas de expedição.

ou ideológicas. Exemplos desta abordagem pós-moderna já clássica aplicada à arqueoficção em línguas românicas podem ser *Món mascle / Mundo macho* (1971 / 1998), de Terenci Moix; o conto "Xenofilii" (*Aporisticon*, 1981), de Mihail Grămescu, ou a primeira parte de *Utopia Selvagem* (1982), de Darcy Ribeiro. No entanto, mesmo com uma abordagem pós-moderna, a arqueoficção tem sido há décadas algo excepcional, ainda mais do que outros gêneros especulativos históricos como a viagem imaginária. Talvez a tragédia da arqueoficção resida na falta de compreensão do seu potencial intelectual, que não se reduz à dimensão ideológica óbvia de uma experiência ficcional com uma sociedade hipotética em sentido utópico ou distópico. A reflexão sobre a alteridade que a arqueoficção poderia tornar possível ocorreu, com poucas exceções,[18] no âmbito da ficção científica propriamente dita, uma vez que "curiosamente, há mais e melhores histórias de antropologia cultural na exploração planetária extraterrestre e na colonização de outros mundos (a maioria do pós-guerra), subgêneros que praticamente substituíram a narrativa de mundos perdidos, do que na narrativa de mundos perdidos ambientados na Terra" (Pringle *et al.*, 1995, p. 736).[19] A liberdade imaginativa da ficção científica sobrepunha-se facilmente a um gênero oprimido pela memória de seus exemplos de aventura, cujo enredo era certamente atraente, mas que raramente aprofundava o assunto tratado e nem sequer pretendia fazê-lo. A raiz desta tragédia está provavelmente em que os clássicos da arqueoficção sejam Haggard ou Doyle, e não O'Neill ou Carpentier, os quais muitas vezes não são sequer estudados como representantes do gênero. Em um contexto literário em que os leitores cultos exigiam uma maior sofisticação, e tanto a ficção científica como a fantasia podiam inventar mundos

18 Entre eles, "Gzwrrawtzicxm" (*Un crim abstracte o el jardiner assassinat*, 1965), de Nicolau Maria Rubió i Tudurí, anuncia pela combinação de Jorge Luis Borges e arqueoficção viagem imaginária no "El informe de Brodie" (*El informe de Brodie*, 1970), ao apresentar ambos uma sociedade primitiva cujos costumes são tão estranhos que resultam em alternativas antropológicas para a humanidade *real*, gerando assim uma reflexão original sobre a natureza humana. Contudo, a história do escritor catalão mantém uma relação mais estreita com a arqueoficção por meio de, entre outras coisas, sua paisagem amazônica e sua cronologia contemporânea. A arqueoficção ressuscita civilizações perdidas, mas sempre no presente, enquanto Borges simula a reprodução de um testemunho de um explorador do passado, e com isso prescinde do potencial de comparação entre a sociedade contemporânea e a passada, ou a primitiva sobrevivente.

19 "Oddly enough there is more and better cultural anthropology in offworld stories of planetary exploration and colonization of other worlds (mostly postwar), subgenres that largely superseded the lost-race story, than there are in lost-race stories set on Earth".

possíveis sem os estereótipos temáticos e geográficos da arqueoficção, esta estava condenada a desaparecer. Agora podemos tratá-la como um fenômeno histórico, e lê-la não apenas com saudade (ou indignação), mas em conjunto com valores literários e intelectuais mais ricos do que se supunha, especialmente se sairmos da estrada pavimentada e apreciarmos também as suas manifestações menos convencionais.[20]

Bibliografia

CLARESON, Thomas O. *Some Kind of Paradise. The Emergence of American Science Fiction*. Westport, CT.: Greenwood Press, 1985.

FOUCRIER, Chantal. "Introduction". In: BENOÎT, Pierre. *L'Atlantide*. Paris: Le Livre de Poche, 1994, p. 7-29.

GUILLAUD, Lauric. *L'Aventure Mystérieuse de Poe à Merritt ou les orphelins de Gilgamesh*. Liège: Éditions du CÉFAL, 1993.

GUILLAUD, Lauric. "Atlantide et Totalitarismes". In: *L'Éternel Déluge. Un Voyage dans les Littératures Atlantidiennes*. Paris: e-dite, 2000, p. 103-131.

KHOURI, Nadia. "Lost Worlds and the Revenge of Realism". *Science Fiction Studies*, nº 2, vol. 10, 1983, p. 170-190.

MARTÍN RODRÍGUEZ, Mariano. "Longing for the Empire? Modernist Lost-Race Fiction and the Dystopian Mode in Spain". *Science Fiction Studies*, nº 3, vol. 40, 2013, p. 463-479.

MOSES, Michael Valdez. "*The Lost Steps*: The Faustian Artist in the New World". *Latin American Literary Review*, nº 24, vol. 12, 24, 1984, p. 7-21.

PRINGLE, David; STABLEFORD, Brian; NICHOLS, Phil. "Lost Worlds". In:

20 Este trabalho é a versão ligeiramente modificada de um ensaio publicado *online* na revista *Societății Române de Science Fiction și Fantasy*, 7 (2013): http://www.srsff.ro/2013/10/lumile-pierdute-si-antiutopia-in-arheofictiune/. O mesmo reproduz com adições e alterações substanciais a primeira parte do meu ensaio "Mundos perdidos, paraísos perdidos: ciudad primitiva y utopía imposible en *Los que no descienden de Eva* (1941), de Luis Antonio de Vega", publicado na revista electrónica *Ángulo Recto*, 5, 1 (2013), p. 45-64 (http://www.ucm.es/info/angulo/volumen/Volumen05-1/articulos03.htm). Quero deixar registrado nosso agradecimento pela amável autorização concedida por *Ángulo Recto* para que o texto pudesse ser publicado aqui.

CLUTE, John; NICHOLS, Peter (org.). *The Encyclopedia of Science Fiction.* 2ª ed. New York, NY: St. Martin's Griffin, 1995, p. 734-736.

OVIEDO, José Miguel. "Las arquitecturas barrocas de Carpentier". In: *Historia de la Literatura Hispanoamericana. 3. Postmodernismo, Vanguardia, Regionalismo.* Madrid: Alianza, 2001, p. 507-527.

RIEDER, John. *Colonialism and the Emergence of Science Fiction.* Middletown, CT: Wesleyan University Press, 2008.

STREET, Brian V. *The Savage in Literature: Representations of 'Primitive' Society in English Fiction 1858-1920.* London – Boston: Routledge & Kegan Paul, 1975.

TROUSSON, Raymond. *Voyages aux Pays de Nulle Part. Histoire littéraire de la pensée utopique.* 3ª ed. Bruxelles: Éditions de l'Université de Bruxelles, 1999.

ZAMARON, Alain. *Récits et Fictions des Mondes Disparus: " L'archéologie-fiction ".* Aix-en-Provence: Publications de l'Université de Provence, 2007.

UMA CHAVE PARA A FICÇÃO CIENTÍFICA:
Revisitando o senso do maravilhoso[1]

Cornel Robu

A ficção científica é essencialmente uma literatura do sublime, já que esse tipo moderno de literatura (e também cinema, TV e arte gráfica) é, no presente, a melhor posicionada para gerar, capturar e comunicar a milenar emoção estética do sublime, especificamente expressado aqui como "senso do maravilhoso" (*sense of wonder*).

Pretendi fornecer um breve enunciado preliminar dessa ideia auto-evidente e plena de *insight* em meu ensaio "Uma Chave para a Ficção Científica: o Sublime" ("A Key to Science Fiction: The Sublime"), publicado na revista acadêmica inglesa *Foundation: The Review of Science Fiction* (Robu, 1988). Uma extensão e desenvolvimento desse ensaio foi o meu livro romeno, *O cheie pentru science-fiction* (2004). Já que por muito tempo o sublime foi intuitivamente e genuinamente experientado na ficção científica como "um senso do maravilhoso" – "*a sense of wonder*", "*that old sensawunda*"[2] –, o livro poderia receber o subtítulo de "Revisitando o Senso do Maravilhoso". O texto a seguir é um resumo desse livro, e daí as referências romenas na bibliografia final do ensaio.

***

Na ficção científica, a *ciência* em si impõe o sublime, mas é também a *ficção* que o estimula. Há muitos modos de se fazer isso (e na prática da escrita cada

1 Texto traduzido do inglês para o português por Roberto de Sousa Causo.

2 Corruptela do termo *sense of wonder* (N.O.)

solução ficcional, cada descoberta textual em particular é concretamente única e irrepetível), mas *in abstracto* há, principalmente, uns poucos padrões básicos convergentes, alguns tratamentos ficcionais diversificados dos fatos "reais": o deslocamento da escala, a conversão mútua dos três infinitos (espaço, tempo e complexidade), o acúmulo analógico, aceleração e escalada, o salto ou decolagem extrapolativa, e uns poucos outros mais. Todos esses envolvem a *magnitude*, que é nomeadamente a fonte derradeira do sublime e do "senso do maravilhoso".

Conforme aponta a ciência, há uma escala imensa (praticamente infinita) de magnitudes no universo (ambas as magnitudes de espaço e de tempo), e só um pequeno segmento dessa escala pode ser percebido pelo homem diretamente, intuitivamente, por seus sentidos: a vista desarmada pode perceber objetos apenas de dimensões médias, entre 10^{9} m (a distância até a Lua) e 10^{-3} m (as menores peças de relógio), enquanto a ciência expande o seu conhecimento a uma escala de magnitudes que vão do 10^{25} m (galáxias) a 10^{-15} m (quarks), ou mesmo 10^{-33} m (o comprimento de Planck).[3] A macroscópica (mesoscópica, de fato) "escala humana" de dimensões é comensurada com o corpo humano, portanto para a "sociedade dos sexos" e para aquela sociedade "mais geral" que Edmund Burke[4] via como a fonte do belo; as dimensões megascópica e microscópica

3 James Patrick Kelly, "Think Like a Dinosaur", na antologia de David G. Hartwell, *Year's Best SF* (1996): "Os dinos me contam que o sistema do sensor quântico de não demolição consegue contornar o Princípio da Incerteza de Heisenberg medindo as pequenas quantidades mais coaguladas de espaçotempo sem fazer desmoronar a dualidade onda/partícula. O quão pequenas? Eles dizem que ninguém pode jamais 'ver' qualquer coisa que seja de apenas 1.62×10^{-33} centímetros de comprimento, porque nessas dimensões o espaço e o tempo se desfazem. O tempo deixa de existir e o espaço se torna uma espuma probabilística aleatória, meio que um tipo de cuspe quântico. Nós humanos chamamos isso de comprimento de Planck-Wheeler. Há um tempo de Planck-Wheeler também: 10^{-45} de um segundo. Se alguma coisa acontece e algo mais acontece e os dois eventos estão separados por um intervalo de meros 10^{-45} de um segundo, então é impossível dizer o que veio primeiro.".

4 Edmund Burke, *Uma Investigação Filosófica sobre a Origem de nossas Ideias do Sublime e do Belo (A Philosophical Inquiry into the Origin of our Ideas of the Sublime and Beautiful*; 1756), Parte IX, Seção VIII ("Sobre as paixões que pertencem à sociedade") : "O outro item sob o qual classifico nossas paixões é a *sociedade*, que pode ser dividida em duas espécies. A *sociedade dos sexos*, que corresponde às finalidades de procriação e, em seguida, aquela tomada em um sentido mais amplo, a *sociedade geral*, a que mantemos com os outros homens e com os outros animais e que, de certo modo, pode-se dizer que mantemos até mesmo com o mundo inanimado.".
Para a referência do leitor brasileiro e português, empreguei na citação acima trecho da tradução de Enid Abreu Dobránszky (com suas notas e apresentação; Campinas: Papirus

respectivamente são comensuradas com o cosmos e o microcosmo, portanto abordando o "instinto de conservação" da pessoa, a fonte do sublime, de acordo com Burke. Similarmente, os lapsos de tempo médios são comensurados ao lapso do tempo da "vida humana", enquanto as durações extremas (mais curtas ou mais longas) a dissolvem. Consequentemente, a paridade magnitudinal é apropriada para gerar principalmente aquele "senso de perda" que sinaliza a emoção estética do belo na literatura "*mainstream*" (na prosa de ficção, no teatro, na poesia) e, acima de tudo, na música; enquanto a disparidade magnitudinal é apropriada para gerar aquele "senso do maravilhoso" que sinaliza a emoção estética do sublime na ficção científica. Estas são, é claro, prevalências não exclusivas em termos absolutos e rígidos, mas apenas prevalências relativas e flexíveis, daí a bivalência do prazer estético e, consequentemente, a bivalência do critério estético de valorização na ficção científica.

A fim de ser apresentado especificamente na ficção científica, o *espaço* é percebido e representado descontinuamente, segmentado em *gradientes*, os quais são ficcionalmente justapostos ao se deixar de fora os imensos intervalos que os separam na escala real das magnitudes de espaço; gradientes são um procedimento antigo e comum, empregado há muito na arte da pintura e nas artes gráficas, mas na ficção científica eles são estendidos para abraçar as dimensões e distâncias "cósmicas" também, o caso mais conhecido sendo o daquelas perspectivas cósmicas em movimento que servem como apresentação em muitos filmes de ficção científica: o espaço dá a impressão de se derramar sobre os espectadores, engolfando-os ou deixando-os para trás, náufragos em um vórtice sem limites ou marcos. Essa assimilação visual pode ser expressa por palavras, aparecendo portanto e com frequência também na literatura, nela expressa verbalmente, onde apresenta o espaço como sendo visto de bordo de uma veloz (mas não mais rápida que a luz) espaçonave aproximando-se ou deixando um planeta, por exemplo. Se uma "astronave de gerações"[5] está envolvida, a partir da qual a visualização do espaço não é possível, então as

Editora, 1993), a partir da edição crítica de James T. Boulton (Notre Dame/Londres: University of Notre Dame Press, 4.ª edição,1986) (N. T.).

5 *Generation starship*, termo que passou a definir um subgênero de aventura espacial, o qual geralmente envolve a sobrevivência de uma espécie inteligente (no caso, a humanidade) em busca de um planeta habitável, numa viagem cuja duração atravessa gerações de indivíduos. As narrativas desse subgênero remetem direta ou indiretamente a aspectos da astrofísica e da Relatividade, no sentido do desafio que viagens intergalácticas impõem à escala de vida humana. Para maiores informações, consultar Clute, Nicholls e Sleight (2011): http://www.sf-encyclopedia.com/entry/generation_starships (N. O.).

magnitudes espaciais (distâncias) são primeiro convertidas em magnitudes de tempo (durações, lapsos apropriados para cobrir as distâncias) e então em magnitudes complexionais[6] (transformações ou deformações corporais, mentais e sociais que o tempo, incessantemente, provoca).

Em ambos os casos, o minúsculo e frágil ser humano, dada a finitude do seu corpo e a qualidade efêmera de sua vida, é sobrepujado fisicamente e se sente dolorosamente arrebatado pela amplidão sem par das magnitudes cósmicas: e esse arrebatamento é exatamente o catalisador que dispara a "sublimação" da dor em prazer, o gatilho específico de que o prazer estético do sublime necessita: arrebatado pela imensidade do universo físico, o homem é compelido a recorrer à reação não física, à ideia de sua mente livre – uma faculdade que se eleva acima de todos os sentidos, irredutível à natureza e acima dela; na sua própria razão, o homem encontra uma medida em confronto com a qual "tudo na natureza é pequeno" (Kant, 1981, p. 155)[7] e em razão da qual dor se transforma em prazer.[8]

Portanto, na ficção científica, como em todo lugar no modo sublime, o efeito específico e definidor, a "sublimação" estética, é produzido somente por

6 No original, *complexional magnitudes* (N. O.).

7 Immanuel Kant, *Critica facultății de judecare* (*Kritik der urteilskraft*) (1981, p. 143): "sublime é aquilo em comparação com o qual tudo o mais é pequeno.".

8 "O sentimento do sublime é portanto um sentimento do desprazer a partir da inadequação da faculdade da imaginação, na avaliação estética da grandeza, à avaliação pela razão e, neste caso, ao mesmo tempo um prazer despertado a partir da concordância, precisamente deste juízo da inadequação da máxima faculdade sensível, com ideias racionais, na medida em que o esforço em direcção às mesmas é lei para nós. Ou seja, é para nós lei (da razão) e pertence à nossa determinação avaliar como pequeno, em comparação com ideias da razão, tudo o que a natureza como objecto dos sentidos contém de grande para nós; e o que activa em nós o sentimento desta determinação supra-sensível concorda com aquela lei. Ora, o esforço máximo da faculdade da imaginação na exposição da unidade para a avaliação da grandeza é uma referência a algo *absolutamente grande*, consequentemente é também uma referência à lei da razão de admitir unicamente esta lei como medida suprema das grandezas. Portanto a percepção interna da inadequação de todo o padrão de medida sensível para a avaliação de grandeza da razão é uma concordância com leis da mesma e é um desprazer que activa em nós o sentimento da nossa determinação suprassensível, segundo a qual esse sentimento é conforme a fins, por conseguinte é prazer, isto é considerar todo o padrão de medida da sensibilidade inadequado às ideias da razão." (Kant, 1981, p. 151-52).
A citação é de *Crítica à Faculdade do Juízo* (*Kritik der urteilskraft*, 1790), de Immanuel Kant. Para a referência do leitor brasileiro e português, empreguei nas duas citações trecho da tradução de António Marques & Valério Rohden (Porto: Santa Casa da Misericórdia do Porto, 1997) (N. O.).

um arrebatamento inicial, mas ao mesmo tempo somente por sua absorção e superação, apenas se e apenas quando a razão humana reconhece sua própria liberdade em relação, e a superioridade qualitativa sobre, a natureza quantitativamente arrebatadora (real ou imaginária). Assim, do mesmo modo, uma ficção científica "humanista" é um oxímoro, já que a ficção científica é uma literatura do sublime e "um sublime humanista é um oxímoro" (Weiskel, 1986, p. 4). A mesma negatividade do prazer estético que a tragédia transforma (*via* ficcionalidade) no que Aristóteles chamou de *catharsis* pode ser encontrada, *mutatis mutandis*, também na ficção científica, mas sendo uma catarse sublime, e não trágica. A ficção científica prova ser surpreendentemente adequada para ilustrar o velho conceito do sublime no seu próprio núcleo, e também em todas as suas articulações e ramificações conceituais, tais como os "tipos" do sublime definidos tão cedo quanto o final do século XVIII, quando Kant dissociou "o matematicamente sublime" (ao qual Friedrich Schiller chamou de "o sublime teórico", "o contemplativamente sublime") do "dinamicamente sublime" ("o sublime prático", "o sublime patético" de acordo com Friedrich Schiller), etc.

Não só o megacosmos pode ser arrebatador para o homem, mas também o *microcosmo* — de um modo similar e todavia diferente. Enquanto as imensas distâncias "cósmicas" *incluem* corporalmente o homem, coeso com a dimensão física do seu corpo, as minúsculas distâncias "microcósmicas" estão *incluídas* na mesma dimensão "humana". Enquanto a "viagem espacial" pode ser imaginada livremente, uma "viagem" similar para o microcosmo precisa de um "catalizador" *a priori* ("como um modo de deslocamento da realidade, há dois desses dispositivos: uma *viagem* até um novo lócus, e um *catalizador* transformando o meio ambiente do autor em um novo lócus", Suvin, 1979, p. 71). Tal era a fórmula usual do popular modelo "micro = mega" do universo, de séculos de idade, baseado em uma tosca analogia mecânica entre sistemas solares e átomos. Esse modelo mental analógico era adequadamente conectado com uma visualização analógica e figurativa do microcosmo, o qual a ciência, graças ao microscópio e a outros avanços científicos, progressivamente rejeitou. Para manter-se em concordância com o progresso da ciência, a ficção científica desenvolveu outro modo de visualização da recém-descoberta "profundidade" microbiológica e microfísica da matéria, tal como a nanotecnologia: uma que fosse extrapolativa e não analógica, "abstracionista" e não figurativa, imaginativa e não mimética, metonímica e não metafórica, e, *in extremis*, essa visualização "cega" é dissolvida em uma não-visualidade. O avassalador potencial do deslocamento de escala e a capacidade de gerar o senso do maravilhoso permanecem, contudo, inalterados.

Não menos que o espaço, o *tempo* também pode ser uma fonte do senso do maravilhoso: durações de tempo muito longas ("eternidade") ou muito curtas ("instantaneidade") podem ser sentidas como arrebatadoras para a "efêmera" duração da vida humana, do mesmo modo que distâncias extremas (muito longas ou muito curtas) são devastadoras para a dimensão física do corpo humano; e somente desse modo, fisicamente arrebatado e esmagado, o frágil ser humano será constrangido a recorrer à instância não-física da sua razão, comparada à qual tudo na natureza é pequeno, mesmo o fluxo sem fim e sem início do tempo, o qual parece ser reduzido à subordinação diante da atemporalidade, que apenas a mente humana pode conceber. Isso se torna possível pela aparente contração ou dilatação da duração da vida humana, quando comparada a certas extensões temporais; isto é, pelo deslocamento da escala das magnitudes de tempo no universo, pelo deslocamento das durações e, implicitamente, da isocronia do tempo. Assim como na visualização do espaço e do movimento, aqui também os *gradientes* são muito efetivos: "os gradientes geram profundidade" (Arnheim, 1979, p. 275) não só na percepção do espaço, mas também na percepção do tempo, ao se olhar no "abismo do tempo", dentro do "fosso do tempo" ou na extensão do "túnel do tempo". O "fluxo temporal" isocrônico pode ser apressado ou retardado, acelerado ou desacelerado por mudanças ficcionais operadas em uma taxa de gradientes temporais, alargando ou diminuindo a "granulação" do tempo. Como regra, uma granulação "grossa" do tempo é específica da ficção científica, enquanto a granulação "fina" pode ser encontrada igualmente na literatura *mainstream*. E essa afinidade não é de modo algum acidental, já que ela resulta coerentemente de um determinismo estético mais profundo: o lapso de tempo sutilmente determina o tipo de prazer estético gerado desse modo, e sua natureza mesma; a "granulação" do tempo, ficcionalmente representada, sutilmente harmoniza a mistura de "senso do maravilhoso" e "senso de perda", e decide a prevalência do sublime ou do belo para cada caso em particular. Essa opção concorda com uma outra, aquela pela "viagem no tempo" (recorrendo-se a uma "máquina do tempo") ou pelo "catalizador do tempo" (recorrendo-se ao "cronolítico" ou outras drogas semelhantes); além disso, o endosso "científico" também está implicado, a opção entre "ficção científica *hard*" e "ficção científica *soft*", entre "futuro distante" e "futuro próximo", entre a dominância do "senso do maravilhoso" (como nos "romances de viagem no tempo") ou do "senso de perda" (como nos "romances de *timeslip*").[9] Uma fonte adicional do senso do

9 "Cronolítico" (*chronolytic*) se refere aparentemente a uma droga de manipulação do tempo, criada no romance francês *Le temps incertain* (1973), de Michel Jeury. De acordo com *The*

maravilhoso é trazida pelos "paradoxos temporais", pelo efeito de espanto e enovelamento mental do *time loop* subjacente, um círculo infindável de causa e efeito.[10]

Na ficção científica, essa "terceira infinitude" é essencial, assim como é "o infinito reservatório de formas" (Caillois, 1975, p. 201), intuitivamente percebível pelos sentidos na "escala humana" de magnitudes, e por isso sendo capaz de fornecer interminavelmente uma "moeda de troca" intuitiva para a conversão mútua das infinitudes e magnitudes, o que é um padrão básico de ficção científica para a geração do senso do maravilhoso. A infinitude complexional é essencialmente uma infinitude de incorporação e encarnação, ela fornece um espaço inexaurível para materialização, para a representação concreta e aparente de essências tão abstratas que de outro modo são inacessíveis à percepção sensória, inapreensíveis para a intuição. É o caso, entre outros, de imensidades espaciais e temporais situadas muito além da "escala humana" de magnitudes do universo físico. A fim de torná-las perceptíveis aos sentidos e representáveis para a intuição, é necessário operar uma equalização no nível ficcional entre as infinitudes, "converter", "traduzir" e reformular os termos de uma infinitude para os termos e matéria concreta de uma outra. Durante essa operação ficcional, a percepção intuitiva dos sentidos, de outro modo dominada e subjugada, conseguirá de um modo ou de outro "transbordar" aporeticamente fora de sua base, estenderá suas "antenas" para além dos próprios limites insuperáveis e será bem-sucedida em se interpor entre ordens de magnitudes de outro modo não passíveis de serem cobertas, apegando-se a uma articulação da conversão entre as infinitudes e assim retendo na percepção algo que de outro modo não poderia ser percebido, capturando pela expressão alguma coisa que de outro modo não poderia ser expressada. Aquele que derrama mel de uma jarra a outra terminará com dedos grudentos; algo do gosto do mel permanecerá, mesmo se for apenas lambido dos dedos, e alguma coisa é melhor do que nenhuma. Esse é um procedimento corrente

---

Encyclopedia of Science Fiction (3.ª edição, *online*), "*timeslip*" se refere à viagem no tempo sem o concurso de tecnologia, por acidente e por causas "naturais" desconhecidas. Disponível em http://www.sf-encyclopedia.com/entry/timeslip. Acesso em: 16 de agosto de 2014 (N. O.)

10 "Mesmo se não levarmos em conta as profundezas do Tempo – isto é, em um instante isolado do Universo –, há também um terceiro abismo: aquele da Complexidade. [...] Assim, não são em duas (como frequentemente considerado) mas em *três* infinitudes (pelo menos) que o Mundo é construído espacialmente. O Minúsculo e o Imenso, indubitavelmente. Mas também (arraigado como o Imenso no Diminuto, todavia separando-se e seguindo o seu próprio curso) o que é imensamente Complexo." (Teillard de Chardin, 1962, p. 21).

na ficção científica, um padrão ficcional essencial e definidor – e isso é talvez a razão de ser geralmente negligenciada como algo trivial. E essa conversão de uma infinitude a outra confere à infinitude complexional exatamente o papel de uma "moeda de troca" que nós nomeamos acima.

Mas também considerada em si mesma, a "terceira infinitude" teilhardiana pode ser uma fonte perene de sublime e senso do maravilhoso. Embora intuitivamente perceptível "pelo olhar desassistido", portanto acessível à percepção macroscópica (mesoscópica), ela ainda pode ser tão arrebatadora para a finitude humana quanto as duas infinitudes espaciais (megacosmos e microcosmo) e quanto a infinitude do tempo: opressora não por sua dimensão física bruta, mas pela intrínseca dimensão autoincorporada de sua classe de complexidade (e, se for permitido que eu o diga, de *complexão* também. A fim de ter à mão um termo necessário tão apropriado e manejável quanto *espaço* e *tempo*, fui obrigado a adotar *complexão, complexional, complexionalidade* para brevemente designar essa "terceira infinitude" teilhardiana). Assim, a *infinitude complexional* é arrebatadora não por tamanho ou escopo, mas pela complexidade, pela "corpuscularização", pela alteridade e pela estranheza,[11] pela proliferação e versatilidade, pelo poder psíquico e inteligência hostil resultante de uma evolução alienígena e xenobiológica[12] daquelas inumeráveis raças "extraterrestres" que os bípedes carbônicos terrestres não conseguem compreender, desafiar ou derrotar (mesmo se, sonhando de modo esperançoso, o homem se imagine como um perpétuo e invencível conquistador); paradoxalmente, um excruciante sentimento de solidão cósmica concomitantemente parte o seu coração que busca "irmãos cósmicos", se não "pais", que o atraem e assustam ao mesmo tempo. Se essa "terceira infinitude" é reconhecida no campo da literatura e cinema de ficção científica, o conceito estético do sublime alarga consideravelmente a sua área de aplicação, já que a "infinitude complexional" prova ser surpreendentemente abrangente e englobante na ficção científica: alienígenas (extraterrestres ou não), mutantes e monstros, "invasores de corpos" e monstros-com-olhos-de-inseto, "*bugs*" e "*buggers*", robôs e ciborgues, androides e super-homens,

11 A palavra usada pelo autor é "*alienness*", a condição ou qualidade de ser alienígena (N. T.).

12 "De ou relativo a xenobiologia; alienígena", pressupondo o estudo da vida originária outros mundos, segundo *Brave New Worlds: the Oxford Dictionary of Science Fiction* (Nova York: Oxford University Press, 2007), de Jeff Prucher, para quem a palavra foi primeiro empregada em editorial de *The magazine of fantasy and science fiction*, edição de fevereiro de 1958. Deriva de palavras como "*xenologist*" e "*xenological*" (L. Sprague de Camp; 1949 e 1950), "*xenobiologist*", "*xenobiology*", "*xenological*" e "*xenology*" (Robert A. Heinlein; 1954) (N. T.).

computadores e máquinas, "simcorpos" e IAs,[13] formigueiros e outras "mentes de colmeia", "mundos vivos" e outros corpos celestes sencientes, e assim por diante, e mais adiante ainda: virtualmente todos os tópicos e motivos principais da ficção científica, enredos e personagens, dispositivos e engenhocas podem ser coerentemente e inteligivelmente sistematizados. Quantitativamente, a infinitude complexional é igualmente, se não mais, produtiva do que as outras duas infinitudes espaciais e do que a infinitude de tempo. É também igualmente aberta e acessível a ambos os tipos cardinais de sublime, conforme dissociados por Kant e Schiller: o sublime matemático (teórico, contemplativo), e o sublime dinâmico (prático, patético, apocalíptico).

Pela própria escala de deslocamento, uma importante bifurcação sistemática é feita logo de início: como um marco complexional central, o homem ficcionalmente lança seu olhar "para cima" ou "para baixo" ao longo da imensa escala de magnitudes complexionais no universo (real ou imaginário), implicitamente dividindo-o em uma inclinação "ascendente" e outra "descendente". O nível de diferença persiste em ambos os casos, o potencial de tensao e conflito de onde o sublime e o senso do maravilhoso resultam plenamente operante por toda a imensa escala de magnitudes complexionais no universo, da Apoteose ao Apocalipse. A *ascensão complexional* começa a partir da inteligência humana padrão e se estende "para o alto", "acima" dela, culminando com os hipotéticos e apoteóticos "Ponto Ômega" (Teilhard de Chardin), "Mente Suprema" (Arthur C. Clarke), "AC Cósmico" (Isaac Asimov), etc.[14] Magnitudes complexionais extremas são ficcionalmente justapostas e sobrepostas acima da dimensão complexional média do homem e o arrebatam, dissolvem-no, esmagam-no sob a sua irredutível alteridade e terrível estranheza.

13 O autor lista uma série de criaturas e recursos de uso corrente na ficção científica, muitas vezes remetendo a obras específicas de leitura obrigatória: *Invasores de Corpos (The Body Snatchers*; 1955), de Jack Finney; *Tropas Estelares (Starship Troopers*; 1959), de Jack Finney; *Tropas estelares* (*Starship troopers*, 1959), de Robert A. Heinlein (que usa a expressão "*bugs*", traduzida como "insetos", para designar alienígenas em guerra com a humanidade), e *O jogo do exterminador* (*Ender's game*, 1985), de Orson Scott Card (que usa a "*buggers*", traduzida como "abelhudos", para o mesmo fim). Também usa a sigla "BEM" de "*bug-eyed monsters*" ou "monstros de olhos de inseto", e "AI" de "*artificial intelligence*", ou "IA", no português (N. T.).

14 Conceitos assemelhados presentes nos livros *O Fenómeno Humano* (*Le phénomène humain*, 1955), de Pierre Teilhard de Chardin; *O fim da infância* (*Childhood's end*, 1953), de Arthur C. Clarke; e no conto "A Última Pergunta" ("The last question", 1956), de Isaac Asimov (incluído nas coletâneas do autor, *Nove Amanhãs* e *Contos de Robô*) (N. T.).

Aparentemente, essa linha ascendente leva assintoticamente a um encontro com a religião (não a religião como um tema na ficção científica, mas a própria ficção científica como uma religião). Contudo, há aqui uma sutil e todavia irremovível fronteira entre o sublime religioso e o secular, entre "*totaliter aliter*" e "contatos alienígenas", entre "o senso do espantoso" e "o senso do maravilhoso"[15]: a ficção científica não precisa de um transcendente, o imanente basta a ela, "o infinito reservatório de formas" é suficiente, assim como para todas as artes, enquanto a religião é inconcebível sem transcendência. Não um êxtase místico, mas uma emoção estética está disponível na ficção científica, no seu ponto mais elevado. Não mais, mas também não menos.

Este ponto mais elevado pode ser alcançado por modos específicos da ficção científica, principalmente por analogia e extrapolação, por uma tomada de pista analógica, finalmente lançada em uma decolagem extrapolativa, e a esse respeito a infinitude complexional pode até mesmo se provar como sendo um conceito mais útil do que o espaço e o tempo. Textos de ficção científica com frequência incluem a "regra de três simples" da extrapolação (H. G. Wells esteve entre os primeiros a expressá-lo em palavras, em *A Guerra dos Mundos*: "cruzando o abismo do espaço, [há] mentes que estão para as nossas mentes como as nossas estão para as das bestas que perecem", 1975, p. 9). Por tais operações lógicas "simples" (e processos literários básicos ao mesmo tempo) como analogia e extrapolação, a ficção científica conduz necessariamente a acumulações, escalações e saltos que arrebatam o homem na própria finitude e extrema limitação do seu corpo e mente. Jogado "acima" ou "por sobre" seu limite humano, a intuição não consegue mais apreender "as coisas" ou "o mundo", mas só a sua própria incapacidade de apreender qualquer coisa; o olho não consegue ver nada mais exceto a sua própria "cegueira"; o entendimento pode apenas constatar sua própria incapacidade de entender qualquer sentido; a expressão não consegue expressar nada, exceto sua própria incapacidade de expressá-lo. É exatamente a isso que o sublime diz respeito, e uma das melhores descrições dele que podemos dar. Até mesmo esse pouco é melhor do que nada, quando abordamos e apreendemos de algum modo a falta de consistência e forma dos estágios complexionais trans-humanos, a fim de reter na percepção

15 O autor provavelmente se refere a uma dicotomia proposta por Damon Knight na coletânea de ensaios *In Search of Wonder: Essays on Modern Science Fiction* (1956), em que Knight, no que diz respeito ao olhar humano perante o universo, dá um sentido negativo ao primeiro termo (*sense of awe*), e positivo ao segundo (*sense of wonder*). Já o termo latino "*totaliter aliter*", significando "alteridade total", é empregado na teologia cristã protestante em referência a Deus (N. T.).

algo daquilo que de outro modo não pode ser percebido, capturar na expressão algo daquilo que não pode de outro modo ser expressado. Inacessível ao entendimento humano, inacessível à expressão por palavras, esse *ignoramus et semper ignorabimus* da superioridade complexional trans-humana pode ser pelo menos vislumbrada como existente, pode ao menos sinalizar sua existência em si mesma, autossuficiente e inatingível, exatamente por essas aproximações mentais e verbais intuitivas, visuais, que são inescapavelmente imperfeitas. Tal é, como uma regra, como um paradigma, o modo como a "ascensão complexional" gera o senso do maravilhoso na ficção científica. Em termos de categoria, ele pertence principalmente ao "matematicamente sublime" (Kant), e ao "teoricamente" ou "contemplativamente sublime" (Schiller).

"Para baixo", a inclinação descendente da escala de magnitudes complexionais no universo, vale dizer, o súbito, catastrófico e "apocalíptico" *colapso complexional*, resulta em efeitos estéticos pertencentes à categoria do sublime chamada por Kant de "o dinamicamente sublime", e Schiller de "o sublime prático", "o sublime patético". O marco central é o mesmo: a dimensão complexional padrão da inteligência humana média e do suporte corporal, somático que a inteligência necessita para existir. Como ele opera ficcionalmente uma aniquiladora desintegração desse suporte físico, e ficcionalmente reduz um estado infinitamente superior de agregação a um outro infinitamente inferior, o colapso complexional afeta inteiramente o universo onde tudo vive, "*le point de vitalisation*" (Teilhard de Chardin) e, dentro dele, primeiramente aquele segmento do "vivente" que permite que a inteligência exista e subsista em parâmetros humanos específicos ("*le point d'hominisation*", de acordo com Teilhard).[16]

Conforme comparado a isto, o estágio de incorporação da matéria "morta", inerte e amorfa jaz em algum lugar muito baixo na escala. A justaposição ficcional dos dois níveis complexionais em sua própria materialidade concreta urge a intuição a perceber intensamente a inata fragilidade de tudo o que é vivo, a perecibilidade da "vida", e a vulnerabilidade da inteligência. Por essa ruptura dramática ao longo da escala de magnitudes complexionais, que é subitamente reduzida ao estado de uma amorfa não-estrutura, de restos e de pasta, de fumaça e cinzas, a complexidade corporal que sustenta a inteligência dos seres humanos, a própria vida desses seres parece brutalmente reduzida à fragilidade e perecibilidade das quais os vivos não conseguem escapar, sendo ameaçados em suas próprias fibras e subjugados pela força cega da matéria "morta". E a resposta a essa devastação fisicamente arrebatadora é, como em geral no sublime, uma resposta não física: recorrendo à suprema instância da razão, à qual coloca em

16 Em tradução livre, "o ponto de vitalização" e "o ponto de hominização" (N. T.).

ação os meios capazes de gerar a emoção estética do sublime que é percebida na ficção científica como uma produção do "senso do maravilhoso". "A imaginação do desastre", proposta por Susan Sontag, alimenta-se dessa dialética, esse é o terreno da "estética de destruição", "a estética de colisão", de acordo com Vivian Carol Sobchak. Essas "belezas peculiares a serem encontradas no caos destrutivo, fazendo uma bagunça" (Sontag, 1965, p. 213), permanecem válidas a despeito do seu perverso uso e abuso na literatura de ficção científica, e especialmente no cinema. Elas continuam vivas a despeito dos efeitos visuais, das pirotecnias e da iluminação *flamboyant* que incendeiam a tela, atordoam os olhos e ensurdecem os ouvidos, a despeito dessa coisa de explosões e estragos, de "destruição, com sua satisfação escatológica" (Sobchak 1980, p. 140), que os filmes de ficção científica não se cansam de empilhar (e que não são nenhuma novidade: Schiller, mesmo em 1792, falava da "impureza" que pode pesar sobre o prazer estético genuíno do trágico e do sublime, e mesmo Aristóteles deu testemunho disso como sendo praticado, *mutatis mutandis,* nas apresentações da tragédia grega antiga: *nihil novi sub sole...*).

Nesse quadro, deste lado da apresentação do colapso e desastre complexional, a ficção científica é frequentemente exposta como uma abordagem extraliterária imprópria e ilegítima, que negligencia o prazer estético e apenas requer o assim chamado "alerta". Foi esse o caso até recentemente, nos antigos países comunistas, onde a ficção científica era permitida oficialmente, mas principalmente, se não somente, como "literatura de alerta": o "apocalipse" da ficção científica, especialmente o holocausto nuclear e o desastre ecológico foram compulsoriamente sujeitados ao requisito ideológico de expressarem por todos os meios uma "generosa mensagem humanista" e um "alerta vigilante" pelos quais toda história, romance ou filme de ficção científica estava fadado a resultar semanticamente e culminar ideologicamente. Aparte o desprezo implícito envolvido aqui, igualmente inaceitáveis são o fracasso lógico e o subdesenvolvimento estético. Estes são, é claro, problemas sérios da humanidade, e a auto-extinção do homem pelo excesso da sua própria tecnologia fora de controle, ou pelos catastróficos efeitos ecológicos da irresponsabilidade do homem como indivíduo e como "raça humana", está longe de ser uma mera hipótese abstrata. Não obstante, todos esses problemas não são literários, e a literatura certamente não os resolverá. A fim de ser literatura e algo mais ao mesmo tempo, a ficção deve ser bem sucedida em ser o que ela é, nada mais e nada menos do que literatura: não deveria perder a sua função específica e insubstituível, que a legitima como atividade humana: produzir uma satisfação artística, um prazer estético. A ficção científica, antes de ser um "alerta", e de fato por sua eficiência como alerta, deveria ser primeiro nada mais e nada menos do que ficção científica. Deveria oferecer essa satisfação especial que nada mais pode oferecer: o prazer na dor do sublime, o senso do maravilhoso, "*that old sensawunda*". A fim de que o desastre na ficção científica possa nos fazer sentir horrorizados e então ativamente responsáveis, devemos primeiro "experimentá-lo" em si mesmo, precisamos saborear o gosto agridoce dessa dor produzida pelo desastre ou qualquer outra ocorrência devastadora, o que por sua vez produz prazer estético, frequentemente um prazer bivalente, dobrado.

Somente a partir desse ponto de vista é que o "alerta" é esteticamente facultado na ficção científica. Somente se ele é organicamente incorporado no texto, absorvido na obra e não algo somado de fora como uma "tese" abstrata, como simples propaganda extra-estética, seja qual possa ser a fonte e a tendência dessa última, por mais incontestáveis os méritos e por mais bem-intencionados os motivos da "mensagem". Quanto à "mensagem generosa" em si, para satisfazer àqueles que a procuram não importa o que, ela também está lá, no seu lugar, inteligível e todavia discreta, se incorporada em e endossada por uma carne ficcional sadia. E deve-se ter em mente que a ficção científica humanista é um oxímoro, já que um sublime humanista é um oxímoro (Weiskel, 1986, p. 4). Portanto, não importa se a famosa "generosa mensagem humanista" às vezes acontece de não ser "robustamente otimista", como se exige, mas antes, "vigorosamente pessimista", na verdade: uma dieta diversificada beneficia a saúde...

Não um alerta mas um prazer é, portanto, a recompensa apropriada na leitura de ficção científica. Também há na ficção científica realizaçoes e valores esteticamente primorosos. Na verdade, um leitor experiente de ficção científica as registrará instantaneamente, no próprio ato de leitura, e ele ou ela não precisa de mais nenhum argumento e princípio teórico, embora eles também possam ser demonstrados em termos de princípio e de teorias, se exigido. Tal princípio indubitavelmente é o postulado de valor na arte e na literatura, incluindo a ficção científica. A condição *sine qua non* de valor é também aqui o prazer estético, e há mais de um modo de se alcançar esse prazer que é um valor. Já que o mesmo efeito pode ser produzido por mais de uma causa, e já que o prazer estético também é um efeito de muitas causas, é óbvio que o valor estético na ficção científica pode ser baseado não apenas no *belo*, mas também no *sublime*, se não *principalmente* nesse último. Não só o belo, que é sinalizado intuitivamente pelo sinal do "senso de perda", pode ser uma fonte de deleite na leitura da ficção científica, mas também e primeiramente o sublime, sinalizado e certificado por aquele "*old sensawunda*", o senso do maravilhoso. Isso é um sinal infalível e específico, e portanto definidor, de modo que o que poderia ser mais adequado, mais legítimo, na ficção científica, do que um critério de valor que se refere a partir do sublime, não só ao belo? O que pode ser mais natural, mais apropriado aqui, do que a prioridade desse critério, desse "senso do maravilhoso", um critério perfeitamente legítimo e primário, já que ele é essencialmente específico e definidor?

"O pequeno é *belo.*" Está bem. Pode até ser. Então que seja. Então, é claro, "o grande é sublime". Mas igualmente, "o triste é belo", "a dor é bela". O principal símbolo emocional do belo, o mais perceptível intuitivamente, e o mais tocante emocionalmente é, sem dúvida, aquele "senso de perda", que Edgar Allan Poe (1981, p. 155) descreveu como uma "nota de tristeza inseparavelmente atada a todas as manifestações da verdadeira Beleza"; ou, conforme disse Croce (1972, p. 32), "um véu de tristeza parece obscurecer a Beleza; mas não é um véu, e sim a própria face da Beleza". Esta é uma prerrogativa da "grande" literatura *mainstream*, prosa de ficção, teatro e poesia, mas acima de tudo, da música. A ficção científica, especialmente a "ficção científica *soft*", pode às vezes competir de modo bem-sucedido com a literatura *mainstream* nesse mesmo terreno tão seleto, mas é no próprio *playground* da ficção científica, especialmente no da "ficção científica *hard*", que reside a disparidade magnitudinal, o sublime, o senso do maravilhoso: o velho legislador que foi Edmund Burke irrevogavelmente dividiu o terreno entre o sublime e o belo, conforme citado acima, e a ficção científica herda essa divisão. E de modo algum se trata de uma herança pobre! Uma "veia" romântica também pode ser encontrada ali.

Há espaço suficiente na ficção científica para ambas as essências do prazer estético; e não há qualquer espaço, por virtude da mesma bivalência, para qualquer exclusivismo. A bivalência do prazer estético é, na ficção científica, um fato real inerentemente dado no próprio texto e gênero. E a partir dessa bivalência do prazer estético se segue naturalmente e necessariamente a bivalência do critério estético de valor. Uma vez reconhecido isso, uma vez que concordemos com essa bivalência, a prioridade deveria ser claramente afirmada: uma obra de ficção científica "vive" esteticamente primeiramente pelo seu "senso do maravilhoso". Esta é a essência que lhe confere identidade e legitimidade, que não pode estar faltando, e que sempre permanece compulsória e imprescindível (embora possa variar em proporção e dosagem em cada caso), enquanto "o senso de perda", embora mais tocante e elogiado por todos, permanece não específico, opcional e excetuável. Requerer de modo absoluto da escrita de ficção científica altas qualidades e realizações específicas de outros gêneros (tais como estilo sofisticado, caracterização profunda, etc.) significaria submetê-la a uma jurisdição estética estrangeira e, implicitamente, julgá-la de maneira injusta. Para julgá-la corretamente, é natural e necessário submetê-la à sua própria lei, à lei que realmente a governa, o que vale dizer, à lei do sublime, e julgá-la consequentemente, considerando sua capacidade ou incapacidade em capturar e expressar esse prazer estético que é essencial no sublime, e que se estabelece como "senso do maravilhoso" na ficção científica.

Somente o Belo salvará o mundo, disse Dostoievski. Pode ser assim; mais uma vez, então, que assim seja. Todavia, o que poderia significar, realmente e finalmente, tal "salvação", se não uma anestesia estética, cujo efeito garantido cresce da raiz etimológica muito comum da frase? Ou, para resumir em outra palavra grega, uma *catharsis*, aquele alívio que a arte cumpre ao "lamber" a "ferida" incurável que é a própria existência do homem com o "senso de perda" próprio do belo? O mesmo efeito ainda pode ser realizado de outro modo. A mesma "ferida" pode não só ser "lambida", mas também "queimada", "cauterizada" por meio de um outro "senso" estético: o "senso do maravilhoso" do sublime.

Lamber a ferida ou cauterizá-la – é essa a bivalência do prazer estético. Todavia, não é só isso. Contudo, há algo mais. A saber, resta o *status* absolutamente único do homem como Observador Antrópico do Universo, que endogenamente o gerou a partir de si mesmo – um registro que ocorre só uma vez em um milhão de bilhões de vezes, um acerto que surge uma única vez a cada 10^{15} sorteios da loteria do Big Bang. E o que "observa" esse antrópico e misantropo (e talvez misantropicamente autorrepugnante, e ainda assim tão unicamente privilegiado) observador carbônico do Universo, o que ele vê por seus olhos e compreende por sua mente, inerentemente coloca em ressonância, junto com seu intelecto, seu sentimento, e junto com sua razão, também a sua emoção: a saber, aquela mesma emoção estética do sublime que encontramos melhor capturada na expressão "o senso do maravilhoso".

O senso do maravilhoso é a voz do observador antrópico do Universo.

O senso do maravilhoso é a chama pela qual essa ferida é cauterizada na ficção científica.

Bibliografia

ARISTÓTELES. *Poetica*. Bucareste: Editura Academiei, 1965.

ARNHEIM, Rudolf. *Arta și Percepția Vizuală. O Psihologie a Văzului Creator* (*Art and Visual Perception: a psychology of the creative eye*). Bucareste: Meridiane, 1979.

BURKE, Edmund. *A Philosophical Inquiry into the Origin of our Ideas of the Sublime and Beautiful* (1756). Londres, Nova York & Toronto: Oxford University Press, 1913.

CAILLOIS, Roger. *Eseuri Despre Imaginaţie* (*La Pieuvre, essai sur la logique de l'imaginaire*). Bucureşti: Univers, 1975.

CLUTE, John; Langford, David; Nicholls, Peter; Sleight, Graham. *The Encyclopedia of Science Fiction*. London: Gollancz, 2011. Disponível em http://www.sf-encyclopedia.com/. Acesso em 04 de outubro de 2014.

CROCE, Benedetto. *Poezia: introducere în critica şi istoria poeziei şi literaturii*. Bucareste: Univers, 1972.

KANT, Immanuel. *Critica Facultăţii de Judecare* (*Kritik der urteilskraft*). Bucareste: Editura Ştiinţifică şi Enciclopedică, 1981.

POE, Edgar Allan. *Principiul Poetic* (*The Poetic Principle*). Bucareste: Univers, 1971.

ROBU, Cornel. "A Key to Science Fiction: The Sublime". *Foundation*, Londres, n. 42, 1988, p. 21-37.

SCHILLER, Friedrich. *Scrieri Estetice*. Bucureste: Univers, 1981.

SOBCHAK, Vivian Carol. *The Limits of Infinity: The American Science Fiction Film 1950-1975*. Londres: Thomas Yoseloff Ltd., 1980.

SONTAG, Susan. "The Imagination of Disaster". In *Against Interpretation and Other Essays*. Londres: Eyre & Spottiswoode, 1967, p. 209-225.

SUVIN, Darko. *Metamorphoses of Science Fiction: On the Poetics and History of a Literary Genre*. New Haven & Londres: Yale University Press, 1979.

TEILHARD DE CHARDIN, Pierre. *La Place de L'homme dans la Nature: le groupe zoologique humain*. Paris: Albin Michel, 1962.

WEISKEL, Thomas. *The Romantic Sublime: Studies in the Structure and Psychology of Transcendence*. Baltimore: The Johns Hopkins University Press, 1976.

WELLS, H. G. *The War of the Worlds*. Londres: Pan Books, 1975.

DE VOLTA PARA O FUTURO:
A expansão da ficção científica latino-americana[1]

Rachel Haywood Ferreira

Este artigo analisa o crescimento exponencial do campo da ficção científica latino-americana nos últimos anos. O interesse contemporâneo na identificação, "retrorrotulagem" e republicação das obras que formam o corpus local da ficção cientifica latino-americana é indicativo da maturidade crescente do gênero no continente, assim como deriva do desejo de entender a natureza e ampliar a participação neste gênero hoje globalizado. Estas tendências recentes significam que a escrita, a leitura, o ensino e a pesquisa no campo da ficção científica latino-americana são agora uma experiência mais ampla e complexa do que se constatava a anos atrás.

Através dos números: a ficção científica atinge a maioridade na América Latina, 1992-2015

Em 1985, o crítico argentino Pablo Capanna, declarou a crescente independência da ficção científica latino-americana dos modelos norte-americanos: "Lo más importante es que se ha superado la etapa de recepción — crítica a veces y acrítica las más — de una literatura ajena. La madurez

1 Originalmente publicado como "Back to the Future: The Expanding Field of Latin-American Science Fiction", *Hispania*, vol. 91, edição 2, 2008, p. 352-62. Agradecimentos à American Association of Teachers of Spanish and Portuguese Publication, Inc., U.S.A., por ter autorizado a publicação desta versão traduzida para o português. Tradução do inglês para o português por Alfredo Suppia e Rachel Haywood Ferreira.

está llegando" (p. 56). Em 2000, o escritor e crítico, Gabriel Trujillo Muñoz reafirmou esta tendência, descrevendo a identificação crescente dos leitores mexicanos com o gênero: "En nuestro país, por su cada vez más obvia presencia en la cotidianeidad de nuestras vidas, se ha vuelto un género popular, una literatura propia, cercana, comprensible" (p. 362). Embora o gênero ainda não desfrute no Sul da mesma fatia de mercado que ocupa no Norte, nem do mesmo nível de "respeitabilidade institucional" (nos termos de Hollinger, 1999, p. 232), a ficção científica está encontrando seu próprio caminho na América Latina. Não apenas tem havido uma onda de publicação de ficção científica nas duas últimas décadas,[2] como tem-se verificado também um aumento exponencial nos estudos críticos do gênero, particularmente nas áreas de levantamento bibliográfico (cronologias) ou história da ficção científica. Essas tendências atuais significam que a escrita, a leitura, o ensino e a pesquisa no campo da ficção científica na América Latina são agora uma experiência mais ampla e complexa do que se constatava a anos atrás.

Vamos estabelecer 1992 como um marco para efeito de comparação em nossa discussão dos desenvolvimentos recentes neste campo. Vinte anos atrás, dentro do que López Castro descreveu como um *boom* nas publicações de ficção científica latino-americana (2001, p. 10), ainda era relativamente difícil, tanto dentro quanto fora da América Latina, identificar textos pertencentes ao gênero, conseguir acesso a esses textos, localizar seus pontos na trajetória da produção de ficção científica continental, ou ainda perceber os contornos dessa trajetória. A *Enciclopédia de Ficção Científica* (*The Encyclopedia of Science Fiction*), que desde então se tornou uma obra de referência internacional no campo dos estudos da ficção científica, estava ainda em sua primeira edição em 1992, sob o título *The Science Fiction Encyclopedia* (1979), e não apresentava um verbete exclusivo para a ficção científica latino-americana. No breve

2 A trajetória do gênero da ficção científica é comumente descrita recorrendo-se à metáfora das ondas, ou ainda em termos de aglomerados, eras ou épocas. Na América Latina, a maioria da produção de ficção científica recai sobre o *fin-de-siècle*, período de sua consolidação nacional até o modernismo (c. 1870-1920); sobre o período da corrida espacial, os (primeiros) anos dourados (c. 1959-74); ou sobre a segunda onda / pós-ditadura, época de cultura de massa que começou na segunda metade dos anos 80 e continua até hoje. Para discussões de categorização da ficção científica do Norte, veja Suvin (1979, p. 87) e Nicholls (1993). Para mais sobre as ondas da ficção científica na América Latina e nações latino-americanas específicas, veja Capanna (1992, p. 177-89), Bell (1999, p. 441-42), Bell e Molina-Gavilán (2003, p. 3-13), Ginway (2004, p. 14, 137-38), Trujillo Muñoz (2000, p. 14-24, 345-63), e Haywood Ferreira (2011, p. 11-12, 233n12).

verbete "Spain, Portugal and South America", escrito por Maxim Jakubowski (um especialista britânico em ficção científica francesa), todas as referências à América do Sul vinham num parágrafo final de apenas 66 palavras. Somente Argentina e Brasil são mencionados, sem títulos inclusos, sem trabalhos secundários, e com apenas oito autores ("Jorge Luis Borges, Bioy Casares, Cortazar and Ernesto Sabato [*sic*] [. . .] André Carneiro, J. Monteiro, Dinah de Queiroz and Geraldo Mourão"). Apenas algumas monografias sobre ficção científica na América Latina existiam nesse momento em inglês, espanhol ou português. Duas das pioneiras e mais amplamente consultadas são *El sentido de la ciencia ficción* (1966), de Pablo Capanna, e *Introdução ao estudo da "science fiction"* (1967), de André Carneiro. Esses dois trabalhos são representativos das fontes secundárias disponíveis dos anos 1960 aos anos 80. O bem escrito estudo de Capanna, essencialmente dirigido ao leitor argentino de ficção científica, não inclui informação sobre ficção científica escrita por argentinos; e, das 140 páginas do texto de Carneiro, menos de sete são dedicadas à ficção científica brasileira, enquanto o restante centra foco sobre a ficção científica do Norte. Revistas e fanzines também tendiam a enfatizar a publicação de traduções de textos de autores norte-americanos, embora alguns escritores e críticos latino-americanos tenham sido primeiramente publicados nesses veículos. Infelizmente, essas publicações tiveram distribuição local limitada, e tendiam a sobreviver por uma curta duração (com várias exceções significativas, uma sobrevida típica para uma revista do gênero girava em torno de três edições).

Houve dissertações acadêmicas e artigos ocasionais acerca da ficção científica latino-americana publicados antes de 1992, mas os locais privilegiados para a crítica no campo foram as antologias de ficção científica nacionais e regionais. Os prefácios, introduções, apresentações do autor, cronologias e bibliografias que circundavam as seleções eram de qualidade e confiabilidade irregular. Não seria difícil delinear conclusões enviesadas a partir da leitura de um bom número desses trabalhos, como, por exemplo, as ideias de que a ficção científica é puramente um gênero da era espacial na América Latina, de que é sempre amplamente derivada da ficção científica anglo-americana, e de que há poucos, se é que existem exemplares pioneiros de uma ficção científica latino-americana. Três das antologias que se destacam são (recorrendo a exemplos do relativamente forte e consistente movimento da ficção científica argentina): *Los argentinos en la luna* (Goligorsky, 1968), por seu esforço pioneiro no resgate da primeira geração da ficção científica nacional; *Los universos vislumbrados* (Sánchez, 1978, 2a ed. de 1995), pela qualidade de suas seleções, pela profundidade histórica e bibliográfica de seu prólogo, escrito por Elvio Gandolfo, e por sua cronologia registrada da ficção científica argentina (1947-1977); e finalmente *La ciencia ficción en la Argentina* (1985), de Marcial Souto, por sua introdução e pela inclusão de um questionário com a contribuição das respostas de escritores sobre seu trabalho, suas influências e suas ideias sobre a ficção científica como um gênero. No entanto, a importância dos contatos pessoais, do "boca a boca" e de coleções privadas não pode ser superestimada.

Três cronologias particularmente significativas para os estudos da ficção científica latino-americana foram produzidas desde 1992.[3] A segunda edição de *The Encyclopedia of Science Fiction* (*ESF* na tabela abaixo), publicada em 1993, contém um verbete "Latin America" escrito por Mauricio-José Schwarz, escritor/editor/crítico mexicano, e por Bráulio Tavares, escritor/crítico brasileiro. Em 2000, a equipe de Yolanda Molina-Gavilán, Miguel Ángel Fernández Delgado, Andrea Bell, Luis Pestarini e Juan Carlos Toledano Redondo (um grupo internacional formado por acadêmicos, críticos *freelance*, escritores, editores de revistas e bibliotecários) juntaram forças para produzir a "Cronología de cf latinoamericana: 1775-1999," publicado em espanhol na revista *Chasqui* (*Chasqui* na tabela abaixo). Em 2007 a mesma equipe, com a adição de M. Elizabeth Ginway, publicou uma versão em inglês atualizada dessa cronologia na revista *Science Fiction Studies*, intitulada "A Chronology of Latin American Science Fiction, 1775-2005" (*SFS* na tabela abaixo). Embora essas cronologias tenham sido publicadas na Europa e nos Estados Unidos, seu alcance internacional e a diversidade dos colaboradores são evidência de que os estímulos por trás dos esforços em catalogar a diversidade geográfica e temporal da ficção científica na América Latina têm vindo tanto de dentro quanto de fora do continente.

Embora nenhum desses trabalhos pretenda ser exaustivo – internamente, todos indicam suas incompletudes e convidam a contribuições –, eles são balizas convenientes para uma análise comparativa do desenvolvimento desse

3 Estas três obras foram escolhidas por seus alcances, confiabilidade e disponibilidade. Isso não significa ignorar os muitos trabalhos e ensaios sobre países específicos, aos quais estas três obras sem dúvida pagam tributo. Algumas obras-chave, acadêmicos e *experts* em ficção científica latino-americana não mencionados no corpo deste trabalho são Eduardo J. Carletti (Argentina), Moisés Hassón (Chile), Gerson Lodi-Ribeiro (Brasil), Iván Molina Jiménez (Costa Rica), R.C. Nascimento (Brasil), Roberto Pliscoff (Chile), Marcello Simão Branco (Brasil) e Roberto de Sousa Causo (Brasil). Minhas desculpas por exclusões não-intencionais.

campo de estudo ao longo dos últimos 20 anos. As tabelas abaixo destacam quatro das tendências reveladas pelas cronologias em questão. Primeiro, apesar de a ficção científica ser escrita em virtualmente todos os países latino-americanos, alguns países têm historicamente produzido mais ficção científica do que outros (*Tabela* 2). Segundo, tem havido um aumento exponencial no número de fontes primárias e secundárias de ficção científica latino-americana no contexto atual: aproximadamente 350 trabalhos primários foram publicados de 1992 a 2005, contra aproximadamente 800 trabalhos publicados nos 200 anos anteriores (*Tabela 1*). Em terceiro lugar, tem havido também intensa atividade com o propósito de (re)localizar e/ou rotular retroativamente ("retrorrotular") trabalhos primários e secundários de ficção científica na América Latina. Lendo-se horizontalmente pela linha "Obras de FC até 1992" na *Tabela 2*, por exemplo, percebe-se um aumento no número de trabalhos primários identificados - de 100 em 1993, passando-se a 600 em 1999, e finalmente a 800 em 2005. Em quarto lugar, uma comparação dos estudos supracitados revela que um dos mais dramáticos esforços de retrorrotulagem tem sido feito na área da "primeira ficção científica" ou "ficção científica pioneira" (*early science fiction*), com os quatro trabalhos anteriores a 1920 listados na *The Encyclopedia of Science Fiction* subindo para 53 em 1999 (*Chasqui*), e 68 em 2005 (*SFS*).

Tabela 1: Três bibliografias da ficção científica latino-americana: *ESF, Chasqui, SFS*

	ESF (1993)	***Chasqui*** **(até 1999)**	***SFS*** **(até 2005)**
Obras de FC[1] até 1992	100 = total	600	800
Obras de FC até 1999	----	725 = total	1000
Obras de FC até 2005	----	----	1150 = total
Obras até 1920 (*early science fiction*)	4	53	68
Fontes secundárias até 1999	----	125 = total	200
Total de fontes secundárias (até 2005)	----	----	250 = total
Todos os números estão arredondados para baixo (múltiplo mais próximo de 25), para levar em conta variações no agrupamento de trabalhos mais curtos. A exceção é a categoria "Obras de FC até 1920", no qual os números exatos foram dados.			

Tabela 2: Separação por país das 1150 obras de FC listadas em *SFS*

	Trabalhos de FC até 1920 (*early science fiction*)	**Total até 2005**
Argentina	20	231
Brasil	6	234
Chile	2	116
Cuba	3	83
México	28	336
Outros	9	160
Total de todos os países	68	1160

Esta tendência final ilustra a extensão do desenvolvimento no campo da ficção científica na América Latina. O interesse contemporâneo em localizar e retrorrotular as raízes latino-americanas da ficção científica é indicativo da maturidade crescente do gênero na América Latina, na medida em que deriva de um desejo de compreender a extensão da participação local num gênero global, e de obter legitimidade histórica para o gênero não apenas em relação ao Norte, mas também no âmbito local, ao constatar as raízes locais do gênero. Essa retrorrotulação produziu pela primeira vez uma verdadeira visão panorâmica da ficção científica na América Latina. Somente agora que a dimensão temporal do gênero está se tornando conhecida, a ficção científica latino-americana tem conseguido reverter as diversas imprecisões, equívocos e confusões dos quais foi vítima. Uma vez re-identificados, reivindicados e re-avaliados à luz de seus laços com o gênero, obras latino-americanas de ficção científica têm se revelado como ferramentas úteis para uma compreensão mais abrangente da cultura na América Latina, e contribuído para novas perspectivas acerca da ficção científica global. Um exame da publicação, da citação e de relatos de retrorrotulação de algumas das primeiras obras de ficção científica na América Latina, mostra que o percurso das edições e re-edições destas obras reflete e explica o desenvolvimento da ficção científica latino-americana tanto como um gênero quanto como um campo de estudos. Um trabalho significativo de fundação foi agora consolidado, sobre o qual pesquisas acadêmicas mais avançadas poderão se basear.

A emergência, reemergência e retrorrotulagem da Ficção Científica na América Latina: 1875, 1957, 2000

A história das primeiras obras da ficção científica na América Latina é quase completamente de uma primeira aparição seguida de um relativo desaparecimento, depois sinais esporádicos de reemergência, e finalmente de retrorrotulagem em conjunto com permutações de ordem crítica, republicações e reconhecimento generalizado. Para efeito de referência e esclarecimento, a análise dessas histórias textuais será aqui centrada em torno de três datas representativas: 1875, pelo período em que as obras foram originalmente publicadas; 1957, pelo tempo em que primeiro foram recuperadas ou republicadas essas obras, e quando, simultaneamente, novos trabalhos do gênero ficção científica surgiram em volume crescente; e 2000, pela época em que cada obra pioneira foi definitivamente retrorrotulada e aceita como "ficção científica" pela geração latino-americana mais contemporânea de acadêmicos, escritores e leitores de ficção científica.

1875

Como uma tendência geral, os primeiros textos de ficção científica na América Latina foram escritos durante períodos de mudança política ou agitação em suas nações de origem, mas também quando, ao mesmo tempo, processos de consolidação nacional, desenvolvimento econômico e/ou avanços na ciência também traziam otimismo a respeito do futuro. Avanços nas tecnologias dos transportes e da comunicação, em particular — ferrovias, o navio a vapor, o telégrafo e a perspectiva de uma viagem aérea guiada — favoreceram a unificação nacional, investimentos no mercado interno e externo, trocas culturais significativas e o desenvolvimento da indústria local. Em resumo, uma promessa de transição para posições mais proeminentes no cenário mundial configurou-se entre as nações latino-americanas. Por essas razões, a maioria dos textos publicados nessa época demonstrava a tecnofilia e tendências políticas de seus autores, e muitas obras continham representações utópicas do futuro nacional, as quais incluíam sátiras das realidades do século XIX e agendas específicas para abordar as melhorias imaginadas. A maioria desses trabalhos foi primeiro publicada em periódicos impressos; alguns foram subsequentemente publicados como romances, e vários apareceram originalmente na forma de livros. Para nossos propósitos de traçar a evolução do gênero na América Latina, seguiremos as carreiras de cinco obras do

México, Brasil e Argentina.[4]

- A ficção futurista de duas páginas "México en el año 1970", assinada por Fósforos-Cerillos, publicada em 1844 na *El Liceo Mexicano*;
- *Páginas da história do Brasil escripta no anno de 2000* (posteriormente *Brasil 2000*), de Joaquim Felício dos Santos (1828-95), obra publicada ao longo de uma série de quatro anos (1868-72) no jornal regional *O Jequitinhonha*;
- *O Doutor Benignus*, de Augusto Emílio Zaluar (1825-82) (brasileiro nascido em Portugal), romance publicado em 1875;
- *Dos partidos en lucha* (1875) e *Viaje maravilloso del Señor Nic-Nac* (1875-76, posteriormenter *Nic-Nac*), do cientista, educador e inovador literário argentino Eduardo Ladislao Holmberg (1852-1937).

Provavelmente os escritores acima mencionado nunca leram as obras uns dos outros, e os textos raramente permaneceram na memória cultural coletiva por tempo suficiente para influenciar as gerações seguintes de escritores nacionais.[5] Não é portanto possível falar de tradições da ficção científica latino-americana (nacional e continental) auto-sustentadas no século XIX. Mas o número de textos de ficção científica surgidos em torno de 1875 é grande o suficiente para não ser considerado mera coincidência. Além de propícios contextos culturais, políticos, econômicos e tecnológicos, o principal padrão que emerge do estudo desses trabalhos sugere que a conexão que esses escritores tinham com a nascente ficção científica era de natureza mais global do que nacional.[6] Ainda que esses textos representem a

---

4 Ver meu *Emergence of Latin American Science Fiction* para discussão do conteúdo desses textos individuais em maiores detalhes, assim como para listagem completa dos trabalhos mais antigos destes e de outros países.

5 Felício dos Santos e Zaluar conheciam um ao outro, ao menos por suas reputações, e cada um faz menção ao outro em sua respectiva obra. Eles estavam de lados opostos do espectro político, no entanto, e Felício dos Santos inclui Zaluar em *Brasil 2000* como um exemplo de poeta adulador da monarquia. Aparentemente sem nenhum conhecimento desse retrato negativo, Zaluar cita Felício dos Santos em *Doutor Benignus* como historiador respeitável da região através do qual seus personagens estavam viajando.
O exemplo mais forte de uma tradição contínua da ficção científica latino-americana é aquela do Río de la Plata (veja Haywood Ferreira, 2011, p. 243-44n16).

6 Essa tendência permanece em larga medida ainda hoje, apesar do crescimento da ficção científica latino-americana. Sergio Gaut vel Hartman descreveu esse fenômeno como "mestización a la fuerza" (1985, p.11), e Fernández Delgado ilustrou esta frase mais re-

participação da América Latina num gênero global, eles não eram conhecidos por leitores globais, e mesmo leitores locais rapidamente perderam o rastro dessas obras. Fatores contribuintes para o desaparecimento virtual dessas obras foram particularmente o conteúdo datado da maioria desses textos, a a efemeridade da mídia na qual foram veiculados, as pequenas tiragens, a tecnofobia da geração subsequente, da virada do século, a desilusão crescente com a política local e o progresso econômico, a primazia crescente do realismo literário, e, finalmente, o fato de que os próprios autores subsequentemente passaram a outros projetos literários e/ou de construção nacional pelos quais tornar-se-iam mais conhecidos. Em 1940, em uma das poucas menções a alguns desses textos, um crítico brasileiro refere-se a *Brasil 2000* como uma "raridade bibliográfica", avaliando a obra não como um exemplo de ficção científica brasileira antiga, mas como "curiosíssimo e profético panfleto". O crítico recomenda a leitura para aqueles que viveriam para ver o ano 2000, "se até lá não desaparecerem das nossas bibliotecas públicas os poucos exemplares que elas possuem, e não houver alguém que benemeritamente o reedite e divulgue" (Magalhães, 1940, p. 252). Não houve nenhuma republicação de *Brasil 2000* até 1957.

1957

Ficção científica continuou a ser publicada na América Latina entre 1875 e 1957, particularmente antes de 1920. Mas, consistente com a teoria da participação latino-americana numa tradição de ficção científica mais global que local, escritores de gerações vindouras raramente leram os textos escritos pelos "pais fundadores" do gênero no continente. De fato, entre 1875 e 1957 nenhuma segunda edição foi publicada de nenhuma das nossas cinco obras supracitadas. Isso começou a mudar em 1957, por razões que abrangem não apenas esforços pioneiros para a construção de uma genealogia da ficção científica latino-americana, como também pura coincidência. O ano de 1957 é o eixo escolhido para este estágio na história do gênero em parte por sua importância simbólica como o ano de lançamento do Sputinik e da deflagração da corrida espacial. Este

centemente quando escreveu: "Puede asegurarse que no hay escritor latinoamericano de ciencia ficción contemporáneo que, en su juventud, no haya sido fanático o frecuentador habitual de lo producido en los países anglosajones, particularmente en Estados Unidos. [...] Al escribir, incorporan a Bradbury, Dick, Clarke o Asimov en busca de una expresión propia, adaptándolos a sus circunstancias" ([1999?]).

tipo de desenvolvimento científico e tecnológico, assim como revistas locais do gênero, como a influente *Más Allá* (Argentina, 1953-57), contribuiriam para aumentar a popularidade da escrita e leitura de ficção científica na América Latina. Em 1957 estávamos às portas da primeira "Era de Ouro" (*Golden Age*) da ficção científica latino-americana, cujo início oficial é atribuído a 1959, com a publicação de *Los altísimos*, do escritor chileno Hugo Correa (Bell; Molina-Gavilán, 2003, p. 7-8).

Levou algum tempo para que os colaboradores dessa nova onda da ficção científica latino-americana mostrassem algum interesse na história ou crítica do gênero. Assim, a ocorrência em 1957-58 do primeiro dos três eventos que marcaram a reemergência da ficção científica latino-americana deve ser na maior parte atribuída à coincidência. O ano de 1957 viu a publicação da primeira compilação das histórias curtas de Holmberg por Antonio Pagés Larraya no volume *Cuentos fantásticos*. O conto de ficção científica "Horacio Kalibang o Los autómatas" (1879) foi incluído na coleção, e as discussões de Pagés Larraya sobre *Dos partidos en lucha* e *Nic-Nac* em seu "Estudio Preliminar" foram por muitos anos a fonte para muita da informação sobre essas obras tão difíceis de se obter. Não obstante esse aparente "ano da ficção científica para a Argentina", no entanto, Pagés Larraya não se referia ao tratamento singular de Holmberg dispensado ao tema das viagens espaciais, nem fazia nenhuma menção ao termo "ficção científica" a propósito de qualquer desses três textos. Também em 1957, o crítico brasileiro Alexandre Eulálio republicou cerca de cinqüenta páginas de *Brasil 2000* na *Revista do Livro*. Eulálio declarou sua intenção de republicar o romance na íntegra - algo que ele nunca fez por razões desconhecidas, embora reconhecesse a relevância de uma republicação, dado o valor histórico da obra. No entanto, vale notar que Eulálio não faz conexão alguma entre *Brasil 2000* e o gênero ficção científica.

Os anos 1960 trouxeram maior densidade ao campo da ficção científica na América Latina com a publicação de importantes trabalhos de crítica do gênero (como os já mencionados livros de Capanna e Carneiro), com a fundação de editoras especializadas (como Ediciones Minotauro e GRD, do *publisher* brasileiro Gumercindo Rocha Dorea), e com o primeiro ato verdadeiro de reinvidicação de um dos trabalhos latino-americanos mais antigos no gênero: a antologia de Goligorsky (1968), *Los argentinos en la luna*, começa com a republicação de sete dos quarenta capítulos originais do *Nic-Nac* de Holmberg. Apesar de diminuir um pouco, essa tendência continua nos anos 1970. Outro momento-chave nessa década é a publicação de *Fantasy and Imagination in the Mexican Narrative*, de Ross Larson, um trabalho importante para a identificação e retrorrotulagem de textos da ficção científica mexicana.

Em suma, essa "Era de Ouro" iniciada nos anos 1950 testemunhou um aumento na publicação de trabalhos por escritores latino-americanos de ficção científica, o surgimento dos primeiros estágios da crítica de ficção científica na América Latina, a formação de redes de leitores com o início do *fandom*[7] organizado, e a primeira evidência da importância dada à localização e acesso aos exemplares locais pioneiros no gênero. No final desta primeira nova onda de ficção científica na América Latina, no entanto, somente dois dos cinco textos foram parcialmente republicados, e somente um foi catalogado (retrorrotulado) como ficção científica. A despeito de passos importantes tomados em direção a uma compreensão mais aprofundada do gênero durante este estágio, muito ainda precisava ser feito.

2000

O ano do milênio foi a data-alvo para as primeiras ficções latino-americanas eucrônicas (*euchronian*) como *Brasil 2000*; é também o ano em que a cronologia de *Chasqui* foi publicada; e se enquadra perfeitamente no período de maior retrorrotulagem na história da ficção científica latino-americana. Em acréscimo aos três projetos bibliográficos descritos na seção introdutória deste ensaio, uma ampla base de outros fatores tem contribuído para o desenvolvimento da mais recente onda de ficção científica latino-americana e sua crítica especializada. Avanços tecnológicos, notadamente a internet, têm significado que o catálogo bibliotecário internacional está virtualmente à disposição de todos. Webzines[8] têm feito publicações mais acessíveis aos escritores latino-americanos, mesmo em meio à hiperinflação presente em alguns países. Escritores, leitores, fãs, críticos e/ou acadêmicos têm trabalhado em rede e se tornado mais auto-conscientes enquanto grupo, via listas eletrônicas (*list-servs*), grupos de discussão online e correio eletrônico. A crescente estabilidade política e econômica no continente tem influenciado esta novíssima onda, assim como as tendências pós-modernas, pós-coloniais e pós-*boom*[9] na literatura e crítica literária, as quais vêm treinando o foco acadêmico nas literaturas populares ou "marginais" e trazendo os estudos

---

7 Comunidades de fãs.

8 Revistas eletrônicas.

9 O pós-*boom* refere-se ao período subsequente ao celebrado *boom* da literatura hispano-americana (García Márquez *et al.*) e enfatizava uma produção cultural mais marginal e popular (lembremos de *O Beijo da Mulher Aranha*, de Puig, por exemplo). (Nota do Editor)

culturais para o primeiro plano. Prêmios para a ficção científica na América Latina têm estimulado o crescimento deste gênero, assim como convenções, conferências e simpósios. O impacto dos extraordinários esforços de indivíduos e de feliz coincidências não devem ser subestimados. Todos esses fatores têm se combinado para produzir uma massa crítica de fontes primárias e secundárias e para alimentar um espírito de investigação histórica e bibliográfica que estão contribuindo para a construção de uma compreensão mais ampla e complexa do gênero na América Latina. Como consequência, gerações subsequentes estarão melhor equipadas para construir sobre essas realizações, uma vez que é improvável uma nova contração da ficção científica latino-americana na mesma proporção das ocorridas entre as ondas passadas do gênero. As obras que têm sido publicadas e republicadas são mais duráveis em termos de suporte físico e distribuição, sendo portanto melhor equipadas para resistir aos desafios impostos pelo tempo, situações políticas e econômicas, ou modas literárias.

Não é possível elaborar algo como uma lista completa das contribuições mais recentes no campo, mas uma amostra representativa dos principais trabalhos podem dar uma ideia da profundidade atingida. Em 1984 a revista *Ciencia y Desarrollo*, do Consejo Nacional de Ciencia y Tecnología no México lançou o concurso CONACyT Puebla de Ciencia Ficción (veja López Castro, 2001, p. 140-41). Três anos depois, essa revista publicou o artigo "Una primitiva ciencia ficción en México", da historiadora Anne Staples, sobre o texto que ela redescobriu e retrorrotulou, "México en el año 1970." A obra foi republicada posteriormente e seu lugar no cânone da ficção científica latino-americana foi reafirmado na antologia de Gabriel Trujillo Muñoz, *El futuro en llamas* (veja Trujillo Muñoz, 1997). Desenvolvimentos na publicação de revistas e o impacto da internet são possivelmente mais claros no caso da revista *Axxón*. Em 1989 esta revista voltada à ficção científica argentina era distribuída via disquete de computador. Em 1996 se tornou online, e agora mais de 260 edições de *Axxón* estão disponíveis na internet, em <http://axxon.com.ar >.

Um primeiro termômetro da crítica de ficção científica referente a esta onda mais recente é a monografia de Capanna de 1992, *El mundo de la ciencia ficción*, uma segunda edição revista de seu *El sentido de la ciencia-ficción*, publicado cerca de um quarto de século antes. Capanna acrescenta ao livro uma nova seção de treze páginas sobre ficção científica argentina; na primeira página ele coroa os esforços de retrorrotulagem iniciados por Goligorsky em 1968, declarando: "Se considera que el zoólogo Eduardo L. Holmberg [...] fue el iniciador de la cf en Argentina" (Capanna, 1992, p. 177). Também foi por volta de 1992 que Bráulio Tavares produziu um catálogo de ficção científica brasileira sob os auspícios da

Biblioteca Nacional do Rio de Janeiro, Brasil.[10] A virada do milênio testemunhou a publicação de outros importantes trabalhos de crítica (veja a bibliografia deste ensaio). A expansão da atividade acadêmica na área também pode ser notada no aumento do número de dissertações e teses sobre ficção científica latino-americana, bem como nos painéis em conferências e nos simpósios dedicados ao tema.

A republicação e a renovação do acesso às primeiras obras de ficção científica latino-americana prossegue em ritmo acelerado nos últimos anos. Em 1994, pesquisadores da Fundação Casa de Rui Barbosa, no Brasil, publicaram uma segunda edição de *O Doutor Benignus*. No início dos anos 90, Bráulio Tavares redescobriu parte do texto de *Brasil 2000* em biblioteca de Belo Horizonte, e retrorrotulou a obra como ficção científica na *The Encyclopedia of Science Fiction* (1993) e em outros artigos. Tem havido um verdadeiro frenesi de reedições de Holmberg desde 2000, incluindo *Dos partidos en lucha* e *Nic-Nac*. Outro feito digno de nota é a digitalização e postagem na internet de textos chilenos pioneiros de ficção científica como parte do projeto *Memoria Chilena*, sob os auspícios da Dirección de Bibliotecas, Archivos y Museos.

A ideia original para digitalizar essas obras chilenas raras e pioneiras veio do auto-proclamado "entusiasta amador" de ficção científica, Omar Vega. O relato do trabalho de Vega em traçar as bases da ficção científica chilena é útil como um exemplo de processo de retrorrotulagem e para esclarecimentos complementares sobre como e por que a ficção científica na América Latina tem se expandido como campo de estudo:

> Siempre me ha gustado la ciencia ficción desde niño y mis ídolos fueron Verne, Wells y Asimov. [. . .] Un día de 2004, explorando la web, me encontré con un foro de escritores latinoamericanos de CF. Participé en sus discusiones, escribí cuentos y artículos para ellos, y me enteré que la CF latinoamericana y chilena tenía una larga data, y quedé fascinado. Seguí investigando y recopilando información hasta que pude consolidar en una lista única toda la información existente sobre nuestra CF antigua. Después me puse a investigar, en forma independiente, en la Biblioteca Nacional, y en todas las fuentes que pude, hasta llegar a tener un panorama

10 Este catálogo, embora uma fonte valiosa, não foi discutido como bibliografia neste ensaio porque é, para os nossos propósitos, incompleto. Trata-se de um catálogo em língua inglesa sem data, publicado com o objetivo de facilitar a tradução dos trabalhos listados e, portanto, inclui "somente aqueles livros nos quais os autores e editores poderiam ser rastreados" (Tavares,1992, p. 5).

> relativamente acabado sobre el tema. [...] Me di cuenta de la fragilidad de nuestros registros históricos, pues muchos de ellos dependían de un solo libro almacenado en la biblioteca. [...] Debido a ese sentido de urgencia, convencí a un amigo que dirige el e-zine más importante de Chile, TauZero (<www.tauzero.org>) que le mandáramos una carta a Memoria Chilena para pedirles que nos digitalizaran los clásicos de la CF chilena. Gentilmente accedieron, y hoy tenemos algunos de esos documentos en la red. [...] Tengo la seguridad que existen muchas joyas todavía ocultas en espera de ser descubiertas. [...] En todo caso, el mismo hecho que cada país anuncie sus descubrimientos bibliográficos ha hecho que estemos en una carrera de quien descubre los libros más antiguos y más valiosos. Es una sana carrera "chovinista" pero amistosa que hará crecer el conocimiento que tenemos del pasado. (Vega, 2006)

Assim, inicialmente familiarizado com a ficção científica norte-americana, e tomando-a como ponto de partida, Omar Vega, um fã-escritor-crítico de ficção científica latino-americana, persegue seu interesse no gênero e desenvolve seu trabalho por meio de uma rede de contatos através do Chile e América Latina, via internet. A participação na onda atual da ficção científica latino-americana enseja nele maior interesse sobre ondas anteriores, bem como sobre as raízes do gênero na América Latina. Ao encontrar alguns exemplos de ficção científica local pioneira, Vega percebe que as raízes do gênero estão em perigo iminente de desaparecimento permanente, dada a escassez de obras sobreviventes, a precariedade física das cópias, e uma pobreza generalizada de conhecimento relativo ao valor cultural dessa literatura. Através dos esforços combinados de indivíduos, de uma revista do gênero e de uma instituição nacional, e com a ajuda de avanços recentes de tecnologia, textos pioneiros de ficção científica na América Latina têm sido preservados em formato moderno e acessível a leitores de todo o mundo. Como resultado, o conhecimento acerca do passado da ficção científica latino-americana é não apenas mais possível, como também mais provável. Processos similares estão em andamento em muitos países na América Latina hoje, graças aos esforços de outros "entusiastas", tanto amadores quanto profissionais.

Os futuros de ontem, hoje e amanhã

O sucesso na retrorrotulagem de um texto é denotado por referências em enciclopédias e bibliografias, citações em críticas históricas e análises do gênero, renovada disponibilidade e circulação e, finalmente, pela ampla divulgação e reconhecimento da obra. Enquanto as primeiras obras de ficção científica na América Latina pareciam, em 1992, de pouca importância numérica ou crítica, formando um campo de estudo bastante restrito, em 2015 elas se apresentam como um segmento de crescimento exponencial, dentro de uma área ainda maior (por sua vez também em expansão) de estudos acadêmicos e escrita criativa que compõem a FC latino-americana como um todo. Dos cinco textos discutidos neste ensaio, todos, com a exceção de *Brasil 2000*, foram reimpressos ao menos uma vez, e referências a eles, bem como discussões sobre eles, têm tido lugar no meio acadêmico, bem como em prefácios de antologias de ficção científica, e até mesmo na Wikipedia. É necessário ainda que estes e outros trabalhos sejam mais amplamente lidos e estudados, para que finalmente encontrem seus lugares legítimos na memória cultural de seus países e continente de origem, e que sejam reconhecidos como parte das raízes globais do gênero ficção científica.

Post-scriptum

Desde a publicação original deste ensaio em inglês, em 2008, a ficção científica latino-americana tem continuado a crescer como um gênero literário e como um campo de estudo. Para citar somente alguns dos mais recentes trabalhos dignos de nota:

- Minha própria monografia, *The Emergence of Latin American Science Fiction*, foi publicada em 2011. Este livro primeiramente examina a ficção científica escrita na Argentina, Brasil e México antes de 1920. Contém Cronologia e Bibliografia dos Textos Primários abrangendo todas as nações da América Latina. A Cronologia e a Bibliografia foram construídas sobre o excelente trabalho contido nas três principais obras discutidas neste ensaio e foram compiladas através de consultas com muitos autores de bibliografias precedentes, entre outras fontes (veja Haywood Ferreira, 2011, p. 225-30; 257-66). O número de trabalhos de ficção científica pioneira na América Latina (até 1920) incluso aqui subiu para 101.
- A primeira edição especial sobre ficção científica latino-americana publicada por revista acadêmica não-especializada em *science fiction studies* surgiu em 2012 nos Estados Unidos, e é de particular interesse que todos os trabalhos tenham sido publicados em espanhol. Este número especial duplo da *Revista Iberoamericana* foi editado por Silvia

Kurlat Ares e intitulado *La ciencia-ficción en América Latina: entre la mitología experimental y lo que vendrá.*

- Uma antologia de críticas acadêmicas acerca da ficção científica na América Latina foi publicada pela Palgrave Macmillan no final de 2012: *Latin American Science Fiction: Theory and Practice,* editado por M. Elizabeth Ginway e J. Andrew Brown.
- A terceira edição de *The Encyclopedia of Science Fiction* inclui uma cobertura significativamente expandida de autores e países latino-americanos. A terceira edição é online e de acesso livre, disponível em <http://www.sf-encyclopedia.com/>. Novas entradas e atualizações da enciclopédia serão continuamente implantadas.

Bibliografia

BELL, Andrea; BOZZETTO, Roger; GOMEL, Elana. "Current Trends in Global Sf." *Science Fiction Studies,* Greencastle, Indiana, n.3, v. 26, 1999, p. 441-46.

BELL, Andrea L.; MOLINA-GAVILÁN, Yolanda. "Introduction: Science Fiction in Latin America and Spain.". In: *Cosmos Latinos: An Anthology of Science Fiction from Latin America and Spain.* Middletown, CT: Wesleyan UP, 2003, p. 1-19.

CAPANNA, Pablo. *El Mundo de la Ciencia Ficción: Sentido e historia.* Buenos Aires: Letra Buena, 1992.

______. *El Sentido de la Ciencia Ficción.* Buenos Aires: Columba, 1966.

______. "La ciencia ficción y los argentinos". In: *Minotauro,* v. 10, 1985, p. 42-56.

CARNEIRO, André. *Introdução ao Estudo da "Science-Fiction."* São Paulo: Conselho Estadual de Cultura, 1967.

The Encylopedia of Science Fiction. Ed. John Clute and Peter Nicholls. 2nd ed. New York: St. Martin's, 1993.

The Encylopedia of Science Fiction. Ed. John Clute and David Langford. 3rd ed. London: Gollancz, 2012-present. Disponível em: <http://www.sf-encyclopedia.com/>.

______. "Páginas da história do Brasil escrita no ano de 2000 [Excertos]." Comp. and ed. Alexandre Eulálio *Revista do Livro,* n. 6, v. 2, 1957, p. 103-60.

FERNÁNDEZ DELGADO, Miguel Ángel. "Discurso sobre un nuevo método para el estudio de la ciencia ficción latinoamericana." *Ciencia Ficción Mexicana.* Disponível em: <http://www.ciencia-ficcion.com.mx/?uid=2&cve=12:11>. Acesso em: 5 oct. 2006.

FÓSFOROS-CERILLOS. "México en el año 1970." *El Liceo Mexicano,* v. 1, 1844, p. 347-48.

GAUT VEL HARTMAN, Sergio. "Prólogo." *Latinoamérica Fantástica.* Ed. Augusto Uribe. Barcelona: Ultramar, 1985, p. 11-13.

GINWAY, M. Elizabeth. *Brazilian Science Fiction: Cultural Myths and Nationhood in the Land of the Future.* Lewisburg: Bucknell UP, 2004.

GINWAY, M. Elizabeth; BROWN, J. Andrew, eds. *Latin American Science Fiction Theory and Practice.* New York: Palgrave Macmillan, 2012.

GOLIGORSKY, Eduardo, ed. and comp. *Los Argentinos en la Luna.* Buenos Aires: De la Flor, 1968.

HAYWOOD FERREIRA, Rachel. *The Emergence of Latin American Science Fiction.* Middletown, CT: Wesleyan UP, 2011.

HOLLINGER, Veronica. "Contemporary Trends in Science Fiction Criticism: 1980-1999." *Science Fiction Studies,* Greencastle, Indiana, n. 2, v. 26, 1999, p. 232-62.

HOLMBERG, Eduardo Ladislao. *Cuentos Fantásticos.* Ed. and comp. Antonio Pagés Larraya. Buenos Aires: Librería Hachette, 1957.

______. *Dos Partidos en Lucha: Fantasía Científica.* Buenos Aires: Imprenta de *El Arjentino,* 1875.

______. *Viaje maravilloso del señor Nic-Nac en el que se refieren las prodijiosas aventuras de este señor y se dan á conocer las instituciones, costumbres y preocupaciones de un mundo desconocido: Fantasía espiritista.* Buenos Aires: El Nacional, 1875.

JAKUBOWSKI, Maxim. "Spain, Portugal and South America.". In: *The Science Fiction Encyclopedia.* Ed. Peter Nicholls. Garden City, NY: Doubleday, 1979, p. 564.

KURLAT ARES, Silvia, ed. *La Ciencia-ficción en América Latina: entre la Mitología Experimental y lo que Vendrá.* Número especial de *Revista Iberoamericana*

78.238-239, 2012, p. 1-439.

LARSON, Ross. *Fantasy and Imagination in the Mexican Narrative*. Tempe, AZ: Arizona State U, 1977.

LÓPEZ CASTRO, Ramón. *Expedición a la Ciencia Ficción Mexicana*. Mexico City: Lectorum, 2001.

MAGALHÃES, Basílio de. *Estudos da História do Brasil*. São Paulo: Companhia Editora Nacional, 1940.

MOLINA-GAVILÁN, Yolanda; BELL, Andrea; FERNÁNDEZ DELGADO, Miguel Ángel; GINWAY, M. Elizabeth; PESTARINI, Luis; TOLEDANO REDONDO, Juan Carlos. "A Chronology of Latin American Science Fiction, 1775-2005." *Science Fiction Studies*, Greencastle, Indiana, n. 3, v. 34, 2007, p. 369-431. Também disponível no website de *Science Fiction Studies* em: <http://www.depauw.edu/sfs/chronologies/latin%20american.htm>.

MOLINA-GAVILÁN, Yolanda; FERNÁNDEZ DELGADO, Miguel Ángel; BELL, Andrea; PESTARINI, Luis; TOLEDANO REDONDO, Juan Carlos. "Cronología de cf latinoamericana: 1775-1999." *Chasqui*, Tempe, Arizona, n. 2, v. 29, 2000, p. 43-72.

NICHOLLS, Peter. "History of SF.". In: *The Encyclopedia of Science Fiction*. Ed. John Clute and Peter Nicholls. New York: St. Martin's, 1993, p. 567-72.

PAGÉS LARRAYA, Antonio. "Estudio Preliminar." *Cuentos Fantásticos*. By Eduardo Ladislao Holmberg. Buenos Aires: Librería Hachette, 1957, p. 7-98.

SÁNCHEZ, Jorge A., ed. and comp. *Los Universos Vislumbrados: Antología de Ciencia-Ficción Argentina*. 1978. Prol. and bibliog. Elvio E. Gandolfo. Chronology Héctor R. Pessina and Jorge A. Sánchez. 2nd ed. Buenos Aires: Andrómeda, 1995.

SANTOS, Joaquim Felício dos. "Páginas da história do Brasil escripta no anno de 2000." *O Jequitinhonha*, Diamantina, ago. 1968[data desconhecida] 1872. [páginas variam].

SCHWARZ, Mauricio-José; TAVARES, Braulio. "Latin America." *The Encyclopedia of Science Fiction*. Ed. John Clute and Peter Nicholls. New York: St. Martin's, 1993, p. 693-97.

SOUTO, Marcial, ed. and comp. *La Ciencia Ficción en la Argentina: Antología Crítica*. Colección Literatura Actual. Buenos Aires: Eudeba, 1985.

STAPLES, Anne. "Una primitiva ciencia ficción en México." *Ciencia y Desarrollo* Mexico City, n. 73, v. 12, 1987, p. 145-48.

SUVIN, Darko. *Metamorphoses of Science Fiction: On the Poetics and History of a Literary Genre*. New Haven: Yale UP, 1979.

TAVARES, Braulio. *Fantastic, Fantasy and Science Fiction Literature Catalog*. International Publications Series. 2. Rio de Janeiro: Biblioteca Nacional, [c. 1992].

TRUJILLO MUÑOZ, Gabriel. *Biografías del Futuro: La Ciencia Ficción Mexicana y sus Autores*. Mexicali, Mex.: Universidad Autónoma de Baja California, 2000.

TRUJILLO MUÑOZ, Gabriel, comp. and ed. *El Futuro en Llamas: Cuentos Clásicos de la Ciencia Ficción Mexicana*. Mexico City: Vid, 1997.

VEGA, Omar. *Ciencia Ficción Chilena* [mensagem pessoal]. Mensagem recebida por Rachel Haywood Ferreira em 20 nov. 2006.

ZALUAR, Augusto Emílio. *O Doutor Benignus*. 1875. 2ª ed. Rio de Janeiro: UFRJ, 1994.

ESBOÇO DE UMA HISTÓRIA DA CRÍTICA DE FICÇÃO CIENTÍFICA NO BRASIL

Roberto de Sousa Causo

Antecedentes

A ficção científica (FC) brasileira existe desde a segunda metade do século XIX. Um exemplo é *O Doutor Benignus*, de Augusto Emílio Zaluar, "romance científico" de 1875, mas há exemplos anteriores: o conto de Joaquim Manuel de Macedo, "O Fim do Mundo em 1857" (1857); o folhetim político de Joaquim Felício dos Santos, *Páginas da História do Brasil, Escrita no Ano 2000* (1868-1872); o conto "Rui de Leão" (1872), de Machado de Assis. Certamente, outros textos aguardam serem descobertos, mas de qualquer modo e considerando que os primeiros romances brasileiros só apareceram na década de 1840, até que a ficção científica teve uma representação precoce em nossa prosa de ficção, num país largamente agrário e pouco afeito à ciência e à tecnologia na escala vista nos Estados Unidos e na Europa, no mesmo período.[1]

Parafraseando Antonio Candido, pode-se dizer que, da segunda metade do século XIX até 1957, o que tivemos foram antecedentes de um sistema literário – ou de um *subsistema literário*, neste caso: a ficção científica como gênero de produção e leitura especializadas. De 1957 a 1972, tivemos a configuração desse sistema literário, no que vem sendo chamado de Primeira Onda da

1 Para uma discussão das características das primeiras obras brasileiras de ficção científica, fantasia e horror, veja o meu livro *Ficção científica, fantasia e horror no Brasil: 1875 a 1950* (2003).

Ficção Científica Brasileira. De 1972 a 1982, observamos o enfraquecimento desse mesmo sistema. De 1982 até o presente momento (a Segunda Onda),[2] testemunhamos o seu ressurgimento, e de 2004 ao presente, também a sua transformação em um movimento editorial e social centrado na Internet (a Terceira Onda). Ampliando o nosso olhar, porém, enxergamos que a posição do gênero dentro do sistema literário geral brasileiro ainda é precária e negligenciada por vários setores – o acadêmico em particular, apesar das significativas mudanças na última década.

Em uma primeira fase, não obstante, coube a intelectuais e escritores a tarefa de – em concordância com variados níveis de interesse – abordar a ficção científica criticamente. Segundo Braulio Tavares, o escritor Humberto de Campos (1886-1934) teria sido um dos primeiros críticos, ainda nas décadas de 1920-30, "a enxergar as qualidades específicas da FC, e a elogiar autores que a exploraram" (Tavares, 1993, p. 2),[3] entre eles Gastão Cruls e Berilo Neves. Nessa fase, o aspecto crítico mais saliente era também muito básico: o reconhecimento de continuidade entre Wells, Verne, Camille Flammarion, Edward Bellamy e outros autores estrangeiros, e iniciativas nacionais (o mais perto do reconhecimento de um gênero ou escola possível aos intelectuais brasileiros naquele instante).

Mas certamente foi 1957 o ano da "chegada" da ficção científica no Brasil, no que diz respeito à sua crítica e ao debate cultural em torno dela. Dois eventos levaram a isso, principalmente: a publicação da primeira antologia de histórias de FC vista no Brasil, *Maravilhas da Ficção Científica* (1958), organizada por Fernando Correia da Silva & Wilma Pupo Nogueira Brito; e o lançamento do primeiro romance de Rubens Teixeira Scavone, *O Homem que Viu o Disco-Voador* (1958) – ocorrências que motivaram os críticos a refletir sobre o gênero, um ano

2 É claro que, diante do problema do seu enfraquecimento (lembrando que houve uma Onda ou Ciclo de Utopias e Distopias entre 1972 e 1982), pode-se sempre questionar se de fato *houve* o estabelecimento desse subsistema literário. De modo semelhante, pode-se afirmar que a sua presença no sistema literário brasileiro geral seria discreta demais para legitimá-lo. Não é minha posição, porém. Os termos "Primeira Onda" e "Segunda Onda" foram tomados da introdução de Andrea L. Bell & Yolanda Molina-Gavilán, para a antologia organizada pelas duas, *Cosmos Latinos:An Anthology of Science Fiction from Latin America and Spain* (2003).

3 Compilado em *Crítica: terceira série* (1947). Humberto de Campos também escreveu ficção científica. Veja a dissertação *A Protoficção Científica de Humberto de Campos* (2009), defendida por Marcos Maia Vilela na Universidade do Estado da Bahia em 2009.

após o *Sputnik* se tornar o primeiro satélite artificial lançado na órbita da Terra,[4] e a refletir a respeito da FC em duas frentes: sua importância contemporânea (principalmente a produção estrangeira) e sua adequação ao contexto brasileiro.

Polêmicas: o lugar da FC e o debate das "duas culturas"

No final da década de 1950 e início da de 1960, personalidades como Mário da Silva Brito (em *Maravilhas da Ficção Científica*) produziram ensaios sobre FC como introdução a antologias. Logo, comentaristas em jornais e revistas seguiam os mesmos passos e sondavam o sentido do gênero e sua aceitabilidade junto ao universo das letras nacionais. Muitos desses ensaios são defesas bem articuladas da FC como literatura legítima e consoante com o século XX, como aquela de João Camilo de Oliveira Tôrres (1960, em texto que provocou um debate ao seu redor), a de Antonio Olinto (1957) ou a de Laís Corrêa de Araújo (Araújo, 1968, p. 10) – nomes expressivos na vida intelectual brasileira de então. As razões para essa recepção favorável são compreensíveis à luz do momento em que ocorreram: a FC publicada no Brasil durante os anos 1950 e 60 era principalmente aquela vista nos Estados Unidos e Inglaterra durante a década anterior, rica em obras de qualidade[5] e marcada por intensa contemporaneidade composta de reflexões sobre a Guerra Fria e suas armas atômicas, foguetes e satélites espaciais trazendo novas ameaças. Além disso, a influência norte-americana no pós-guerra havia sedimentado uma nova propagação do gênero em países como França, Alemanha, Espanha, Japao e Itália, dando a ele um caráter internacional. A FC parecia mais capaz de tratar com seriedade desses assuntos de impacto global, do que outras formas de literatura.

Por outro lado, outros críticos e intelectuais muito ativos e importantes, como Otto Maria Carpeaux, Wilson Martins e Alcântara Silveira, escreveram em sentido oposto ao de Brito, Tôrres, Olinto, Araújo e outros que recebiam com interesse a novidade representada pela entrada da FC no Brasil: a tendência era rejeitar o gênero como comercial, subliterário, ilegítimo e pouco respeitável. Carpeaux o chamou de "literatura de cordel", para ele sinônimo de literatura

4 Cabe lembrar que Antonio Olinto (1919-2009) publicou o ensaio "Ficção científica" no jornal *O Globo* em 1957, mais tarde compilado no seu livro *Cadernos de Crítica* (1959).

5 Brian W. Aldiss considera a década de 1950 como um ápice do gênero: "Se as coisas podem ser medidas em décadas, então talvez os anos cinquenta tenham sido a década perfeita para a ficção científica" (Aldiss, 1984, p. 17).

sem valor, e acusou de ser "tão imprestável quanto parece" (Carpeaux, 1959, p. 1). Entre um polo e outro, o debate se estabeleceu, especialmente nas páginas do "Suplemento Literário" de *O Estado de S. Paulo*, por boa parte da década de 1960. Salvo pela atenção de Clóvis Garcia (Garcia, 1961, p. 3.) e alguns outros, a menção a autores nacionais é mínima, sugerindo desconhecimento ou, talvez, um sentimento de inadequação da FC como parte da literatura brasileira. Carpeaux abre o seu ensaio sobre o gênero afirmando que "há motivo para supor que os romances fantásticos de viagens astronáuticas e de exploração de planetas e outros mundos desconhecidos são tão válidos no Brasil como em qualquer parte". E revela, irônico, que "um conhecido escritor brasileiro, pessoa de ingenuidade despreocupada, fez mesmo uma tentativa de confeccionar, por sua vez, um troço de *science fiction*, para provar que 'também pode ser nossa'. Mas ninguém prestou atenção. Os leitores preferem a mercadoria importada." (1959, p. 1). Carpeaux nem se dá ao trabalho de nomear o escritor a quem se refere.

O primeiro livro de um autor brasileiro a tratar da ficção científica foi *Introdução ao Estudo da "Science Fiction"* (1967), de André Carneiro (1922-2014), que aborda com propriedade muitas das visões ingênuas e preconceituosas sofridas pelo gênero (até hoje). Um ponto alto dessa defesa do gênero são as respostas de Carneiro aos ataques de Carpeaux, com argumentos de Carneiro são discretos mas eficazes. Passando o seu capítulo sobre a "proto FC" da antiguidade até as vizinhanças do século XIX, Carneiro discorre sobre Verne, Wells e a FC das *pulp magazines*, incluindo a iniciativa brasileira da revista *Fantastic* (1955 a 1960), a primeira publicação especializada em FC do Brasil.[6] O capítulo seguinte trata da presença da ciência na vida moderna, incluindo referência ao dogmatismo no século XIX, importante para a posterior defesa da FC por Carneiro, que ataca o pensamento retrógrado reagindo contra a mudança – amparando-se no conceito de um mundo contemporâneo conturbado, negando a visão do futuro, preso ao passado e atingindo a FC com uma antipatia pelo novo. O argumento se aproxima daquele do romancista, crítico e físico inglês C. P. Snow (1905-1980), que lançou em 1959 o debate das "duas culturas", ainda hoje uma questão estertorante no mundo de língua inglesa.[7] Assim como Snow, Carneiro identifica no intelectual literário um espírito ligado à tradição, com dificuldade para assimilar o *ethos* científico e a

6 Para uma discussão sobre as revistas *pulp* brasileiras (incluindo as de ficção científica) veja meu artigo "Os *Pulps* Brasileiros e o Estatuto do Escritor de Ficção de Gênero no Brasil" (Causo, 2014).

7 Veja, por exemplo: *Science Fiction and The Two Cultures: Essays on Bridging the Gap Between the Sciences and the Humanities* (Westfahl & Slusser, 2009).

noção da imediatez do futuro, que a FC incorpora. "Muitos sentem-se ainda presos demasiadamente a um passado não muito distante", escreveu Carneiro,

> e se comprazem somente com a literatura de reminiscência, com a análise exclusiva de um temperamento, com as sutilezas e os vagares de um mundo de ontem, de estradas de ferro, ou mesmo de carruagens, e se irritam quando alguns autores querem mudar o palco, colocar o homem dentro de hoje ou de amanhã, com todo esse arsenal técnico-científico que nos rodeia, que nos fascina e nos escraviza, que não podemos escamotear nem destruir e que se transforma inelutavelmente no pano de fundo e no cenário da nossa vivência, quer queiramos ou não. (Carneiro, 1967, p. 118-19)

Snow igualmente identifica o intelectual literário com a tradição e com uma reação contra o espírito científico, mais progressista, e que também permaneceria aparte da outra "cultura", formando um abismo prejudicial a ambos os polos:

> [O] polo de total incompreensão da ciência [por parte da cultura literária] irradia sua influência sobre todo o resto. Essa total incompreensão dá, de modo muito mais penetrante do que percebemos, por vivermos nela, um sabor não científico a toda a cultura "tradicional", e esse sabor não científico está com frequência, muito mais do que admitimos, perto de se tornar anticientífico. Os sentimentos de um polo se tornam os antisentimentos do outro. Se os cientistas têm o futuro em seus ossos, então a cultura tradicional responde desejando que o futuro não existisse. É a cultura tradicional, numa extensão notavelmente pouco diminuída pela emergência da cultura científica, que controla o mundo ocidental. (Snow, 1996, p. 11)

Snow afirmou que, à época em que lançou o debate das duas culturas, os intelectuais literários "ainda [gostavam] de fingir que a cultura tradicional é a totalidade da 'cultura', como se a ordem natural não existisse. Como se a exploração da ordem natural não tivesse valor algum seja por seu próprio valor ou por suas consequências." (Snow 1996, p. 14). Ele declara ainda que, "se esquecermos a cultura científica, então o resto dos intelectuais ocidentais nunca tentou, quis ou tem sido capaz de compreender a revolução industrial, quanto mais de aceitá-la", arrematando: "Os intelectuais, em particular os intelectuais literários, são luditas naturais." (1996, p. 22). Em fins de 2003, André Carneiro me escreveu, informando que "infelizmente nunca, até hoje, tomei conhecimento do Snow". É portanto notável que ele tenha chegado a conclusões semelhantes.

Ao abordar o valor e a expansão da ficção científica, na última seção do seu livro, Carneiro começa discutindo a presença do gênero em outras manifestações artísticas, mas enquanto se esforça para demonstrar a relação da FC com a pintura e trate extensivamente da FC cinematográfica, deixa de se referir à história em quadrinhos (junto à qual o gênero também tem presença marcante). Nesse capítulo, ele demonstra estar ciente da FC brasileira de seus contemporâneos, embora evite fazer avaliações críticas. Por outro lado, seu livro fornece informações preciosas sobre o Primeiro Fandom Brasileiro – o grupo de fãs e autores que se formou a partir de 1965.[8] Um ponto alto, no que diz respeito à FC brasileira, é a análise que Carneiro faz do romance de Monteiro Lobato, *O Presidente Negro ou O Choque das Raças* (1926), destacando o racismo nele presente – característica que mais tarde contaria com a concordância do crítico (e também autor de ficção científica) Fausto Cunha (Cunha s.d. [1976?], p. 7-8). Não obstante, o capítulo carece de um levantamento mais profundo e completo da FC brasileira do período. Na questão do valor literário, o autor louva a FC como uma literatura investigativa do social, que reflete intensamente os tempos modernos, mas sem tratá-lo como fenômeno "cultural da sociedade de massas", o que, pelo seu ponto de vista, significaria aliar-se aos preconceitos sofridos pelo gênero.

É importante notar, na leitura do livro de Carneiro e dos ensaios e artigos publicados nos anos de 1957 a 1967, que os intelectuais e autores brasileiros que escreveram sobre ficção científica estavam relativamente bem informados quanto a discussões conduzidas no exterior. Nessa época, a *intelligentsia* nacional ainda se mostrava influenciada pela França, mas estudos e repercussões oriundos da União Soviética, Alemanha e Estados Unidos também são mencionados. Em maio de 1964, Willy Lewin fez em *O Estado de S. Paulo* quase que um balanço dessas repercussões, no ensaio de título reivindicatório, "Mais Ficção e Menos Ciência" (Levin, 1964, p. 3). Um livro particularmente influente no estudo de Carneiro foi a compilação de artigos e resenhas do conhecido autor e ativista da FC Damon Knight, *In Search of Wonder*, de 1956.

Em 1969, o Instituto Nacional de Cinema publicou a antologia de palestras proferidas pelos autores convidados do Simpósio de FC, realizado no Rio de Janeiro no mesmo ano como evento integrante do Festival Internacional de Cinema. Contém preciosas comunicações por vários dos mais renomados autores e pesquisadores do campo, numa perspectiva internacional. Presentes

8 Sobre o Primeiro Fandom Brasileiro, veja a introdução "'Sabedoria Primaveril' na Cidade Maravilhosa" de minha tese *Ondas nas Praias de um Mundo Sombrio: New Wave e Cyber--punk no Brasil* (Causo, 2013).

no livro estão Forrest J. Ackermann, Brian W. Aldiss, Poul Anderson, J. G. Ballard, Alfred Bester, Robert Bloch, John Brunner, Harlan Ellison, Luis Gasca, Harry Harrison, Robert A. Heinlein, Damon Knight, Sam Moskowitz, Frederik Pohl, Wolf Rilla, Jacques Sadoul, A. E. van Vogt, Kate Willhelm, e Arthur C. Clarke, que foi homenageado juntamente com o diretor Stanley Kubrick. Foi uma edição bilíngue e, estranhamente (mas talvez *sintomaticamente*), não trouxe nenhuma participação de brasileiros (Sanz, 1969). Provavelmente em resposta ao evento no Rio de Janeiro – e à chegada do homem à Lua, também ocorrida em 1969 – Aguinaldo Silva e Paulo Sérgio M. Machado escreveram no mesmo ano artigos introdutórios à FC, denotando a influência do estudo seminal de André Carneiro. Até este ponto, a crítica brasileira de ficção científica possuía tendências claras na direção de um questionamento da ciência e da tecnologia, em favor dos valores tradicionais do humanismo liberal que C. P. Snow. "A melhor FC coloca o homem no centro de suas preocupações", insistiam os críticos, assumindo essa disposição como melhor forma de justificar a importância do gênero. Outros, no mesmo sentido, condenaram aquela FC de fundo mais tecnológico e científico – como Frederico Branco (Branco, 1963, p. 4.) e Willy Lewin, associando-a a um momento passado e a uma mentalidade retrógrada. As razões dessas posturas podem ser encontradas tanto na cultura própria de um país com pouca tradição científica e mínima presença tecnológica em seu cotidiano, quanto no espírito pessimista da época, que identificava na ciência e na tecnologia aspectos extremamente negativos, após a II Guerra Mundial, a bomba atômica, as notícias de poluição ambiental, e a propagação de elementos "massificadores" no pós-guerra, como a propaganda e a televisão.

Obras introdutórias e produção de fãs

Durante a década de 1980, surgem vários livros de introdução ao gênero, dirigidos ao público jovem ou universitário, provavelmente como um reflexo do interesse que a FC despertou junto ao meio acadêmico, como fenômeno popular ou "de massa".[9] Em 1985, é lançado *Ficção Científica: Ficção, Ciência ou Uma Épica da Época?*, de Raul Fiker. Traz reflexões pertinentes, como o débito da FC para com a sátira, a sugestão de que o conto seria a forma ideal para gênero; fornece a sua tipologia da FC (subgêneros e principais temas) e uma

9 O sucesso de filmes de ficção científica lançados a partir do final da década de 1970 – *Guerra nas Estrelas, Alien: O Oitavo Passageiro, Blade Runner: O Caçador de Androides*, entre outros – provavelmente se encontra no centro desse interesse.

indicação de leitura, mas derradeiramente não responde à questão colocada no título: a FC seria a literatura própria da era tecnológica, codificadora de suas ideologias e dilemas? A única menção à FC nacional é a seguinte: "No Brasil, embora tenhamos bons críticos da matéria, como André Carneiro e Fausto Cunha, não há nenhuma realização notável de FC propriamente dita." (Fiker, 1985, p. 80). Também em 1985, Braulio Tavares tocou de maneira breve na FC brasileira em *O Que é Ficção Científica*. Bem informado, o seu livro é fértil em *insights* que mereceriam aprofundamentos. Tavares evidencia sua afeição pelo movimento *New Wave* (característico da FC anglo-americana na década de 1960) no capítulo "FC e a Mente", parte de uma tipologia do gênero aglutinada em tópicos bastante gerais. As principais teses do estudo são a FC como parte integrante da literatura fantástica; a FC como uma "literatura transversal", ponte entre os diversos campos do conhecimento; e a visão talvez ingênua de que a ciência seja um fenômeno "universal". O mesmo universalismo é estendido ao campo da literatura, como oposição à ideia de uma FC particularmente brasileira, em seus conteúdos e enfoques.[10]

Ficção Científica (1986), de Gilberto Schoereder, combina listas de referências ao ensaio introdutório ao gênero. Nesta altura, *Introdução ao Estudo da "Science Fiction"* se tornara uma obra rara e pouco citada. A influência mais marcante nesses trabalhos foi *No Mundo da Ficção Científica*, de L. David Allen (*Science Fiction Reader's Guide*; [1976?], publicado originalmente nos EUA em 1974), com sua divisão do gênero em FC *hard*, FC *soft* e fantasia científica. Schoereder mantém esquema semelhante de capítulos, e menciona alguma FC brasileira na seção "catálogo de autores e obras", mas num levantamento limitado. E em 1987, aparece *Introdução a uma História da Ficção Científica*, de Léo Godoy Otero, livro que discute desastradamente FC e pseudociências, mas com um importante capítulo sobre os brasileiros. Foi o primeiro trabalho, desde o pioneiro livro de André Carneiro, a tratar da FC nacional com um pouco mais de atenção, e seu levantamento é bem mais extensivo e aprofundado. Destaca-se ainda a presença, em grandes jornais e revistas, de ensaios de Fausto Cunha, principalmente nas décadas de 1970 e 80, às vezes oscilando em sua apreciação da importância do gênero – como no caso do anterior, "Ascenção e Queda da Ficção Científica" (Cunha, 1967, p. 133-49). E especialmente, do também ficcionista Rubens Teixeira Scavone (1924-2007), com vários ensaios literários sobre FC presentes nos volumes *Ensaios Norte-Americanos* (1963), *Faulkner & Cia.* (1984) e *Templários, Frankenstein, Buracos Negros e Outros Temas* (1990), com muitos textos vistos previamente na imprensa.

---

10 Tavares publicaria ainda *O Rasgão no Real: Metalinguagem e Simulacros na Narrativa de Ficção Científica* (Tavares 2005) e *A Pulp Fiction de Guimarães Rosa* (Tavares 2008).

Scavone primava pela erudição e pelo empenho em inserir a FC num movimento mais amplo de ideias e teorias científicas.

Em 1985, R. C. Nascimento publicou, em edição do autor, o livro de referências *Quem é Quem na Ficção Científica Volume I: A Coleção Argonauta*, com listagens de títulos e autores, obras premiadas, notas de biografias e outras informações sobre a famosa coleção Argonauta, de Portugal.[11] Uma extensão desse trabalho de Nascimento foi *Edição Comemorativa do Volume 500 da Coleção Argonauta* (1999), que também interessa como registro da influência da referida coleção junto à comunidade brasileira de FC. Juntamente com os trabalhos de Tavares e Schoereder, o livro de Nascimento lançou uma das principais tendências para os estudos de FC no futuro: uma produção de ensaios e pesquisas feita por pessoas sem formação acadêmica específica – fãs do gênero, fenômeno que costuma acontecer também nos países com uma ficção científica mais desenvolvida (EUA, Inglaterra, França), tendo na figura de Sam Moskowitz (1920-1997) um dos primeiros e mais dedicados pesquisadores-fãs. O acadêmico Gary K. Wolfe (University of Chicago) afirma que a crítica de fãs "ajudou a estabelecer uma tradição de crítica popular resolutamente informal que pode muito bem ter ajudado a dar forma ao gênero, e que ainda informa muito do que é escrito sobre ele" (Wolfe, 1995, p. 484). No contexto brasileiro, enquanto pessoas como Nascimento, Tavares e Ruby Felisbino Medeiros (1924-2011) realizaram inestimável trabalho de catalogação e levantamento bibliográfico. Outras, como Gerson Lodi-Ribeiro e Fábio Fernandes, empenharam-se em compreender e fomentar fenômenos particulares dentro do âmbito da FC. No caso de Lodi-Ribeiro, primeiro a ficção científica *hard* e, mais recentemente, as histórias alternativas; no de Fernandes, primeiro a FC *cyberpunk*, e mais tarde o *New Weird*. Já a autora Finisia Fideli, escrevendo para as revistas *Cult: Revista Brasileira de Literatura* e *Ciência Hoje* (da SBPC), lançou por volta de 1996 o debate das questões feministas na FC brasileira (Fideli, 1998, p. 52-56).

É claro que há erros e acertos, virtudes e problemas nesse estado de coisas, mas o fato de uma instituição como a Biblioteca Nacional ter confiado o primeiro catálogo de literatura fantástica brasileira – *Fantastic, Fantasy and Science Fiction Literature Catalog* (1991) – à competência dos fãs (coordenação de Tavares, com colaborações de Nascimento, Luiz Marcos da Fonseca, José dos Santos Fernandes, e Finisia Fideli), depõe a favor. Tavares, em particular, destaca-se pelo trabalho pioneiro de identificação da proto FC brasileira e da FC nacional do

11 O livro de Nascimento também incluía uma ficha de inscrição para o Clube de Leitores de Ficção Científica, criado por ele em 14 de dezembro de 1985, e ainda em atividade como a mais importante agremiação de fãs brasileiros.

século XIX e começo do XX. No campo da catalogação, Nascimento publicou o seu *Catálogo de Ficção Científica em Língua Portuguesa* em 1994, e Medeiros teve no fanzine *Notícias... do Fim do Nada* (1991 a 2009) um veículo para um vasto catálogo de ficção curta publicada no Brasil, além de espaço para o resgate de obras de ficção que primeiro apareceram em publicações agora esquecidas. Sua maior contribuição é o volume amador *Índice de Contos de Ficção Científica e Fantasia* (1999), trabalho sem precedentes de catalogação de contos publicados em antologias, fanzines e revistas. Em 1993, o *D. O. Leitura* abriu suas páginas para ensaios e estudos relativos ao gênero, inclusive com a publicação de uma edição especial sobre o gênero, com a participação de alguns dos principais pesquisadores-fãs. Mais recentemente, o jornalista Marcello Simão Branco produziu *Os Mundos Abertos de Robert Silverberg*, em edição amadora lançada em 2004: um dos raros trabalhos enfocando um autor de FC, de que se tem notícia no Brasil. Branco, hoje professor de Ciência Política da Universidade Federal de São Paulo, publicou com o jornalista Cesar Silva, durante dez anos o *Anuário Brasileiro de Literatura Fantástica* (2004 a 2014), em diversos formatos e por duas editoras, mantendo a mesma fusão de levantamento, discussão acadêmica e preocupações de fã, num trabalho igualmente precioso e único.

Cabe lembrar ainda o caso do pesquisador Athos Eichler Cardoso, que abriu para a pesquisa nacional uma vereda importante voltada para os estudos das publicações brasileiras de literatura popular, que ele chamou de "revistas de emoção".[12] Autor de *O Que é Aventura* (1987), Cardoso tem descoberto material precioso, como a novela "Viagens Maravilhosas do Dr. Alpha aos Mundos dos Planetas" (1908), escrita e ilustrada por Oswaldo Silva nos moldes dos fascículos franceses do mesmo período. Apesar de formação acadêmica (mestrado pela Universidade de Brasília em 1988), seu trabalho possui a mesma qualidade obsessiva e aprofundada vista em fãs como Nascimento e Medeiros, Branco e Silva, em pesquisa que também repercute sobre o campo das histórias em quadrinhos.

Questão inerente à atividade de pesquisa realizada por fãs é o possível conflito entre o fã e o acadêmico, ou entre o leitor e o intelectual. No campo da catalogação, esse conflito é neutro, pois a prática é basicamente uma formalização e extensão (frequentemente rudimentar)[13] da atividade do

12 Especialmente com a comunicação "As Revistas de Emoção no Brasil (1934-1949): O Último Lance da Invasão Cultural Americana" (Cardoso 2009).

13 Em questões de organização das informações bibliográficas, por exemplo: Falta a *Quem é Quem na Ficção Científica Volume 2* os títulos originais (que Nascimento pretendia incluir em fascículo posterior), e as informações bibliográficas estão dispostas de maneira ainda mais caótica no *Índice de Contos*, de Ruby Medeiros.

colecionador. No importante ensaio *Cult Fiction: Popular Reading and Pulp Theory* (1996), Clive Bloom nota que "todas as culturas *pulp* [uma delas sendo a dos fãs de FC] conhecem o seu passado – sua linhagem é preservada, protegida e nutrida, mas apenas pelos iniciados", e afirma que todo "*pulp* tem uma história – somente os artistas complacentes se equivocam através da violência do pastiche benevolente" (Bloom, 1998, p. 18). Atualmente, a Internet ocupa um espaço privilegiado de hospedagem e propagação desse tipo de pesquisa informal, da Wikipedia a *weblogs* e sites – como o *Memórias da Ficção Científica*, o *blog* de Ramiro Giroldo, *Ficção de Gênero*, ou o de Cesar Silva, *Mensagens do Hiperespaço*[14] – para citar apenas alguns. Podemos completar ainda com sites e *blogs*, alguns acadêmicos, dedicados à crítica de cinema, como *Contracampo*, *Significação*, *Remate de Males*, *Alceu* ou o conhecido *Portal Cronópios*, onde atua com especial interesse pela adesão à crítica especializada, Alfredo Suppia, com a coluna "Buraco de Minhoca".[15]

Na área da crítica literária, as coisas são mais complexas e o conflito mais aberto. Durante a segunda metade da década de 1980, dirigentes do Clube de Leitores de Ficção Científica (CLFC) declararam a incompetência dos fãs para julgarem o gênero. No início da década de 1990, André Carneiro promoveu uma pequena campanha que resultou na drástica diminuição de críticos-fãs nos fanzines. Para ele, fãs não possuíam a erudição que caracterizou a geração de críticos com a qual ele conviveu – Milliet, Carpeaux, Martins, Álvaro Lins, etc. –, e autores não devem criticar os colegas por razões éticas.[16] De modo semelhante, o fã e o autor de FC costumam reagir bem quando um intelectual como José Paulo Paes (1926-1998) dá atenção crítica ao gênero, mas costumam condenar as propostas teóricas ou conceituais surgidas junto ao próprio *fandom* (como o Movimento Antropofágico da Ficção Científica Brasileira, que Ivan Carlos

---

14 Respectivamente em http://memoriasfc.blogspot.com.br/; http://ficcaogenero.blogspot.com.br/; http://mensagensdohiperespaco.blogspot.com.br.

15 Respectivamente em http://www.uff.br/contracampo/index.php/revista; http://www.usp.br/significacao/; http://revistas.iel.unicamp.br/index.php/remate/; http://revistaalceu.com.puc-rio.br/cgi/cgilua.exe/sys/start.htm?tpl=home; e http://cronopios.com.br/site/default.asp. Obrigado a Alfredo Suppia pelas indicações e urls.

16 Nos Estados Unidos, Knight, no período entre 1956 e 1960, foi justamente um importante autor fazendo a crítica dos seus pares, ao lado de outros escritores-críticos como James Blish (1921-1975), numa prática de crítica feita por escritores que, segundo Gary K. Wolfe, "alcançou uma nova dimensão de sofisticação quando James Blish e Damon Knight começaram a buscar o estabelecimento de padrões críticos em seus vários artigos em periódicos" (Wolfe, 1995, p. 484).

Regina lançou em 1988). Aí o componente talvez não seja a disputa entre fãs e intelectuais/acadêmicos, mas a hostilidade "natural" entre autores e críticos (o próprio Regina declara o seu "Manifesto antropofágico da ficção científica brasileira" uma peça de literatura, e não de crítica). Na relação com a crítica institucionalizada e com a Academia, fãs e autores frequentemente apresentam um misto de anti-intelectualismo e de submissão (reação e adesão descriteriosas) – ambos provavelmente resultantes de um "complexo de inferioridade" sofrido pelos praticantes e amantes de um gênero que desperta paixões, mas é ignorado pela *intelligentsia* e condenado pelos árbitros do bom gosto.

Tudo isso seria uma curiosidade inócua, se a tensão entre esses dois extremos – em conjunção com a desatenção dos acadêmicos – não resultasse em uma carência de ideias e posturas críticas a respeito da ficção científica no Brasil.

FC na academia brasileira e a visão subordinativa do gênero

Quando o meio acadêmico brasileiro finalmente tentou tratar da ficção científica, ele o fez pela primeira vez por meio do conhecido e respeitado Muniz Sodré, com *A ficção do Tempo: Análise da Narrativa de Science Fiction* (1973), obra que dispensa a FC como uma pseudoliteratura que não pode aspirar ao status de arte literária.[17] Para Sodré, que enxerga o gênero por um prisma semiótico e marxista, só "existe escândalo em literatura" por meio da forma, e não da temática, como pretenderia a FC. "Escândalo" se refere às propriedades literárias de revolucionar a percepção do tempo e do meio social, e de desautomatizar posturas arraigadas. Mais que isso, o gênero passa a ser uma criatura que "rouba" da literatura verdadeira – que Sodré deixa de caracterizar, mas que certamente obedeceria aos parâmetros de vanguarda defendidos pela Escola de Frankfurt e seguidores – essas funções. A FC, então, operaria como um mito do século XX que reforça a ideologia capitalista dominante, sem dar espaço a pretensões revolucionárias ou à condenação da realidade degradada do mundo burguês que fundamenta tanto da literatura modernista. "*Embora gerada pela cultura de massa*", escreveu, "*a FC não é uma mera forma degradada de mitos, mas um mito novo em emergência no seio da formação social industrializada*"

17 O texto de quarta-capa, do livro, é inequívoco: "A crítica literária costuma debruçar-se de preferência sobre obras e autores consagrados, ou então sobre os grandes textos clássicos. Em literatura, praticamente inexiste a análise do medíocre. Talvez por isso a Ficção Científica tenha sido tão pouco estudada, já que foi sempre identificada pelos críticos de elite como uma literatura medíocre. [...]".

(Muniz Sodré, 1973, p. 109). Para ele, a FC apoia-se na ideologia capitalista ao apresentar um "sonho" que "deve ser visto como um mito cuja função é fornecer uma essência para o homem contemporâneo", essência da qual "subentendem-se os produtos alienados do trabalho humano, instaurados pelas relações capitalistas de produção, que são esquecidas pela FC – logo, dadas como eternas" (1973, p. 124).[18] O gênero, ao se afirmar como um mito moderno, só cumpriria essa função por sancionar a ideologia, sem desafiá-la, como faria a literatura de vanguarda – notando que o julgamento é tanto ideológico quanto estético, o que nos remente à condenação anterior de Wilson Martins: "[A] ficção científica, que não é ficção nem científica, tampouco alcança os planos da literatura porque nela a função catalítica do estilo é, por definição, posta à margem como desprezível" (Martins, 1994, p. 96).

Muniz Sodré peca por não apresentar uma leitura tão extensiva da FC quanto seria desejado em um estudo de conclusões tão absolutas. Ao mesmo tempo, afirma que algumas vezes o gênero alcança o grau de complexidade e arrojo formal que ele privilegia, mas que os exemplos são tão poucos que não ajudam a definir o gênero, que assim permanece como literatura comercial e de massa. Ele viola aí tanto a "Lei de [Theodore] Sturgeon" – "90% da FC é lixo; mas, pensando bem, 90% de *tudo* é lixo" – quanto o "Postulado de Dickson" – "Uma arte é julgada pelo seu melhor, e não pelo seu pior" (Dickson, 1986, p. 97).[19] Ou seja, por um lado, não é justo discutir uma literatura a partir dos seus piores exemplos, deixando de lado os melhores, enquanto que, por outro, nem tudo o que reluz na alta literatura (aqui tomada como só mais uma categoria de ficção) e nos movimentos de vanguarda é ouro. De qualquer modo, os parâmetros de sua crítica teórica não dão espaço a qualquer valorização da ficção científica em sua condição de literatura popular – valorização que surge, no âmbito internacional, a partir da crítica pós-modernista que tenta encurtar a lacuna entre arte elevada e popular, conforme expresso por Linda Hutcheon em *A Poetics of Postmodernism: History, Theory, Fiction* (1988): "Uma das contradições do pós-modernismo, eu argumentaria, é que ele de fato 'fecha a lacuna' [...] entre formas de arte elevada e baixa [...] O pós-modernismo é ao mesmo tempo acadêmico e popular, elitista e acessível." (Hutcheon, 1988, p. 44). E também por autores

18 Por algum tempo o autor atuou como especialista em FC junto a imprensa, antes de seguir adiante com outros interesses, frequentemente vinculados à "cultura de massa", como *Best-seller: a literatura de mercado* (Muniz Sodré, 1985).

19 A expressão "Postulado de Dickson" é minha.

que buscam investigar, pela leitura da ficção popular, os modos com que o leitor comum dialoga com a obra ficcional na criação ou relativização das identidades em trânsito no mundo moderno. Scott McCracken, em *Pulp: Reading Popular Fiction* (1998), afirma, por exemplo, que o

> relacionamento entre texto e mundo envolve um processo de mão-dupla que requer um leitor para ser posto em efeito. O leitor é também um produto do mundo, mas, ao mesmo tempo, ela ou ele é um agente nesse mundo, mudando-o através de suas ações. A despeito do fato de frequentemente a pensarmos como uma atividade passiva e puramente recreacional, a leitura de textos populares é parte desse processo de mudança. A ficção popular pode nos fornecer as narrativas de que precisamos para ressituar o nosso *eu* em relação ao mundo. O leitor de ficção popular é ativamente engajado na recriação de si mesmo ou de si mesma e esse ato de recriação tem um potencial utópico. (McCracken, 1998, p. 16-17.)

É irônico ver *A Ficção do Tempo* como uma obra que, derradeiramente, encara a ficção científica com seriedade suficiente para ver nela o grande inimigo da verdadeira arte literária, enquanto que José Paulo Paes, considerado às vezes como um "amigo" do gênero, coloca o gênero numa função de total subserviência. No ensaio "Por uma literatura brasileira de entretenimento", em *A Aventura Literária: Ensaios Sobre Ficção e Ficções* (1990), Paes advoga que a FC e outras formas de literatura de gênero teriam a nobre função de servir de "degrau"[20] (Paes, 1990, p. 28) para a educação das massas de leitores na apreciação da verdadeira arte literária, sem possuir mérito próprio ou distintivo. Paes em momento algum admite que qualquer forma de literatura de gênero possa, de maneira consciente e deliberada, afastar-se dos ideais da alta literatura e ainda assim merecer atenção crítica. Vale citar ainda C. S. Lewis, que, no ensaio "High and Low Brow" (1939), resume a visão elitista aplicada às formas populares: as "obras *low brow* seriam tão diferentes em espécie das *highbrow*", escreveu, "que elas teriam uma qualidade de serem boas ou ruins particular a elas, uma virtude servil e um vício servil peculiar a elas, que elas têm de ser julgadas por padrões populares, e que o que é dito da literatura *simpliciter* não é dito sobre elas" (Lewis, 1969, p. 267).

Quando admite que uma obra de ficção de gênero poderia atingir um

---

20 O argumento é ecoado no artigo "Gênero pode ajudar na formação de leitores", que aparece no dossiê sobre o romance policial publicado na revista *EntreLivros,* n. 6, 2005, p. 46-47: "A tentativa de desvendar um crime faz a criança e o adolescente mergulharem na leitura. Mais tarde, [...] isso pode levá-los a querer mais, e aí sim, partir para uma leitura mais refinada.".

elevado nível artístico, Paes logo afirma que ela logo *deixaria de pertencer ao seu gênero de origem*, passando a existir em uma esfera mais "elevada", pertencente ao campo da "literatura erudita ou de proposta" (Paes, 1990, p. 28), o que parece uma contradição em termos – uma obra não deixa para trás as características estruturais e a intertextualidade que a faz pertencer a um determinado gênero, apenas por força da opinião dos literatos. Outros ensaios de Paes sobre FC – gênero que ele editou, quando trabalhou na editora paulista Cultrix – estão no volume *Gregos & Baianos* (1985), mas os ensaios já citados são os mais úteis para se compreender a separação histórica entre literaturas sancionadas e não-sancionadas no Brasil, do que todo o livro de Sodré.

Nosso editor neste volume, Alfredo Suppia, chama minha atenção para o capítulo "Sobre Realismos" no inestimável livro de Lewis, *Um Experimento em Crítica* (*An Experiment in Criticism*; 1961),[21] no qual o autor da ficção científica *Além do Planeta Silencioso* faz uma distinção entre "realismo de representação" (o detalhe ou situação realista, e do qual a FC está repleta) e o "realismo de conteúdo", ou aquilo que é "fiel à realidade" como a entendemos (incluindo a realidade do conhecimento científico presente). No capítulo, Lewis deixa claro que uma predileção estrita pelo realismo de conteúdo, semelhante à exercida pelo *mainstream* brasileiro desde o embate entre Realismo e Romantismo no século XIX, não é possível sem uma rejeição de todo o cânone da literatura universal anterior a esse embate – algo que o *mainstream* certamente não está disposto a fazer, já que sua autoridade emana da teleologia embutida na tradição e na "continuidade-com-variações" que define o cânone. Nesse trecho, Lewis também reforça o seu conceito de "esnobismo cronológico", ao lembrar que a associação entre fantasia (com a FC incluída) e infância é historicamente inverídica – "a crença de que as crianças são os leitores adequados" à fantasia "é moderna e localizada. A maior parte das grandes fantasias ou contos de fadas não eram absolutamente dirigidas às crianças, mas a qualquer um" e se "poucas pessoas além das crianças agora lêem [*sic*] esse tipo de histórias, não é por causa das crianças, como tal, mas porque as crianças são indiferentes às modas literárias" (Lewis, 2009, p. 63) – e denunciar que nada "é mais tipicamente juvenil do que o desprezo pela juventude" (*Ibidem*, p. 65). Nesse sentido, têm-se aí uma hipótese para explicar a história predileção brasileira pelo realismo e seu igualmente histórico desprezo pela fantasia: um país que saiu da noite para o dia de província para metrópole embarca, passado o primeiro momento de

21 Eu já havia mencionado o livro de Lewis e o seu conceito de "esnobismo cronológico" na introdução do meu *Ficção Científica, Fantasia e Horror no Brasil: 1895 a 1950* (Causo, 2003, p. 4-42, 47).

flerte com a construção mítica da nacionalidade, na ilusão do amadurecimento nacional/cultural acelerado. Por outro lado, práticas pós-modernistas do tipo *fabulation*[22] ou metaficção, muito presentes mesmo na literatura brasileira de hoje, reestrutura o equilíbrio entre "realismo de representação" e "realismo de conteúdo" como denúncia às ilusões da representação realista, ou, empregando palavras do próprio Lewis, a "fantasia admitida [ou o artefato linguístico/literário admitido] é exatamente o tipo de literatura que nunca consegue iludir ninguém" (*Idem*, p. 61). Mas é claro que o crítico *mainstream* que (como Paes) insiste em "girar o rosto com o golpe", diria que era disso mesmo o que ele estava falando o tempo todo. No sentido oposto, o argumento do esnobismo cronológico de Lewis nos pede para superá-lo e, como crianças, sermos "indiferentes às modas literárias" e lermos as obras como elas se apresentam, como leitores (maduros) que sabem "assumir o ponto de vista de cada autor, sem, por isso, deixar de aceitá-lo ou rejeitá-lo, sabendo suspender sua descrença quando necessário e também (o que é mais difícil) sua crença" (2009, p. 61-62). Vale ressaltar, porém, que os argumentos de Muniz Sodré, Paes e outros – da inferioridade intrínseca da ficção científica e de sua subordinação ao *mainstream* – se tornaram hegemônicos na universidade e no jornalismo cultural brasileiros nas décadas de 1970, 1980 e 1990, e ainda resiste, mesmo em um contexto em forte crescimento da publicação de fantasia e ficção científica no país.

Visão alienígena: pesquisas estrangeiras

O primeiro trabalho universitário conhecido a tratar exclusivamente de FC *brasileira* pertence a um norte-americano, David Lincoln Dunbar, que em 1976 defendeu a tese *Unique Motifs in Brazilian Science Fiction* junto à Arizona State University em Tempe, Arizona. Seu interesse de estudo se concentra principalmente na Primeira Onda da Ficção Científica Brasileira (1958-1972), na qual identifica elementos que a aproximariam mais da FC do tipo *New Wave*, movimento iniciado na Inglaterra, nos anos 1960, e que buscava distanciar-se dos modelos da FC promovida pelo editor norte-americano John W. Campbell

22 Adotado pela *The Encyclopedia of Science Fiction* (terceira edição), o termo foi cunhado pelo crítico estruturalista americano Robert Scholes em *The Fabulators* (1967) para designar "uma história cuja narrativa é destacada de um modo que enfatiza a arbitrariedade inerente das palavras que usamos, das histórias que contamos [...], dos personagens cujas naturezas verdadeiras nunca poderemos examinar, de mundos em que nunca poderemos pisar." Disponível em: http://www.sf-encyclopedia.com/entry/fabulation#sthash.HDpjB05e.dpuf. Acesso em: 3 de janeiro de 2015.

Jr. e lhe dar uma face mais contestatória e mais "literária", assumindo postura mais à esquerda no plano político, e mais experimentalista, no plano literário. Tudo isso numa rejeição também à Guerra Fria e seus subprodutos. Dunbar entendeu que a FC brasileira poderia ser distanciada e singularizada, em relação à norte-americana, em razão de suas diferenças temáticas e de estilo – com ênfase no humor, no erotismo, na menor presença de superciência e tecnologia (em chave semelhante à da *New Wave*), e em aspectos feministas e satíricos em relação à sociedade brasileira. Seu ponto de vista, errôneo a meu ver, é não obstante original e instigante, potencialmente revolucionário – os próprios autores nacionais por ele entrevistados pouco acreditavam em qualquer singularidade da ficção científica do Brasil.[23]

De 2000 a 2004, a pesquisadora norte-americana M. Elizabeth "Libby" Ginway, da Universidade da Flórida em Gainesville, conduziu pesquisa em contato direto com autores e fãs brasileiros de FC, resultando em vários *papers* publicados em revistas acadêmicas norte-americanas, e no *sui-generis* livro *Ficção científica Brasileira: Mitos Culturais e Nacionalidade no País do Futuro* (*Brazilian Science Fiction: Cultural Myths and Nationhood in the Land of the Future*; 2004). Em Ginway também emerge uma FC brasileira particularizada pelo olhar diferenciado do estrangeiro, com o potencial de alterar o modo como enxergamos a nossa produção dentro do gênero. Seu primeiro livro explora os territórios da FC nacional pela perspectiva de uma brasilianista – busca saber o que o gênero tem a dizer a respeito da mentalidade, da formação do espírito de nacionalidade brasileira, e em particular o posicionamento de escritores e intelectuais quanto à fase da modernização do Brasil iniciada a partir dos anos sessenta e do regime militar. Apesar de detentora de um olhar estrangeiro como o de Dunbar, Ginway conhece mais dos conceitos e pontos de vista circulantes na comunidade brasileira de FC do que muitos pesquisadores locais – e também da história da literatura e cultura brasileira em geral. Seu livro se inicia com a Primeira Onda e se estende até 2004. Desenvolve ainda uma substancial discussão do período entre as duas ondas, a década de 1970, caracterizada por uma profusão de distopias e de alegorias contrárias ao regime, à tecnocracia atrelada a ele, e ao processo de modernização que parecia artificial e imposto, aos olhos de muitos setores da sociedade nacional. Em contraste, a FC do período carecia da familiaridade com o gênero demonstrada pelos autores da

23 Para uma discussão das hipóteses de Dunbar, veja a minha tese *Ondas nas Praias de um Mundo Sombrio: New Wave e Cyberpunk no Brasil* (Causo 2013). Eu mesmo discordo, porém, da comparação de Dun¬bar entre a FC brasileira e a *New Wave* anglo-americana (veja o capítulo "Primeira Onda ou Nova Onda?").

Geração GRD, que se moviam para o fundo da cena.[24] Essa análise da produção da década de 1970 é uma das contribuições mais singulares do livro, revelando obras pouco investigadas até então.

Ao falar da Segunda Onda, Ginway também produz o primeiro registro desse momento, no qual ela enxerga tendências diversas que demonstram relacionamentos diferenciados com a globalização e a influência da FC internacional, com destaque para a corrente "tupinipunk" (*cyberpunk* tupiniquim).[25] O livro foi, nos EUA, leitura recomendada pela revista *Locus – The Newspaper of the Science Fiction and Fantasy Field*, e foi indicado a um prêmio acadêmico. É um *turning point* na pesquisa sobre FC brasileira, legitimando sua pesquisa no Brasil e chamando atenção internacional para as suas questões. De fato, o livro se tornou um estudo de caso no que Ginway mais tarde definiu com uma espécie de teoria geral do estudo das ficções científicas de países do Terceiro Mundo, a partir do confronto crítico-teórico dos ícones da FC[26] com os mitos culturais de cada país, proposta elaborada por ela no ensaio "Um Modelo para Analisar a Ficção Científica do Terceiro Mundo: O Caso do Brasil" (2005), incluído no seu livro *Visão Alienígena: Ensaios Sobre Ficção Científica Brasileira* (2010), que foi editado e publicado exclusivamente no Brasil. A autora ainda produziria, com J. Andrew Brown, da Washington University em St. Louis, a antologia de ensaios *Latin American Science Fiction: Theory and Practice* (2012), com textos de Alfredo Suppia, Braulio Tavares e Octávio Aragão, entre outros.

Rachel Haywood Ferreira, da Iowa State University, também trata do Brasil no seu extensivo *The Emergence of the Latin American Science Fiction* (2011). Nesse sentido, de uma integração do Brasil ao contexto da FC latino-americana, também é importante mencionar a antologia crítica *Cosmos Latinos: An Anthology of Science Fiction from Latin America and Spain* (2003), editada por Andrea L. Bell & Yolanda Molina-Gavilán, contendo histórias brasileiras, e também o surgimento da revista eletrônica *Alambique: Revista acadêmica*

24 Não obstante, a persistência da Geração GRD na década de 1970 é substancial, com novos livros de André Carneiro (*Piscina Livre*, de 1980, além de contos em antologias internacionais), Dinah Silveira de Queiroz (*Comba Malina*, 1971), Fausto Cunha (*O Beijo antes do Sono*, 1974, e *O Dia da Nuvem*, 1980), e Rubens Teixeira Scavone (*Passagem para Júpiter e Outras Histórias*, 1971, e *Morte, no Palco*, 1979) e Zora Seljan (*Contos do Amanhã*, 1978)..

25 Também para uma discussão do tupinipunk, veja o capítulo "Tupinipunk: *Cyberpunk* Bra-sileiro" da minha tese Ondas nas Praias de um Mundo Sombrio: *New Wave e Cyberpunk no Brasil* (Causom 2013).

26 Ginway tomou como ponto de partida as reflexões de Gary K. Wolfe em *The Known and the Unknown: The Iconography of Science Fiction* (Kent, OH: Kent State University Press, 1979).

de ciencia ficcíon y fantasia/Jornal acadêmico de ficção científica e fantasia, da University of South Florida Tampa Library, voltada para estudos de FC e fantasia latino-americana (e brasileira), criada por Miguel Ángel Fernández Delgado & Juan Carlos Toledano Redondo em 2012.[27]

Enfim, o *boom* das pesquisas acadêmicas nacionais

Acadêmicos brasileiros, como Francisco Alberto Skorupa, autor do pioneiro estudo (o primeiro sobre FC brasileira) *Viagem às Letras Do Futuro: Extratos de Bordo da Ficção Científica Brasileira: 1947-1975* (2002), passam no início do século XXI a abordar a FC de maneira mais aberta e sem deixar de recorrer aos fãs. O livro de Skorupa se dedica a investigar o emprego do "capital simbólico" do discurso científico pelo gênero, e seu autor faz um balanço da produção crítica do gênero no Brasil, detendo-se particularmente no trabalho de Muniz Sodré, ao qual procura responder:

> A crítica de Muniz Sodré sobre o uso ideológico da ficção científica recai justamente sobre o *space opera*, muito mais preocupada em determinar o bem e o mal – e fazer o uso disso para entreter o leitor – do que em empreender alguma análise ou despertar questionamentos sobre a realidade, tal como fez Wells, por exemplo. Ocorre que este foi um momento da ficção científica anterior ao estudo de Sodré e nos anos 1960 já havia novidades no gênero, que se encarregava de afastar essa fase [...]. (Skorupa, 2002, p. 54)

O argumento não questiona os parâmetros de *A Ficção do Tempo*, e repete a compreensão (já presente em André Carneiro) da *space opera* não como um subgênero da ficção científica (tal como viagens no tempo, histórias de invasão, distopias e outros tantos), mas como sinônimo pejorativo de FC de má qualidade, dessa maneira preservando uma hierarquização que procura contornar a condenação de Sodré.[28] Um confronto com as ideias de Sodré

27 Disponível em http://scholarcommons.usf.edu/alambique/.

28 Esse uso pejorativo da expressão "*space opera*" caiu de uso há algum tempo. Na introdução à antologia *The Space Opera Renaissance* (2006), David G. Hartwell & Kathryn Cramer dão a década de 1970 como o momento em que ele começa a desaparecer (Hartwell & Cramer, 2006, p. 14-16), em grande parte devido à militância do casal de editores Lester & Judy-Lynn del Rey: "nos primeiros anos da década de 1980, os esforços dos del Rey conseguiram alterar inteiramente o significado percebido da '*space opera*'." (2006, p. 16). Para além

só viria com a tese de Ramiro Giroldo, *Alteridade à Margem: Sobre As Noites Marcianas, de Fausto Cunha* (2012), que afirma, por exemplo, que Muniz Sodré "dedica um volume [...] a condenar a ficção científica com base em uma aplicação plana e, portanto, superficial do conceito de indústria cultural" e "não se ampara em exemplos literários [...] para construir sua argumentação, constituindo um olhar crítico com base na ignorância do assunto tratado" (Giroldo, 2012, p. 22).

Assim como Skorupa o fez, recorreram em algum momento aos fãs os acadêmicos Fabiana Camara, que defendeu a dissertação *Fantástica Margem: Metacrítica da Ficção Científica Brasileira* junto à PUC do Rio de Janeiro em 2005; Alexander Meireles da Silva, autor de *Literatura Inglesa para Brasileiros* (2005) e mestre em Literatura de Língua Inglesa com dissertação sobre FC e feminismo, também autor da tese *O Admirável Mundo Novo da República Velha: O Nascimento da Ficção Científica Brasileira no Começo do Século XX* (2008, pela UFRJ); e Carlos Alberto Machado, que defendeu em 2000 junto à Universidade Federal do Paraná a dissertação de mestrado *Contribuições da Ficção Científica para o Conhecimento e a Aprendizagem*. De fato, é sinal explícito da efervescência dos estudos brasileiros de ficção científica o fato de que um levantamento da produção recente na área teria de incluir, além do já mencionado acima, trabalhos como a tese *O Admirável Mundo Novo da República Velha: O Nascimento da Ficção Científica Brasileira no Começo do Século XX* (2008, pela Universidade Federal do Rio de Janeiro), de Alexander Meireles da Silva, autor de *Literatura Inglesa para Brasileiros* (2005) e mestre em Literatura de Língua Inglesa com dissertação sobre FC e feminismo; *Ficção Científica no Brasil: Configurações de Uma Arte Cyberbarroca*, dissertação de mestrado de Suzane Lima Costa defendida na Universidade Federal da Bahia em 2006; *A Fantástica Viagem Imaginária de Augusto Emílio Zaluar: Ensaio Sobre a Representação do Outro na Antropologia e na Ficção Científica Brasileira* (2007), livro de Edgar Indalecio Smaniotto,[29] autor da tese *Eugenia e Literatura no Brasil:*

---

dessa reversão, formas de *space opera* como subgênero ganharam grande relevo dentro da ficção científica a partir da década de 1990 com a assim chamada "Renascença da FC *Hard* Inglesa" e com a *new space opera* (também praticada majoritariamente, ao menos em sua fase inicial, por ingleses): "Os del Reys eram conservadores e disparavam visando a restauração de virtudes antigas, e ao invés atingiram o futuro abriram novas possibilidades para a ambição literária. O que eles fizeram foi permitir e encorajar a conjugação pós-moderna de *marketing* e arte [...] Eles montaram o palco para uma variedade de tipos de novas obras, incluindo a *space opera* pós-moderna." (2006, p. 17). A dupla conclui que a "nova *space opera* dos últimos vinte anos é talvez a fundação da FC de ponta no novo milênio" (p. 18).

29 Resultado da dissertação de mestrado *Uma análise do conceito antropológico do "Outro" na*

Apropriação da Ciência e do Pensamento Social dos Eugenistas pelos Escritores Brasileiros de Ficção Científica (1922 a 1949) (Universidade Estadual Paulista, 2012); *Ficções Científicas Brasileiras e Estadunidenses: Uma Análise Comparativa* (2009), dissertação de Sandra da Conceição Cardoso, defendida junto à Universidade Federal de Juiz de Fora; *A Protoficção Científica de Humberto de Campos* (2009), dissertação de Marcos Maia Vilela defendida na Universidade do Estado da Bahia; a dissertação *Reificação e Utopia na Ficção Científica* (2010) e a tese *A Representação da Luta e a Politização da Arte:* Woman on the Edge of Time *de Marge Piercy Contra as Tendências do Pós-Moderno* (2011), ambas de Elton Furlanetto e ambas pela Universidade de São Paulo; a dissertação *A Recepção do Gênero Cyberpunk na Literatura Brasileira: O Caso Santa Clara Poltergeist*, defendida em 2007 na Universidade Federal do Mato Grosso do Sul por Rodolfo Londero, e sua tese *Futuros Esquecidos: A Recepção Da Ficção Cyberpunk Na América Latina*, defendida na Universidade Federal de Santa Maria em 2011; Ramiro Giroldo, também da UFMS, onde defendeu em 2008 sua dissertação de mestrado, *A Ditadura do Prazer: Ficção Científica E Literatura Utópica em* Amorquia, *de André Carneiro*,[30] e em 2012, na USP, a já mencionada tese *Alteridade à margem: sobre* As Noites Marcianas, *de Fausto Cunha*. *As (In) Definições Críticas da Ficção Científica Brasileira Contemporânea* (2009), de Arnaldo Pinheiro Mont'Alvão Júnior, defendida na UFMS e que resultou em livro de 2010 lançado pela Editora Marca de Fantasia. Cabe ainda ressaltar *Volta ao Mundo da Ficção Científica* (2007), a primeira antologia de ensaios sobre FC escritos por brasileiros, editada por Edgar Cézar Nolasco & Rodolfo Rorato Londero, e lembrar do retorno do livro de introdução ao gênero, com *Ficção Científica: Um Gênero para a Ciência* (2012), de Roberto C. Belli. E enfim, a primeira revista acadêmica voltada para o gênero em suas várias manifestações, *Zanzalá: Revista Brasileira de Estudos de Ficção Científica*.[31]

Em muitos casos, jovens que estão ingressando hoje nas faculdades ou em seus programas de pós-graduação já possuem uma relação de fãs com o gênero, seja a partir de seus interesses pelo gênero nos quadrinhos, em *role-playing games* ou na televisão e cinema, carregando algo da perspectiva dos fãs aos seus projetos acadêmicos. Um exemplo é Caio Bezarias, da USP, estudioso da obra do norte-americano H. P. Lovecraft, com o livro *A Totalidade pelo Horror: O Mito na Obra de Howard Phillips Lovecraft* (2010). Outro exemplo é o de Fábio

---

obra do escritor Augusto Emílio Zaluar (Universidade Estadual Paulista, 2007).

30 Reaproveitada no livro *Ditadura do prazer: sobre ficção científica e utopia* (Giroldo, 2013).

31 Disponível em http://zanzala.ufjf.emnuvens.com.br/zanzala.

Fernandes, também escritor de FC e autor de tese defendida na PUC/SP em 2004, e transformada no livro *A Construção do Imaginário Cyber: William Gibson, Criador da Cibercultura* (2006). Certamente, a cibercultura tornou-se um dos aspectos críticos centrais da Terceira Onda.

Crítica de cinema e FC

O livro *Atmosfera Rarefeita: O Cinema Brasileiro de Ficção Científica* (2013), de Alfredo Suppia – resultado, muito ampliado, de sua tese *Limite de Alerta! Ficção Científica em Atmosfera Rarefeita: Uma Introdução ao Estudo da Fc co Cinema Brasileiro e Outras Cinematografias Off-Hollywood*, defendida na UNICAMP em 2007 –, estende a discussão da FC brasileira para o campo do cinema e sustenta a uma comparação entre os caminhos de nossa produção cinematográfica dentro do gênero, e os da FC na literatura brasileira. Suppia é certamente o principal nome no campo da crítica brasileira da FC no cinema, com atuação internacional e livros como *A Metrópole Replicante: Construindo um Diálogo Entre Metropolis e Blade Runner* (2011).

O quadro da crítica cinematográfica de ficção científica é semelhante ao da crítica literária, evidentemente pouco sistemática e infrequente, mas com uma presença eventual e recuperável, ao longo dos anos. Suppia observa que ela tende a "abordar filmes para além da moldura do gênero, ou no âmbito do cinema de autor" (Suppia, 2014).[32] Ele aponta José Sanz (1915-1987), organizador do Simpósio de FC de 1969 (que aconteceu dentro do II Festival Internacional de Cinema do Rio de Janeiro) como um pioneiro da crítica especializada em cinema de FC, mas lembra que o cinema de FC "também aparece ocasionalmente na crítica de Rubem Biáfora e Benedito Junqueira Duarte (este, personalidade envolvida com o documentarismo científico brasileiro), muito embora quase sempre deslocado de uma perspectiva de gênero" (*Ibidem*). Um outro nome de destaque seria o crítico Jairo Ferreira, que "abraçou com entusiasmo o potencial de 'invenção' do cinema fantástico e da ficção científica em seus escritos fundamentais sobre o Cinema Marginal e o experimentalismo no audiovisual brasileiro – o que pode ser constatado em seu livro *Cinema de Invenção* (1986)" (*Idem*). A FC como gênero também pode ser um segmento dentro de uma pesquisa mais ampla sobre o cinema de gênero, como é o caso do crítico Inácio Araújo, que, segundo Suppia, tem em filmes de FC como objetos de interesse, "embora também muito frequentemente sob uma perspectiva do cinema de autor", enquanto Luiz Carlos

32 Comunicação pessoal por e-mail, 25 de ago 2014.

Merten, "crítico talvez mais afeito ao universo do cinema de gênero (é autor de livros sobre o *western* e o *film noir* americanos), aventura-se pela análise de filmes de ficção científica com menor constrangimento e maior desenvoltura que a média dos jornalistas" (*Idem*).

A crítica, a vanguarda e a FC como questão literária do século XX

André Carneiro costumava condenar a produção recente de crítica literária publicada em jornais e periódicos da imprensa, ao compará-la com a crítica exercida por figuras como Antonio Candido, Álvaro Lins, Carpeaux, Sérgio Milliet e Wilson Martins. Nem sempre, é claro, enxergando o gênero de forma positiva. Como vimos, Carpeaux o reduz a pseudoliteratura ou "literatura de cordel", e Alcântara Silveira discorda diretamente da afirmação de João Camilo de Oliveira Tôrres de que "*a grande solução para a literatura na segunda metade do século XX está na ficção científica*" (Tôrres, 1961, p. 16; grifos no original) – afirmativa que isola a FC de outras formas literárias e lhe dá um caráter "de vanguarda", colocando-a automaticamente em confronto com as pretensões de outras vanguardas. Nesse sentido, Alcântara Silveira rejeita a FC para dar preferência ao *nouveau roman* (Alcântara Silveira, 1961, p. 1), então a última importação francesa, movimento precursor do pós-modernismo, que, na década de 1950, rejeitava os constituintes básicos do romance tradicional, especialmente o narrador onisciente, a narrativa linear, e a caracterização "redonda" dos personagens.

Tôrres levanta então a problemática do realismo na literatura, já questionado e atacado por correntes pós-modernistas, e que iria redundar em linhas distintas justamente de "anti-romance" e de "ficção auto-reflexiva" ou "metaficção" – ao que o acadêmico estruturalista americano Robert Scholes chamou de *fabulation*. Scholes, no ensaio *Structural Fabulation* (1975), retraça o debate da crise da representação da "realidade" pelo romance convencional, e em seguida afirma que "a espécie mais apropriada de ficção que pode ser escrita no presente e no futuro imediato é a ficção que tem lugar no tempo futuro" (Scholes, 1975, p. 17), afirmação que podemos confrontar com a declaração de Tôrres:

> As "antecipações" serão, por muito tempo, o último refúgio do gênero, pois, aí, a fantasia pode trabalhar livremente, uma vez que não se poderão, jamais, controlar pela experiência os fatos vindouros. O futuro será, sempre, o desconhecido puro, o que não poderemos atingir senão pela imaginação. (Tôrres, *op. cit.*, p. 15-16; grifos no original)

Dos dois autores emerge, e de maneira independente, a sugestão (negada por Muniz Sodré) de que a ficção científica é uma alternativa acessível ao grande público, ao mesmo tempo em que é intelectualmente estimulante, para a solução da crise da representação. Segundo Scholes:

> Projetados no futuro, tanto o problema do realismo quanto o da fantasia desaparecem. Não há questão de se "registrar" o futuro, nem de negar as suas veracidades. Todas as projeções futuras são obviamente construções de modelos, poiesis e não mimesis. E livre do problema da correspondência ou não correspondência com algum tipo de veracidade ou com passado previamente experimentado, com seus registros e lembranças, a imaginação pode funcionar sem o autoengano quanto aos seus meios e fins. (Scholes, 1975, p. 18)

Crítica pública especializada e a FC como questão literária

Nenhum dos nomes da crítica e da intelectualidade brasileira mencionados previamente aqui jamais se dedicou *especificamente* à crítica de FC, um fenômeno de especialização que cuidaria de dar maior visibilidade ao gênero e uma fortuna crítica mais vasta e, provavelmente, duradoura. Durante a década de 1960 e 1970, porém, alguns espaços surgiram na imprensa, em geral ocupados por entusiastas do gênero, como Jerônymo Monteiro em São Paulo e Santos, Clóvis Garcia, em São Paulo,[33] e Fernando G. Sampaio em Porto Alegre. Um nome que, nas décadas de 1980 e 1990, se identificou como crítico voltado ao gênero foi o também ficcionista Jorge Luiz Calife – nas páginas do *Jornal do Brasil*. Braulio Tavares, Fábio Fernandes, Raul Fiker e Gilberto Schoereder também tiveram participação na imprensa, com resenhas e estudos sobre FC e outras formas do fantástico. Todos eles possuem alguma conexão com o fandom. No presente, há pelo menos um jornalista com potencial para realizar essa função: Antonio Luiz M. C. Costa, um dos editores da revista *Carta Capital*.[34] É claro, há na Internet um exército de blogueiros que busca cumprir esse papel, com uma atenção desproporcional à ficção científica e fantasia destinada ao público jovem adulto, e para o qual as questões literárias talvez não sejam centrais, perdendo para conceitos como "gosto", "sucesso" e "novidade".

33 Respectivamente "Admirável Mundo Novo" (semanal, em *A Folha de S. Paulo*) e "O Universo e o Tempo" (semanal, em *A Nação*).

34 Sua coluna no site da *CartaCapital* tem concentrado suas resenhas de livros de ficção científica e fantasia: http://www.cartacapital.com.br/autores/antonio-luiz-m-c-costa.

Vimos que os primeiros ensaios brasileiros sobre FC tentavam, em sua maioria, encontrar um sentido para a ficção científica em relação aos dilemas do mundo moderno, e integrá-la – ou rejeitá-la – ao campo da literatura, julgar a sua legitimidade ou respeitabilidade. Nisso há outra questão subjacente, se considerarmos as raízes populares do gênero como ficção *pulp*. Citando Gary K. Wolfe, "como a própria FC, a pesquisa e a crítica do campo têm tido os seus próprios guetos, suas próprias áreas de conflito, suas próprias lutas por respeitabilidade, e suas próprias ambivalências sobre se ela realmente *quer* ser 'respeitável'" (Wolfe, 1995, p. 483). A origem "bastarda" da ficção científica deve ser condenada, ou ela dá ao gênero certa autonomia a ser levada em consideração?

Para um autor como André Carneiro, a FC é uma literatura como qualquer outra, que deve ser julgada em termos de ser "boa ou ruim". Para o norte-americano Orson Scott Card, também autor e crítico, a única esperança do gênero em manter a sua relevância está em *não* ser absorvida pelo meio acadêmico-literário. Clive Bloom parece seguir na mesma direção:

> O que precisamos fazer agora é recuperar o *pulp sem* referência ao cânone [a tradição literária sancionada]... O cânone nos permite ver claramente o porquê do *pulp* ter sido historicamente excluído e transformado no "outro", mas ele também nos permite, através de tais bases, compreender as funções sociais, culturais e *estéticas* do *pulp*, por *seu próprio direito* e condicionada por sua própria complexidade de produção e consumo... O *pulp* é inerentemente instável, e esse é o poder e a razão do *pulp* ser temido. (Bloom, 1998, p. 37)

Nem sempre os próprios autores e fãs de ficção científica possuem essa visão de que o gênero deva ser compreendido "por seu próprio direito", e se apressam a colocar a culpa do seu baixo prestígio em um determinado segmento da FC. Como vimos, no Brasil, provavelmente influenciado por Damon Knight, André Carneiro lançou a *space opera* como o bode expiatório do gênero. A partir de 1967, quando Carneiro publicou *Introdução ao Estudo da "Science Fiction"* contendo o argumento, ele passou a ser repetido no mesmo sentido de "desculpar" a FC junto à intelectualidade e ao público supostamente dotado de "bom gosto".

Com o fim da década de 1960 e até o início do século XXI, a ficção científica perdeu a atenção dos intelectuais e da imprensa brasileiros, no debate público. O número de ensaios apreciativos do gênero, e o debate em torno dele, caiu acentuadamente, desapareceram as colunas especializadas nos jornais. Ao que parece, a FC deixou de ser um "gênero novo", na medida em que a sua presença se tornou habitual nas livrarias, especialmente em obras traduzidas, e no cinema de ficção científica do tipo *blockbuster* surgido a partir de 1977, com *Guerra nas Estrelas*. Se a FC se tornou "a grande solução para a literatura na segunda metade do século XX", como sugeriu João Camilo de Oliveira Tôrres, seu advento passou despercebido para a *intelligentsia* literária nacional. Por outro lado, na década de 1960 alguns já afirmavam que a ciência e a tecnologia teriam superado o gênero – denúncia que continua sendo repetida (e provavelmente continuará a ser repetida, século XXI adentro, apesar do advento da Internet, das mídias móveis e das redes sociais digitais). De lá para cá e apesar da repetição do velho argumento, o gênero floresceu no mundo anglo-americano de maneira sem precedentes. No Brasil, novos autores também surgiram, com perspectivas diferentes daqueles pertencentes à Primeira Onda, e a crítica (especialmente aquela realizada por fãs) deixou de tentar situar o gênero no panorama literário, para se especializar em aspectos como a história da FC no Brasil, o sentido dessa produção, e os diversos subgêneros que a compõem (*cyberpunk* e utopia são alguns dos assuntos favoritos). Antes tarde do que nunca – em 1988 –, a questão da adequação dessa literatura tão associada ao Primeiro Mundo e aos países anglo-americanos, ao cenário terceiro-mundista local, foi levantada entre os autores, por meio de Ivan Carlos Regina e o seu "Manifesto antropofágico da Ficção Científica Brasileira".[35]

A crítica produzida em paralelo à Segunda Onda tem o seu próprio mérito e função, ao levantar questões como essa e ao produzir suas próprias referências críticas (as diversas Ondas) e autores canônicos (ainda que de posição precária), mas talvez fique a saudade de um tempo e de uma oportunidade que a ficção científica teve para firmar-se em nosso país como um fenômeno que obrigava os intelectuais a se posicionarem (contra ou a favor) diante dele. Hoje, uma segunda oportunidade parece se apresentar, com um momento acadêmico especialmente fértil em enfoques sobre o gênero, em paralelo a um intenso movimento editorial que privilegia a ficção científica escrita localmente. Além disso, pela segunda vez na história da FC brasileira, vemos o gênero ensaiar sua inserção no panorama literário brasileiro como *questão literária*, pela militância crítica e editorial do consagrado autor *mainstream* Nelson de Oliveira, que a

35 Walter Martins já havia ensaiado essa discussão em 1969, quando entrevistou os escritores Brian W. Aldiss, Poul Anderson, John Brunner, Harlan Ellison, Robert A. Heinlein, Damon Knight, e Frederik Pohl, perguntando, por exemplo: "Deveria haver uma diferença na FC publicada em um país desenvolvido, se comparada a um país subdesenvolvido? Você acha que haveria problemas diferentes envolvendo a criação de temas, ambientação e heróis?". Veja "Cápsula do Tempo: Entrevistas do Simpósio de FC" (Causo & Martins, 2010).

partir de 2008 passa a escrever ficção científica como "Luiz Bras". No ensaio "Convite ao mainstream" [*sic*] (2009) em sua coluna mensal "Ruído branco" no *Rascunho: o Jornal Brasileiro de Literatura*, ele lança uma provocação e um projeto: renovar a ficção literária nacional pela riqueza temática e pertinência contemporânea da FC, além da efervescência do seu fandom (Bras, 2011, pp. 28-33). Pouco depois, na coluna "Duas Elites", convocou personalidades de ambos os campos (o *mainstream* e a FC) para opinarem sobre a divisão de valores entre alta literatura e ficção de gênero. Seu projeto vem acompanhado de uma produção substancial de antologias como *Futuro presente: Dezoito Ficções Sobre o Futuro* (2009), *As Cidades Indizíveis* (editada com Fábio Fernandes, 2011), e o Projeto Portal: seis revistas semestrais (2008 a 2012) com a mesma proposta de misturar autores de gênero com os de alta literatura – entre eles André Carneiro, Ataíde Tartari, Carlos André Mores, Deonísio da Silva, Edla van Steen, Hilton James Kutscka, Ivan Hegenberg, Luiz Roberto Guedes, Márcio Souza, Paulo Sandrini e Rinaldo de Fernandes, entre outros.

Outra frente foi aberta com a antologia *Geração Subzero: 20 Autores Congelados pela Crítica, mas Adorados pelos Leitores* (2012),[36] editada por Felipe Pena (da Universidade Federal Fluminense) como plataforma para disparar contra o *establishment* literário nacional afirmativas como esta: "Boa parte da literatura brasileira contemporânea presta um desserviço à leitura. Os escritores não estão preocupados com os leitores, mas com a satisfação da vaidade intelectual." (Pena, 2012, p. 9). Constatação corajosa no contexto, embora já constante do ambiente literário brasileiro, ou mais apropriadamente na sua orla, por movimentos como o Grupo Silvestre e seu manifesto pela popularização da ficção[37] e citado no texto de Pena (que é um dos signatários). A provocação

---

36 Apenas uma parte dos contos incluídos na antologia são ficção científica.

37 "Nós, autodenominados 'grupo silvestre', signatários deste manifesto, apresentamos algumas propostas para a literatura brasileira contemporânea.

1. Em literatura, entretenimento não é passatempo. É sedução pela palavra.

2. Tudo é linguagem, mas a narrativa é a base da literatura. Uma história bem contada é o objetivo que perseguimos.

3. A ficção brasileira precisa ser acessível a uma parcela maior da população. O que não significa produzir narrativas pobres ou mal elaboradas. Rejeitamos o rótulo de superficialidade. Escrever fácil é muito difícil.

4. Os academicismos, jogos de linguagem e experimentalismos vazios não nos interessam. Respeitamos a produção que segue estes parâmetros, mas nosso caminho é inverso.

5. Estamos preocupados com a formação de leitores assíduos e frequentes para a ficção brasileira.

chamou a atenção do jornalismo cultural, mas passou em branco pela crítica acadêmica. Na resenha de João Cezar de Castro Rocha (UERJ), no jornal *O Globo*, o autor dispensa a questão levantada pela antologia, afirmando que a literatura brasileira já se reconciliou com a narrativa, segundo ele, um "falso dilema". Também escreve que a antologia "possui o mérito de ampliar o horizonte da discussão, por meio da incorporação de autores que se dedicam prioritariamente a gêneros considerados 'menores'",[38] embutindo aí um julgamento absoluto, sem questionar se a narrativa e o valor de entretenimento proposto por Pena teria alguma especificidade em torno da ficção de gênero. Há ainda, na crítica de Rocha, certa impertinência acadêmica a respeito de terminologia e conceitos, como se um texto editorializante em uma antologia de contos fosse um *paper* sob escrutínio escolar.

Não obstante, iniciativas como as de Nelson de Oliveira e Felipe Pena marcam a conjuntura da Terceira Onda da Ficção Científica e continuam carregando o gênero e o seu lugar no sistema literário brasileiro, efetivo ou potencial, como uma questão literária proposta para o século XXI.

Bibliografia

---

6. A literatura não pode se limitar a uma elite que dita regras, cria rótulos e se autoenaltece em resenhas mútuas, eventos e panelas.
7. O autor pode e deve se esforçar pela disseminação de sua obra, o que significa se envolver com a distribuição, o marketing e demais processos da produção.
8. Gostamos de enredos ágeis e cativantes. E valorizamos títulos que chamem a atenção do leitor e despertem a vontade de chegar até o livro.
9. Não colocamos o desejo soberano de ser lido como única origem do processo criativo. Mas queremos espaço para aqueles que têm tal desejo.
10. Apesar da tão apregoada diversidade da prosa nacional, uma parcela da crítica acadêmica dividiu-a em pólos [sic] antagônicos. Quem não é moderninho, é superficial. E ponto final. Rejeitamos esse maniqueísmo que produz distorções, afasta leitores e joga sua névoa sobre o mundo literário.

Assim, reunidos na Livraria da Travessa, no Leblon, Rio de Janeiro, aos dois dias de fevereiro do ano de dois mil e dez, subscrevemos este manifesto e inauguramos a ata oficial do grupo, com espaço para adendos e observações.".

O manifesto é assinado por Lucia Bettencourt, Angela Dutra de Menezes, Celina Portocarrero, Luis Eduardo Matta, Felipe Pena, Thomaz Adour, Barbara Cassará, Halime Musser Ana Cristina Mello, Marcela Ávila. Disponível em: <http://oglobo.globo.com/blogs/prosa/posts/2010/02/27/manifesto-do-grupo-silvestre-pela-popularizacao-da-ficcao-269830.asp>.

38 "'Geração Subzero' Mostra Impasses da Ficção de Entretenimento" (Rocha, 2012).

ALDISS, Brian W. "A Brief History". In: WINGROVE, D. *The Science Fiction Source Book*. Nova York: VNR, 1984, p. 9-20.

ALLEN, L. David. *No Mundo da Ficção Científica* (*Science Fiction Reader's Guide*). São Paulo: Summus Editorial, s.d.

ARAÚJO, Laís Corrêa de. "Ficção Científica: Nova Dimensão do Humano". *Minas Gerais: Suplemento Literário*, 24 de ago. 1968, p. 10.

BARRON, Neil (org.). *Anatomy of Wonder 4: A Critical Guide to Science Fiction*. New Providence, NJ: R. R. Bowker, 1994.

BELL, Andrea L. & MOLINA-GAVILÁN, Yolanda (orgs.). *Cosmos Latinos: An Anthology of Science Fiction from Latin America and Spain*. Middleton, CT: Wesleyan University Press, 2003.

BELLI, Roberto C. *Ficção Científica: Um Gênero para a Ciência*. Blumenal, SC: Edifurb, 2012.

BLOOM, Clive. *Cult Fiction: Popular Reading and Pulp Theory*. Nova York: St. Martin's Press, 1998.

BRANCO, Frederico. "Crise e Recuperação da SF". *O Estado de S. Paulo*, 24 de ago. 1963, p. 4.

CAMPOS, Humberto de. *Crítica: Terceira Série*. São Paulo/Rio de Janeiro/Porto Alegre: W.M. Jackson, Inc. Editores, 1947.

CARDOSO, Athos Eichler. *O Que é Aventura*. São Paulo: Editora Brasiliense, Coleção Primeiros Passos, n. 196, 1987.

______."As Revistas de Emoção no Brasil (1934-1949): O Último Lance da Invasão Cultural Americana". Comunicação apresentada no NP-Produção Editorial do IX Encontro de Núcleos de Pesquisa em Comunicação, evento componente do XXXII Congresso Brasileiro de Estudos Interdisciplinares da Comunicação. Curitiba, PR – 4 a 7 de setembro de 2009. Disponível em PDF em http://www.intercom.org.br/papers/nacionais/2009/resumos/R4-1833-2.pdf.

CARNEIRO, André. *Introdução ao Estudo da "Science Fiction"*. São Paulo: Conselho Estadual de Cultura, Comissão de Literatura, 1967.

CARPEAUX, Otto Maria. "Science-fiction". *O Estado de S. Paulo*, São Paulo, 16 de mai. 1959, p. 1. Também em *Ensaios reunidos: 1946-1971: Volume II*,

Carpeaux, Otto Maria. Rio de Janeiro: UniverCidade Editora/Topbooks, 2005, p. 466-67.

CAUSO, Roberto de Sousa. *Ficção Científica, Fantasia e Horror no Brasil: 1875 a 1950*. Belo Horizonte: Editora UFMG, Coleção Origens, 2003.

_____. *Os Melhores Contos Brasileiros de Ficção Científica*. São Paulo: Devir Livraria, Pulsar, 2007.

CAUSO, Roberto de Sousa; Martins, Walter. "Cápsula do Tempo: Entrevistas do Simpósio de FC". *Terra Magazine*, 27 de fev. 2010. Disponível em http://terramagazine.terra.com.br/ficcaoespeculativa/blog/2010/02/27/capsula-do-tempo-entrevistas-do-simposio-de-fc/

_____. *Ondas nas Praias de um Mundo Sombrio:* New Wave *e* Cyberpunk *no Brasil*. Tese de doutorado em Letras, Estudos Linguísticos e Literários em Inglês – FFLCH-USP, São Paulo, 2013. Disponível no site *Contos de Terror*, em http://www.contosdeterror.com.br/books/tesercauso.pdf/.

CAUSO, Roberto de Sousa; Martins, Walter. "Cápsula do Tempo: Entrevistas do Simpósio de FC". *Terra Magazine*, 27 de fev. 2010. Disponível em http://terramagazine.terra.com.br/ficcaoespeculativa/blog/2010/02/27/capsula-do-tempo-entrevistas-do-simposio-de-fc/

CLUTE, John & Nicholls, Peter (orgs.). *The Encyclopedia of Science Fiction*. Nova York: St. Martin's Press, 1993.

COUTINHO, Afrânio & Sousa, J. Galante de (orgs.) *Enciclopédia Literária Brasileira* (em dois volumes). Rio de Janeiro: Oficina Literária Afrânio Coutinho/Fundação de Assistência ao Estudante, 1990.

_____. *Enciclopédia Literária Brasileira* (em dois volumes). São Paulo/Rio de Janeiro: Global Editora/Fundação Biblioteca Nacional/Academia Brasileira de Letras, 2001.

CUNHA, Fausto. "Ascenção e Queda da Ficção Científica". *Revista Civilização brasileira,* n. 13, mai. 1967, p. 133-49.

_____. "Ficção Científica no Brasil: Um Planeta Quase Desabitado". In: ALLEN, D. *No mundo da ficção científica* (*Science fiction reader's guide*). São Paulo: Lua Nova Editora, s.d. [1974], p. 5-20.

DICKSON, Gordon R. "Ten Years of Nebula Awards". In: GUNN, J. *Nebula Awards Ten*. Nova York: Berkley, 1976, p. 91-98.

DUNBAR, David Lincoln. Tese de Doutorado – Arizona State Uni., Temple, 1976.

FERREIRA, Jairo. *Cinema de Invenção*. São Paulo: Limiar, 2000 [1986].

FIDELI, Finisia. "A Revolução Feminista da FC". *Cult: Revista Brasileira de Literatura*, n. 6, jan. 1998, p. 52-56.

FIKER, Raul. *Ficção Científica: Ficção, Ciência ou Uma Épica da Época?*. Porto Alegre: L&PM Editores, Coleção Universidade Livre, 1985.

GAMO, Alessandro (org.). *Jairo Ferreira: Críticas de Invenção, Os Anos do São Paulo Shimbun*. São Paulo: Imprensa Oficial, 2006.

GARCIA, Clóvis. "O Homem Moderno na Ficção Científica". *O Estado de S. Paulo*, 19 de ago. 1961, p. 3.

GINWAY, M. Elizabeth. *Brazilian Science Fiction: Cultural Myths and Nationhood in the Land of the Future*. Lewisburg: Bucknell University Press, 2004.

______. *Visão Alienígena: Ensaios Sobre Ficção Científica Brasileira*. São Paulo: Devir Livraria, Coleção Enciclopédia Galáctica, 2010.

GINWAY, M. Elizabeth; BROWN, J. Andrew (org.). *Latin American Science Fiction: Theory and Practice*. Nova York: Palgrave Macmillan, dez. 2012.

GIROLDO, Ramiro. *Ditadura do Prazer: Sobre Ficção Científica e Utopia*. Campo Grande, MS: Editora UFMS, 2013.

HARTWELL, David G. & CRAMER, Kathryn. "Introduction: How Shit Became Shinola: Definition and Redefinition of Space Opera". In: HARTWELL, D.; CRAMER, K. (orgs.).*The space opera renaissance*. Nova York: Orb, 2006, p. 9-18.

HUTCHEON, Linda. *A Poetics of Postmodernism: History, Theory, Fiction*. Londres: Routledge, 1988.

KUIPER, Kathleen (org.). *Merriam-Webster's Encyclopedia of Literature*. Springfield: Merriam-Webster Inc., 1995.

KNIGHT, Damon. *In Search of Wonder*. Chicago: Advent Publishers, 1967.

LARBALESTIER, Justine (org.). *The Battle of Sexes in Science Fiction*. Middletown, Connecticut: Wesleyan University Press, 2002.

LEVIN, Willy. "Mais Ficção e Menos Ciência". *O Estado de S. Paulo*, São Paulo, 16 mai. 1964, p. 3.

LEWIS, C. S. *Um Experimento mm Crítica (An Experiment in Criticismo)*. São Paulo: Editora da UNESP, 2009 [1961]. Tradução de João Luís Ceccantini.

______. "High and Low Brow". In: HOOPER, W. *Literary Essays*. Cambridge: Cambridge University Press, 1969.

LUIZ BRAS (Oliveira, Nelson de). "Convite ao Mainstream". In: BRAS, L. *Muitas Peles*. São Paulo: Terracota Editora, 2011, p. 28-33. Publicado originalmente em *Rascunho: o Jornal Brasileiro de Literatura*, Curitiba, abr. 2009, p. 18. Disponível em http://rascunho.gazetadopovo.com.br/wp-content/uploads/2012/02/Book_Rascunho_108.pdf.

______. "Duas elites". In: BRAS, L. *Muitas Peles*. São Paulo: Terracota Editora, 2011, p. 47-62.

LUPOFF, Richard A. "My aunt Cora". In: LUPOFF, R. *What if? Volume 2: Stories That Should Have Won the Hugo*, Nova York: Pocket Books, 1981, p. 7-11.

MCCRACKEN, Scott. *Pulp: Reading Popular Fiction*. Manchester: Manchester University Press, 1998.

MACEDO, Luiz Antônio (org.). *Críticas de B. J. Duarte: Paixão, Polêmica e Generosidade*. São Paulo: Imprensa Oficial, 2009.

MARTIN, Wilson. "Um Realista Mágico". In: MARTIN, W. *Pontos de Vista (Crítica Literária) Volume 8: 1968/1969/1970*, São Paulo: T. A. Queiroz Editor, 1994, p. 96-100. Publicado originalmente em *O Estado de S. Paulo*, 7 de set. 1968.

MEDEIROS, Ruby Felisbino. *Índice de Contos de Ficção Científica e Fantástico*. Porto Alegre: edição do autor, 1999.

MOTTA, Carlos. *Críticas de Rubem Biáfora: a coragem de ser*. São Paulo: Imprensa Oficial, 2006.

MUNIZ SODRÉ. *A Ficção Do Tempo: Análise da Narrativa de Science Fiction*. Petrópolis, RJ: Editora Vozes, 1973.

______. *Best-seller: A Literatura de Mercado*. São Paulo: Ática, 1985.

NASCIMENTO, R. C. *Quem é Quem na Ficção Científica Volume I: a Coleção Argonauta*. São Paulo: Edição do Autor, 1985.

______. *Quem é Quem na Ficção Científica Volume II: catálogo de ficção científica em língua portuguesa: 1921-1993*. São Paulo: Qnat Fantasia e Ficção Científica, 1994.

OLINTO, Antônio. "Ficção Científica". In: OLINTO, A. *Cadernos de Crítica*, Rio de Janeiro: José Olympio Editora, 1959.

OLIVEIRA, Nelson de & FERNANDES, Fábio (orgs.). *As Cidades Indizíveis*. Rio de Janeiro: Llyr Editorial, ago. 2011.

OTERO, Léo Godoy. *Introdução a Uma História da Ficção Científica*. São Paulo: Nova Lua Editora, 1987.

PAES, José Paulo. *Gregos & Baianos*. São Paulo: Brasiliense, 1985.

______. *A Aventura Literária: Ensaios Sobre Ficção e Ficções*. São Paulo: Companhia das Letras, 1990.

PENA, Felipe (org.). "Introdução". In: PENA, F. (org.). *Geração Subzero: 20 Autores Congelados pela Crítica, mas Adorados pelos Leitores*, Rio de Janeiro: Editora Record, 2012, p. 9-19.

ROBERTS, Adam. *Science Fiction*. Londres & Nova York: Routledge, Série The New Critical Idiom, 2004 [2000].

ROCHA, João Cezar de Castro. "'Geração Subzero' Mostra Impasses da Ficção de Entretenimento". *O Globo*, 21 jul. 2012. Disponível em http://oglobo.globo.com/blogs/prosa/posts/2012/07/21/geracao-subzero-mostra-impasses-da-ficcao-de-entretenimento-456396.asp.

SANZ, José (org.). *SF Symposium/Simpósio de FC*. Rio de Janeiro: Instituto Nacional do Cinema, 1969.

SCHOEREDER, Gilberto. *Ficção Científica*. Rio de Janeiro: Francisco Alves, 1986.

SCHOLES, Robert. *Structural Fabulation: An Essay on Fiction of the Future.* Notre Dame & Londres: University of Notre Dame Press, 1973.

SELJAN, Zora. *Contos do Amanhã.* Rio de Janeiro: Cátedra/Instituto Nacional do Livro/Ministério da Educação e Cultura, 1978.

SILVA, Cesar & BRANCO, Marcello Simão. *Anuário Brasileiro de Literatura Fantástica 2007.* São Paulo: Tarja Editorial, 2008.

SILVA, Fernando Correia da & BRITO, Wilma Pupo Nogueira (orgs.). *Maravilhas da Ficção Científica.* São Paulo: Cultrix, 1958.

SILVEIRA, A. "Ficção Científica". *O Estado de São Paulo,* São Paulo, 4 de nov. 1961, p. 1.

SKORUPA, Francisco Alberto. *Viagem às Letras do Futuro: Extratos de Bordo da Ficção Científica Brasileira: 1947-1975.* Curitiba: As Quatro Ventos, 2002.

SMANIOTTO, Edgar Indalecio. *A Fantástica Viagem Imaginária de Augusto Emílio Zaluar: Ensaio Sobre a Representação do Outro na Antropologia e na Ficção Científica Brasileira.* Rio de Janeiro: Editora Corifeu, 2007.

SMITH, Erin A. *Hard-Boiled: Working-Class Readers and Pulp Magazines.* Filadélfia: Temple University Press, 2000.

SNOW, C. P. *The Two Cultures.* Cambridge: Cambridge University Press, 1996.

SUPPIA, Alfredo. *A Metrópole Replicante: Construindo um Diálogo entre Metropolis e Blade Runner.* Juiz de Fora, MG: Editora UFJF, 2011. Prefácio de Fernão Ramos.

______. *Atmosfera Rarefeita: A Ficção Científica no Cinema Brasileiro.* São Paulo: Coleção Enciclopédia Galáctica, Devir Livraria, 2013.

TAVARES, Braulio. *O que é Ficção Científica.* São Paulo: Brasiliense, 1985.

______. "As Origens da Ficção Científica no Brasil". *D. O. Leitura,*n. 138, 12 nov 1993, p. 2-3.

______. *O Rasgão No Real: Metalinguagem e Simulacros na Narrativa de Ficção Científica,* João Pessoa, PB: Marca de Fantasia, Coleção Quiosque 15, 2005.

______. *A Pulp Fiction de Guimarães Rosa.* João Pessoa, PB: Marca de Fantasia,

Série Veredas 5, 2008.

TÔRRES, João Camilo de Oliveira. "A Ficção Científica Como Fantasia Pura ou A Vingança de Dom Quixote". In: DOREA, G. R. (org.). *Antologia Brasileira de Ficção Científica*, Rio de Janeiro: Edições GRD, Ficção Científica GRD, n. 6, 1960, p. 7-16. Publicado originalmente na *Revista do livro*, n. 18, ano V, jun. 1960, p. 185-89.

TOSI, Juliano (org.). *Críticas de Inácio Araújo: Cinema de Boca em Boca, Escritos Sobre Cinema*. São Paulo: Imprensa Oficial, 2010.

VERSINS, Pierre. *Encyclopédie de L'utopie et de la Science Fiction*. Lausanne: Editions L'Age d'Homme, 1972.

WESTFAHL GARY & SLUSSER, George, eds. *Science Fiction and the Two Cultures: Essays on Bridging the Gap Between the Sciences and the Humanities*. Jefferson, NC: McFarland, 2009.

WINGROVE, David (org.). *The Science Fiction Source Book*. Nova York: VNR, 1984.

WOLFE, Gary K. "History and Criticism". In: NEIL, B. *Anatomy of Wonder 4: A Critical Guide to Science Fiction*, New Providence, NJ: R. R. Bowker, 1995.

EUGENIA, A MULHER E A POLÍTICA NA LITERATURA UTÓPICA BRASILEIRA (1909-1929)

M. Elizabeth Ginway

As utopias brasileiras surgem durante a Primeira República (1889-1929), quando as estruturas políticas e econômicas começam a se tornar inadequadas para assumir os desafios e a agitação dos novos setores urbanos. Ao focalizar questões de melhoramento e regeneração do país, as utopias dispõem de conceitos da eugenia, higiene e saneamento com uma visão conservadora, quando não racista, da sociedade brasileira. Naturalmente, a história literária brasileira oficial dá preferência às obras mais experimentais do modernismo que incluem traços críticos e multiculturais da sociedade brasileira. Mas, se considerarmos as utopias a partir do ponto de vista da mulher, podemos traçar uma história paralela ao modernismo oficial, talvez menos rica literariamente, porém culturalmente reveladora.

Após um curto panorama geral sobre a eugenia no Brasil, o presente estudo tratará de quatro textos da literatura utópica brasileira: *São Paulo no Anno 2.000* (1909) de Godofredo Emerson Barnsley, *O Reino de Kiato (no Paiz da Verdade)* (1922) de Rodolpho Theophilo, *O Presidente Negro ou O Choque das Raças* (1926) de Monteiro Lobato, e *Sua Excia. a Presidente no Anno 2.500* (1929) de Adalzira Bittencourt. Nas duas primeiras obras ressalta-se a mulher no papel de mãe, enquanto nas outras duas vê-se mais a mulher no papel de esposa e parceira em ação no espaço público. Como contra-exemplo destas quatro utopias, analisarei brevemente *Virgindade Inútil: Novela de uma Revoltada* (1927), de Ercília Nogueira Cobra – um romance de teor satírico e distópico que retrata uma sociedade imaginária na qual a protagonista se rebela contra a repressão da sexualidade feminina e a necessidade do casamento, longe do retrato da mulher como parte da família, conforme observado nas utopias.

Ainda que várias destas obras tenham sido discutidas por vários críticos, inclusive Aparecida Teresinha del Fiorentino (1979), Daphne Patai (1982), Susan Quinlan (1994), Quinlan e Peggy Sharpe (1996), Susan Besse (1996), Roberto de Sousa Causo (2003), Rachel Haywood Ferreira (2011) e Edgar Indalencio Smaniotto (2011), os diversos estudos, com a exceção de Causo e Smaniotto, se concentram em só uma ou duas obras utópicas, focalizando os excessos do conteúdo eugênico sem distinção entre as duas escolas principais de teoria eugênica: a neo-lamarckiana e a mendeliana.[1] Minha proposta é analisar o papel da mulher em quatro utopias como maneira de diferenciar as linhas de pensamento eugênico e sua filiação política. Assim, pretendo contrastar a organização social da Primeira República e sua base na família patriarcal (na qual se destaca o papel materno), com a do regime corporativista e autoritário de Getúlio Vargas e sua base na figura do presidente (em que se ressalta o papel feminino de esposa e coajuvante). Além disso, examinarei as associações religiosas pouco estudadas dos textos, que também sublinham ideia de sacrifício para o bem social e coletivo.

Modelos biológicos e sociais: representando a sociedade como corpo

No início do século XX, acreditava-se que eugenia podia remediar o mal social caracterizado como "degeneração." Os eugenistas no Brasil esperavam promover a nova ciência como maneira de transmitir saúde e genes fortes para futuras gerações da nação. A ideia de "regeneração", discutida amplamente no estudo de Nancy Stepan, *The Hour of Eugenics* (1991), tem sua origem nas duas correntes de eugenia debatidas no início do século XX: a escola neo-lamarckiana, mais preocupada com o saneamento e higiene, e a mendeliana, mais focalizada na genética e hereditariedade. As duas escolas se confundem no Brasil, mas

1 Stepan explica o lema sanear é eugenizar na descrição das duas escolas (Stepan, 1990, p. 120-121). A eugenia no Brasil se baseava principalmente na teoria neo-lamarckiana que predominava na França, com a qual o Brasil tinha fortes conexões científicas e culturais, e não na teoria mendeliana que prevalecia na Grã-Bretanha, nos Estados Unidos, na Alemanha (Stepan, 1991, p. 8). O mendelismo só ganhava força no Brasil nos anos 1920 nos 1930, porque, adotada nos Estados Unidos, divulgava-se pelo treinamento de novos cientistas brasileiros lá (*Ibidem*, p. 199).

inicialmente predominou a neo-lamarckiana, na qual se acreditava que, com a adoção de hábitos e práticas saudáveis, seria possível transmitir características adquiridas para os filhos (Stepan, 1991, p. 25). Stepan documenta, inclusive, que se consideravam problemas como o alcoolismo, as péssimas condições de moradia e o cansaço físico resultante do trabalho excessivo como questões eugênicas, ambas causas e sintomas de doenças hereditárias (p. 91-92). Acreditava-se também que a contribuição genética da mulher para o filho era maior que a do homem; segundo o médico eugênico Renato Kehl, a hereditariedade se baseia mais no elemento feminino do que no masculino (1935, p. 298). Então, por isso a educação da mãe se torna central no programa eugênico, como veremos nas obras de Barnsley e Theophilo. Apesar da forte presença de conceitos neo-lamarckianos no Brasil, o mendelismo começa a entrar no discurso eugênico brasileiro no final da década de 1920. Nas obras de Lobato e Bittencourt, a mulher age mais como advogada de política eugênica, e vê-se mais interesse no que diz respeito à questão racial.

Assim, ao examinar as utopias literárias da primeira parte do século XX, a figura da mulher fica dividida entre os papéis de mãe cuidadosa e de esposa ativa. Para Joan Scott, o poder feminino está presente dentro da história do feminismo em duas formas, dividido entre as mulheres que se colocam dentro do lar (as "mães"), e as que se projetam no espaço masculino (as "oradoras").[2] Estas duas imagens da feminilidade se encaixam bem nas quatro utopias aqui examinadas, porque nas obras de Barnsley e Theophilo ressalta-se o papel das mães e a eugenia neo-lamarckiana, enquanto nas de Lobato e Bittencourt retrata-se o papel da esposa no papel de "oradoras," e a defesa de uma visão de eugenia mendeliana.

Em contrapartida, na obra de Ercília Nogueira Cobra, *Virgindade Inútil*, retrata-se a vida de uma mulher solteira sem se atender às pressões eugênicas. Cobra descreve a sociedade de Bocolândia, onde tudo é controlado pelos homens, até o corpo da mulher. Exercendo um espírito rebelde, a protagonista de Cobra rejeita a família tradicional concebida pela sociedade da Primeira República, preferindo a vida solitária e independente. Ela oferece uma visão crítica de uma sociedade na qual as mulheres virgens precisam sempre ser vigiadas e protegidas pela família patriarcal até o casamento. Mais alegórico e sentimental do que o romance proletário *Parque Industrial* (1933), de sua contemporânea Patrícia Galvão, o romance de Cobra retrata as dificuldades de uma mulher solteira de orientação liberal e boêmia.

---

2 Para uma explicação mais detalhada destas denominações, veja Scott, 2002.

Maternidade como destino: A Velha República em Barnsley e Theophilo

Com formação na área de medicina, Godofredo Emerson Barnsley, um dentista paulista, e Rodolpho Theophilo, um farmacêutico cearense, inspiraram-se a escrever literatura com base em ideias eugenistas. Barnsley ambienta seu romance numa São Paulo do futuro, enquanto Theophilo elege uma ilha isolada do resto do mundo, Kiato, como palco de sua utopia. Os dois dedicam uma boa parte de seus textos à saúde feminina, mencionando reformas na área de agricultura e urbanização para completar o retrato da sociedade utópica. Como obras didáticas e descritivas, um aspecto interessante para a presente análise diz respeito a como se descreve a organização de cada sociedade: em Barnsley é a hierarquia do "automóvel social" (1909, p. 156-63), e em Theophilo o conjunto de "kiatisitos", pequenas comunidades igualitárias de 100.000 pessoas, cada uma governada por três homens escolhidos pelo rei, de três em três anos (1922, p. 85-86).

Nas estruturas sociais destas utopias, vemos resquícios da monarquia brasileira e as marcadas diferenças de classes sociais que continuam durante a Primeira República. Embora Barnsley descreva a sociedade em termos de uma máquina que se associa com movimento e dinamismo, o seu "automóvel" é uma réplica das rígidas divisões de classe, de uma sociedade hierárquica e estática, ainda que "saudável" (1909, p. 155-214). No caso de Theophilo, a população vive em condições mais uniformes e quase igualitárias, em vilas criadas por um decreto do antigo rei. Embora a monarquia já não detenha o mesmo poder político, e o contemporâneo rei Niel seja um cidadão como qualquer outro – vivendo num regime "liberal", sem as regalias costumeiras (Theophilo, 1922, p. 75) – as estritas leis eugênicas foram implementadas duzentos anos antes pelo regime autocrático do avô. Estas leis acabaram com todas as doenças e criminalidade no reino. A ideia da monarquia não só remete ao regime imperial brasileiro do século XIX, mas também é ressaltada pelo nome do protagonista norte-americano, John "King" Paterson, o qual, depois da visita a Kiato, logo se torna cidadão do país. Desta forma, King Paterson segue o exemplo ou padrão do "rei" kiatense, adotando o "reino" eugênico.

O ponto em comum das duas utopias descritas, portanto, é a ênfase na mulher no papel de mãe que serve como base da sociedade. Na utopia de Barnsley, *São Paulo no ano 2000*, há inumeras páginas dedicadas à falta de atividade física e aos males da indumentária feminina que prejudica a saúde e a reprodução, como documenta Haywood Ferreira na sua discussão da obra (Haywood Ferreira,

2011, p. 60-63). Porém, Barnsley mostra que, na sociedade futura de São Paulo, as mulheres praticam ginástica ao ar livre em roupas "sensatas" (Barnsley, 1909, p. 9-11), para assim garantir a saúde da prole. Assim, a mulher fica no centro do texto, numa versão moderna e eugênica da tradicional família patriarcal. Como observa Susan Besse, para a elite conservadora modernizante dessa época, as crianças representam "o capital" que precisa ser zelado para que se realize o progresso do país e a glória da pátria (Besse, 1996, p. 91).

Na utopia de Rodolpho Theophilo, *O Reino de Kiato* (1909), o papel da mulher é mais rigorosamente legislado, como todos os aspectos de vida. O guia ao país de Kiato informa Paterson que as mulheres trabalham só até casar, recebendo ampla educação nas áreas de maternidade e puericultura. Apesar de sua importância, no dia da celebração nacional não há mulheres na multidão nas ruas, pois elas estão cuidando da casa e dos filhos. O guia explica que só "nos paizes em decadência a mulher masculinisa-se e assiste a todas as festas" (Theophilo, 1922, p. 143). Reconhece, ao mesmo tempo, que as mulheres possuem ampla capacidade intelectual (*Ibidem*, p. 133), trabalhando na indústria ou no magistério até casar, mas sua maior contribuição é como mãe de família.

Barnsley ressalta a necessidade da saúde da mulher ao proclamar: "Sendo a mulher a rainha da criação, faz-se mistér que ela se ache physicamente á altura do seu elevado fim na propagação da especie" (Barnsley, 1909, p. 80), dizendo que o melhor dote é a boa saúde. O autor também menciona os cientistas e médicos Vital Brasil e Oswaldo Cruz como exemplos de sanitarismo patriótico (*Ibidem*, p. 353), demonstrando uma forte ligação entre a saúde pública e a eugenia neo-lamarckiana. Barnsley até recomenda que as prostitutas sejam examinadas uma vez por semana como providência contra a sífilis (*Idem*, p. 96), falando abertamente da prostituição, enquanto o trabalho feminino convencional "só contribúe para desorganisar a familia" (*Idem*, p. 74). Theophilo se mostra neo-lamarckiano também, focalizando comportamentos que podem resultar em sérios problemas físicos como alcoolismo, tabagismo e as doenças venéreas. Paterson aprende a origem das reformas eugênicas, um caso trágico do primeiro monarca de Kiato, que matou sua filha por engano num delírio alcoólico. Logo depois, a proibição do álcool, o casamento obrigatório, a eliminação do tabaco e a esterilização de deficientes foram as medidas tomadas para eliminar todas as mazelas da população (Theophilo, *op. cit.*, p. 79-84).

Porém, a filha assassinada pelo monarca de Kiato – o único caso individualizado de morte – destaca a importância da mulher. Como virgem, ela representa o sacrifício purificador para a fundação de novo regime eugênico, com ressonâncias mitológicas e religiosas. Em Kiato, numa aula para jovens solteiras, a professora lhes diz: "sois virgens hoje e amanhã sereis mãis, cumprireis no futuro a missão mais sublime da mulher – *a maternidade*" (Theophilo, grifo no original, 1922, p. 52). Barnsley também evoca a retórica de realeza e religiosidade quando diz que, entre as belezas do universo, "salienta-se, em primeiro logar, a *rainha* mulher.... E' a mais nobre das criaturas" (Barnsley, *op. cit.*, p. 335, grifo nosso). Aqui vemos a ideia de sacrifício literal e metafórico da mulher, e suas conexões com o culto da Virgem Maria, a rainha do céu, que aqui seculariza-se para representar o novo estado eugênico, usando o simbolismo religioso da modernidade conservadora para promover a ideia de renegeração nacional dentro da sociedade da Primeira República.

A esposa do Estado: casamento e o autoritarismo em Lobato e Bittencourt

Nas obras de Monteiro Lobato e Adalzira Bittencourt, focalizam-se as mulheres como líderes, relegando o papel materno e o espaço do lar ao segundo plano. Temos personagens femininas debatendo no espaço público, utilizando conceitos eugênicos, mas com mais ênfase na genética e hereditariedade da escola mendeliana. Na utopia *Sua Excia. A presidente da República no Anno 2.500* (1929), de Adalzira Bittencourt, as esferas da maternidade e do trabalho estão separadas. A procriação e puericultura são descritas em detalhes no romance, com várias leis enumerando as obrigações maternas junto ao manual da "Escola das mães", e que constitui uma parte significativa do texto (Bittencourt, 1996, p. 176-187). Também descreve-se o elaborado processo de procriação – no qual as brasileiras formosas têm a oportunidade de ter relações com homens geneticamente selecionados. Os filhos resultantes podem ser adotados por famílias abastadas a partir de oito meses de idade, ou criados na "Casa Nacional da Criança" (*Ibidem*, p. 204). Assim, vê-se uma divisão implícita entre mulheres que agem no espaço público, como a presidente, as médicas, professoras, advogadas, políticas e funcionárias que administram, e as que tomam conta da procriação e puericultura. A protagonista, Mariângela Albuquerque, produto deste processo de procriação seletiva, é médica e advogada, então eminentemente qualificada para seu cargo de presidente. Não se esclarece se mulheres como Mariângela poderiam ter filhos ou se existe a expectativa de se dedicarem totalmente à carreira. No caso de Mariângela, entretanto, veremos que a sua devoção ao trabalho é absoluta.

Outra versão de mulher profissional aparece na utopia de Monteiro Lobato, *O Presidente Negro* (1926), na personagem da feminista Evelyn Astor. Como candidata à presidência dos Estados Unidos no ano 2228, Astor articula ideias de uma feminista que teoriza que as mulheres descendem de outra espécie chamada "sabina", que depois teria sido dominada pela espécie masculina "homo.". Com esta fabulação, Lobato critica implicitamente o feminismo extremo, no qual a mulher se torna antagonista do homem. Esta tensão chega ao ponto máximo na eleição presidencial nos Estados Unidos no ano 2228, disputada por três candidatos: a feminista, um homem negro e um homem branco. Ao final, a divisão do voto branco entre os candidatos brancos – homem e mulher – resulta na eleição do candidato negro, Jim Roy, criando um tipo de pânico na sociedade americana. Neste momento, Evelyn Astor "entende" que Kerlog, o candidato branco, é seu aliado "natural", e renega sua opressão, seu feminismo e uma aliança travada com Jim Roy para trabalhar com a Convenção Branca na solução para afastar o presidente negro de seu novo cargo.

Assim, Lobato resolve a guerra entre os sexos com facilidade, concentrando-se mais no conflito do "choque de raças," o subtítulo do romance.[3] Lobato quase não utiliza a retórica religiosa das outras utopias, exceto em comparações entre Jim Roy e Moisés (Lobato, 2008, p. 130 e 187) ou Sansão (*Ibidem*, p. 189), referências óbvias que o ligam ora a um líder de um povo oprimido, ora a um herói vencido, e a associação do nome Evelyn, com Eva, a mulher pecadora. Nota-se também que, na utopia de Lobato, a mulher no papel materno já não faz sentido neste romance eugênico, pois o "Ministério da Seleção Artificial" autoriza a reprodução, prescindindo de qualquer necessidade de vigia ou guia maternal dos filhos. Além disso, a "Puericultura Estética" (*Idem*, p. 193), com seus brinquedos mecânicos, é a nova maneira de criar filhos, livrando os pais de qualquer responsabilidade educacional. Só cabe às mulheres consultar um "Gabinete Eugenométrico" (*Idem*, p. 159) para encontrar um marido compatível e saudável. A "Lei Owen" e a esterilização acabaram com todos os problemas genéticos, e "fecharam-se as prisões e com elas os hospitais, os hospícios e asilos de toda espécie" (*Idem*, p. 158). Assim, já não se associa a eugenia nem a medidas sanitaristas, nem à retórica religiosa de sacrifício feminino - e muito menos ao papel materno.

Embora o texto de Lobato seja ambientado nos Estados Unidos, os conceitos raciais e feministas refletem atitudes mais brasileiras que norte-americanas. Em primeiro lugar, Miss Astor se apaixona por Kerlog, sem pensar mais no

3 Veja a reprodução da capa do livro de 1926, na qual se lê o título completo original, *Romance do Choque das Raças na América no Ano de 2228* (Lobato, 2008, p. 12).

feminismo. Lobato também supõe que todos os negros americanos gostariam de parecer brancos a todo custo, seguindo a política de branqueamento racial, uma ideia aceita no Brasil desde o século XIX.[4] Por isso, no romance, todos os negros norte-americanos se submetem a um tratamento de "raios Omega" para alisar os cabelos. Só a elite da Convenção Branca e seus aliados empresariais sabem que o efeito colateral do "tratamento" de cabelos é a esterilidade. O plano, quando revelado a Jim Roy, chega a desmoralizá-lo tanto que este aparentemente morre de desgosto pensando no futuro genocídio. Como o texto de Lobato não inclui menção de sucessão presidencial nem o cargo de vice-presidente, após a morte do presidente negro, Kerlog, o candidato branco é facilmente eleito e toma posse, junto com sua antiga antagonista, a ex-candidata Astor, contente em se tornar "presidenta" do país pelo casamento (Lobato, 2008, p. 181). Assim, no seu romance, Lobato resolve o impasse político norte-americano por medidas mais aplicáveis à realidade brasileira da época: o casamento (para resolver a questão feminista), o branqueamento (para solucionar o problema racial) e um golpe político (para estabelecer uma liderança forte e eugênica).

No texto de Bittencourt, a população negra também já não faz parte da sociedade – fora deportada para a África num ato de "grande justiça", segundo a Presidente Albuquerque (Bittencourt, p. 194). Além desta medida, ocorrem várias reformas eugênicas que tornam a população sadia e geneticamente "superior," com medidas extremas. Entre os vários decretos, lê-se que "A mãe que ocultar um filho aleijado a fim de não ser legalmente exterminado, em benefício da eugenia da raça, ao ser descoberta será decapitada juntamente ao filho" (Bittencourt, *op. cit.*, p. 167). Nos romances de Theophilo e Lobato, menciona-se a esterilização dos doentes e deficientes, mas não sua execução. Pelo fato de que não se admite qualquer defeito na população na utopia de Bittencourt, cria-se o conflito central do texto. A presidente, tendo se apaixonado por um pintor famoso através de uma troca de cartas, descobre depois que seu amante, belo de rosto, é na verdade um anão corcovado. Chocada, a presidente denuncia o crime para depois assinar a ordem de execução de mãe e filho.

Assim, a presidente separa seus desejos dos interesses do estado e os princípios genéticos, optando por sacrificar seus sentimentos em vez de mostrar emoção: "Mariângela olhou o Chefe de Polícia com altivez. Recebeu dele os dois decretos. Assinou-os com mãos firmes. Era a Presidente" (*Ibidem*, p. 211). Por um

4 Pode-se constatar este fenômeno visualmente no quadro de Modesto Brocoso, "A Redenção de Cam" (1895), no qual a criança de terceira geração já não tem traços da avó negra, e também o livro fundamental da ideologia de branqueamento lançado pela primeira vez em 1977 de Thomas Skidmore, 1993.

lado, a frieza desta ação desmente a ideia da incapacidade feminina de governar pelo excesso de emoção (Causo, 2003, p. 155). A meu ver, o ato da presidente representa o seu casamento com o Estado e sua disposição para sustentar os princípios eugênicos. Na troca de cartas, o amante a chama de "minha santinha" (Bittencourt, 1996, p. 208), associando-a com um forte sentido de moralidade. Seu próprio nome, Mariângela, uma combinação de Maria e anjo, também tem conotação religiosa. Entretanto, ao optar por se "casar" com o Estado em lugar de um homem de carne e osso, o comportamento de Mariângela exemplifica a obediência assexuada de uma santa ou freira. Como "esposa" do estado secular em lugar da Igreja, ela ainda se mostra devota, ilustrando que a obediência é o valor mais prezado em uma sociedade eugênica. Susan Brady dedica uma parte de sua pesquisa sobre a política reprodutiva no Brasil, de 1920 a 1945, ao conflito entre o movimento eugênico e a Igreja Católica no Brasil (Brady, 1997, p. 67-97). Vemos traços de obediência autoritária no movimento católico liderado por Jackson de Figueiredo, o qual se baseava na hierarquia e no culto de ordem, e na ideia de que a Igreja deve transformar a estrutura política em vez de pregar às massas (*Ibidem*, p. 73-74). Podemos constatar que, para assegurar seu poder, Getúlio Vargas iniciou uma série de atos legislativos para a proteção da família, inclusive o reconhecimento legal do casamento católico (*Idem*, p. 93) – já que, desde a constituição de 1891, fora reconhecida só a união civil. Voltando à linguagem de todas as utopias desta época, seu uso de retórica religiosa antecipa e reforça esta ideologia, mostrando mais continuidade que ruptura entre os dois movimentos antagônicos que debatiam o papel da mulher na sociedade.

A mulher rebelde: a visão de Ercília Nogueira Cobra

O texto de Ercília Nogueira Cobra, *Virgindade Inútil: Novela de uma Revoltada* (1927), serve como texto anti-eugênico e anti-católico que se contrapõe à visão conservadora das utopias brasileiras, já que nele a protagonista luta pelos direitos básicos da mulher de "legislar" sobre seu próprio corpo. Como paródia da sociedade brasileira, Cobra descreve o país de Bocolândia, com sua capital Flumen, onde as mulheres podem esperar nada mais do que um papel dentro do molde da vida familiar. Ao dar outro nome ao Brasil e descrever sua sociedade de forma crítica e satírica, Cobra realiza um tipo de "estranhamento cognitivo," termo usado por Darko Suvin para descrever a desfamiliarização da ficção científica nas relações sociais (Suvin, 1979, p. 80). Por isso, apesar de a obra não retratar nem uma sociedade explicitamente futura nem imaginária, seu texto pode ser considerado como um sátira ou variante de ficção científica (*Ibidem*, p. 49).

De toda maneira, *Virgindade Inútil* é principalmente um romance de tese, no qual Cobra critica as práticas hipócritas associadas ao culto da virgindade. Neste livro, a virgindade não serve a nenhum propósito na vida da jovem protagonista Cláudia. Pelas suas aventuras, experimentamos o ponto de vista de uma mulher independente, a qual, após a morte do pai, foge à capital, perde a virgindade com um jovem estudante e é logo declarada maior de idade pelas autoridades. Mandada a um asilo para ser "reabilitada", Cláudia comenta amargamente que lá as freiras revistaram sua bagagem e levaram seus livros, lembrando sua experiência na escola católica. Saindo desta instituição, e sem outras opções, ela resolve ganhar a vida como prostituta, percorrendo o país por onde vê a desgraça de suas compatriotas. Todos os homens a decepcionam – até na Europa, para onde finalmente resolve viajar depois de ficar desiludida pelo provincialismo, hipocrisia e religiosidade de seu país de origem. Quando Cláudia se descobre grávida, resolve criar a filha sozinha, encarando a maternidade como algo positivo.

No seu texto, Cobra não só critica a educação religiosa e a hipocrisia das freiras, mas zomba também dos preceitos da eugenia. Cláudia brinca que sua filha se parece mais com sua ex-amante do que com o pai da menina. Após esta declaração, dando uma gargalhada, Cláudia explica para uma amiga: "apesar de não ser uma viciada, em certa época de grande desgosto, procurei esquecê-lo nos braços dessa espanhola e de tal modo a criança lhe tomou os traços" (Cobra, 1996, p. 90), numa paródia da escola neo-lamarckiana. Afinal, para Cobra, parece que é a independência, forjada pela experiência de vida, que mais serve à mulher – ideia reforçada pelo nome da filha, Liberdade (1996, p. 84). Dentro da visão geralmente distópica da sociedade brasileira no texto, é curiosamente na vida de mãe solteira, na qual se pode amar "a carne de sua carne, sem receio da intervenção de um macho brutal" (Cobra, 1996, p. 91), que se vê um breve momento utópico. Segundo Besse, o romance de Cobra sugere que toda humilhação – pobreza, preconceito e discriminação – seja preferível ao casamento (Besse, p. 44). Podemos entender, talvez, a posição extrema de Cobra ao compará-la com a de um padre jesuíta da época, Leonel Franca, para quem o divórcio representava uma nova forma de escravidão para a mulher, na qual esta formaria parte de um hárem e, nos piores dos casos, se tornaria vítima de loucura e suicídio (Brady, 1997, p. 86). O livro de Franca, *O Divórcio* (1931), passou por sete edições,[5] ilustrando tanto a ligação entre a Igreja e o sistema legal quanto as pressões sobre a mulher de se conformar à domesticidade e ao casamento.

5 Veja o número de edições de *O Divórcio* citado em D'Elboux, 1953, p. 489.

A obra de Cobra é extremamente avançada e radical para a sua época, pois critica a moral tradicional que exalta a pureza feminina e a virgindade, imagens associdas com a Virgem Maria, frequentemente evocada nas obras utópicas. Sua posição radical responde em parte à retórica usada contra a mulher independente pela Igreja e pela sociedade em geral. Ao proclamar o desejo sexual feminino, Cobra recusa a se encaixar nos moldes de mãe ou de esposa convencional das utopias. Por seu radicalismo, a obra sofreu censura e esquecimento até sua recuperação nos anos 90 (Quinlan, 1994, p. 44).

Conclusão

Antes de encerrar esta discussão, é importante notar que Margaret Sanger, que fazia parte do movimento eugênico dos Estados Unidos a partir de 1917, propunha divórcio, aborto e controle de natalidade como medidas progressistas para as mulheres,[6] assuntos não tocados nas utopias brasileiras por razões culturais e religiosas. Enquanto outras utopias da época, como *A Muralha Verde* (*We;* 1920) de Yevgueny Zamyatin, ou *Admirável Mundo Novo* (1932), de Aldous Huxley, evitam a questão da maternidade recorrendo ao *tropos* da procriação feita pelo Estado em provetas – por sua vez, a eliminação da maternidade e do casamento em textos brasileiros parece impensável à época. No período aqui estudado, até o texto feminista de Cobra inclui a mulher no papel de mãe, enquanto nas utopias de Barnsley e Theophilo a maternidade é chave, e no caso de Lobato e Bittencourt, o casamento com um parceiro digno é central. Assim, muda-se a ênfase da saúde e saneamento da população para o foco numa elite genética, que cuida da população através de sua legislação eugênica.

De certa forma, as utopias desta época traçam a transição da política dos latifundiários da Primeira República para a figura presidencial autoritária do estado corporativista. De fato, a partir de 1930, Getúlio Vargas promoveu a visão eugenista ao promulgar leis trabalhistas, limitar a imigração japonesa e adotar certos aspectos da educação eugênica.[7] O modelo de estado corporativista, baseado na ideia da harmonia biológica entre suas várias partes, explica, talvez,

6 Veja *Margaret Sanger Papers Project* para constatar estas reformas.

7 Robert Levine se refere aos limites de imigração japonesa impostas em 1935, uma taxa 82% mais baixa em comparação com os anos anteriores de 1924 a 1934 (Levine, 1970, p. 26). Quanto ao regime Vargas, iniciou-se o amplo plano de benefícios para operários e seus familiares, junto a extensa legislação laboral, regulando o número de horas de trabalho e outras medidas louvadas pelos eugenistas no Brasil (Stepan, 1990, p. 141).

a razão do prolongado mandato de Vargas de 1930 a 1945, junto a sua conexão com a Igreja Católica. Para alguns historiadores, o regime corporativista também conta com uma comunhão entre nação e o corpo espiritualizado de Cristo, como se realizasse um sacremento sagrado.[8] Na trajetória destas utopias de 1909 a 1929, podemos constatar que, no processo de modernização política conservadora, a figura feminina ilustra a manipulação de uma retórica familiar e religiosa por um discurso modernizante e eugênico, colocando a mulher no centro da narrativa, porém sem transformar sua condição de maneira fundamental.[9]

Bibliografia

BARNSLEY, Godofredo. *São Paulo no Ano 2.000 ou Regeneração Nacional: Crônica da Sociedade Brasileira do Futuro*. São Paulo: Tipografia Rothschild, 1909.

BESSE, Susan K. *Restructuring Patriarchy: The Modernization of Gender Inequality in Brazil, 1914-1940*. Chapel Hill, NC: University of North Carolina Press, 1996.

BITTENCOURT, Adalzira. "Sua Excelência, A Presidente no Ano 2.500". 1929. In: QUINLAN, S.; SHARPE, P. (Orgs.). *Visões do passado: Previsões do Futuro: Duas Modernistas Esquecidas*. Goiânia: Universidade Federal de Goiânia, 1996, p. 153-212.

BRADY, Susan. *The Politics of Race and Reproduction: São Paulo, Brazil, 1920-1945*. Dissertação de Mestrado em História / Estudos Latinoamericanos — University of Florida, Gainesville, Flórida, 1997.

BRONCOSO, Modesto. "Comentário crítico". In: *Enciclopedia Itau Cultural: Artes Visuais*. 3 jan. 2007. Disponível em: <http://www.itaucultural.org.br/aplicexternas/enciclopedia_ic/index.cfm?fuseaction=artistas_biografia&cd_verbete=2830&cd _item=2&cd_idioma=28555> Acesso em 11 jul. 2012.

CAUSO, Roberto de Sousa. *Ficção Científica, Fantasia e Horror no Brasil, 1875 a 1950*. Belo Horizonte: Universidade Federal de Minas Gerais, 2003.

---

8 Para detalhes sobre a religiosidade e a política, veja Linhares, 1986.

9 Veja Stepan para descrições da condição da mulher latinoamericana de várias classes, sua limitada participação na eugenia e a trivialização do feminismo (Stepan, 1991, p. 109-110).

COBRA, Ercília Nogueira. "A Virgindade Anti-higiência". 1924. In: QUINLAN, S.; SHARPE, P. (Orgs.). *Visões do passado: Previsões do Futuro: Duas Modernistas Esquecidas*, Goiânia: Universidade Federal de Goiânia, 1996, p. 103-140.

COBRA, Ercília Nogueira. "Virgindade Inútil: Novela de uma Revoltada 1927". In: QUINLAN, S.; SHARPE, P. (Orgs.). *Visões do passado: Previsões do Futuro: Duas Modernistas Esquecidas*. Goiânia: Universidade Federal de Goiânia, 1996, p. 41-94.

D'ELBOUX, Luiz Gonzaga da Silveira. *O Padre Leonel Franca S. J.* Rio de Janeiro: Agir, 1953.

FIORENTINO, Teresinha Aparecida del. *Utopia e Realidade: O Brasil no Começo do Século XX*. São Paulo: Cultrix, 1979.

FRANCA, Leonel. *O Divórcio*. 1931. Rio de Janeiro: Agir, 1955.

GALVÃO, Patrícia. *Parque Industrial*. Porto Alegre, RS: Mercado Aberto, 1994.

HAYWOOD FERREIRA, Rachel. *The Emergence of Science Fiction in Latin America*. Middletown, CT: Wesleyan University Press, 2011.

HUXLEY, Aldous. *Admirável Mundo Novo*. 1932. Trad. Lino Vallandro e Vidal de Oliveira São Paulo: Globo, 1981.

KEHL, Renato. *Lições da Eugenia*. Rio de Janeiro: Francisco Alves, 1935.

LOBATO, Monteiro. *O Presidente Negro*. 1926. São Paulo: Editora Globo, 2008.

LEVINE, Robert. *The Vargas Regime: The Critical Years, 1934-1938*. New York: Columbia University Press, 1970.

LINHARES, Alcir. *Sacralização da Política*. Campinas, SP: Papirus, Editora da Unicamp, 1986.

PATAI, Daphne. "Race and Politics in Two Brazilian Utopias". *Luso-Brazilian Review*, n. 1, v. 19, 1982, p. 67-81.

QUINLAN, Susan C. "Past Voices, Future Predictions". *Hispania*, n. 77, v. 1, mar. 1994, p. 31-45.

QUINLAN, Susan C., SHARPE, Peggy. "Duas Modernistas Esquecidas: Adalzira Bittencourt e Ercília Nogueira Cobra". *Visões do passado: Previsões do Futuro: Duas Modernistas Esquecidas*. Goiânia: Universidade Federal de Goiânia, 1996, p. 13-40.

SANGER, Margaret. "Biographical Sketch". In: *Margaret Sanger Papers*. Sophia Smith Collection, Smith College. 3 maio 2010. Disponível em: <http://www.nyu.edu/projects/sanger/secure/aboutms/index.html> Acesso em 15 jul. 2012.

SCOTT, Joan. "Fantasy Echo: História e a Construção da Identidade". Trad. Fernanda Soares. *Labrys, Estudos Femininos*, n. 1-2, jul./dez. 2002. Disponível em: <http://www.tanianavarroswain.com.br/labrys/labrys1_2/scott1.html>. Acesso em 15 jul. 2012.

SKIDMORE, Thomas. *Black into White: Race and Nationality in Brazilian Thought*. 1977. Durham, NC: Duke University Press, 1993.

STEPAN, Nancy. "Eugenics in Brazil 1917-1940". In: ADAMS, M. B. *The Wellborn Science*. New York: Oxford University Press, 1990, p. 110-145.

STEPAN, Nancy. *The Hour of Eugenics: Race, Gender and Nation in Latin America*. Ithaca: Cornell University Press, 1991.

SMANIOTTO, Edgar Indalecio. "O Futuro Eugenizado: A Influência da Ciência e do Pensamento Eugênico nos Escritores Brasileiros de Ficção Científica no Primeira Metade do Século XX". In: BRANCO, M. S.; SILVA, C. (Orgs.). *Anuário Brasileiro de Literatura Fantástica 2010: Ficção Científica, fantasia e horror no Brasil*. São Paulo: Devir, 2011, p. 201-221.

TEÓFILO, Rodolfo. *O Reino de Kiato (no País da Verdade)*. São Paulo: Monteiro Lobato Editores, 1922.

SUVIN, Darko. *Metamorphoses of Science Fiction: On the Poetics and History of a Literary Genre*. New Haven: Yale University Press, 1979.

ZAMIATIN, E. *A Muralha Verde (We)*. Trans. José Sanz. Rio de Janeiro: Edições GRD, 1963.

RAIMUNDA TORRES Y QUIROGA: Precursora do fantástico argentino[1]

Carlos Abraham

Um dos episódios mais enigmáticos da literatura argentina se desenrolou entre 1878 e 1884. No primeiro destes anos, uma escritora completamente desconhecida pelo restrito ambiente literário do período, que assinava como Matilde Elena Wuili, começou a publicar contos fantásticos e de horror em diversos periódicos de Buenos Aires, como o diário *El Pueblo Argentino* e os semanários femininos *La Ondina del Plata, La Lira Argentina, El Álbum del Hogar* e *La Alborada Literaria del Plata.* Tais contos, que apresentavam fortes influencias de Hoffmann, de Poe e do Shakespeare mais obscuro e sangrento, foram reunidos sob o título *Histórias Improváveis* (*Historias Inverosímiles*).

O interesse do público logo se fez sentir mediante cartas e até mesmo visitas à sede dos periódicos. Para aplacar os ânimos, Josefina Pelliza de Sagasta, uma das principais colaboradoras do *La Ondina del Plata,* publica uma nota nesse mesmo semanário, em 18 de abril de 1880, anunciando que Matilde Elena Wuili trata-se de um pseudônimo e que, na semana seguinte, revelará o verdadeiro nome da escritora. Lamentavelmente, em 25 de abril, a expectativa se vê malograda:

> En vista del deseo manifestado por nuestra bella amiga Matilde Elena, desistimos por el momento de descubrir un nombre que es ya una gloria nacional y que cubierto hasta hoy con un pseudónimo pasa ante los ojos

1 Texto traduzido do espanhol para o português por Lúcio Reis Filho. As citações foram propositalmente deixadas no idioma original (N.T.).

> del lector sin el doble interés que siempre inspira un nombre conocido. Conocemos y tratamos a la inteligente novelista, tan maestra en el manejo de la fantasía, pues todas sus obras dadas a luz en los periódicos son del género, tan bello como fantástico, de esas novelas increíbles que nos narran Hosfan [*sic*] y Poé [*sic*]. Ella cultiva con éxito feliz este estraño género, para cuya trabazón se necesita estar dotada de un vigor extraordinario en las concepciones, altamente fantásticas, y de un colorido que no es fácil disolver en la paleta donde se busca y halla tanto para el bosquejo de una novela de costumbres -donde todo es sencillo y natural. (...)
>
> La señorita Wuili no ha producido libros hasta hoy, es decir, no ha querido publicar y hacerse aplaudir en sueltos de crónica, los mamarrachos que siempre son obra de la primera juventud, pamplinas que nadie lee y que sirven sólo para hacer dormir. Ella ha tenido el buen tono de esperar. (...) Sus producciones forman parte de la colección que publicará en breve bajo el rubro de "Cuentos inverosímiles o Historias extraordinarias". No lo recuerdo bien. Cualquiera de los títulos es bonito, pero me gustaría más éste: "El cofre de joyas". ¿No es verdad, lectores?. (Pelliza de Sagasta, 1880)[2]

O ponto mais marcante do texto citado, junto à especificação de algumas das influências literárias de Wuili, trata-se de não considerá-la uma simples aventureira na empresa do fantástico, uma vez que teria o projeto (concluído posteriormente) de produzir uma série de narrativas pertencentes ao gênero. O extenso artigo, única referência biográfica existente sobre a nossa escritora, também informa que a mesma tinha em torno de vinte anos (o que denotaria certa precocidade intelectual), ainda não havia publicado livros e teria feito uso de diversos pseudônimos, sem especificar quais.

Em 1884 aparece em Buenos Aires o tão anunciado livro, assinado por Matilde Elena Wuili e com um título bastante neutro: *Entretenimientos literarios*. Publicado pela Imprenta Colón, possuía 319 páginas. Continha, corrigidas e ampliadas, a maior parte das contribuições da autora em periódicos. Incluía também textos inéditos. Estava dividido em quatro seções: "Fantasías", composta pelas histórias fantásticas anteriormente mencionadas; "Retratos de brocha gorda", com peças satíricas e de costumes; "Misceláneas", autêntica "colcha de retalhos" que reúne artigos sobre literatura, histórias de amor e memórias de viagem; e "Páginas celestes", com poemas em prosa.

---

2 Os fragmentos de críticas literárias, bem como as citações de Torrez y Quiroga, foram mantidas em seu idioma original (N.T.).

O volume revela a verdadeira identidade de Wuili. Inclui dois textos, "Las nupcias de la muerte" ("As núpcias da morte") e "Historia de una calavera" ("História de um crânio"), que haviam sido publicados previamente em *El Álbum del Hogar* por Raimunda Torres y Quiroga, uma escritora de presença frequente nas revistas literárias do período 1876-1884, embora não se conheçam seus dados biográficos. Significativamente, uma das publicações com a qual Torres y Quiroga colaborou foi *El Correo de las Niñas* (1876-1881), em que assinava seus trabalhos como Elena. De Elena para Matilde Elena faltava apenas um passo.

O livro também validou a afirmação de Josefina Pelliza de Sagasta sobre a nossa autora utilizar vários pseudônimos, pois reunia textos que haviam aparecido no *El Álbum del Hogar*, sob os nomes de "Celeste" e "Luciérnaga". Quanto a isso, constitui um caso único na literatura argentina. Outras autoras utilizavam somente um pseudônimo (como Mercedes Rosas, que usou "M. Sasor") ou no máximo variavam a assinatura de acordo com "avatares vitais" (como Eduarda Mansilla de García, que em seus tímidos inícios se escondia por trás do nome "Daniel"; ao conquistar segurança como artista passou a utilizar seu nome completo; e, após a ruptura de seu casamento, recorreu ao autônomo "Eduarda"). Torres y Quiroga, à semelhança dos heterônimos de Fernando Pessoa, usa simultaneamente vários nomes, cada qual se referindo a um determinado posicionamento estético, a uma "imagem de artista" específica. Assim, Matilde Elena Wuili, com seu ar germânico, era usado para textos fantásticos de cunho hoffmaniano. O reluzente "Luciérnaga" rubricava os textos satíricos e de costumes. "Celeste", límpido e espiritual, era reservado para as prosas poéticas.

Encontrei uma única crítica, escrita por Alberto Navarro Viola, herói da bibliografia nacional. Traz alguns detalhes de caráter informativo – por exemplo, que o livro trata-se de uma recompilação do material publicado em revistas e jornais – e arrisca o seguinte juízo estético:

> No faltan a la autora, cuyo nombre ignoro, pues entiendo que Matilde Elena Wili es pseudónimo, algunas dotes dignas de ser aprovechadas; pero hace gala de derrochamiento de frase, descuidando su estilo y exagerando el sentimento. (Navarro, Viola 1885)

Analisarei apenas a seção intitulada "Fantasías", por ser a única pertencente ao gênero fantástico.

"Gregorina" é narrado em primeira pessoa por um homem que planeja o assassinato de sua mulher, depois de uma voz imaterial o advertir que ela o engana com outro homem. Envenena-a lentamente, colocando pequenas doses de veneno na comida para desfrutar de seu enfraquecimento gradual e evitar a morte rápida. Quando a mulher falece, a mesma voz imaterial sussurra ao seu ouvido: "Ela era inocente".

"Otto de Withworth" transcorre em um castelo medieval durante uma noite de tormenta. Um grupo de amigos brinda e, em meio à conversa casual, um deles menciona uma garota recentemente morta, chamada Fanny. Nesse momento, um espectro descarnado aparece e grita que o assassino é Otto, o anfitrião da festa. Desaparece sem deixar rastros. Pouco depois, chamam à porta: trata-se de um homem exatamente igual a Otto, que saúda a todos com cortesia e também não demora a sumir. O acusado compreende que ambos os seres sobrenaturais são manifestações de sua própria consciência manchada pelo crime, e decide expiar sua culpa convertendo-se em eremita.

"El hombre de la máscara roja" ("O homem da máscara vermelha", publicado previamente em *La Ondina del Plata*, entre 23 de fevereiro e 9 de março de 1879) é narrado por um estudante alemão à beira de um ataque de nervos. Ele é assombrado constantemente pela visão de um homem mascarado que aparece tanto na rua como na faculdade, em reuniões sociais ou mesmo na privacidade do seu quarto. Cito uma passagem ilustrativa do estilo:

> Al oír el timbre de su voz hueca, cavernosa, que no parecía pertenecer a un ser de este mundo sino a la de un espectro escapado de las tumbas, me estremecí poderosamente y tuve que cubrirme la cara con las manos para evitar la mirada sangrienta, *vampírica*, de sus pupilas que arrojaban llamas. Doquiera convergía la vista, las percibía inmóviles en su alvéolo; si cerraba los ojos horrorizado ante el fulgor sombrío que despedían, las veía fijas en mí, amenazadoras, quemándome con la luz siniestra de su córnea la carne de los párpados. (Torres y Quiroga, 1884, p. 14)

O jovem abandona os estudos, consumido pela tensão. Sobre seu perseguidor, sabe apenas que se chama John Tocqueville e que é muito respeitado pelos demais cidadãos, que parecem não notar a máscara repulsiva que sempre usa. Decide então viajar para o campo a fim de repousar, mas sua nêmese continua a aparecer. Certo dia, acorda amarrado a uma cama e o mascarado o observa. Furioso, consegue se libertar e mata-o a punhaladas. Nesse momento, uma enfermeira entra e grita que o paciente matou o Sr. John, o médico do manicômio. O jovem desvanece ao compreender que tudo não passara de um delírio causado pela loucura. Cinco anos depois, recebe alta.

"El baile de los muertos" ("A dança dos mortos") volta a mostrar um grupo de amigos que brinda em uma mansão durante uma noite de tormenta. Entediados e estimulados pelo álcool, visitam o cemitério para rir dos cadáveres. Entre gargalhadas e blasfêmias, cavam as sepulturas, quebram os caixões e pisoteiam os corpos. Quando chega a meia-noite, aparece uma nuvem de espectros; despindo suas mortalhas, obrigam os profanadores a bailarem uma dança ritual. Finalmente, matam-nos. Como detalhe macabro adicional, os participantes, em sua agonia, creem escutar entre os trovões o som das risadas de Satanás.

Em "La mancha de sangre" ("A mancha de sangue", que apareceu previamente em *La Ondina del Plata*, em 26 de junho de 1879), um homem mata sua mulher por acreditar que a mesma seja culpada de traição. A cabeça decepada rola até ele e grita: "Assassino, morro inocente, mas a sombra do meu sangue vai segui-lo por todos os dias de sua vida". Desde então, uma grande mancha vermelha fica à espreita, sem dar um momento de descanso. O homem enlouquece e fica cego, mas ainda assim continua vendo a aparição com seus olhos opacos. Anos mais tarde, encontram seu crânio com uma mancha vermelha, em forma de cruz, sobre a testa.

"Fritz Walker" se inicia com um diálogo entre um crédulo, no que se refere à existência de seres sobrenaturais, e um cético. O primeiro menciona, em seu auxílio, o caso de um amigo seu, chamado Fritz Walker. Sua obsessão relacionava-se a um fantasma, com a forma de um homem mascarado e invisível para todos os demais, que o estaria perseguindo sem descanso. Por isso, vivia fechado em seu quarto e levantava-se somente a noite. Durante muito tempo, os médicos e os amigos tentaram fazê-lo esquecer dessa monomania, distraindo-o, levando-o para caminhar em dias de sol, ou para viajar a lugares remotos e pitorescos. Tudo foi inútil: aterrorizado pelo assédio do espectro, foi sendo consumido lentamente até morrer.

"La mujer del collar de perlas" ("A mulher do colar de pérolas") transcorre, significativamente, após uma performance de *Fausto*. Na saída do teatro, um transeunte cruza com uma mulher vestida de preto e adornada com um colar de pérolas. Sua beleza sinistra o faz desvanecer. Ao despertar, está em um quarto junto a ela, que diz chamar-se Realidade. Eles se beijam: o homem declara seu amor e a dama continua a sorrir, enigmática. O colar de pérolas é removido e ela se transforma em um esqueleto. O homem foge aterrorizado, mas uma voz sepulcral diz em seu ouvido que não deve assustar-se com a realidade da vida, pois a beleza é uma simples ilusão que o sopro da morte desfaz.

"El heraldo de la muerte" ("O arauto da morte") volta ao tema do banquete celebrado em um castelo em uma noite de tormenta. Um conde saciado de crimes festeja junto a seus amigos quando ouve um trovador entoando canções de mau agouro, que predizem a ruína do seu círculo. Furioso, o nobre ordena a seus guardas que tragam-no para matá-lo. Quando o fazem, ficam todos aterrorizados: trata-se de Grukelkée, espectro funesto do folclore escocês. Ao amanhecer, do orgulhoso castelo restam apenas os alicerces dilacerados.

"La voz acusadora" ("A voz acusadora") é, sem dúvida, o conto de Raimunda Torres y Quiroga mais influenciado por Poe, combinando elementos de "O gato preto", "O demônio da perversidade" e "O coração denunciador". Um homem decide, repentinamente, matar sua esposa. Não tem motivos para fazê-lo, pois ela é bondosa; a única razão que alega é: "El gênio de la Perversidad se constituyó em mi inseparable camarada" (Torres y Quiroga, 1884, p. 43). Depois de planejar cuidadosamente, mata a mulher em uma noite de tormenta. Esconde o cadáver em um poço e vai à taberna para se distrair. Conforme caminha, seu coração bate mais e mais forte, ao ponto de ensurdecer-lhe os ouvidos. Desesperado pelo tamborilar incessante, que o faz se contorcer de dor, confessa seu crime. Transcrevo os pitorescos parágrafos iniciais:

> Confieso que aquella noche tuve una idea superdiabólica y que sólo a un malvado podía habérsele ocurrido. Matar a Everilda! (...) Al escuchar sus pasos que, en mis delirios de borracho, me parecían los de un esqueleto caminando por entre tumbas (tan lúgubres resonaban en mis oídos), mi furor no conocía límites (Torres y Quiroga, 1884, p. 42).

O conto "Elfrida", por sua vez, apresenta um grupo de viajantes que atravessa os Pirineus durante uma noite tempestuosa. Entorpecidos, avistam a luz de uma cabana e seguem até ela em busca de refúgio. Esperam encontrar pessoas rústicas, mas são recebidos por uma mulher de cultura requintada chamada Elfrida, cuja presença naquele local é um mistério. Objeto de muitas conjecturas, ela confessa ser uma aristocrata que viveu decepções amorosas na alta sociedade de Londres e Paris, até descobrir o verdadeiro amor em um montanhês, seu atual marido. O texto, apesar da ausência de temas sobrenaturais, está repleto de elementos do melodrama, como a constante proliferação de peripécias, o suspense, os efeitos dramáticos e os personagens com identidades que mudam de repente. O nome da protagonista foi possivelmente extraído da menina elfo que aparece na novela *Die Elfen* (1811), de Johann Ludwig Tieck (1773-1853); um típico exemplo de *Kunstmärchen*, ou conto de fadas folclórico reescrito de modo literário, subgênero popular durante o romantismo.

"El espectro" ("O espectro") privilegia o ensinamento moral em detrimento da eficácia da narrativa. Um jovem, na véspera de seu casamento, diverte-se lendo histórias de fantasmas. Sua profissão não é determinada: em seu quarto há mapas, livros de ciência e caixas de geometria, mas também há elementos próprios de um pintor (cavaletes, telas e pincéis), escritor (livros e poemas manuscritos) ou músico (partituras e diversos instrumentos). Quando escuta golpes na porta, e se dispõe a abri-la, os parafusos soltam-se sozinhos. Entra uma figura envolta em uma mortalha, que profere um longo discurso sobre as limitações do saber humano, aconselha-o a não confiar em seu próprio orgulho ou na bajulação dos outros, e, também, a dedicar-se com diligência ao estudo, evitando toda a sorte de vaidade. Conclui dizendo que o anseio pela figuração não merecida, ser famoso apesar de não ter nenhuma razão para isso, é a doença do século XIX. O jovem pergunta a identidade do intruso; este responde que é o ser humano em sua verdadeira essência. Com estas palavras, a mortalha é removida e um espectro é revelado.

"La plegaria de los muertos" ("A oração dos mortos") transcorre em uma noite de tormenta, na qual um homem recebe a visita de um amigo, pálido, trêmulo e coberto de lodo. Com ares de loucura no olhar, afirma ter vindo do cemitério, onde ouvira a música dos mortos, tão maravilhosa quanto o canto das sereias. Pega um violino e executa uma melodia triste, porém bonita. Quando termina, uma multidão de mortos entra na casa: alguns conservam traços humanos e arrastam longas mortalhas; outros não passam de esqueletos descarnados. Agarram-se à testemunha de seus rituais e levam-na ao exterior, enquanto o dono da casa desmaia. No dia seguinte, este encontra sobre a mesa uma partitura com sinais incompreensíveis, intitulada "A oração dos mortos". Nunca mais volta a ver o amigo.

"La cruz de brillantes" ("A cruz de brilhantes", publicado originalmente em *La Ondina del Plata*, entre 20 de abril e 4 de maio de 1879; reeditado em *La Alborada Literaria del Plata*, entre 8 e 22 de fevereiro de 1880) combina elementos do romance policial e do fantástico. O pensionista de um hotel londrino cai no sono depois de fumar ópio; ao despertar, a cidade está deserta, o hotel está vazio, a luz não acende e só se pode ouvir um gemido que parece proceder das entranhas da terra. Ao sair, encontra uma cruz de brilhantes, que guarda em seu bolso sem intenção de roubá-la. Em seguida, depara-se com um velho que, a princípio, diz ser o violinista do quarto ao lado e, logo depois, "um ser de outro mundo", algo verossímil, pois seus pés não tocam o solo e ele pode enxergar através dos objetos. Relata ter presenciado o assassinato de uma mulher adúltera pelas mãos do marido, ciente da traição graças a uma cruz de brilhantes dada pelo amante. Após convocar o espectro da mulher, que, relutantemente, ratifica o relato, exige a devolução da cruz. O protagonista a entrega e o velho desaparece na escuridão. No dia seguinte, o mundo volta ao normal. Há gente nas ruas e no hotel, as luzes funcionam e já não se ouvem ruídos subterrâneos. Porém, certas coisas são desconcertantes. O violinista do quarto ao lado não é um velho, e sim um amável jovem. Diz ter jogado xadrez com o embaixador austríaco na noite anterior, e que o hotel estava cheio. Por fim, lê-se no jornal que um alquimista foi preso na mesma noite por matar a esposa, que julgava adúltera, e roubar-lhe uma cruz de brilhantes.

"El viejo del gabán verde" ("O velho do casaco verde") se passa na Alemanha. O protagonista assiste a uma peça de teatro quando um velho, de aparência sinistra, senta-se a curta distância. Ele tira os óculos do bolso, limpa-os com um lenço e coloca-os sobre o nariz; nada de anormal, não fosse o fato de estarem manchados de sangue fresco. Ao seu lado há uma mulher alta e pálida, toda vestida de preto. É bela, mas há "algo de satânico, de diabólico em seu olhar". Inquieto, pergunta a outro espectador quem é a mulher. A resposta é tranquilizadora: "É a mulher do Cemitério, também chamada de Vampira". Ele desmaia; ao despertar, a peça terminara. No dia seguinte, recebe um presente no hotel: uma caixa com um colar de pérolas manchado de sangue ainda quente, com a seguinte mensagem: "Dr. Otto e Julieta, ao partirem para a Índia, enviam-te esta lembrança. É o presente de casamento de dois guilhotinados em vida".

"Las nupcias de la muerte" ("As núpcias da morte") foi publicado previamente em *El Álbum del Hogar*, aos 6 de agosto de 1882, sob autoria de Raymunda Torres y Quiroga; uma nota esclarece que se trata de uma imitação da comédia *La mort*, de Théophile Gautier.[3] Apresenta um homem que vaga a noite pelo cemitério e, sob a lápide de uma donzela, ouve duas vozes do além-túmulo. É um diálogo entre a jovem e os vermes que hão de devorá-la: "Comprendí que el asqueroso gusano consumaba un himeneo con la muerta, que departía con él de su execrable unión" (Torres y Quiroga, 1884, p. 71). A donzela - ainda não consciente acerca de seu falecimento - abraça seu parceiro no caixão, acreditando ser seu esposo na noite de núpcias. Então, o verme a aterroriza, sussurrando-lhe ao ouvido que está em um ataúde, trancada eternamente com o ser viscoso que a devorará. O texto termina descrevendo os gritos de horror da jovem.

"Eroteida" narra a história de um homem apaixonado por uma bela, porém misteriosa mulher. Certa noite, ao visitá-la em seu quarto, encontra-a lendo um livro de magia escrito com sinais cabalísticos. Seu rosto está inclinado sobre o

3 Escritor, poeta, jornalista e crítico literário francês do século XIX (N.T.).

volume; ao levantar-se, revela ser o de um horrível espectro. O homem desmaia; quando desperta, a aparência da mulher voltara ao normal. Apavorado com o que considera ser a sua verdadeira natureza, a estrangula. O crime não traz tranquilidade: todas as noites, o espectro da jovem o persegue, com o olhar vidrado e as marcas violáceas de seus dedos na garganta.

"Un crimen misterioso" ("Um crime misterioso") exibe dois amigos a cavalo em um bosque, quando ouvem gritos por socorro. Encontram uma mulher desgrenhada tentando fugir de um matagal. Eles a detêm na mira da pistola. Ao examinarem os arbustos, encontram o corpo decapitado de uma menina, por acaso sua filha. A mulher é sentenciada e torturada, sem contudo revelar as razões do filicídio. Dias depois, é executada em praça pública. O texto, que segue a linha dos melodramas de crime (que enfatizavam os assassinatos truculentos, as mutilações e as intrigas familiares), possui como elemento estranho a misteriosa negativa da mãe em revelar a sua motivação.

"Historia de una calavera" ("História de um crânio") é uma narrativa de horror que tem como personagem o doutor Rawlend, um dos primeiros exemplares de cientista sinistro da literatura argentina. Alguns jovens visitam a sua casa e descobrem que os móveis, as cortinas, os tapetes e as paredes são de cor preta. O único objeto branco é o crânio sobre uma mesinha. O proprietário não destoa da decoração: "Es un hombre cuya edad no se puede determinar. Se diría que es un cadáver andando. (...) Es un loco o un hombre que desencantado del mundo, vive consagrado a la ciencia, sin más compañeros que sus libros" (Torres y Quiroga, 1884, p. 119-120). Os jovens dizem que o local é lúgubre, e Rawlend responde que a história do crânio é ainda mais. Afirma que há vinte anos está apaixonado por uma morta, e que sobrevive à tristeza "marchando entre sombras, como um espectro tirado de sua tumba". A história começa vinte anos atrás, em seus tempos de estudante, ao conhecer uma bela jovem chamada Elisa. Se apaixonam à primeira vista, mas o pai da moça se nega a autorizar o matrimônio e a tranca em casa. Rawlend a rapta e os dois se casam; na saída da igreja o pai aparece gritando que a cerimônia não deve se realizar, pois os noivos seriam irmãos. Elisa morre de um ataque cardíaco e Rawlend desfalece, levando um mês para recobrar a consciência; ao despertar, descobre ter envelhecido prematuramente devido ao trauma. Depois de pensar por muito tempo, decide manter o crânio como relíquia.

Em "El secreto" ("O segredo"), um grupo de amigos está reunido em uma taberna. Um deles, completamente bêbado, anuncia com voz temerosa e entrecortada que a meia-noite se aproxima, hora em que aparecem os espectros mais horríveis. Todos pensam se tratar de uma piada, apesar do homem continuar afirmando que os seres do além o perseguem desde o momento em que matou sua esposa. Ergue-se de sua cadeira e põe-se a esfaquear o ar, imaginando que luta com um espectro, e cai no chão sem vida.

"La sombra misteriosa" ("A sombra misteriosa") consiste em uma variação do mesmo tema. Começa com a reunião de um grupo de amigos em uma taberna, na qual o protagonista é contratado para cometer um crime. Quando segue em direção ao seu objetivo (uma casa situada nas redondezas), distingue entre o claro-escuro das lanternas uma sombra em seu encalço. Dispara sua pistola, mas o desconhecido desaparece sem deixar rastro. Entra sigilosamente na casa e mata com um punhal duas pessoas que dormem: não está claro quem são, embora nos levem a pensar em um casal de amantes. Ao preparar-se para sair, escuta uma voz sepulcral que sussurra em seu ouvido: "Nem os mortos nem as paredes falam, mas eu, oculto na escuridão, presenciei seu crime". Trata-se da mesma sombra que vira na rua. Ataca-a com seu punhal, mas o golpe corta apenas o ar. A história conclui informando que a sombra perseguiu o assassino, dia após dia, até levá-lo à loucura.

Muitos dos textos publicados em formato hemerográfico[4] não foram incluídos no livro *Entretenimientos Literários,* cuja seção "Fantasias" foi acima resumida e comentada. Entre os mais interessantes, destacarei a extensa história de aventura "Historia de una venganza" (*El Álbum del Hogar,* 29 de setembro de 1878 a 12 de janeiro de 1879), o artigo feminista "La gran causa del bello sexo: la emancipación" (*El Álbum del Hogar,* 2 de fevereiro de 1879 a 20 de abril de 1879) e a noveleta "El brazalete de esmeraldas" (*El Álbum del Hogar,* 4 de abril a 16 de junho de 1880), que combina dois traços típicos da autora: o gosto pelas histórias complexas e trágicas e o emprego de mulheres audazes no papel de protagonistas. Não se trata de uma noveleta fantástica, mas sua truculência a inscreve claramente no terreno do horror. Introduz dois amigos que caçam no campo. Um deles se arrisca excessivamente; questionado, afirma não se importar com a vida, pois tem sido infeliz no amor. Anos antes, em um baile de máscaras, conheceu uma misteriosa mulher. Viveram um idílio, mas ela não queria se escravizar passando toda a vida com um único homem. Acabou assassinada pelo jovem, que escondeu sua cabeça em uma caverna e recomeçou a vida com outra mulher, a qual também decapitou ao ser enganado, ocultando a segunda cabeça na mesma caverna. Finalmente, enfadado da vida, o personagem se suicida.

"Un sueño" ("Um sonho", publicado em *La Ondina del Plata,* em 1° de outubro de 1876) transcorre em uma idílica manhã na qual a protagonista

4 O termo hemerografia refere-se a catálogo de jornais, revistas e outras publicações periódicas (N.T.).

caminha em direção ao Rio da Prata. Em meio ao êxtase causado pela contemplação da natureza, um anjo se aproxima. Seu nome é Amor, e diz que seu reinado chegou ao fim porque o materialismo se apoderou do mundo. Em seguida, surge uma vaporosa ondina, que diz chamar-se Felicidade; também desaparecerá da Terra. Por último se apresenta a Amizade; esta afirma que, no século XIX, os sentimentos nobres se tornaram palavras vazias. Nesse momento, a protagonista desperta: tudo havia sido um sonho.

"Un episodio trágico" (*La Ondina del Plata*, 15 de abril de 1877) se utiliza do potencial macabro das epidemias portenhas, que teria continuadores em Carlos Olivera e em Ángel de Estrada. Em 1871, morre de febre amarela uma garota que fora muito mimada por seus pais. Quando a jovem perece, a mãe morre instantaneamente de tristeza. O marido começa a gemer e a rir de forma convulsiva: enlouqueceu.

"La muñeca parlante" ("A boneca falante", *El Álbum del Hogar*, 25 de abril a 2 de maio de 1880) é uma breve história de horror com intenção moral, tom de conto de fadas e uma menina como protagonista; provavelmente inspirada pela publicação contemporânea de *Cuentos* (1880), de Eduarda Mansilla de García, primeiro livro destinado a um público infantil a ser escrito na Argentina. Deste modo, representaria uma interessante apropriação desse gênero por parte de Raimunda Torres y Quiroga, que consegue inseri-la habilmente no contexto típico das histórias infantis (ambiente familiar, estilo plano, ponto de vista de uma criança, final feliz); o toque macabro que a caracteriza, dá-se mediante a utilização de um personagem essencial no fantástico do século XIX: o autômato. Carlota é uma menina de doze anos "que não sabe ler, costurar nem rezar" - portanto, uma menina má. Como referência para o leitor adulto, é comparável a alguns seres fictícios de perversidade inata como Mlle. de Maran (protagonista de uma novela de Eugène Sue)[5] ou com os protagonistas "das lendas fantásticas de Edgar Poe". Tudo muda quando ela ganha uma boneca falante, que toma vida quando estão sozinhas e ameaça matá-la se ela não estudar e não se comportar. A menina, aterrorizada, torna-se boa; com o tempo, eventualmente se casa e tem dois filhos.

A Geração de Oitenta não foi monolítica em seu posicionamento filosófico e religioso. Junto a setores plenamente comprometidos com o positivismo, compostos por deístas, agnósticos e ateus, abundavam os católicos praticantes como Santiago Estrada e Luis V. Varela. A autora, a julgar pelo testemunho de suas ficções e ensaios, inscreve-se no segundo grupo. Cito um parágrafo de "La

5 Eugène Sue foi um escritor francês do século XIX, autor de *Les Mystères de Paris* (1842) e *Le Juif errant* (1845) (N.T.).

hija del salvaje":

> La humanidad no podría existir sin religión y tanto es así, que desde el principio del mundo no ha habido un pueblo de ateos. ¡La creencia en un ser superior que rije los Orbes ha prevalecido hasta en los salvajes! Sin religión el mundo moral se derrumbaría. (Torres y Quiroga, 1884, p. 108)

Também cabe mencionar textos como "El brazalete de esmeraldas" ("O bracelete de esmeraldas"), no qual um cético, por não encontrar sentido em sua vida, acaba se matando; "Roma y el cristianismo" ("Roma e o cristianismo"), sobre os momentos iniciais da difusão da doutrina de Jesus; e "La oración en el campo" ("A oração no campo"), no qual uma convalescente não hesita em levantar-se, por conseguinte arriscando sua saúde, para cumprir o rito da oração vespertina.

Esta religiosidade da autora é determinante para que seus contos fantásticos tenham uma forte carga moralista. "La mancha de sangre", "La voz acusadora", "Eroteida", "El secreto" e "La sombra misteriosa" narram assassinatos que carecem de motivação e que não foram punidos pela justiça; as contínuas aparições do espectro da vítima, o que pode ser interpretado como uma corporificação do remorso, levam o criminoso à loucura ou à confissão. Em "Gregorina", o assassinato ocorre por causa de um suposto adultério; não há assédio do além, mas o criminoso se vê torturado pela revelação de que a morta lhe havia sido fiel. Em "Otto de Witworth" e "El heraldo de la muerte", aristocratas tirânicos são mortos por seres sobrenaturais. Em "El baile de los muertos", profanadores de tumbas são assassinados por cadáveres redivivos. Finalmente, em "El espectro", um jovem dissoluto recebe a admoestação de um fantasma, que recomenda a ele que se dedique aos estudos e seja humilde.

Do ponto de vista formal, suas histórias foram construídas de modo cuidadoso. Carecem de digressões, o que evita enfraquecimento da narrativa (isto, possivelmente, é consequência tanto de uma boa sensibilidade narrativa como das limitações de espaço próprias aos meios hemerográficos). Normalmente começam por descrever um ambiente cotidiano, no qual a progressiva introdução de elementos inquietantes, bem como o *crescendo* da tensão, leva a uma apresentação sutil e espontânea do fantástico. Também são frequentes as reviravoltas e a elipse de cenas desnecessárias, a fim de manter o dinamismo da trama. Nesse sentido, Torres y Quiroga dispõe das melhores características do melodrama do século XIX (o suspense, o drama) sem cair em seus defeitos (digressões excessivas, prolongamento artificial de cenas).

Na tentativa de classificar seus temas fantásticos, o principal é, sem dúvida, a intervenção de um ente sobrenatural com a finalidade de punir um crime. Presente em "Gregorina", "Otto de Witworth", "El baile de los muertos", "La mancha de sangre", "El heraldo de la muerte", "La voz acusadora", "La cruz de brillantes", "Eroteida", "El secreto" e "La sombra misteriosa". Outros narram a punição dos protagonistas por terem cometido *húbris*,[6] por terem ido além daquilo que suas forças permitiam: este é o caso de "La plegaria de los muertos" e de "Historia de una calavera". Menos frequente é o encontro com um ser alegórico que busca transmitir uma lição moral, como em "El espectro" e "La mujer del collar de perlas". A loucura e as perturbações da realidade são os temas de "El hombre de la máscara roja", "Fritz Walker" e "El viejo del gabán verde". Aparecem com frequência nas histórias do primeiro grupo, embora de modo secundário. Finalmente, "Las nupcias de la muerte" aborda as experiências físicas do corpo na tumba: é um tema que não se repete na autora, devendo-se apenas ao fato de ser uma imitação de Gautier.

Determinar as influências literárias é uma empresa estimulante, uma vez que a autora demonstra ter conhecido a maior parte dos fantasistas de seu tempo. Uma das principais é Hoffmann, como não deixa de apontar a crítica de Josefina Pelliza de Sagasta. Tal influência pode ser reconhecida através de características como a confusão entre sonho e realidade, a presença de velhos sinistros, o uso do grotesco e o interesse pela loucura.

Por exemplo, "La cruz de brillantes" faz uso da indeterminação entre o mundo onírico e o real, sendo que o modelo hoffmaniano mais característico aparece em "La princesa Brambilla". Também utiliza um personagem típico do autor alemão: o velho sinistro dotado de poderes incompreensíveis e capaz de conhecer até os menores segredos de suas vítimas. Torres y Quiroga incorpora elementos do folclore maravilhoso à caracterização deste personagem. Em várias ocasiões é chamado de "demônio", "Satanás" e "criatura infernal", e descrito como exímio violinista. Estes dois elementos estão intimamente vinculados, uma vez que, nos textos folclóricos, uma das características tradicionalmente associadas ao diabo é a habilidade de manusear o violino. O texto ainda menciona o compositor italiano Tartini (autor de *Trillo del diavolo*, que, segundo o testemunho do próprio músico, teria resultado de uma inspiração provida pelo demônio durante um sonho), o que reforça esta associação.

Um exemplo ainda mais extremo é "El viejo del gabán verde", no qual também aparece um velho sinistro, e o ilusório e o real se entremeiam. O

6 Na mitologia heroica, o conceito grego de *húbris* (ou *hybris*) refere-se à transgressão dos limites humanos (N.T.).

protagonista acredita ter assistido a uma performance do *Don Giovanni* de Mozart, na qual teria se destacado uma cantora, mas, de repente, vê-se em uma sala deserta e a assistente de palco lhe informa que, na realidade, assistira a um concerto de música sacra, que não contava com a participação de mulheres. Para completar, esse personagem chama-se "Consejero K.", designação que remete ao Conselheiro Krespel, do conto homônimo de Hoffmann.

Tal história possui ambientação germânica, assim como "Otto de Withworth", "Elfrida", "Fritz Walker" e "La plegaria de los muertos". O próprio pseudônimo Wuili / Wili tem ressonâncias teutônicas - não por acaso, uma vez que alguns dos textos que publicou, como "Luciérnaga" e "Celeste", ambientam-se na Argentina. A noção de que para escrever literatura fantástica é necessário disfarçar-se de alemão – a saber, disfarçar-se de Hoffmann – também pode ser notada em Eduardo Holmberg, outro importante fantasista argentino, que situa várias de suas histórias na Alemanha. A razão é que, ao se incorporar um novo gênero a uma dada literatura, normalmente se retêm, durante uma primeira etapa, marcas onomásticas ou situacionais da literatura a partir da qual se formou. Este processo pode ser notado na ambientação francesa das novelas jurídicas *La huella del crimen* (1877) e *Clemencia* (1877), de Luis V. Varela, inspiradas por Émile Gaboriau,[7] ou na ambientação estadunidense dos textos argentinos de *hard science fiction* do período de 1950-1965. Somente em uma etapa posterior ocorre a "nacionalização" dos gêneros.

Outro autor citado por Pelliza de Sagasta, cujos traços são evidentes, é Edgar Allan Poe. Enumerarei os principais:

a) Os títulos de algumas histórias de nossa autora são derivados de outros do poeta norte-americano. Por exemplo, "El hombre de la máscara roja" remete ao poesiano "A máscara da morte rubra"; "La voz acusadora", a "O coração denunciador", traduzido para o espanhol como "El corazón delator" ou "El corazón acusador".

b) Tal como no caso de Hoffmann, a influência poesiana faz com que alguns textos situem-se no ambiente anglo-saxão, como "La cruz de brillantes", "La mancha de sangre", "El hombre de la máscara roja", "El secreto" e "La sombra misteriosa", e que sejam comuns, no caso dos personagens, nomes como William, John e Squeers.

c) Em geral, os textos de Torres y Quiroga são narrados em primeira pessoa, especialmente aqueles relacionados ao tema da loucura. Seu uso é raro em Hoffmann, mas regular em Poe, sobretudo quando apresenta personagens fora de si: os casos paradigmáticos são "O coração denunciador" e "O demônio da perversidade".

---

7 Escritor e jornalista francês do século XIX. Foi um dos pioneiros da ficção policial (N.T.).

d) Algumas estratégias de Poe são utilizadas para enfatizar o efeito do horror. Por exemplo, a menção ao envelhecimento repentino dos personagens após terem experimentado o insólito. Em "Manuscrito encontrado numa garrafa" se lê: "Mi cabello, negro como ala de cuervo la víspera, estaba tan blanco como lo ve usted ahora. También se dice que la expresión de mi rostro ha cambiado"[8] (Poe, 1990, p. 157). Em "Historia de una calavera", o mesmo recurso aparece: "Había envejecido prematuramente. Mis cabellos antes negros como el ala del cuervo, ostentaban en algunas partes hilos de plata" (Torres y Quiroga, 1884, p. 143).

e) Outra estratégia poesiana é a explicação do caráter arbitrariamente maligno de alguns de seus personagens com base naquilo que denomina de "impulso de perversidade ou de fatalidade". A saber, uma inclinação irreprimível para o mal que se esconde, de forma latente, dentro de todo ser humano. Os textos em que este conceito aparece são "O gato preto" e "O demônio da perversidade". Em Torres y Quiroga, é utilizado em numerosas ocasiões. Cito as passagens específicas:

> Desde el instante en que el genio de la Perversidad se constituyó en mi inseparable camarada, la actividad de mi alma se desarrolló de una manera funesta, terrible (*Ibidem*, p. 43).

> No sé si fue el demonio de la fatalidad o el genio del Crimen -tal vez los dos- que deslizaron a mi oído estas palabras: ¡Espectro! ¡Magia! (*Idem*, p. 105).

> El alcohol (...) no es otra cosa, muchas veces, que un instrumento de que se vale el demonio de la fatalidad para revelar crímenes que han tenido por testigos a las sombras de la noche (*Idem*, p. 149).

f) Há uma estreita similaridade temática e estrutural entre "O gato preto", "O coração denunciador" e "O demônio da perversidade", de Poe, e "La mancha de sangre", "La voz acusadora", "Eroteida", "El secreto" e "La sombra misteriosa", de nossa autora. Isto é, monólogos narrados em primeira pessoa, nos quais os protagonistas relatam os assassinatos que cometeram – de forma arbitrária, sem que tenham recebido a punição da justiça humana. No entanto, as contínuas aparições do espectro de sua vítima levam-nos à loucura ou à confissão. Esses três contos de Poe, aparentemente os que mais influenciaram Torres y

8 Esta e as demais citações de Poe permanecem conforme as fontes utilizadas pelo autor, originalmente em espanhol (N.T.).

Quiroga, provavelmente a atraíram por causa de seu moralismo implícito. O caso mais extremo de similaridade se dá entre "La voz acusadora" e "O coração denunciador": em ambos, os protagonistas enlouquecem por serem perseguidos pela batida incessante e ubíqua do coração da vítima.

g) "El espectro" trata de um homem que lê em seu quarto, à meia-noite, e ouve uma batida na porta; ao abrir não encontra ninguém, mas, quando a batida se repete, recebe a visita de um fantasma. Temos aqui uma fórmula básica similar à do poema "O Corvo", com uma única diferença: neste, o visitante é a ave que lhe dá nome. O surpreendente é que a história está repleta de transcrições quase exatas do poema, incluídas talvez pela semelhança de atmosfera:

> Mi bien amada, la incomparable virgen que los mortales llamaban Olga! (Torres y Quiroga, 1884, p. 67).

> Mi perdida Leonora, la incomparable y radiante virgen que los ángeles llaman Leonora (Poe, 1879, p. 5).

É possível apontar algumas influências menores. "La cruz de brillantes" cita *A volta ao mundo em oitenta dias*, de Júlio Verne. O título de "La mujer del collar de perlas" remete à obra *A mulher da gargantilha de veludo*, de Alexandre Dumas. "Las nupcias de la muerte" é uma reformulação explícita de uma peça de Théophile Gautier. Shakespeare é citado com frequência, com ênfase em suas obras com elementos fantásticos, como *Macbeth* (com seu sabá de bruxas) e *Hamlet* (com o espectro do rei). Em "El viejo del gabán verde", um personagem se chama Redlaw, como na história de fantasmas "The haunted man" (1848), de Dickens. Em "Historia de una calavera", a cena em que o protagonista mantém o crânio de sua noiva como relíquia pode ter sido inspirada por *La quena* (1845), de Juana Manuela Gorriti, na qual Hernán conserva o esqueleto de Rosa. A mesma história cita longamente Ann Radcliffe; ao descrever a casa de Rawlend, decorada inteiramente em preto, lê-se:

> Anna Radcliffe, la escritora por excelencia de lo extraordinario, hubiera encontrado en los tapices fúnebres de aquel gabinete, tema para trazar el más bello de sus cuentos. (Torres y Quiroga, *op. cit.*, p. 121)

Muitas dessas influências são mencionadas explicitamente em "La sombra misteriosa", no qual, depois de um extenso monólogo do alienado protagonista, reclamam-se diversos clássicos do gênero fantástico como Hoffmann, Poe,

Radcliffe e Dickens, junto a outros menos populares, como Heinrich Daniel Zschokke (1771-1848), Émile Erckmann (1822-1899) e Alexandre Chatrian (1826-1890):

> Para vosotros, Hoffmam [sic] no es más que un narrador fantástico, Edgar Allan Poe un poeta de imaginación extraña, Enrique Zschokk un visionario, Anna Radcliffe una escritora de cuentos inverosímiles, Erchmann Chatrian un soñador. Y sin embargo, sus personajes, llámense Crespel, Hollands, Zumbas, Nideck, Edward, son tipos que existen en el mundo, como es posible el Redlaw de Charles Dickens. "Hay hechos en la vida real que esconden y sobrepujan a las invenciones más ridículas y estravagantes de los novelistas", ha dicho Soulié. (*Ibidem*, p. 150)

Outro texto interessante para elucidar as leituras fantásticas de Torres y Quiroga é o artigo "Supersticiones y creencias", incluído na seção miscelânea de *Entretenimientos literarios*. Trata-se de um panorama do folclore maravilhoso da Suíça e da Escócia. Acerca do primeiro país, menciona os duendes da montanha, considerados maléficos pelos pastores, e diversas lendas regionais: um lago assombrado que guarda o cadáver de Pôncio Pilatos, uma ponte construída pelo diabo para obter a alma de um homem, uma flor que cresce nos picos mais inacessíveis durante um único dia do ano e que proporcionará a felicidade àquele que a encontrar. Do segundo, destaca as bruxas, que têm como uma de suas ocupações, durante o sabá, abrir os sepulcros e fazer unguentos mágicos com a carne das crianças não batizadas, e os duendes, geralmente benéficos. Menciona mais brevemente as sereias, as fadas, as almas penadas, os espectros da meia-noite, os silvanos, os gigantes malignos e os tritões. A autora promete abordar estes temas em um trabalho mais amplo, nunca publicado.

O artigo é uma espécie de resumo de vários tratados folclóricos em voga durante a época. O mais profusamente citado é *Historia de los demonios y de las brujas*, de Walter Scott, que, embora tenha como objetivo apresentar um panorama continental do tema, baseia-se quase exclusivamente em exemplos escoceses. Também alude a Isobel Gowdie, uma célebre bruxa julgada em 1662, na região escocesa de Aulderne; em sua confissão, ela fez uma minuciosa descrição de suas relações sexuais com o demônio, com detalhes tais como o que aponta que seu esperma "era frio como o gelo". Nossa autora seguramente tomou conhecimento dessa confissão através do livro de Scott, do qual transcreve numerosas passagens. Não faz menção à bibliografia utilizada sobre o folclore suíço; isto torna problemático o rastreamento de fontes, pois durante o período circulavam muitas obras dedicadas a esse tema.[9] Por último, ao referir-se aos duendes, rememora Charles Nodier:[10] "¿Habéis leído el cuento encantador de "Trilby o El duende de Argail" escrito por Carlos Nodier? ¿Conocéis sus aventurillas con la bella Jeanniés?". (*Idem*, p. 231)

O percurso através das lendas populares europeias deixou sua marca no já citado conto "El heraldo de la muerte". Conforme descrito anteriormente, um de seus personagens é Grukelkée, espectro funesto do folclore escocês que só aparece a noite, trazendo a morte a quem o contemple. E também em "El baile de los muertos", ambientado na Rússia e baseado na lenda anônima "El baile en el cementerio", publicada no número 19 do *La Aurora Olotense*, em 10 de março de 1859.

Até a presente pesquisa, Raimunda Torres y Quiroga era desconhecida pela crítica literária, tanto pelo seu nome, quando pelos seus pseudônimos. Não é algo surpreendente, uma vez que, se a literatura argentina do século XIX tem sido pouco explorada, aquela escrita por mulheres tem sido ainda menos. Esta situação contribuiu para a tiragem reduzida de seu único livro (auto-edição, o que era comum na época), seu título anódino e o sobrenome Wuili / Wili, que possivelmente fez supor se tratar de uma autora estrangeira.

Torres y Quiroga foi a terceira mulher que cultivou o fantástico na Argentina, depois de Juana Manuela Gorriti e Eduarda Mansilla de García. Como suas precursoras, revelou inclinação aos efeitos dramáticos e aos truques do melodrama; também relaciona-se a elas por sua fecundidade e pelas numerosas aparições em periódicos e revistas literárias. Diferenciou-se por sua plena consciência de pertencer ao gênero, bem como por sua dedicação constante ao mesmo (que resultou em vinte e um contos fantásticos ao longo de sete anos).

Em suma, diria que, entre os pontos negativos, parte de sua obra apresenta caráter imitativo, culminando, em um caso específico ("La voz acusadora"), à reprodução mimética do modelo utilizado. Além disso, seu percurso pelas letras foi fugaz: depois de 1884, seu nome não volta a aparecer em jornais ou revistas literárias. Entre os pontos positivos figuram as notáveis qualidades de estilo e estrutura de suas narrativas, que revelam uma preocupação estética escassamente descrita pelo modesto rótulo de "entretenimentos literários", com

9 Por exemplo: VALAYRE, G. de. *Légendes et chroniques suisses*. Paris: J. Belin-Leprieur Fils, 1842.

10 Escritor francês do século XIX, a quem se atribui importância dentro do movimento do romantismo. Foi responsável por introduzir uma nova geração à literatura gótica, às histórias de vampiros e ao chamado *conte fantastique* (N.T.).

o qual se buscou designá-los. Também, a habilidade quase dickiana com que realiza perturbações na realidade[11] em "La cruz de brillantes", "El hombre de la máscara roja" e "El viejo del gabán verde", mesclando de forma quase inextricável os eventos reais com outros de natureza onírica ou motivados pela insanidade. Por último, sua obra, em seu limitado escopo de difusão (um punhado de revistas destinadas às mulheres), constituiu um verdadeiro fomentador de interesse pela literatura fantástica, originando numerosas críticas e comentários, e, provavelmente, inspirando outros autores a experimentarem o gênero.

Bibliografia

NAVARRO VIOLA, Alberto. *Anuario Bibliográfico. Año 1884*. Buenos Aires: Imprenta de M. Biedma, 1885, p. 235.

PELLIZA DE SAGASTA, Josefina. "Matilde Elena Wuili". *La Ondina del Plata*, Buenos Aires, 25 abr. 1880.

POE, Edgar Allan. "El cuervo". *La Ondina del Plata*. Buenos Aires, 2 mar. 1879. Tradução Carlos Olivera.

______. *Cuentos*, vol. I. Madrid: Alianza Editorial, 1990.

TORRES Y QUIROGA, Raimunda. "Un sueño". *La Ondina del Plata*, Buenos Aires, 1 out. 1876.

______. "Progreso". *La Ondina del Plata*, Buenos Aires, 15 out. 1876.

______. "Un episodio trágico". *La Ondina del Plata*, Buenos Aires, 15 abr. 1877.

______. "La muñeca parlante". *El Álbum del Hogar*, Buenos Aires, 25 abr./2 mai. 1880.

______. "El brazalete de esmeraldas". *El Álbum del Hogar*, Buenos Aires, 4 abr./16 jun. 1880.

______. *Entretenimientos Literarios*. Buenos Aires: Imprenta Colón, 1884.

VALAYRE, G. de. *Légendes et Chroniques Suisses*. Paris: J. Belin-Leprieur Fils, 1842.

11 O autor se refere ao escritor norte-americano Philip K. Dick (N.O.).

AO SUL DO FUTURO:
Panorama do cinema latino-americano de ficção científica[1] [2]

Mariano Paz

O cinema de ficção científica (FC) é inegavelmente dominado pela indústria do cinema americano, pelo menos nos países ocidentais desde o final da Segunda Guerra Mundial. Não apenas a maioria dos filmes de FC lançados a cada ano são produzidos nos Estados Unidos, como muitos deles são *blockbusters* hollywoodianos, feitos com os maiores orçamentos. Enquanto isso, nações com história cinematográfica muito rica, como França e Itália, têm dado comparativamente menos contribuições ao gênero. Existe, entretanto, um corpus cinematográfico de FC produzida na América Latina que não é insignificante. Esses filmes foram na maior parte ignorados por críticos e acadêmicos, nacionalmente e internacionalmente, e somente nos últimos anos começaram a ser redescobertos (cf. Schmelz, 2006; Suppia, 2008 e 2010; Paz, 2011). Este artigo oferece um mapa do cinema de FC Latino-americano, proporcionando uma análise histórica e textual para ajudar a estimular futuros e mais amplos comprometimentos com este assunto. Em seguida a um panorama histórico do cinema de FC no México, Brasil e Argentina, discutirei em mais detalhes um filme de cada um desses países, no sentido de identificar as eventuais características definidoras do cinema de FC Latino-americano. A

1 Uma versão deste artigo foi originalmente publicada no periódico *Science Fiction Film and Television* (*SFFT*) issue 1, v. 1, spring 2008, p. 81-103. Agradecemos aos editores de *SFFT* e à Liverpool University Press pela permissão para a reprodução deste conteúdo em sua segunda versão, traduzida para o português.

2 Traduzido do inglês para o português por Alfredo Suppia.

existência deste tipo de filme em uma região periférica como a América Latina pode mostrar que o cinema de FC de Hollywood, em sua forma de *blockbuster* dominante e seu alcance global, é apenas uma entre outras formas pela qual o gênero ficção científica pode ser expresso cinematograficamente.

Antes de prosseguir, três pontos precisam ser esclarecidos. Primeiro, este artigo aborda filmes do México, Brasil e Argentina porque estes países possuem as maiores indústrias de cinema na América Latina, contabilizando 90% dos aproximadamente 12.500 filmes produzidos em toda região entre 1930 e 2000 (Getino, 2007, p. 53). Segundo, enquanto minha análise é limitada a filmes de longa-metragem, há também, ao menos nesses três países, um número razoável de filmes de FC em curta-metragem, além de filmes de animação do gênero. Terceiro, entre os obstáculos mais sérios para se pesquisar este assunto estão a quase completa ausência de bibliografia e a dificuldade em se obter cópias dos filmes, particularmente aqueles realizados a mais de três ou quatro décadas atrás.

Origens do cinema de FC na América Latina

A FC não está ausente da imaginação dos artistas da América Latina. Na verdade, uma rica tradição de literatura de FC remonta à segunda metade do século XIX, sem grande interrupção (cf. Haywood-Ferreira, 2003 & 2007; Causo, 2003; López Castro, 2001). Assim, quando os cineastas abordaram o gênero, isso não foi algo totalmente desconectado do campo de produção cultural. Embora a transição das FC para as telas não tenha sido imediata, as primeiras empreitadas não levaram muito tempo a aparecer. É quase impossível estabelecer uma cronologia exata dos primeiros filmes latino-americanos de FC, em particular aqueles do período silencioso, devido ao grande número de originais que foram perdidos. Entretanto, é menos difícil identificar trabalhos pioneiros, em cada um dos três países endereçados, depois do advento do cinema sonoro. Na Argentina, Camilo Zaccaría Soprani fez o filme de cinquenta minutos *O Homem-Besta, ou as Aventuras do Capitão Richard* (*El hombre bestia, o las aventuras del Capitán Richard*)em 1934. A trama complicada envolve o Capitão Richard caindo com seu avião na propriedade de um médico louco, o qual usa Richard como cobaia para testar uma fórmula experimental que transforma o herói em um maníaco "sequestrador de mulheres". No México, um ano mais tarde, Gabriel Soria dirigiu *Os Mortos Falam* (*Los Muertos Hablan*), sobre um cientista que rouba cadáveres para tentar demonstrar sua hipótese sobre imagens fixadas nas retinas de pessoas mortas. Em 1947, Silveira Sampaio dirigiu no Brasil o longa *Uma Aventura aos Quarenta*, uma comédia de FC feita em 1975, na qual a televisão é então uma mídia completamente interativa. Agora quase esquecidos, estes filmes não iniciaram um desenvolvimento imediato do gênero: eles são preferencialmente casos isolados. Entretanto, são importantes porque mostram que ciência e tecnologia adquiriram relevância suficiente na sociedade Latino-americana a ponto de serem incluídas em narrativas cinematográficas. A produção mais sistemática de filmes FC nestes países, contudo, não começaria antes do início dos anos 1950.

Consolidação e desenvolvimentos do gênero

A indústria latino-americana do cinema sempre foi condicionada, como todas as outras atividades, pelas crises econômicas e políticas que afetaram a região. Períodos de prosperidade econômica alternaram-se com severas depressões financeiras. Politicamente, ciclos de governos democráticos foram interrompidos por severas ditaduras militares, as quais frequentemente perseguiram artistas e aplicaram forte censura a produtos culturais. Além disso, mudanças no governo frequentemente levaram a mudanças abruptas na forma com que a indústria do cinema era regulamentada, e no tipo de apoio proporcionado pelo Estado. Esse contexto foi um grande obstáculo para o desenvolvimento de indústrias cinematográficas nacionais sustentáveis e para a continuidade de determinados movimentos estéticos, respondendo pela intermitência do cinema de FC latino-americano. Na Argentina, por exemplo, apenas um filme de FC pode ser identificado nos anos 1970, um dos períodos mais violentos e politicamente instáveis na história do país: *A Guerra do Porco* (*La Guerra del Cerdo*, 1975), de Leopoldo Torre Nilsson. Tempos depois, não menos que oito filmes de FC foram feitos na Argentina desde 2000. Em contraste, Schmelz lista 28 filmes mexicanos de FC dos anos 1970, enquanto apenas três foram feitos entre 2000 e 2006.

Inquestionavelmente, o México é o país Latino-americano com a maior e mais sistemática cinematografia de FC, com mais de cem filmes de longa metragem, a maioria deles concentrada no período entre o início dos anos 1950 e o final dos anos 1980. Não é uma coincidência que o México tenha apresentado a indústria cinematográfica mais desenvolvida, na qual, diferente de Argentina e Brasil, investidores privados dominaram a produção pelo menos até o início dos anos 1970. Investimento privado significava que filmes eram feitos com o objetivo primário de gerar lucro. Assim, para atrair o grande público, a maioria dos cineastas da FC mexicana recorreu à inclusão de dois ícones populares centrais na cultura mexicana: comediantes como Cantinflas ou Piporro, e lutadores como Santo e Blue Demon. Além disso, esses personagens eram frequentemente acompanhados por mulheres lindas e seminuas (geralmente invasores alienígenas tentando seduzir ou abduzir terráqueos). Essas opções se revelaram eficazes, e muitos desses filmes foram extremamente populares, não apenas no mercado doméstico mas também no internacional, na medida em que "contribuíram significativamente à sobrevivência da indústria cinematográfica nacional durante seus anos mais críticos, após o sonho da chamada idade de ouro desmoronar" (Schmelz, 2006, p. 24).

Comédias mexicanas de FC podem ser exemplificadas por filmes como *O Supersábio* (*El supersabio* dir. Miguel Delgado, 1948), na qual Cantinflas interpreta o assistente de um cientista renomado que trabalha numa fórmula para converter água do mar em óleo combustível, e *A Nave dos Monstros* (*La Nave de los Monstruos*, dir. Rogelio González, 1960), no qual duas invasoras venusianas pretendem sequestrar Piporro e levá-lo para Vênus, onde a população inteira de machos pereceu. Os lutadores, que no México são uma versão extremamente popular do super-herói, geralmente têm de lutar tanto com invasores alienígenas como com cientistas-loucos. Dois exemplos notáveis são *Blue Demon e as Invasoras* (dir. Gilberto Martínez Solares, 1968) e *Santo e Blue Demon contra o Dr. Frankenstein* (dir. Delgado, 1973). *Demônio Azul e as Invasoras* é interessante neste contexto: embora não seja uma comédia, Blue Demon, como Piporro, deve encarar uma invasão de alienígenas deslumbrantes que querem abduzir humanos para seu planeta, usando seu charme para seduzir alvos cuidadosamente selecionados. Como Barrios percebe, uma segunda versão deste filme foi lançada com o título *Blue Demon e as Sedutoras*: é basicamente o mesmo filme, mas com sequências mais explícitas nas quais as mulheres são retratadas totalmente nuas.

Juntamente com seus elementos locais, de cultura popular, esses filmes demonstram a forte influência da FC americana dos anos 1950 e início dos anos 60, tanto em termos de assunto (invasões alienígenas e os perigos da energia nuclear) quanto iconografia (discos voadores, naves espaciais, monstros alienígenas e robôs). O poster para *Santo contra a Invasão dos Marcianos* (*Santo contra la Invasión de los Marcianos*, dir. Alfredo Crevenna, 1966) foi uma cópia quase exata do *Robinson Crusoe em Marte* (*Robinson Crusoe in Mars*, dir. Byron Haskin, 1964), e houve até mesmo um *remake* de *A Bolha Assassina* (*The Blob*, dir. Irvin Yeaworth, 1958) estrelado pelo célebre lutador mexicano: *Santo contra os Assassinos de Outros Mundos* (*Santo contra los Asesinos de Otros Mundos*, dir. Rubén Galindo, 1971).

Embora uma garantia de sucesso de bilheteria, o uso desses personagens populares talvez explique porque esses filmes foram duramente criticados e subsequentemente ignorados por historiadores e acadêmicos. De acordo com Férnandez Delgado, "o cenário, acessórios e personagens nos filmes mexicanos de ficção científica [foram] concebidos com a intenção deliberada de atrair um público infantil e semianalfabeto" (2006, p. 138). Schmelz refere-se a "um gênero [que] historiadores e críticos de cinema tinham essencialmente enterrado em sua determinação de criar e alimentar uma cultura cinematográfica modelada nos parâmetros do cinema europeu" (2006, p. 22). Embora ingênuos, esses filmes são, no entanto, exemplos significativos para um estudo cultural do cinema de FC latino-americano – e, em todo caso, vale a pena lembrar que nem todos os filmes feitos no México foram iguais. Na verdade, muitos cineastas evitaram o uso de comediantes e lutadores, produzindo trabalhos mais elaborados, como o caso de *O Ano da Peste* (*El año de la peste,* dir. Felipe Cazals, 1978), um dos exemplos mais importantes dessa variedade. Livremente baseado no *Diário do Ano da Peste* de Daniel Defoe, e com roteiro co-escrito por Gabriel García Márquez, *O Ano da Peste* é sobre o surto de uma doença misteriosa em uma cidade mexicana e a reação que o fenômeno provoca no governo e na sociedade civil. Outro exemplo de FC mais ambiciosa é *A Mansão da Loucura* (*La Mansión de la Locura,* dir. Juan López Moctezuma, 1973), baseado no conto "O Sistema do Dr. Tarr e Prof. Fether" (1856), de Edgar Allan Poe.

Nem a Argentina nem o Brasil apresentam uma indústria cinematográfica com as mesmas características estruturais da mexicana, na qual a existência de uma rede sólida de investidores privados, no período da "era dourada" pelo menos, era central tanto na produção mais sistemática de filmes de FC quanto no apelo generalizado a ícones populares. Essas tendências foram muito evitadas na Argentina, e em grau menor no Brasil, onde em ambos os casos o Estado teve, historicamente, um envolvimento mais ativo na indústria cinematográfica, financiando e coproduzindo filmes. Consequentemente, o lucro não era necessariamente sempre o principal motivo para se produzir um filme.

Tipicamente, o caso brasileiro se insere em algum lugar entre os exemplos do México e da Argentina. De acordo com Suppia (2006), ao longo dos anos 1940 e 50 elementos de comédia e musicais foram proeminentes nos filmes de FC brasileiros, exemplificado por filmes como *Carnaval em Marte* (dir. Watson Macedo, 1954), no qual invasoras marcianas visitam o Rio de Janeiro e resolvem importar o Carnaval para o Planeta Vermelho (embora tudo não passe de um sonho), ou *Malandros em Quarta Dimensão* (dir. Luiz de Barros, 1954), no qual um professor milionário inventa o cinema do futuro em quatro dimensões.

Entretanto, durante as décadas seguintes, a FC no cinema brasileiro começa a abandonar assuntos essencialmente populares e a se concentrar em histórias mais "sérias". Entre os exemplos mais notáveis estão *O Quinto Poder* (dir. Alberto Pieralisi, 1962) e *Abrigo nuclear* (dir. Roberto Pires, 1981). Em *O Quinto Poder*, um país estrangeiro planeja tomar o controle político do Brasil com uma tecnologia especial de transmissão de mensagens subliminares. A história é estruturada como um suspense: agentes secretos são enviados ao Brasil para a missão de transmitir secretamente mensagens subliminares que incitam a população à violência e à derrubada do governo. O caos subsequente permitirá a força estrangeira se apoderar dos recursos naturais do Brasil. Entretanto, um jornalista descobre o que está acontecendo e alerta a polícia. O complô internacional é esfacelado e o final é feliz, mas a mensagem política do filme é explícita e poderia ser extrapolada para qualquer país da América Latina: existe uma relação entre golpes de Estado e interferência estrangeira na região. Em *Abrigo Nuclear*, a ação acontece em um futuro distante quando, por causa da contaminação radioativa, a superfície do planeta torna-se inabitável. Humanos podem sobreviver somente em abrigos subterrâneos, onde um sistema político totalitário regula suas vidas. Um grupo de dissidentes descobre que, em um passado remoto, as pessoas já teriam vivido na superfície (algo que as autoridades mantinham escondido do público), e usam este conhecimento para a revolução em um dos abrigos.

No final dos anos 1980, o Brasil sofria uma severa crise econômica que afetou profundamente a indústria do cinema. A quantidade de filmes produzidos caiu dramaticamente e também os índices de frequência ao cinema; o número de salas de cinema foi reduzido pela metade entre 1975 e 1988 (Johnson, 1997, p. 366). As instituições públicas encarregadas de financiar e promover o cinema nacional, Embrafilme e Concine, foram desmanteladas durante o mandato do presidente Collor de Mello. Não surpreende o cenário no qual, "entre 1981 e 1988, a pornografia pesada representou uma média de quase 68% do total da produção (brasileira)" (*Ibidem*, p. 366), de maneira que o cinema de FC assistiu a um retorno do investimento privado e das formas comerciais mais óbvias, como a comédia e filmes de conteúdo abertamente erótico, em títulos do período como *A Quinta Dimensão do Sexo* (dir. José Mojica Marins, 1984) ou *Mulher de Proveta: a Gargalhada Erótica* (dir. José Rady, 1984). Somente no final dos anos 90 e, em particular, os primeiros anos do novo século fez a indústria do cinema brasileiro começar a se recuperar da crise. Entretanto, produções de filmes de FC não alcançaram os níveis do período das décadas de 1960 e 80, e apenas oito ou nove filmes de FC foram produzidos no Brasil nos últimos vinte anos (veja Suppia, 2006).

Embora a Argentina tenha talvez o menor corpo de filmes de FC entre os três países discutidos aqui, eles são, em geral, mais equilibradamente focados em FC especulativa ou "sério-dramática". Dos aproximadamente 35 filmes de FC argentinos que consegui identificar, apenas um faz uso de comediantes populares como meio de assegurar o sucesso de bilheterias: *Os Extraterrestres* (*Los extraterrestres*, dir. Enrique Carreras, 1983), uma espécie de paródia de *E.T.: O Extraterrestre* (dir. Steven Spielberg, 1982), no qual o alienígena ajuda os dois personagens centrais a seduzir mulheres. Além disso, diferente do que teria ocorrido no México e no Brasil, poucos desses filmes foram produzidos entre os anos 1950 e 1980. Depois de *El hombre bestia* ter sido realizado em 1934, o próximo exemplo que consegui identificar é uma adaptação da novela *O Medico e o Monstro* (*The Strange Case of Dr. Jekyll and Mr. Hyde*, 1886), de Robert Louis Stevenson, com o título *O Estranho Caso do Homem e da Besta* (*El Extraño Caso del Hombre y la Bestia* (dir. Mario Sofficci, 1951). Mas sem dúvida alguma o filme mais relevante do período é *Invasión* (dir. Hugo Santiago, 1969), baseado na história de dois dos mais renomados escritores da Argentina, Jorge Luís Borges e Adolfo Bioy Casares, os quais tiveram uma relação próxima com o gênero tanto como escritores quanto como críticos literários (cf. Abraham, 2005). A ação acontece na cidade fictícia de Aquilea, que é claramente uma alegoria de Buenos Aires. Ignorada pela maioria das pessoas, a cidade está à beira de ser invadida por forasteiros misteriosos, enquanto grupos dispersos de cidadãos formam uma resistência. O filme evita efeitos visuais e a iconografia tradicional do gênero – diferente de *O Quinto Poder*, nenhuma informação precisa é dada considerando a identidade ou o motivo dos invasores – enquanto preserva a dimensão cognitiva. Foi retrospectivamente interpretada como uma parábola antecipando a época da violência interna e da ditadura militar que dominaram a Argentina de 1973 até o início dos anos 80.

Somente após o retorno da democracia, em 1983, o cinema argentino parece demonstrar maior interesse pela FC. O número de produções aumenta substancialmente nesse período, com a maior parte deles, a exemplo de *Invasión*, centrado na especulação e antecipação em lugar de ação e efeitos especiais. Embora tais elementos não estejam sempre ausentes, os filmes geralmente evitam o espetáculo em favor de histórias mais cerebrais. Isto pode ser ilustrado por dois dos filmes argentinos de FC de maior sucesso de crítica, os quais comento a seguir. *Homem Olhando o Sudeste* (*Hombre Mirando al Sudeste*, dir. Eliseo Subiela, 1986) é sobre um paciente que aparece misteriosamente em um hospital psiquiátrico, alegando ser um alienígena de outro planeta. O médico encarregado de tratá-lo presume que ele é louco, mas a trama do filme é ambígua, oferecendo pistas que tanto sustentam quanto rejeitam a declaração do paciente. *Moebius* (dir. Gustavo Mosquera, 1996) transporta o conto de A. J. Deutsch,

"Um Metrô Chamado Moebius" (1950), de Boston para Buenos Aires, num futuro próximo em que a rede de metrôs tornou-se excepcionalmente extensa e complexa. Uma composição inteira de trem, junto com seus passageiros, desaparece no meio de uma viagem, e um topólogo é contratado para investigar o caso. Ele eventualmente descobre que a rede de metrô tornou-se análoga a uma faixa de Möbius e, seguindo as propriedades geométricas dessa figura, conclui que qualquer composição de trem poderia desaparecer e reaparecer a qualquer hora. Tanto *Hombre Mirando al Sudeste* quanto *Moebius* são filmes "sério-dramáticos", exemplos de FC mais intelectualizada, e compartilham um subtexto político informado pela violência e repressão da última ditadura militar na Argentina (1976-1983).

Ao contrário dos casos de México e Brasil, a partir do início do século XXI o cinema de FC na Argentina cresceu, beneficiando-se do aumento notável no total de filmes produzidos (ao longo dos últimos quatro anos a produção de filmes na Argentina foi a mais alta na América Latina, com média de mais de 50 filmes por ano). Entre os exemplos recentes mais interessantes estão *A Antena* (*La Antena*, dir. Esteban Sapir, 2007) e *Filmatron* (dir. Pablo Parés, 2007). Fundamentalmente diferentes em termos de estilo, ambos descrevem sociedades totalitárias nas quais o Estado tem controle absoluto sobre mídias de massa e comunicações, e as liberdades individuais são severamente restritas.

Passarei agora a considerar, com mais detalhes, um estudo de caso representativo de cada um desses três países, levando em consideração as tendências nacionais delineadas acima.

México: *Santo vs. la Invasión de los Marcianos* (dir: Alfredo B. Crevenna, 1966)

Santo é, sem dúvida alguma, a figura mais popular na luta-livre (*lucha libre*) mexicana. Em uma carreira extremamente produtiva no cinema de gênero (a maioria horror e FC), ele estrelou mais de 50 filmes. A fama de Santo vai além do México: seus filmes fizeram sucesso na Espanha, França e Índia, bem como por toda América Latina. Em *Santo vs. la Invasión de los Marcianos*, o herói mascarado enfrenta uma invasão de marcianos empenhados em destruir a Terra. O tema é simples, com uma premissa reminiscente de *O Dia Em Que a Terra Parou* (dir. Robert Wise, 1951). Através da descoberta da energia atômica e da produção de armas nucleares, a humanidade tornou-se uma ameaça ao universo inteiro. A sociedade marciana, muito mais avançada do que a nossa, envia uma missão para avisar os humanos que eles devem se desarmar e viver em paz, ou então enfrentar uma destruição global preventiva. Os marcianos decidem fazer o primeiro contato no México porque consideram este um país pacifista (não se envolveu em grandes guerras). Um segundo objetivo da missão pretende viabilizar mais estudos da raça humana, por meio da abdução de mexicanos proeminentes: entre os alvos estão Santo, por sua força e retidão moral, e o renomado físico nuclear Professor Ordorica, por seu vasto conhecimento científico. Os marcianos machos (todos interpretados por figuras de lutadores) são idênticos aos terráqueos, exceto por uma característica: eles possuem um terceiro olho no meio da testa, tido como "olho astral", que é também uma arma capaz de desintegrar seus alvos. As marcianas fêmeas, por outro lado, não têm o olho astral e são extremamente bonitas. Depois de avisar a população sobre a proliferação de armas nucleares causando estragos durante um evento esportivo grandioso (um grande massacre é evitado pelo heróico Santo, que se engaja no combate corpo-a-corpo com os marcianos), os invasores se voltam para o sequestro de seus alvos selecionados, teletransportando-os para sua espaçonave escondida. Para conseguir teletransportá-los, os marcianos devem primeiro tomar o controle sobre suas vítimas. Os marcianos machos simplesmente usam a força para agarrar seus alvos, enquanto as fêmeas tiram proveito de sua aparência sedutora, aproximando-se de seus alvos disfarçadas de belas terráqueas (há até mesmo um breve momento musical, interpretado por quatro marcianas disfarçadas de dançarinas, em uma cerimônia assistida pelo Professor Ordorica). Santo está imune a ambas as táticas – forte demais para ser levado a força, ele resiste à tentação oferecida pelas mulheres –, então os marcianos decidem matá-lo. Até agora, entretanto, há um sério problema: os marcianos somente podem respirar na Terra através de pílulas que os ajudam a processar o ar. A resistência de Santo significa que a estadia deles no planeta demorou mais do que o esperado originalmente. Quando os marcianos não têm mais escolha a não ser partir, Santo consegue encontrar a espaçonave, a qual ele explode após resgatar os prisioneiros humanos.

Filmado em preto e branco, *Santo vs. la Invasión de los Marcianos* é representativo não apenas dos filmes de Santo, mas também de outros filmes de FC envolvendo lutadores. Podemos ver aqui elementos típicos do gênero, particularmente nos filmes americanos da década de 1950, como invasão alienígena, discos voadores, raios que destróem pessoas e referências ao perigo de armas nucleares, em combinação específica com temas locais. O mais significativo destes é, naturalmente, a presença do próprio Santo - mas também é importante reconhecer as formas pelas quais o filme transmite as normas e princípios do Catolicismo, refletindo a forte influência dessa religião sobre a sociedade mexicana. Por exemplo, quando Santo confronta um grupo de marcianos que tem a intenção de abduzir Padre Fuentes, este pede que eles não lutem dentro da "casa do Senhor". Os marcianos devidamente obedecem. Quando sua tentativa de sequestro finalmente tem êxito, a câmera se aproxima de uma imagem solitária de Cristo em madeira, enquanto a trilha sonora se torna repentinamente melancólica. Valores católicos também estruturam a representação das abduções/seduções conduzidas pelas marcianas. Uma cena mostra um grupo de cientistas mais velhos e empresários discutindo a invasão alienígena em uma festa, enquanto suas esposas conversam entre elas em um grupo separado. Duas marcianas vestidas glamourosamente entram e se aproximam de dois dos homens sob o olhar ciumento de suas esposas, as quais são caracterizadas de forma muito menos atraente que as marcianas. Os homens são instantaneamente seduzidos, permitindo que as marcianas os abracem e assim os teletransportem para a espaçonave – as invasoras não apenas sequestram pessoas, mas também separam suas famílias. Depois desse incidente, as mesmas marcianas aparecem na casa de Santo, materializando-se diretamente em seu quarto, onde ele está lendo sozinho na cama. Embora Santo pareça, a princípio, ter caído na magia de seus encantos, ele logo percebe que está sendo seduzido e recusa a aproximação. A postura de Santo é significativa, pois destaca sua pureza sexual em uma sociedade na qual valores católicos ditam que a sexualidade precisa ser regulamentada através da instituição do casamento, devidamente sancionado pela Igreja.

Santo vs. la invasión de los marcianos também inclui elementos latentes de crítica social e política, vistos, por exemplo, na reação do governo à invasão marciana. O principal objetivo das autoridades é ocultar a invasão do público, de modo a permitir que todas as atividades comerciais e relacionadas ao trabalho continuem sem perturbação. Para alcançar isto, o governo manipula a imprensa e transmite falsos relatos afirmando que os marcianos partiram. Quando os empresários conversam na festa, eles afirmam diretamente que a invasão tornou-se pública: "todas as atividades na cidade teriam chegado a um impasse" e eles deveriam usar todos os recursos possíveis para convencer a população de que a ameaça havia passado. Uma cena subsequente é ainda mais explícita: um anunciante de TV afirma que o governo tem evidências conclusivas de que os marcianos partiram, embora saibamos que isso seja falso. Esses momentos podem ser interpretados como críticos do PRI (Partido Revolucionário Institucional) e seu uso sistemático de práticas autoritárias e manipulação da mídia de massa. Podem também refletir um descontentamento popular crescente com o governo no final dos anos 1960, quando a economia do México começou a diminuir depois de um período impressionante de crescimento, fato que eventualmente levou à revolução dos estudantes de 1968 e ao Massacre de Tlatelolco, apenas dois anos depois de o filme ter sido feito. Essas associações não escondem o fato de que *Santo vs. la Invasión de los Marcianos* possa ser considerado como, na melhor das hipóteses, extremamente ingênuo - mas elas realmente atuam com um argumento cauteloso contra o total descarte desse tipo de filme como um objeto digno de estudo mais aprofundado.

Brasil: *Parada 88: o Limite de Alerta* (dir. José de Anchieta, 1978)

Parada 88 é um filme escuro e sombrio. A ação acontece em dezembro de 1999, um pouco antes do fim do milênio. Como *Abrigo Nuclear*, ele lida com a poluição e destruição do meio ambiente, porém num esforço mais elaborado, evitando determinados estereótipos e concessões ao público. Em 1994, o reator de uma usina química na cidade de Parada 88 explodiu, liberando uma enorme quantidade de dioxinas. Cinco anos mais tarde, o reator continua a descarregar gases tóxicos e a cidade é coberta por uma nuvem permanente de ar venenoso. Todas as casas, lojas e prédios foram selados, e uma rede de túneis plásticos foi criada para interconectá-los, possibilitando aos habitantes sair de suas casas e continuar com suas atividades diárias. O governo colocou Parada 88 em quarentena, isolando a cidade do mundo lá fora, e o ar puro tornou-se uma *commodity*, com uma empresa privada encarregada de fornecê-lo. O protagonista, Joaquim Porfirio, um soldador desempregado, mora com sua esposa Maria e a filha Ana, a qual perdera a vista em um acidente. A família sobrevive plantando seus próprios alimentos dentro de casa. Eles não têm dinheiro para pagar uma conta de ar vencida, e por isso a empresa ameaça cortar o suprimento de ar. Em um contexto macabro que acontece numa boate da cidade, uma chance é oferecida a Joaquim para ganhar três meses de ar – mas, para reclamar o prêmio, ele deve se aproximar da usina química abandonada para obter informações sobre uma força-tarefa que fora flagrada trabalhando no local. Presumivelmente, os organizadores do concurso acreditam que ninguém vai aceitar a oferta, uma vez que a usina está localizada fora das cúpulas e ir até lá significa morte certa. Joaquim, entretanto, está tão desesperado que decide se arriscar. Coberto por muitas camadas de roupas e usando uma velha máscara de gás – medidas insuficientes contra a atmosfera poluída – ele consegue alcançar a força-tarefa (devidamente equipada com roupas de proteção) antes de desmaiar. Resgatado e levado a um hospital, Joaquim sofre uma operação para implantar pulmões artificias, e acaba transformado em um ciborgue (depois da operação ele aparece sem cabelos, com cicatrizes no rosto e envolto por um colete metálico).

De alta do hospital, Joaquim retorna à cidade. No caminho ele é constantemente assediado nos túneis de plástico por causa da sua aparência bizarra. O gerente da boate, aonde ele vai primeiro, fica surpreso em vê-lo vivo, e relutantemente entrega a ele seu prêmio. As pessoas ficam radiantes em ouvir as notícias de Joaquim: a força-tarefa do governo aparentemente desativou o reator, e a atmosfera local seria descontaminada em pouco tempo. A alegria de Joaquim desaparece quando ele chega em casa e descobre que os cobradores da conta de ar já tinham visitado a casa, atacado sua família e estuprado sua filha Ana. Além disso, os cobradores haviam prometido retornar de forma ainda mais violenta caso a família não pagasse o que devia. Joaquim instrui sua esposa a juntar todos os seus pertences, apanha uma velha espingarda e espera pelos bandidos, vindo a matar todos eles em um tiroteio. Enquanto o resto da cidade comemora a chegada do novo milênio, Joaquim e sua família partem puxando uma velha carroça. A cena final mostra Joaquim e Maria empurrando a carroça com dificuldade por uma via deserta. Uma legenda nos informa que é 1° de janeiro de 2000.

Uma especulação distópica do futuro da sociedade brasileira, *Parada 88* contém vários *tropos* típicos da FC, como destruição ambiental, ganância corporativa e organismos cibernéticos, enquanto outros elementos aludem especificamente à política brasileira - expressam a preocupação com o futuro do Brasil e antecipam as mudanças que o país (como muitos outros na América Latina) viria a passar nas décadas de 1980 e 90.

Em primeiro lugar, os anseios sociais predominantes no país no final dos anos 1970, em relação à desaceleração da economia e ao final do crescimento industrial estão claramente presentes. A posição de Joaquim como soldador desempregado em uma agora abandonada fábrica da cidade, incapaz de pagar suas contas, reflete as preocupações com o futuro imediato de trabalhadores da indústria em face da crescente estagnação econômica e inflação. Outras fontes de angústia no filme são a burocracia ineficaz e a falta de resposta por parte do Estado no que se refere à proteção dos cidadãos. Tulio Halperín Donghi define o governo militar brasileiro do período de 1964-85 como "autoritário-burocrático" (1992, p. 579), e as consequências perversas de tal sistema de governo, embora em uma forma extrapolada de ficção, pode ser identificado em uma cena inicial, envolvendo um encontro no Departamento de Controle de Gás – momento em que ficamos sabendo que o governo brasileiro levou cinco anos para perceber que havia um problema sério na cidade de Parada 88, pois o caso havia se perdido no meio de tanta papelada.

Sob outro ângulo, toda a situação de Parada 88, em que uma empresa privada está encarregada do suprimento de ar, antecipa outras mudanças econômicas que o Brasil viria a passar do final dos anos 1980 em diante: a implementação sistemática das reformas neoliberais que definiram não apenas a política econômica brasileira, mas também a de vários outros países latino-americanos durante o mesmo período. Fundamental ao modelo neoliberal é a privatização das empresas estatais, incluindo fornecedores de serviços básicos como energia, água ou transporte público, e desregulamentação de mercados. A retirada do Estado, combinada com as ineficientes medidas de controle, deixaram um grande número de trabalhadores e consumidores indefesos em face da flexibilização do mercado de trabalho, sistemático aumento de preços e práticas monopolistas. A privatização do ar é uma extrapolação satírica do neoliberalismo irrestrito, e a situação na qual se encontra Joaquim – carente de acesso a serviços básicos – é a representação de um vasto setor da população latino-americana. Além disso, a desintegração social e a perda de laços comunitários – outro efeito das políticas neoliberais – estão explícitas no filme, como quando é sugerido a Joaquim que ele arrisque sua vida por um pequeno prêmio em dinheiro, ou quando ele é assediado por sua nova aparência física.

O estilo visual do filme reforça essas ideias. É filmado em cores sombrias, fazendo uso extenso do contraste, e o diálogo e a ação são naturalistas. A cena na qual Joaquim mata os cobradores, por exemplo, é filmada de maneira desinteressante, desprovida do tipo de coreografia mais sofisticada de ação que pode ser encontrada em *blockbusters* de Hollywood, como em *O Vingador do Futuro* (*Total Recall*, dir. Paul Verhoeven, 1990), no qual a privatização do ar respirável está representada de maneira a validar a explosão do protagonista em excessos violentos. Em *Parada 88*, a violência não fornece nenhuma sensação de euforia na justiça que está sendo feita, e também não resolve nada: após justiçar sua família, Joaquim é agora um criminoso forçado a deixar a cidade. Apesar da aparente resolução da crise mais ampla (a atmosfera da cidade), é muito difícil considerar o desfecho do filme um final feliz. A montagem alternada que contrapõe os habitantes de Parada 88 comemorando o primeiro dia do ano de 2000, enquanto Joaquim e sua família caminham por uma estrada deserta, sem teto e sem nenhuma certeza de futuro, captura o pessimismo da visão deste filme sobre o futuro do Brasil.

Argentina: *La Sonámbula* (dir. Fernando Spiner, 1998)

La Sonámbula tornou-se rapidamente um clássico da FC argentina. Com um roteiro elaborado pelo diretor Fernando Spiner e pelo renomado escritor Ricardo Piglia, além de um orçamento alto (nos padrões da indústria cinematográfica argentina) de 2,5 milhões de dólares, é um perfeito exemplo do gênero. Sua complexa história repete o assunto do acidente industrial visto em *Parada 88*, mas é muito diferente em narrativa e estilo. O filme é feito predominantemente em preto e branco, com algumas cenas em cores. A ação acontece em 2010, o bicentenário da Revolução de Maio, um evento importante na história da Argentina: uma semana em maio de 1810, quando um grupo de cidadãos decidiu formar um governo local, independente das regras espanholas, dando assim um primeiro passo em direção à independência nacional. Duzentos anos depois, um governo totalitário está no poder e a capital Buenos Aires é retratada como uma cidade murada, fortemente policiada e entrelaçada por uma extensa rede de estradas. Um acidente em um laboratório experimental causou a liberação de gases tóxicos que provocaram, entre outros distúrbios psicológicos, amnésia total em aproximadamente 300.000 pessoas afetadas: eles não se lembram de seus nomes, seus empregos ou mesmo de suas famílias. Consequentemente, perderam suas identidades. Uma agência específica do governo, o Centro de Pesquisas Psicobiológicas, foi estabelecido para investigar a doença e reconstruir as vidas das vítimas, reunindo-as com suas famílias, empregos, e assim por diante. Entretanto, fica claro que a agência não consegue desempenhar devidamente a tarefa, e que está fornecendo falsas e imprecisas informações sobre o passado dos amnésicos. Muitas das vítimas se recusam a aceitar a história pessoal oficial dada a eles, e são consequentemente enviados para terapia de recuperação compulsória, onde médicos tentam convencê-los a aceitar suas (novas) identidades. Se aceitarem, lhes será fornecido um subsídio mensal. Nesse contexto, há também um líder dissidente clandestino, Gauna, o qual pode ou não existir, e cujas mensagens chamando para a rebelião contra o Estado são vistas sob forma de grafite nas ruas de Buenos Aires.

A protagonista Eva é a última vítima a ser encontrada, aproximadamente dezoito meses após o acidente. Entretanto, ela é um caso único porque é assombrada por memórias um pouco desconectas, porém muito vívidas, além de imagens que poderiam ser do futuro. O cientista encarregado do Centro, Dr. Gazzar, acredita que ela pode ser a chave para descobrir a cura da amnésia. Entretanto, há uma complicação: Gauna aparece nas lembranças de Eva, então ela também chama a atenção das autoridades políticas. Santos, o chefe do

Controle Social, quer matá-la imediatamente, mas Dr. Gazzar o convence a libertá-la, argumentando que ela pode levar as autoridades até Gauna. Sendo assim, Eva tem a permissão de sair da cidade e, após vários incidentes ao longo do caminho, ela consegue chegar a uma casa de campo recorrente em seus sonhos. Ato contínuo à sua chegada na vila, porém, toda a sociedade futurista parece dissolver-se. A casa está novamente localizada na tradicional paisagem suburbana, ao invés de no deserto, e é agora filmada em cores. Não apenas Gauna revela-se parceiro de Eva, como tem a aparência do Dr. Gazzar, com uma única diferença: o Gazzar tinha um tipo de olho mecânico, enquanto o rosto de Gauna é inteiramente normal.

Uma leitura superficial do desfecho do filme pode sugerir um final feliz, inscrevendo o futuro distópico como mero pesadelo, e reforçando a ideia do presente como um ambiente bastante agradável. Entretanto, o final é deliberadamente ambíguo e segue por outra possível interpretação: a sociedade fictícia não foi um sonho de Eva, mas sua previsão do futuro. O fato de que suas lembranças e a cena final são filmadas em cores reforça a suposição de que a solução feliz poderia ser simplesmente o passado, com a promessa do acidente e de todos os acontecimentos políticos que estariam por vir.

Independente da interpretação que se escolha, podemos ver em *La Sonámbula* elementos-chave de FC, como a distopia política, a questão da identidade e sua relação com a memória. Na verdade, se enfocarmos a memória, subjetividade e sociedade totalitária, a trama poderia ter sido escrita por Philip K. Dick, porém novamente existem vários elementos que devem ser considerados como específicos do contexto local. O significante político mais óbvio é o bicentenário da Revolução de Maio, explicitamente anunciado em transmissões de televisão no filme, com o Hino Nacional Argentino tocando ao fundo. A evocação de símbolos patrióticos alude às políticas de comunicação de governos militares anteriores na Argentina, ávidos por reforçar a ideia de nacionalidade entre a população. Mas deve-se considerar também a forma pela qual a Buenos Aires futurista é representada, particularmente o destaque proporcionado a uma extensa rede de autoestradas elevadas. As vias de rodagem passam por toda parte, contornando os prédios e resultando em uma paisagem urbana sinistra. Essa imagem pode ser associada ao notório exemplo do prefeito de Buenos Aires durante o último governo militar na Argentina, Osvaldo Cacciatore. Em 1976 um golpe de estado estabeleceu o mais violento e repressivo regime na Argentina, presidido por uma junta militar, que durou até 1983. Quando Cacciatore, um Brigadeiro da Força Aérea, foi nomeado prefeito (cargo que ocupou até 1982), ele antecipou uma série de medidas para redesenhar a cidade, que não apenas terminou em fracasso, mas também em escândalos de corrupção sobre o custo exorbitante do projeto. O projeto pelo qual ele é mais conhecido foi a monumental construção de oito redes de autoestradas, das quais apenas duas foram finalmente concluídas. Para isso, aproximadamente 3.000 casas foram demolidas (muitas delas exemplos valiosos de arquitetura colonial) e alguns bairros foram divididos em dois, minando a aparência da cidade (cf. Buenos Aires Herald, p. 12). Portanto, um público familiarizado com a história local pode muito bem julgar se a Buenos Aires retratada em *La Sonámbula* não estaria próximo do presente da capital argentina, caso os projetos de Cacciatore tivessem sido implementados.

Mas a mais clara alusão à ditadura da Junta encontra-se nas conotações que envolvem os amnésicos, que atuam como uma metáfora dos *desaparecidos*. Este termo se refere às vítimas do terror do Estado durante este período – especialmente ao sequestro sistemático e ao assassinato de suspeitos de terrorismo, ativistas, jornalistas e dissidentes políticos em geral. Pelo fato de as vítimas terem sido ou enterradas em túmulos clandestinos, ou jogadas de aviões no Oceano Atlântico, seus corpos nunca foram encontrados - e assim o governo militar podia falar de pessoas que "não estão nem vivas nem mortas", mas simplesmente ausentes. Desde o retorno da democracia, em 1983, o cinema argentino tem frequentemente revisitado a ditadura e o assunto dos desaparecidos, tanto em filmes comerciais como num ganhador do Oscar, *A História Oficial* (*La Historia Oficial*, dir. Luis Puenzo, 1985), e em documentários como *A República Perdida* (*La República Perdida II*, dir. Miguel Pérez, 1986). Mas o impacto do período da "guerra suja" pode também ser percebido nos filmes de FC argentinos, dos quais *La Sonámbula* é um claro exemplo. Embora os amnésicos estejam vivos e fisicamente presentes, eles podem ser associados aos desaparecidos de várias maneiras. Perdendo suas memórias, eles perderam também suas identidades, e assim ainda estão parcialmente ausentes: eles ignoram quem são e o que fazem, eles não se recordam de seus empregos e de suas famílias, e devem aceitar os papéis que o Estado lhes impõe, sem ter a opção de recusa. As clínicas de reabilitação nas quais as novas identidades são aplicadas podem ser vistas como metafóricas dos centros de detenção militares. Além do mais, as vítimas vivem sob constante vigilância do governo, para garantir que elas se comportem de acordo com as regras impostas. À menor possibilidade de que um dos amnésicos possa vir a se tornar dissidente, Santos decide matar – como ele mesmo declara, "não gosta de nada que saia da norma" e "prefere eliminar qualquer um que seja diferente". Por isso, entrelaçado aos temas do totalitarismo e dos efeitos da experimentação industrial, há claras articulações e mediações acerca do contexto político nacional, particularmente centrado em alusões à ditadura militar de 1976-1983 e às consequências devastadoras que o regime produziu na sociedade argentina.

Notas em relação à caracterização do cinema de FC Latino-americano

Embora inevitavelmente breve, a discussão acima é, não obstante, suficiente para delinear as características centrais do cinema FC Latino-americano. Primeiro, está claro que este difere do tipo dominante norte-americano de várias maneiras. Isso é mais imediatamente evidente em termos de limitações econômicas e técnicas no contexto de indústrias culturais periféricas, às quais faltam os recursos financeiros para a produção de filmes nos quais os efeitos especiais e cenários elaborados são tão importantes, como em muitos títulos norte-americanos de FC. Além disso, certas variedades de FC, como *space operas* e *disaster movies,* estão completamente ausentes do cinema Latino-americano. Isso não surpreende na medida em que, como a escritora de FC argentina Angélica Gorodischer argumenta, "em um país cujos telefones não funcionam, e onde ter um carro é um luxo, não se pode sair escrevendo ficção científica tecnológica ou explicando as espaçonaves que viajam para as estrelas, ou falando sobre impérios galácticos" (*apud* Reati, 2006, p. 70). Esse talvez seja ainda mais o caso do cinema de FC, tendo em vista que o escritor de ficção não precise de orçamentos extraordinários e a tecnologia necessária para tratamentos cinemáticos de naves espaciais e impérios galácticos. Além disso, públicos locais podem muito bem não estar dispostos a aceitar um futuro que tão radicalmente contradiz a realidade atual nas nações latino-americanas, onde a pesquisa científica tem sido geralmente negligenciada, e onde os maiores benefícios da tecnologia alcançam apenas uma parte menor da população.

É também evidente que, enquanto o cinema de FC latino-americano é fortemente influenciado pelo cinema de FC norte-americano, emprestando extensivamente suas convenções narrativas e iconografia (invasões alienígenas, distopias políticas, organismos cibernéticos, armas de raios, cientistas loucos e assim por diante), os filmes, como vimos, incorporam uma ampla variedade de elementos locais (como os filmes do lutador Santo), e enredos e ideias que aludem a questões políticas e sociais específicas da região. Assim, há um processo claro e consistente de negociação ente os elementos globais do gênero e tradições culturais locais. A articulação de *tropos* internacionais e locais vai além do estilo visual das produções, podendo ser encontrada nas estruturas narrativas e subtextos políticos dos filmes. *Parada 88* é construído em torno da destruição industrial do meio ambiente (um elemento de FC clássico) em uma história que especula acerca dos possíveis efeitos da "modernização deficiente" (García Canclini, 2007, p. 81) experimentada na América Latina, e as formas pelas quais esse mesmo processo afetou negativamente as relações sociais e públicas. Semelhantemente, *La Sonámbula* lida com assuntos de memória e identidade, novamente um tropo de FC tradicional, mas entrelaçado a um enredo que claramente alude à política argentina. Tais fusões entre global e local são particularmente evidentes em filmes como *Moebius*, que adapta uma história de FC americana dos anos 1950 de modo a articular um subtexto político relacionado à última ditadura Argentina.

Talvez o quadro teórico que melhor explique esta característica da FC latino-americana seja o do hibridismo, tal como o conceito é entendido pelos Estudos Culturais. De acordo com Néstor García Canclini, o hibridismo refere-se a "processos socioculturais nos quais práticas discretas ou estruturas, que existiam anteriormente de formas separadas, estão combinadas para gerar novas estruturas, objetos e práticas" (2007, p. 14). Já Marwan M. Kraidy argumenta que "o hibridismo precisa ser entendido como uma prática comunicativa constitutiva de e constituída por arranjos sociopolíticos e econômicos" (2002, p. 317). Portanto, a FC latino-americana poderia ser considerada uma prática comunicativa na qual a estrutura do gênero é definida pela "adaptação de certos saberes e imagens internacionais aos conhecimentos e hábitos de cada povo" (García Canclini, p. 282).

Por meio desta linha de argumentação eu não me refiro às características intrínsecas da FC em si como um gênero híbrido (qualquer gênero é uma categoria impura que se combina a partir de múltiplas formas narrativas, conforme teóricos como Altman [1999] e Grant [2007] já demonstraram), que tradicionalmente incorporou tópicos de horror, comédia, suspense e outros gêneros. A FC latino-americana não é exceção nesse sentido, como discutido acima. Assim, a alegação de que o cinema de FC latino-americano seja híbrido refere-se não às propriedades intrínsecas do gênero em si, mas às características estruturais que estes filmes adotam, tanto em termos de estilo como narrativa, na região. Dentro de tal abordagem, é naturalmente necessário lembrar que o hibridismo refere-se ao campo simbólico de produções culturais e significados, e não simplesmente ao uso de certas localizações ou cenários. Uma simples filmagem de uma imagem particularmente representativa, como a estátua do Cristo Redentor no Rio de Janeiro, não indicaria por si só o hibridismo. Por exemplo, o filme de James Bond *Moonraker* (dir. Lewis Gilbert, 1979) inclui várias tomadas panorâmicas da cidade do Rio de Janeiro, a baía e a praia, bem como imagens que caracterizam o tradicional carnaval. Entretanto, é óbvio que não existe articulação de diferentes culturas aqui. O Rio torna-se apenas uma das múltiplas localizações exóticas nas quais os filmes de Bond acontecem, e *Moonraker* não é um hibrido entre as culturas britânica e brasileira. Em contrataste, *O Quinto Poder*, filmado no Rio, termina com uma sequência de perseguição que privilegia a famosa estátua do Cristo, na base da qual o espião estrangeiro, perseguido pela polícia, é abatido a tiros. Aqui, a estátua tem uma função ideológica fundamental: o chefe dos agentes estrangeiros enviado para derrubar o governo é derrotado perto de um dos mais representativos ícones do Brasil – e do catolicismo no país. Nessa conjuntura, processos de hibridismo (a combinação e negociação entre as convenções narrativas e iconografia da FC norte-americana e elementos culturais regionais específicos) que são centrais para o cinema de FC latino-americano são tão fundamentais quanto inegáveis.

Bibliografia

ABRAHAM, Carlos. *Borges y la ciencia ficción*. Buenos Aires: Quadrata, 2005.

ALTMAN, Rick. *Film/Genre*. London: British Film Institute, 1999.

BARRIOS, José Luis. "Las extraterrestres o cómo ser ficheras en clasificación A". In: SCHMELZ, Itala, ed. *El futuro más acá: cine mexicano de ciencia ficción*. Mexico DF: Landucci and Universidad Nacional Autónoma de México, 2006.

BOOTH, John A. and Seligson, Mitchell. "The Political Culture of Authoritarianism in Mexico: A Reexamination.". *Latin American Research Review*, 19.1, 1984, p. 106-124.

BUENOS AIRES HERALD. "Cacciatore: To be continued?" Disponível em: http://www.buenosairesherald.com/editorial/editorial_spanish_note.jsp?idContent=408321#. Acesso em: Novembro 2007.

CANCLINI, Néstor. *Culturas híbridas: Estrategias para entrar y salir de la modernidad (nueva edición)*. Buenos Aires: Paidós, 2007.

CASTRO, Ramón. *Expedición a la ciencia ficción mexicana*. México DF: Lectorum, 2001.

CAUSO, Roberto de Sousa. *Ficção científica, fantasia e horror no Brasil 1875-1950*. Belo Horizonte: UFMG, 2003.

DELGADO, Miguel Angel. "Querida, convertí la pantalla de plata en cobre: del cine mexicano de ciencia ficción al bestiario de la mitología popular nacional 1945-1981". In: SCHMELZ, Itala, ed. *El futuro más acá: cine mexicano de ciencia ficción*. Mexico DF: Landucci and Universidad Nacional Autónoma de México, 2006.

DONGHI, Tulio. *Historia contemporánea de América Latina, 4ta Edición*. Buenos Aires and Madrid: Alianza, 1992.

GETINO, Octavio. *Cine Iberoamericano: los desafíos del nuevo siglo*. Buenos Aires: Ciccus, 2007.

GRANT, Barry Keith. *Film Genre: From Iconography to Ideology*. London: Wallflower, 2007.

HAYWOOD-FERREIRA, Rachel. *The Emergence of Latin American Science Fiction: A Global Genre in the Periphery*. Unpublished PhD thesis. Yale University, 2003.

______. "First Wave: Latin American Science Fiction Discovers its Roots". *Science Fiction Studies*, 103, nov. 2007, p. 432-462.

JOHNSON, Randal. "The Rise and Fall of Brazilian Cinema, 1960-1990". In: MARTIN, Michael T., ed. *New Latin American Cinema Volume 2: Studies of National Cinemas*. Detroit: Wayne State UP, 1997, p. 365-396.

Kraidy, Marwan M. "Hybridity in Cultural Globalization". *Communication Theory*, 12.3, ago. 2002, p. 316-339.

MACIEL, David R. "Serpientes y Escaleras". In: MARTIN, Michael T., ed. *New Latin American Cinema Volume 2: Studies of National Cinemas*. Detroit: Wayne State UP, 1997, p. 94-120.

Página 12. "El hombre que ejecutó el diseño urbano represivo". jul. 2007. Disponível em: http://www.pagina12.com.ar/diario/elpais/1-88910-2007-07-30.html. Acesso em: Novembro 2007.

PAZ, Mariano. "Vox Politica: Acousmatic Voices in Argentine SF Film." *New Review of Film and Television Studies*, 9.1, mar. 2011, p. 15-27.

SCHMELZ, Itala, ed. *El futuro más acá: cine mexicano de ciencia ficción*. México DF: Landucci and Universidad Nacional Autónoma de México, 2006.

REATI, Fernando. *Postales del Porvenir: Literatura de Anticipación en la Argentina Neoliberal (1985-1999)*. Buenos Aires: Biblos, 2006.

SUPPIA, Alfredo Luiz Paes de Oliveira. "Notas para uma história crítica da ficção científica no cinema brasileiro". Unpublished conference paper presented in the XV Enctontro da Compós (Associação Nacional dos Programas de Pós-graduação em Comunicação) at São Paulo State Unversity, June 2006.

______. "Science Fiction in the Brazilian Cinema: A Brief Overview.". *Film International*, 6.2, mar. 2008, p. 6-13.

______. "Breathe, Baby Breathe! Ecodystopia in Brazilian Science Fiction Film. In: Hellekson, KAREN *et al*, eds. *Practicising Science Fiction: Critical Essays on Writing, Reading, and Teaching the Genre*. Jefferson, NC: McFarland & Co, 2010, p. 130-147.

SOB O SIGNO DE VARGINHA:
Aparições da ficção científica no cinema brasileiro[1]

Alfredo Suppia

Introdução: um país do futuro?

Segundo Zuenir Ventura (2013), "[o] Brasil é um país onde o surrealismo não vingou como movimento artístico, mas como maneira de ser." .Guardadas as devidas proporções, o mesmo poderia ser dito sobre o estado do gênero ficção científica (FC) no Brasil - sobretudo o cinematográfico/audiovisual. O "país do futuro" já seria *per se* uma ficção científica – haja vista sua história e, entre outros aspectos, sua capital Brasília. Não à toa Terry Gilliam teria dado o nome de *Brazil – O Filme* (1985) à sua distopia futurista.

A propósito, convém circunstanciar a ideia do Brasil como "país do futuro", epíteto cuja origem remete ao livro de Stefan Zweig. Em prefácio à edição de 2013 da obra em questão, Alberto Dines explica que:

> Até hoje não se sabe exatamente o que Zweig pretendia dizer com esse sugestivo e enigmático jogo de palavras (*um* país ou *o* país, *do* futuro ou *de* futuro?). A idéia não foi dele, mas de James Stern (aliás, Andrew St. James), o tradutor para o inglês do original alemão, que o pescou em francês na epígrafe da obra. (Dines in Zweig, 2013, p. 7, grifos no original)

---

1 Uma versão anterior deste texto foi originalmente publicada na revista *Alceu* (PUC-Rio), n. 27, v. 14, jul/dez 2013, p. 92-106, disponível em http://revistaalceu.com.puc-rio.br/media/7alceu27.pdf. Nossos agradecimentos à revista *Alceu* e a seu editor, Fernando Sá, por autorizarem a publicação desta versão ampliada.

Com traduções em várias línguas e diversas republicações, o livro de Zweig favoreceu a obtenção de vistos de residência permanente para o escritor e sua mulher, então em fuga da Europa assolada pelo nazismo (*Ibidem*, 2013, p. 8). Desde então, a ideia do Brasil como "um país do futuro" (*ein Land der Zukunft*) se cristalizou no imaginário coletivo, mesmo entre aqueles que sequer leram o livro. Dines explica também que

> Zweig recusou a imagem do país exótico e pitoresco, deixou de lado os balangandãs e, em troca, ofereceu aquele arrebatado esboço para uma potência sem prepotências, afável, segura. Num mundo ressentido e sem saídas, entalado numa guerra que adivinhava-se demorada, a utopia engendrada por Zweig funcionou como um bálsamo. (*Idem*)

É fato que o futuro entrevisto por Zweig no Brasil baseava-se muito mais no fascínio perante uma hipotética "democracia racial" do que qualquer estado de avanço industrial, científico ou tecnológico *stricto sensu*. Em outras palavras, Zweig exaltou em seu livro uma tecnologia social a seu ver única no mundo, uma sociedade virtualmente sem conflitos e tensões raciais e/ou religiosas, quadro muito diferente do europeu. Zweig assim se refere ao sucesso do "experimento 'Brasil', com sua negação completa e consciente (*sic*) de qualquer diferença de cor e de raça (...)" (2013, p. 20). É a partir dessa constatação que o escritor descreve, sobre sua experiência vivendo no Brasil, "(...) aquela sensação de viver dentro do porvir, do futuro, desfrutando mais conscientemente da segurança da paz e do bom ambiente acolhedor" (*Idem*, p. 15). Avanços tecnológicos, científicos e/ou industriais seriam sobrevalorizados em seu tempo, na opinião de Zweig - eles não foram capazes de evitar o caos na Europa. O verdadeiro futuro deveria ser buscado na convivência pacífica entre os povos, a exemplo do "experimento Brasil" (*Idem*, p. 20).

Vale a pena comparar o Brasil de Zweig ao Brasil de Roberto Schwarz em seu ensaio "As idéias fora do lugar" (2000, p. 11-31), dois textos eventualmente significativos para qualquer investigação mais ampla sobre a cultura brasileira em sua relação com a cultura ocidental. Outra boa confrontação seria com o recente livro do historiador português Francisco Bethencourt, *Racisms: From the Crusades to the Twentieth Century* (2014). Segundo Bethencourt, o racismo no Brasil, embora inegavelmente existente ao longo dos séculos, operou de forma mais flexível que seu equivalente norte-americano, e de maneira peculiar mesmo dentro do contexto do império colonial português - sendo mais viável a comparação, guardadas as devidas proporções, com o caso cabo-verdiano.

De toda maneira, um bom ponto de partida para qualquer investigação mais detida acerca do cinema brasileiro de ficção científica pode ser buscado em "A FC no Brasil: Um planeta quase desabitado" (1976), ensaio do crítico e escritor Fausto Cunha sobre a trajetória do gênero na literatura, mas que poderia ser aplicado também ao estudo da FC no cinema nacional. Diferente do que ocorre nos EUA ou na Europa, não temos no Brasil uma produção sistemática de cinema de FC, nem longa tradição de crítica e pesquisa do gênero, seja no cinema ou na literatura. A seguir tentarei identificar cronologicamente o teor das esparsas aparições da FC no cinema brasileiro.

Primeiras aparições

No período silencioso, embora possamos supor que filmes "comico-phantasticos" brasileiros já explorassem o fascínio com a tecnologia pela via da comédia, é muito difícil (senão impossível) localizar um cinema brasileiro prototípico de FC, nos moldes de filmes como *Viagem à Lua* (*Le Voyage dans la Lune*, 1904), de Georges Méliès.

Paulo Emílio Salles Gomes observa que, no final de sua "Segunda Época do Cinema Brasileiro", de 1912 a 1922, "[t]udo ocorreu como se não existissem pessoas capazes de realizar um filme posado" (1996, p. 50). Segundo o crítico, no ano de 1922 "ficou claro que no Brasil o único cinema possível era o natural" (1996, p. 50). O filme de ficção seria uma excentricidade, que dirá o filme fantástico à la Méliès. Improvável — porém não impossível.

Antônio Campos produziu, dirigiu e estrelou um dos raros filmes fantásticos brasileiros, *O Diabo* (1908). Segundo depoimento de Francisco Campos a Maria Rita Galvão, um "[f]ilmezinho feito à moda dos filmes mágicos de Méliès. História de um homem que sonhava com o diabo, ou se encontrava com o diabo, ou coisa parecida" (1984, p. 26-27).

A companhia Photo-Cinematographia e os produtores Labanca, Leal & Cia. foram responsáveis por filmes "cômico-fantásticos" como *Duelo de Cozinheiras* (1908), *Elixir da Juventude* ou *Elixir da Juventude Carioca* (1908), e *O Fósforo Eleitoral* ou *O Caso do Rio* (1909). Organizada pelo italiano Giuseppe Labanca e pelo português Antônio Leal (principal responsável pelas filmagens), com início das atividades em 1907, a Photo-Cinematografia foi a primeira produtora carioca e brasileira a encampar um projeto mais ambicioso, possuindo estúdios onde rodava ficções, ao mesmo tempo em que investia no campo do documentário (Ramos e Miranda, 2000, p. 250). O *Jornal do Brasil* de 9 de outubro de 1908 anunciava a estreia de *Duello de Cozinheiros* no Grande Cinematógrafo Parisiense

(Av. Central, 179) como "Graciosa fita cômica fantástica, em que, após um combate, onde pernas, braços, etc., se deslocam do tronco dos combatentes, voltam aos seus lugares com a apparição do bem amado que lhes representa (ou apresenta) o Cupido".[2] O jornal do dia 11 de outubro de 1908 mantinha a referência à exibição do filme no Grande Cinematographo Parisiense como "graciosa fita cômica fantástica", enquanto no Cinematographo Paris seu título era outro, *Duello de Marmitões*: "Duello original entre cozinheiros. Scenas de um cômico irresistível. A triste desilusão dos duelistas.".

O Fósforo Eleitoral ou *O Caso do Rio* (1909), dirigido por Antônio Serra, foi lançado no Cinema Palace do Rio de Janeiro em 11 de fevereiro de 1909,[3] e comentado no *Jornal do Brasil* de 9 de fevereiro como "[a]ssunto comico-phantastico, severa e jocosa crítica ao modo de se fazer eleições no Rio de Janeiro" (Noronha, 1997). Mais uma vez a imprensa utiliza o rótulo "comico-phantastico" para se referir a um filme "diferente". Assim, embora estejam hoje perdidos e, portanto, seja impossível analisá-los com precisão, poderíamos supor, com base em sinopses e notas de jornal, que os filmes "comico-phantasticos" brasileiros explorassem o maravilhoso e o fascínio tecnológico sob a roupagem da comédia, a exemplo de filmes como *Charcuterie Méchanique* (1895), dos irmãos Lumière, bem como sua série de reproduções.

Além dos títulos citados acima, outras fitas (provavelmente estrangeiras) exibidas na cena cinematográfica brasileira comprovam uma certa familiaridade do público nacional com o cinema fantástico ou de proto-ficção-científica. O Jornal do Brasil de 8 de outubro de 1908 referia-se à exibição de *Colla Tudo, Mesmo... Ferro!* no Cinema-Pathé (Av. Central, no 147, Rio de Janeiro), da seguinte maneira: "Infernal producto cujas propriedades se fazem sentir mesmo á distância! O absurdo cômico levado ao excesso! Situações inenarráveis! Alegria infinda e intermina!" (*sic*). O *Jornal do Brasil* de 9 de fevereiro de 1909 anunciava como em exibição no Cinematographo Paris (Pça. Tiradentes, 50) o filme *Transfiguração*, o qual oferecia "[d]esopilantes scenas cômicas. Uma machina prodigiosa que tudo transfigura. Hilaridade constante.". Ainda segundo o jornal, nesse mesmo dia era exibido no Cinematographo Paraíso do Rio (Av. Central, 105) a fita *Na Raiz dos Sonhos*, "mimosa e riquíssima composição phantastica colorida. Uma graciosa menina adormecendo no leito no meio da leitura de Julio Verne, sonha empreender uma viagem

2 Todas as citações de jornais de época foram mantidas em sua grafia original.

3 Antônio Leão da Silva Neto, em seu *Dicionário de Filmes Brasileiros* (2002), indica 1918 como ano de lançamento do filme.

em balão a um paiz maravilhoso, onde as mais agradáveis surprezas se lhe deparam.". Segundo o *Jornal do Brasil* de 25 de fevereiro de 1909, o Cinema-Palace (Rua do Ouvidor, 185, Rio de Janeiro) exibia *Ovos Maravilhosos,* "fita cômica-fantastica, colorida" (*sic*), e o Grande Cinematographo Parisiense (Av. Central, 179) apresentava *Uma Grande Descoberta do Dr. Right,* "scena extra-comica, que nos mostra um engenhoso apparelho". Esse mesmo filme era referido no *Jornal do Brasil* de 27 de fevereiro com outro título, *O Invento do Dr. Right,* em exibição no Cinematographo Paris e anunciado desta forma: "Não há mais paralyticos graças á sciencia. Scenas hilariantes.". Provavelmente um filme estrangeiro, *O Invento do Dr. Right* também foi referido no mesmo *Jornal do Brasil* de 27 de fevereiro como "Cômica. Remédio de uso externo contra a paralysia", em função de sua exibição no Cinematographo Rio Branco (R. Visconde do Rio Branco, 40).

De fato, é bastante restrita a possibilidade de encontrarmos indícios de um volume significativo de filmes brasileiros do período mudo similares aos de Méliès, Ferdinand Zecca, Segundo de Chomón ou Thomas Edison, por exemplo, sobretudo em virtude da infraestrutura ou modo de produção cinematográfica naquele tempo. Por outro lado, não se duvida que filmes de fantasia tenham tido ampla circulação no mercado cinematográfico brasileiro do período silencioso, conforme verificável na imprensa da época. Só mesmo razoavelmente mais tarde, com o advento do cinema sonoro, podemos identificar com mais propriedade a emergência da FC no cinema nacional, então mais aberto à produção de narrativas fantásticas com cores locais (por meio da obra de cineastas experimentalistas ou diretores como José Mojica Marins), e menos compromissado com os "naturais" e o melodrama.

Uma Aventura aos 40, do dramaturgo e comediante carioca Silveira Sampaio, é dos primeiros filmes nos quais podemos reconhecer pelo menos um elemento de FC: uma televisão interativa do futuro. Comédia emoldurada pela FC, o filme foi lançado em 1947, mas sua fábula se passa no dia 31 de julho de 1975, quando o Prof. Carlos de Miranda completa 70 anos e é homenageado por programa de TV que leva ao ar sua biografia.

A combinatória comédia + FC é das primeiras a se sedimentar no cinema brasileiro – e não diferentemente de outros países. Em 1954, a Brasil Vita Filmes lança *Carnaval em Marte,* filme dirigido por Watson Macedo sobre expedicionárias marcianas que chegam ao nosso planeta em pleno carnaval, e então decidem levá-lo para Marte. Tudo não passa de sonho, e até nisso essa "comédia musical" de Watson Macedo remete a *Aelita – Rainha de Marte* (*Aelita*), FC soviética de 1924 dirigida por Yakov Protazanov.

Anos 1960

1962 pode ser tido como um ano-chave para o cinema de FC nacional, com o surgimento de dois filmes em particular: *O Quinto Poder* e *Os Cosmonautas*, respectivos representantes de duas vertentes básicas no panorama brasileiro do gênero: a "sério-dramática"[4] e a "lúdico-carnavalesca" - com visível pender da balança para esta última.

O Quinto Poder, da Pedregal Filmes, dirigido por Alberto Pieralisi e com roteiro de Carlos Pedregal, talvez seja um dos primeiros filmes brasileiros de FC genuína (ou talvez, melhor dizendo, "sério-dramática"), sobre intriga internacional em torno da ameaça da tecnologia subliminar. Aqui, agentes estrangeiros infiltrados no Brasil planejam dominar a população do país por meio de mensagens subliminares veiculadas por conexões clandestinas às antenas de rádio e TV. Os vilões iniciam a irradiação dos sinais subliminares, os brasileiros se tornam violentos e passam a clamar por uma revolução. Visto hoje, o filme parece sinistramente premonitório do golpe militar de 1964. Numa sequência memorável, anterior aos filmes de 007, o bondinho do Pão-de-Açúcar já é palco de um conflito internacional. Com possível inspiração em Hitchcock, Welles e Lang, o desfecho do filme será no Corcovado, com cenas magníficas do Cristo Redentor. Nessa exploração do cartão-postal da cidade como cenário de uma aventura de FC, o filme de Pieralisi assemelha-se a *Paris qui Dort* (1923), de René Clair, que apresenta a Torre Eiffel em cenas-chave. A propósito, *O Quinto Poder* opera numa vertente explorada com maestria por Fritz Lang: o filme de espionagem ou intriga internacional pontuado por referências à tecnologia.

Na comédia de FC *Os Cosmonautas*, produzida pela Herbert Richers, um cientista brasileiro sonha levar conterrâneos astronautas à Lua. Com argumento e direção de Victor Lima, essa chanchada tardia foi lançada pouco depois da crise dos mísseis de Cuba, coincidência que realçou seu discurso pacifista – na esteira de *O Dia em que a Terra Parou* (*The Day the Earth Stood Still*, 1951), de Robert Wise.

Dada a frequente aceitação dos filmes de *James Bond* como FC, vale a pena citar *Roberto Carlos em Ritmo de Aventura* (1968), paródia do agente secreto

---

4 Ismail Xavier usa o termo "sério-dramático" em *Alegorias do Subdesenvolvimento* (1993) e outras obras. A categoria nos parece adequada no momento, na falta de outra ainda mais precisa. A contraposição que Xavier faz entre uma narrativa de natureza "sério-dramática" e outra "lúdico-carnavalesca" (1993, p. 227) também pode ser útil para uma melhor distinção entre filmes brasileiros de FC mais "empenhados" ("sério-dramáticos") de filmes com viés mais paródico ("lúdico-carnavalescos").

britânico estrelada por Roberto Carlos, escrita e dirigida por Roberto Farias. A aventura protagonizada pelo cantor aposta na metalinguagem e no musical, e a citação da FC fica por conta especialmente do plano dos vilões: reproduzir num "cérebro eletrônico" o "gênio criativo" de Roberto Carlos. Destaque para o cérebro eletrônico, na verdade um computador de fichas emprestado pelo Banco do Estado da Guanabara.

Até agora tratamos predominantemente de filmes assumidamente recreativos (com exceção de *O Quinto Poder*, pretenso filme de "alerta" baseado em "fatos reais", segundo seu produtor e roteirista, Carlos Pedregal), mas cineastas ligados ao Cinema Novo também se aventuraram na FC como interface para parábolas ou alegorias. *Brasil Ano 2000*, filme de 1969 escrito e dirigido por Walter Lima Jr., trata de um Brasil do futuro ainda governado por militares, depois da "Grande Guerra Nuclear de 1989" que devastou os países desenvolvidos. A fita ganhou o Urso de Prata no Festival de Berlim de 1969, sendo o único longa-metragem brasileiro comentado pela reputada *The Overlook Film Encyclopedia: Science Fiction*, organizada por Phil Hardy (1995). De acordo com Ismail Xavier, "[n]o seu diagnóstico geral, o filme de Walter Lima Jr. fala de um país que, ao recalcar sua história, embaralha sua modernização" (1993, p. 120). O autor continua, explicando que "[a] FC ajuda a driblar a censura e cria o contexto unificado para a simulação de uma sociedade que alude ao Brasil militarizado de 1969/70 e seus projetos de modernização" (p. 124-5). Sob essa mesma perspectiva, apesar de ser um dos raros filmes brasileiros mais imediatamente associados à FC, *Brasil Ano 2000* poderia ainda ser revisto, na verdade, como "anti-FC", filme cujo discurso termina por delatar uma total incompatibilidade entre o moderno e o nacional – e, por extensão, entre o cinema brasileiro e o cinema de FC.

Notemos, a partir dos exemplos supracitados, a prevalência do "lúdico-carnavalesco", em diferentes graduações, em comédias populares e no cinema moderno brasileiro, sendo apenas *O Quinto Poder* eventualmente representativo de uma vertente "sério-dramática".

Segundo Hardy (1995), os anos 60 são a década em que o cinema de ficção científica se torna respeitável e, talvez o mais importante, se internacionaliza, atraindo o interesse de cineastas-autores e se oferecendo como terreno de variadas experimentações.. Nesse mesmo período, no Brasil, o cinema de FC inicialmente dá mostras de um desenvolvimento promissor, porém termina a década aparentemente sufocado por preconceitos, carências infraestruturais, coerções de ordem artística ou ideológica e um possível fracasso em cumprir propostas programáticas que extrapolavam o exercício de um gênero. Destacam-se, no início da década, filmes como *O Quinto Poder* e *Os Cosmonautas*, "cabeças-de-ponte" de duas vertentes que poderiam ter sido melhor exploradas no cinema brasileiro.

No final dos anos 1960, a FC é manuseada pelo Cinema Novo e dá demonstrações mais visíveis de seu potencial alegórico e de crítica social e política, gênero capaz de transmitir "mensagens cifradas" em época de ampla repressão e censura. A partir de então, cineastas visitam a FC nos anos 1970 e 80 como "código" propício a sua expressão artística e política. Tal estratégia – o recurso à FC como um gênero "instrumental" – de certa maneira reedita, guardadas as devidas proporções, movimento análogo no cinema americano dos anos 1950 e 60. Segundo Thomas D. Clareson, durante o macarthismo, a FC era a única forma literária que poderia criticar as políticas de governo, pois os políticos ou não liam o gênero ou não podiam entender suas estórias (Clareson, 1971, p. 22).

Anos 1970

Nos anos 1970, alguns filmes experimentais e co-produções internacionais merecem destaque. Rodado em Cataguases-MG, *O Anunciador: O Homem das Tor*mentas, filme de 1970 dirigido por Paulo Bastos Martins, trata sobre a repercussão da chegada de um desconhecido a uma cidade do interior de Minas Gerais, tendo pelo menos cinco elementos familiares à FC: 1) a "Moderna Fábrìca de Multiplicadores", uma indústria de clones; 2) a alusão a uma "Confederação Geral do Espaço"; 3) a primeira pergunta de um questionário: "Quem será a primeira criatura nascida no espaço?"; 4) "a mulher que anda, corre e morre perseguida pelos homens invisíveis"; e, finalmente, 5) a própria origem do personagem do "anunciador", que pode ser extraterrestre.

Conforme o "anunciador" permanece, a população vai morrendo misteriosamente, e os que ainda sobrevivem fogem da cidade. Convém notar uma certa similitude entre o enredo de *O Anunciador* e o conto de Guimarães Rosa, "Um Moço Muito Branco" (1962), narrativa fantástica ou mesmo de FC "cifrada", na qual um homem de origem misteriosa provoca acontecimentos numa cidadezinha do interior. O filme alterna fábula e paródia da publicidade, numa sátira que atira para todos os lados e não poupa o capitalismo, a televisão, a intelectualidade brasileira e nem o Cinema Novo. Luiz F. A. Miranda (1990, p. 213) refere-se a *O Anunciador* como uma "tentativa de FC sob uma ótica interiorana". Jairo Ferreira refere-se ao diretor Paulo Bastos Martins como

> Poetapocalíptico de Cataguases, me disse que em 1963 já tinha começado o terremoto clandestino do Experimental com o seu profético *O Anunciador ou o Homem das Tormentas* (1970), ao que me lembre comentado por Paulo Emílio Salles Gomes no *Jornal da Tarde* (1973). Vale ser redescoberto. (Ferreira, 1986, p. 158)

Paulo Bastos Martins dedicou *O Anunciador* a Humberto Mauro, que por sua vez esteve presente no lançamento do filme em maio de 1970 em Cataguases, conforme relata Paulo Emílio Salles Gomes — que viajou por doze horas, gripado, para comparecer ao evento (Calil e Machado, 1986, p. 277). Em crítica publicada no *Jornal da Tarde* de 19 de abril de 1973 (com o título "O filme que o público não viu. E não gostou"), por ocasião da exibição de *O Anunciador* em São Paulo, no cine Cosmos 70, Paulo Emílio sentencia: "Revisto hoje, *O Anunciador* parece vindo de muito longe. A produção deve ter sido complicada, prolongada e, quando em 1970 o filme ficou pronto, era tarde" (*apud* Calil e Machado, 1986, p. 278). Ainda segundo o crítico, o filme de Paulo Bastos Martins pretendeu anunciar a chegada do diretor no final dos anos 60, numa promessa de evolução do Cinema Novo. As tentativas de montagem sonora e utilização dramática dos letreiros em *O Anunciador*, destaca Paulo Emílio, seriam experiências que ajudam o cinema brasileiro. Por outro lado, o caráter tardio do filme prevalece aos olhos do crítico:

> A concepção e a justificação do filme devem se situar no começo dos anos 60, a idade de ouro da contestação juvenil. A obra guarda daquele tempo a animação confusa, a crença nas virtudes criadoras do tumulto, um anseio místico de liderança, a simpatia, a pressa, a angústia e o sentimento de que tem muito o que dizer, mas dizendo-o mal, de forma repetida e interminável. (*Idem*)

Lançado em 1971, *O Homem das Estrelas*, co-produção franco-brasileira dirigida por Jean-Daniel Pollet e produzida por Luís Carlos Barreto, trata de um alienígena que viaja no tempo percorrendo diversos períodos da história do Brasil, da colonização ao século XX. Ainda em 1971 surgia "[o] primeiro filme de ficção psico-científica" do cinema brasileiro: *O Macabro Dr. Scivano*, dirigido por Raul Calhado e Rosalvo Caçador. Aqui, o personagem Edmundo Scivano é um médico que se envolve com macumba, depois se transforma num vampiro, começa a atacar as mulheres do povoado e acaba pulverizado diante de uma cruz. No final o médico é dado como paranóico. Pela sinopse, parece uma narrativa muito mais afeita ao gênero fantástico, sobrenatural ou terror do que verdadeiramente FC. Mas ainda segundo o instigante anúncio do filme na época,

"Este é um caso de (*sic*): PSIQUIATRIA? MACUMBA? PARAPSICOLOGIA? ESPIRITISMO? ou tudo FANTASIA? Um Filme feito para todas as classes.".[5]

Cineasta-chave na história da filmografia brasileira, Nelson Pereira dos Santos também se aventurou na FC com *Quem é Beta (ou Pas de Violence entre Nous)*, co-produção franco-brasileira de 1972-3. Neste futuro hippie-pós-apocalíptico, o foco recai sobre a relação de uma visitante com um casal que vive entrincheirado, abatendo "zumbis" a tiros. O filme é representativo da fase "lisérgica" de Nelson em Paraty-RJ, a qual inclui *Azyllo Muito Louco* (1970), adaptação de *O Alienista* (1882), de Machado de Assis - conto vez ou outra reivindicado como representante da literatura de FC brasileira no século XIX.

A partir de 1976, com *O Trapalhão no Planalto dos Macacos,* de J.B. Tanko, Os Trapalhões vão explorar em seu cinema o pastiche galhofeiro de matrizes estrangeiras - sucessos internacionais de bilheteria ou *blockbusters* hollywoodianos, como *O Planeta dos Macacos* (*Planet of the Apes,* 1968), de Franklin J. Schaffner, ou a série *Guerra nas Estrelas* (*Star Wars*), de George Lucas -, além de tramas amplamente conhecidas como a de *O Médico e o Monstro* (*The Strange Case of Dr. Jekyll and Mr. Hyde,* 1886), de R. L. Stevenson. Assim será com os filmes do grupo dirigidos por Adriano Stuart: *Os Trapalhões na Guerra dos Planetas* (1978) e *O Incrível Monstro Trapalhão* (1980).

Dirigido por Jean Garrett e fotografado por Carlos Reichenbach, *Excitação,* filme de 1977, mescla características do filme policial, da FC e do horror. A imagem de uma mulher atacada por eletrodomésticos que ganham vida é muito familiar à FC, como em *A Geração de Proteus* (*Demon Seed*), filme americano também de 1977, dirigido por Donald Cammel, no qual um supercomputador assume o comando de uma casa informatizada. Conforme a trama de *Excitação* se desenvolve, o filme oscila entre o fantástico, o policial e a FC, comportando de fato características dos três gêneros: a "alma penada", o "crime perfeito" e a parafernália cibernética. Seu final, no entanto, reforça a proeminência do fantástico ou horror na narrativa – com viés espiritualista.

Em 1978 surge um dos primeiros casos (senão o primeiro em longa-metragem) de ecodistopia no cinema brasileiro: *Parada 88: O Limite de Alerta,* dirigido por José de Anchieta, introduz de forma mais contundente a temática ambientalista, ao mesmo tempo em que propõe uma crítica ácida à conjuntura social e política do Brasil à época. A trama de *Parada 88* se passa em dezembro de 1999, 6 anos após uma fábrica explodir espalhando no ar toneladas de substância tóxica. O vazamento persiste e a população é obrigada a viver trafegando por túneis plásticos que interligam os prédios da cidade, além de pagar pelo ar

5 Cf. anúncio com carimbo do Cine Saci, arquivado na Cinemateca Brasileira.

respirável. O filme apresenta um dos raros ciborgues do cinema brasileiro, talvez o único com intenções não claramente cômicas. Trata-se do protagonista, que após ser resgatado da zona contaminada recebe pulmões biônicos.[6] Sobre a inspiração e o projeto do seu filme, José de Anchieta comenta:

> A questão do ar e seus poluentes sempre foi discutida em meus filmes, porque o meu primeiro filho Daniel, hoje com 36 anos, ao nascer teve os brônquios comprometidos por causa da poluição do ar de São Paulo. Quando o vi pequenino respirando dentro de um balão de oxigênio decidi que iria abrir uma discussão a respeito. Naquele período (1974/1975) ainda respirávamos os ares da ditadura e, por ser de esquerda, não fui perseguido pelos militares, mas pelos meus próprios pares do partido que alegavam ser a minha temática muito "escapista", distante da realidade. Para o partido era mais importante uma chaminé funcionando do que destruída, pois onde havia uma chaminé havia trabalho... Um conceito do século XIX. Enfim, depois que o filme foi realizado, fui muito perseguido por inverter a cartilha socialista. No entanto, os elementos trazidos à tona pela ficção, como a robótica, estão hoje impiedosamente instalados em toda a indústria mundial, inclusive no Brasil. O desastre do aquecimento global também é uma realidade que já se abordava nos idos de 75. E todas ou praticamente todas as chaminés foram demolidas.[7]

José de Anchieta declara que *Parada 88* foi feito desde o início com o objetivo de ser um alerta ecológico. Segundo o diretor, o longa é a somatória de três curtas-metragens anteriores: *A Flauta das Vértebras, Reticências* e *Ponto Final,* os quais funcionaram como ensaios preparativos. Anchieta conta que participou com *Reticências* de um festival de cinema ecológico em Montreal, no Canadá, em 1978, e lá pôde presenciar um debate profundo sobre meio ambiente. *Reticências* ganhou um prêmio especial, "talvez porque o júri estivesse preocupado com a ausência da discussão sobre essas questões ecológicas no Brasil. Havia já naquela época uma grande preocupação com os destinos da Amazônia", comenta o diretor.[8]

---

6 Sobre a figura do ciborgue, José de Anchieta comenta em entrevista por e-mail concedida em 30/5/2007: "Busquei acima de tudo uma teatralidade, e por este motivo o ciborgue pode parecer caricato. Nunca quis ser profético com relação aos assuntos ecológicos, mas confesso com uma ponta de orgulho que antecipei os ciborgues atuais.".

7 José de Anchieta, entrevista concedida por e-mail em 08/10/2005.

8 *Idem.*

> Lembro-me bem de minha volta ao Brasil, eu acaloradamente discutindo com os meus amigos a questão e eles sem entender — ou sem querer entender o que eu estava dizendo, pois estavam todos voltados para uma ideologia maior que era a revolução armada. Não havia debate político algum sobre a questão ambiental, isso era coisa de "escapista", de burguesia que não tinha o que fazer ou o que falar. Acredito ser um dos primeiros a levantar a questão, tanto no cinema quanto na televisão. Trabalhei durante algum tempo no Globo Repórter, onde as minhas propostas de fazer filmes sobre a questão ecológica eram geralmente acolhidas. Tive que fazer o filme para que entendessem o meu repto, que tardiamente foi ouvido e discutido. As ideologias faliram, mas a ecologia se mantém em pauta, como pensamento universal para a salvação do planeta.[9]

Parada 88 foi realizado com recursos da extinta Embrafilme (Empresa Brasileira de Filmes), na época presidida por Roberto Farias, que viu no argumento do filme "uma linguagem nova, diferenciada daquela que era vigente no cinema brasileiro de então, a 'estética da fome'".[10] Embora busque o distanciamento da estética cinemanovista, *Parada 88* traz alguns aspectos sintomáticos das condições de sua produção, os quais não deixam de constituir uma certa "estética da fome" em comparação ao suposto cinema de FC modelar americano. Isso pode ser verificado no cenário e na fotografia, que segundo o próprio diretor foram muito bem solucionados a despeito das restrições orçamentárias. Como o financiamento da Embrafilme não foi suficiente, Egberto Gismonti e Regina Duarte despenderam recursos próprios para que o filme fosse finalizado.[11]

O roteiro de *Parada 88* foi escrito pelo próprio José de Anchieta, em colaboração com Roberto Santos, e submetido a exame do escritor e estudioso de ficção científica André Carneiro. Segundo Carneiro, no entanto, suas sugestões não foram praticadas.[12]

---

9 *Idem.*

10 *Idem.*

11 *Idem.*

12 André Carneiro, entrevista por e-mail em 08/02/2006. Carneiro, que publicou seus primeiros contos de ficção científica em 1960, e também poeta da Geração de 45, cineasta e publicitário, foi o decano dos escritores de FC brasileiros até 2014, ano em que faleceu. Autor dos romances *Piscina Livre* (1980) e *Amorquia* (1991), pela Devir, publicou as coletâneas *Confissões do Inexplicável* (2007) e *O Teorema das Letras* (2013).

Melancólico e taciturno, *Parada 88* lembra filmes como *Laranja Mecânica* (*A Clockwork Orange*, 1971), de Stanley Kubrick, ou *A Boy and his Dog* (1975), de L. Q. Jones, ao mesmo tempo em que parece prenunciar títulos como *Mad Max* (1979), de George Miller, e até mesmo *Blade Runner: O Caçador de Androides* (*Blade Runner*, 1982), de Ridley Scott. O filme de José de Anchieta é praticamente todo imerso na escuridão, no hermetismo dos túneis e construções. A grande maioria das tomadas é noturna. Os únicos planos ao ar livre e à luz do dia são o da fachada do prédio do Departamento de Controle de Gases, e o plano final, em que o protagonista e sua família estão viajando. Profundamente pessimista, *Parada 88* parece antever algo do *cyberpunk* — ou, se preferir, *tupinipunk* —[13] que se desenvolveria depois, nos anos 1980.

A fotografia de *Parada 88* foi assinada por Chico Botelho, professor da ECA-USP que então começava a se projetar como profissional de cinema, já sendo apontado por muitos como um dos melhores de São Paulo. José de Anchieta comenta[14] que *Parada 88* foi rodado em Paranapiacaba-SP, fincada nos grotões da serra que dá acesso a Santos, e que escolheu a cidadezinha por sua clássica neblina. O *fog* em *Parada 88* tem função narrativa central, aparentemente resultando numa exploração viável de cenário. O procedimento lembra filmes como *Z.P.G.* (*Zero Population Growth*, 1972), de Michael Campus. Num comentário irônico, David Brosnan aponta que o nevoeiro constante na maioria das cenas de *Z.P.G.* teria resultado em boa economia de cenários (1991, p. 157). É possível. Mas, se em *Z.P.G.* o *fog* já indicava uma atmosfera poluída, em *Parada 88* esse recurso se apresenta de forma ainda mais pertinente.

A cenografia de *Parada 88* foi criada a partir de grandes tubos plásticos. Segundo José de Anchieta, foram construídos quilômetros de tubos, com uma espécie de eclusa entre eles, para manter o ar no seu interior. "Uma empresa de circo de um homem chamado Marugan foi a responsável pelo trabalho. Desde os meus primeiros curtas tenho utilizado materiais plásticos", assinala o cineasta.[15]

Egresso do teatro, José de Anchieta conta que deu especial atenção à cenografia e iluminação de *Parada 88* no intuito de reproduzir um clima teatral,

13 *"Tupinipunk"* é o termo cunhado pelo escritor e pesquisador Roberto de Sousa Causo para designar certo tipo de *cyberpunk* brasileiro, manifesto em livros como *Silicone XXI* (1985), de Alfredo Sirkis; *Santa Clara Poltergeist* (1991), de Fausto Fawcett, *Piritas Siderais* (1994), de Guilherme Kujawski; e *Favelost* (2012), de Fawcett.

14 Entrevista com José de Anchieta por e-mail, 30/05/2007.

15 *Idem.*

e que buscou a linguagem do teatro como fio condutor do filme. Ainda de acordo com o cineasta, cenografia e iluminação são mutuamente dependentes nas mais diversas circunstâncias. Anchieta destaca também o importante trabalho do arquiteto Alcino Izzo como assistente de cenografia. Dividindo a autoria da cenografia com o diretor, Izzo projetou os complexos túneis de plástico, trazendo para o filme uma contribuição fundamental. A cenografia de *Parada 88* recebeu o prêmio APCA de 1978.[16]

O Estado, em *Parada 88*, é um grande ausente, cujo poder se faz sentir por meio de proibições, protocolos e cobranças. Conforme se verifica em diálogo na cena da reunião no Departamento de Controle de Gases, a quarentena tão prolongada da cidade é resultado da burocracia no governo. Acaba sendo contraditório o fato de um Estado tão pouco preocupado com o bem-estar dos sobreviventes de Parada 88 promover o salvamento de Joaquim Porfírio, o personagem principal. José de Anchieta justifica essa passagem do filme comentando que, embora não tenha ficado claro, Joaquim Porfírio é salvo por interesse político. Para o diretor, *Parada 88* é essencialmente uma metáfora sobre a demência do poder.[17] Sobre o conteúdo de crítica à burocracia de estado e a governos ditatoriais, José de Anchieta comenta:

> Fui tomado pelo espírito da época e adotei a metáfora como linguagem, uma espécie de sabedoria que me protegia dos malefícios da censura. Mas nunca enfrentei problemas com a censura. Enfrentei sim problemas com a impressa marrom e nanica. As polaridades direita e esquerda existiam de maneira muito forte naquele período. Historicamente, as duas facções nunca se entenderam, e sempre foram sinônimos de massacre. A minha tendência sempre foi à esquerda, porque como diz Arnaldo Jabor: "O homem de direita é aquele que só pensa em si, e o da esquerda é o que pensa nos outros", maneira simplista de colocar a coisa. Mas é por aí que entendo esta questão. A direita via o meu filme como uma ameaça velada às suas chaminés industriais e seus carros poluidores. A esquerda me acusava de querer derrubar chaminés, e com isso gerar um terrível desemprego em massa. Ora bolas, vai entender? Fui massacrado pela imprensa e não pela censura.[18]

---

16 *Idem.*

17 *Idem.*

18 *Idem.*

Parada 88 reflete os primeiros movimentos em favor de novos paradigmas ecológicos no Brasil e no mundo, na tradição de obras literárias como *Umbra* (1977), de Plínio Cabral. M. Elizabeth Ginway observa que,

> [e]m romances distópicos como *Umbra* (1977), de Plínio Cabral, e *Não Verás País Nenhum* (1981), de Ignácio de Loyola Brandão, a degradação ambiental caminha de mãos dadas com a erosão das liberdades individuais na medida em que o Brasil enfrenta as conseqüências (*sic*) ecológicas e políticas do regime militar. (2007, p. 382)

Em síntese, nos anos 1970 podemos observar uma certa recorrência à iconografia da FC em filmes de caráter experimental, num período de arrefecimento do Cinema Novo. Cineastas ligados ao movimento que teve seu ápice nos anos 1960 reinvestem em projetos de caráter moderno/experimental - os casos de Paulo Martins e Nélson Pereira dos Santos -, pontuados por elementos da FC.

A iconografia do gênero também serve de inspiração a filmes de cineastas ligados ao cinema marginal, ao cinema da Boca do Lixo, em São Paulo, e a realizadores independentes em geral. A essa altura, José Mojica Marins já havia lançado na década anterior um de seus filmes mais impactantes, *À Meia-Noite Levarei sua Alma* (1964), e FC e horror acabam por se confundir na escalada de um cinema fantástico ou de ficção especulativa no Brasil - vejamos o caso de *Excitação*, de Jean Garrett, entre outros. A despeito da longeva e controversa oposição entre autoria e gênero, o cinema de autor no Brasil não se mostra absolutamente cego às potencialidades da ficção especulativa, conforme se verifica na obra de Walter Hugo Khouri.

Paralelamente a tudo isso, um cinema de orientação mais comercial, que busca uma comunicação mais efetiva com um público mais amplo, divisa na FC um gênero potencialmente lucrativo. Multiplicam-se as paródias de filmes fantásticos ou de FC estrangeiros, estrelados por comediantes nacionais, e que buscam tirar vantagem do sucesso comercial de produções hollywoodianas. Diretores como Adriano Stuart e J. B. Tanko, entre outros, e atores como Os Trapalhões e Costinha, se enquadram nessa vertente. Mas o que os anos 1970 parecem ter produzido de mais interessante para o cinema brasileiro de FC foi o filme especulativo de caráter ambientalista. O exemplo maior nesse contexto é *Parada 88: O Limite de Alerta*, de José de Anchieta, que aborda o tema atualíssimo da degradação ambiental sem perder de vista o comentário arguto sobre a situação social e política do Brasil de seu tempo. Os anos 1980 serão palco de uma continuidade das paródias comercialmente bem-sucedidas, bem como de filmes voltados à temática ambiental.

Anos 1980

Embora geralmente o diálogo entre a literatura fantástica e o cinema seja escasso no Brasil, *Alguém* (1980), dirigido por Júlio Xavier, foi baseado no conto "O Mudo", de André Carneiro. Planejado como piloto de uma série para TV, *Alguém* pode ser tido como uma espécie de FC *soft*-paranormal, bastante liberada dos padrões mais ortodoxos do gênero, situando-se aparentemente numa área limítrofe entre a FC e a fantasia.

Se comédias e chanchadas já vinham se alimentando da iconografia da FC desde ao menos os anos 1930, não surpreende que pornochanchadas dos anos 80 seguissem o mesmo exemplo. Em *O Inseto do Amor* (1980), de Fauzi Mansur, quem é picado pelo inseto *Anophelis sexualis* tem de ter relações sexuais no espaço de duas horas, caso contrário morre. A premissa fantástica, familiar ao universo da FC em sentido *lato*, justifica os quiproquós da comédia erótica - como em outras ocasiões.

Em 1981, *Abrigo Nuclear*, de Roberto Pires, repõe o tratamento "sério-dramático" dos temas da FC, na vereda aberta por *Parada 88* poucos anos antes. Com roteiro de Pires e Orlando Senna, o filme especula sobre o problema da energia nuclear e seu impacto ambiental. Num contexto de desenvolvimento pouco sustentável imposto pelo governo militar brasileiro, *Abrigo Nuclear* soma-se a *Parada 88* no alerta quanto a catástrofes ecológicas como a que mais tarde acontecia em Chernobyl, em 1986. Glauber Rocha sugere que o roteiro de *Abrigo Nuclear* derivou de ideias do físico César Lattes. Segundo Glauber, Pires teria tido contato com o grande cientista brasileiro (2004, p. 464). *Abrigo* foi rodado depois de quatro anos de pesquisa e com uma equipe "topa-tudo", em estúdio construído na orla marítima de Salvador (bairro Boca do Rio), no local onde antes Pires havia filmado *Redenção* (1959) (Miranda, 1990, p. 261).

Depois de *Abrigo Nuclear*, Roberto Pires escreveu e dirigiu o docudrama *Césio 137: Pesadelo de Goiânia*, filme de 1989-90. Assim como *Brasil Ano 2000* e *Parada 88*, *Abrigo Nuclear* também se vale da FC como interface para a crítica social e política no contexto da ditadura militar. Todos esses três filmes recorrem à ecodistopia ou ficção pós-apocalíptica - a imagem da "terra devastada" ou *wasteland*, nos termos de Gary K. Wolfe (1979) - como alegoria instrumental na diatribe do regime ditatorial e do subdesenvolvimento. Na maioria das vezes, no entanto, a FC continuaria servindo de combustível à comédia brasileira, como no caso do "Terrir" de Ivan Cardoso. Em *O Segredo da Múmia* (1982), o cientista brasileiro Expedito Vitus (Wilson Grey) aplica seu "elixir da vida" à múmia de um psicopata que viveu no Egito antigo.

A propósito de *O Segredo da Múmia*, é preciso destacar o trabalho de seu roteirista, o escritor Rubens Francisco Luchetti, na popularização de um cinema fantástico ou de FC brasileiro. Luchetti colaborou não apenas com Ivan Cardoso, mas também com José Mojica Marins, tornando-se figura-chave no que diz respeito a uma história do cinema brasileiro de horror e FC.

O tema dos "contatos imediatos de terceiro grau" também visitou o cinema brasileiro em algumas ocasiões, sendo talvez o caso mais curioso *Amor Voraz*, filme de 1984, escrito e dirigido por Walter Hugo Khouri, e que se constitui como um "ponto fora da curva" no cinema do gênero. Trata-se de uma FC austera, sem efeitos especiais mirabolantes nem recurso a elementos muito evidentes de identificação com o gênero. Baseado no romance *O Beijo Antes do Sono*, de Fausto Cunha, publicado em 1974 pela editora ArteNova,[19] o filme, sobre o relacionamento entre uma mulher e um alienígena, é representativo de uma vertente da FC mais sutil, poética e intimista. Segundo o crítico Jairo Ferreira, "[f]ilme de *science-fiction* sem efeitos especiais ou visuais, *Amor Voraz* é um raro exemplar da inesgotável força do cinema como veículo de sugestões poéticas" (Ferreira, 1985, p. 84).[20] Sobre sua afinidade com a narrativa fantástica, o próprio Walter Hugo Khouri comenta:

> O meu fascínio pelo clima fantástico, pelo irreal, pelo estranho e pelo insólito vem desde as minhas leituras de infância e continuou pela adolescência e pela idade adulta, ali já abrangendo todos os domínios da arte: literatura, artes plásticas em geral e, naturalmente, cinema. [...]. (*apud* Ferreira, 1986, p. 234)

Convém notar que *Amor Voraz* trabalha praticamente o mesmo assunto de *O Dia em que a Terra Parou* (*The Day the Earth Stood Still*, 1951), de Robert Wise, ou *E.T.: O Extraterrestre* (*E.T.: The Extra-Terrestrial*, 1982), de Steven Spielberg, ou seja, o contato com um alienígena e as repercussões desse evento na subjetividade humana. A diferença entre esses três filmes estaria essencialmente

19 Informação obtida com o escritor e pesquisador de ficção científica Marcello Branco, em e-mail enviado a alfredo.luiz5@terra.com.br em 04/09/2006.

20 Ferreira prossegue: "Só com muito talento é possível conseguir a densidade que Khouri atinge aqui com recursos mínimos: uma casa à beira de um lago, extraindo pura magia a partir da paisagem, muito também devido à extraordinária luminosidade da fotografia de Antonio Meliande, à música altamente funcional de Rogério Duprat, à precisa montagem de Eder Mazini." ("Vôo entre Galáxias". *Filme Cultura*, n. 45, mar.1985, p. 84. Esse mesmo texto pode ser encontrado em Jairo Ferreia. *Cinema de Invenção*, p. 236.)

no tratamento do tema: em Wise, o contato é público e de teor notadamente político; em Spielberg, o contato é com a criança, expondo a disparidade entre os valores infantis e adultos; em Khouri, o contato repercute na psique de uma mulher jovem e solitária. Outro paralelo também pode ser sugerido entre o filme de Khouri e *O Homem das Estrelas* (*Starman*, 1984), de John Carpenter, produção lançada no mesmo ano nos EUA.

Outro exemplo do "Terrir" - reunindo sob o guarda-chuva da comédia elementos do *film noir*, terror e FC - é *As Sete Vampiras*, filme de 1986 dirigido por Ivan Cardoso. Aqui teremos novamente um cientista louco, o botânico Frederico Rossi, criador de uma planta carnívora trazida da África, muito semelhante à de *A Pequena Loja dos Horrores* (1960), de Roger Corman. Ainda em 1986, o insólito *Por Incrível que Pareça*, de Uberto Molo, apresenta um funcionário de usina nuclear que sofre acidente e, graças às radiações que recebera, consegue que sua cabeça sobreviva separada do corpo.

Em resumo, os anos 1980 deram continuidade ao cinema de FC de orientação ambientalista (*Abrigo Nuclear*), paródias nos mais diversos gêneros (pornochanchadas, filmes d'Os Trapalhões, filmes infanto-juvenis, o "Terrir" de Ivan Cardoso) e a um cinema de autor de cunho fantástico (filmes de Walter Hugo Khouri). Tentativas mais comercialmente audaciosas de sustentação de um cinema fantástico ou de FC foram realizadas no período, porém não renderam frutos consistentes. Vale a pena lembrar que, perto do fim da década, o cinema brasileiro passaria por uma severa crise de seu modelo de produção, com o declínio da Empresa Brasileira de Filmes (Embrafilme). A ficção científica no cinema nacional sofre, no final dos anos 1980 e início da década seguinte, dos mesmos males que assolam o cinema brasileiro como um todo. Mas o gênero continua lutando por sua sobrevivência numa atmosfera extremamente rarefeita.

Anos 1990

No início da década de 90, o cinema brasileiro enfrenta novo declínio severo de produção. Mesmo assim, a FC insiste em sobreviver. Rodado entre 1989 e 1993 e jamais lançado comercialmente, *Oceano Atlantis*, de Francisco de Paula, é outra ecodistopia que desta vez apresenta um Rio de Janeiro inundado pelo oceano, e no qual as favelas se tornaram as únicas regiões habitáveis. A fábula pós-apocalíptica tem como protagonista um mergulhador que, em busca de comida, acaba encontrando descendentes da civilização atlante.

FC e comédia continuam unindo suas forças em *O Efeito Ilha*, filme de 1994 escrito e dirigido por Luiz Alberto Pereira, o Gal. *O Efeito Ilha* é sobre técnico de TV vítima de estranho fenômeno: depois de um acidente, sua imagem ocupa todos os canais de TV, 24h por dia, numa espécie de *reality show* intermitente. *O Efeito Ilha* critica a indústria da televisão e sua relação com a audiência, trabalhando o tradicional mito do roubo da alma por dispositivos de reprodução da imagem. Nesse aspecto, lembra outro filme de 1994, o tcheco *Akumulator 1*, de Jan Sverak.

Os anos 90 também são momento de importante experimentação com o cinema digital no Brasil. Iniciada em 1992 e lançada em 1996, a animação infantil *Cassiopéia*, de Clóvis Vieira, tornou-se o primeiro longa digital brasileiro. O filme narra a aventura de salvamento do pacífico planeta Atenéia, que está tendo a energia de seu sol drenada por nave alienígena inimiga. Com um histórico de produção atribulada, *Cassiopéia* acabou eclipsado pelo sucesso internacional de *Toy Story* (1995), de John Lasseter, animação da Pixar/Disney vencedora do Oscar.

Recapitulando, uma cartografia resumida do cinema brasileiro de FC nos anos 90 poderia ser descrita da seguinte maneira: após a depressão nos primeiros anos da década, a FC reemerge no cinema nacional por meio de uma produção confusa, porém ambiciosa em sua orientação ambientalista: *Oceano Atlantis*. A comédia metalinguística *O Efeito Ilha* representa uma possibilidade que poderia ser melhor explorada pelo cinema brasileiro - a exemplo de *Por Incrível que Pareça*, nos anos 1980. Os anos 1990 são o período da escalada do cinema digital, fenômeno visível sobretudo no gênero fantástico ou de FC. O Brasil acaba inserido nesse panorama por meio do longa de Clóvis Vieira, *Cassiopéia*, ficção infanto-juvenil que representa um marco nacional em termos de experimentação com uma nova tecnologia. Em outro extremo, uma possibilidade de ficção científica de caráter mais introspectivo e enraizado na cultura brasileira fica entrevista em *Kenoma* (1998), de Eliana Caffé. Mais à vontade com a tecnologia digital, o cinema brasileiro dos anos 2000 vai diversificar suas incursões no terreno da FC, sem no entanto resgatar dedicadamente algumas das experiências promissoras do passado.

Anos 2000

Em *Acquaria* (2004), de Flávia Moraes, reemerge a temática ambiental de narrativa pós-apocalíptica. O filme recorre à computação gráfica para tratar de um futuro distante, quando a Terra é um planeta desértico e a água o bem mais precioso. Pouco depois, em 2005, Ivan Cardoso ressuscita o Terrir com *Um Lobisomem na Amazônia*, livre adaptação de *Amazônia Misteriosa* (1925), de Gastão Cruls, rodada em estúdios na Barra da Tijuca e na Floresta da Tijuca.

Em 2007, os personagens de Maurício de Souza reaparecem em nova aventura com ares de FC. *A Turma da Mônica em Uma Aventura no Tempo* (2007), dirigido por Maurício de Sousa e Rodrigo Gava, começa com Franjinha retomando seus dotes de cientista na criação de uma máquina do tempo. No mesmo ano, *Saneamento Básico, O Filme* (2007), de Jorge Furtado, vai remeter ao cinema de FC *schlock* numa comédia de metaficção sobre a realização de um filme do gênero. *Saneamento* veicula comentários não apenas sobre a distância dos *blockbusters* popularmente associados à FC em relação à realidade dos cineastas de países subdesenvolvidos, mas principalmente sobre o estado da produção audiovisual brasileira, amplamente dependente de leis de incentivo fiscal.

Em 2010, *Nosso Lar*, dirigido por Wagner de Assis, acena com uma possível tendência para as manifestações da FC no cinema brasileiro contemporâneo: a combinatória com o filme espírita, nesse caso a matriz genérica dominante. Baseado na obra do médium brasileiro Chico Xavier, *Nosso Lar* relata as experiências de André Luiz após sua morte, quando seu espírito vaga pelo umbral mas acaba resgatado, vindo a conhecer a cidade espiritual que dá nome ao filme, uma espécie de comunidade de recuperação de espíritos na qual estes são preparados para a reencarnação.

Amplamente baseada em efeitos de computação gráfica digital,[21] Nosso Lar é uma cidade supratemporal que paira sobre a Terra, mas exibe ícones/índices de futurismo nas linhas de sua arquitetura e em alguns equipamentos, como podemos verificar na enfermaria onde André Luiz é primeiramente atendido, na sala de comunicação com os vivos ou na sequência do "aerobus", espécie de "metrô aéreo" que levita cruzando os céus da cidade. A arquitetura de Oscar Niemeyer e Santiago Calatrava inspirou desde o princípio a diretora de arte Lia Renha em sua tarefa de criar, junto ao cenógrafo Marcus Ranzani e equipe, uma cidade que encarnasse os conceitos de leveza, fluidez e simplicidade (Assis, 2010, p. 48).

A associação do aerobus a uma iconografia típica das narrativas de FC pode ser constatada na explicação que o diretor Wagner de Assis dá sobre o veículo: "Um ônibus que voa por meios magnéticos invisíveis, tem plataformas de embarque ao longo da cidade, cobre distâncias em uma grande velocidade e é a principal forma de locomoção dos moradores de Nosso Lar" (2010, p. 137). O testemunho de Assis a respeito do trabalho de produção do filme também deixa entrever a relação, ainda que oblíqua, de *Nosso Lar* com o cinema de FC:

---

21 Os efeitos visuais de *Nosso Lar* ficaram a cargo da empresa Intelligent Creatures (http://www.intelligentcreatures.com/@Home), baseada em Toronto, Canadá.

> Em determinados momentos, a produção tinha um quê de "filme de fantasia" - locações não existiam senão nos computadores e pranchetas dos cenógrafos; grande parte da história se passa numa cidade que paira sobre a Terra (era preciso ter bastante clareza dessa relação geográfica, como o Sol incidia, se havia ou não noite, como a claridade da Terra a afetava, como as intempéries planetárias e as visões do espaço deveriam ser encaradas, como era a vivência das ruas, calçadas, roupas, ou seja, todo um universo precisava ser desenvolvido, checado e aplicado em benefício da história). (Assis, 2010, p. 183)

Vale lembrar que a associação entre espiritismo e FC não é tão absurda quanto possa parecer, dado o próprio cientificismo pretendido pela doutrina kardecista, além da obra de autores como Camille Flammarion, que fora do círculo de amizades de Allan Kardec. Se o realismo-naturalismo sempre pareceu tão influente nas letras e no cinema brasileiro, o fantástico parece encontrar uma interface mais "amigável" com o grande público justamente nas narrativas de viés espiritualista, de filmes de comédia (*O Jovem Tataravô*, 1936, de Luiz de Barros) e horror (*Excitação*) a adaptações mais contemporâneas, com amplo recurso à computação gráfica e a elementos pontuais do imaginário científico e tecnológico.

Os anos 2000 não apresentam filmes brasileiro de FC em longa-metragem dignos de nota por sua originalidade e ousadia, porém marcam um interesse renascente pelo gênero, sobretudo por parte de cineastas estreantes ou veteranos de "espírito jovem". O aporte de tecnologias digitais mais ágeis e acessíveis aproximam o cinema de FC do horizonte dos (novos) cineastas brasileiros, algo verificável de forma mais evidente em especial no âmbito dos curta-metragens. No mesmo período, co-produções viabilizam filmes em longa-metragem com roteiros mais ambiciosos e acabamento mais "polido". Destaca-se a retomada de interesse por "filmes espíritas", gênero que demonstra certa afinidade com a FC e que promete desenvolvimentos na década seguinte.

Últimas aparições

No início dos anos 2010, o cinema brasileiro de FC parece revisitar fórmulas desgastadas ou velhas conhecidas, por vezes com o incremento de efeitos visuais mais rebuscados e atores famosos. Nesse contexto se insere *O Homem do Futuro* (2011), de Cláudio Torres, comédia romântica fantasiada de FC que explora os quiproquós habituais em torno do tema da viagem do tempo. Boa parte de sua sedução vem do apelo nostálgico que faz a um imaginário cinéfilo próprio dos anos 1980 – filmes de John Hughes, por exemplo, e títulos como *De Volta para o Futuro* (*Back to the Future*, 1985), de Robert Zemeckis. Já a vertente dos filmes espíritas com visual remissivo à FC, anunciada por *Nosso Lar*, ganha mais um representante com *Área Q* (2012), filme dirigido por Gérson Sanginitto que abriu o 2º Festival de Cinema Transcendental em Brasília.

No cinema brasileiro contemporâneo, investidas mais "integrais" ou "assumidas" no terreno da narrativa fantástica continuam parecendo mais "condizentes" com o cinema "independente", por vezes amparado por leis de incentivo municipais, como *Nervo Craniano Zero* (2012), longa paranaense de Paulo Biscaia Filho. O horizonte mais imediato de referências para *Nervo Craniano Zero* parece ser sobretudo o de filmes B americanos como *The Brain that Wouldn't Die* (1962), de Joseph Green, e *The Atomic Brain* (ou *Monstrosity*, 1963), de Joseph Mascelli, além do Terrir de Ivan Cardoso. Ainda no âmbito dos "independentes",[22] exemplo de iniciativa ambiciosa em termos de filme de zumbi brasileiro em longa-metragem é *Mangue Negro* (2009), de Rodrigo Aragão. Num mangue povoado por personagens grotescas, um casal enfrenta uma horda de zumbis que surgem misteriosamente do lamaçal. Mestre em maquiagem de baixo orçamento com resultados bastante criativos, Aragão já dirigiu outros dois longas no gênero horror-FC: *A Noite do Chupa-Cabras* (2011) e o recém-lançado *Mar Negro* (2013). *Porto dos Mortos* (2010), narrativa pós-apocalíptica de Davi de Oliveira Pinheiro, é outro título que merece menção no contexto do "filme de zumbi", subgênero que, desde *A Noite dos Mortos-Vivos* (*Night of the Living Dead*, 1968), de George Romero, não disfarça sua afinidade com o universo da FC.

Finalmente, a animação *Uma História de Amor e Fúria*, de Luiz Bolognesi, revisita a história do Brasil ao longo de aproximadamente 600 anos, sob o ponto de vista de um índio tupinambá, personagem imortal que atravessa os séculos à procura das reencarnações de sua amada Janaína, enquanto luta em defesa do povo oprimido. Vale a pena observar aqui o retorno das temáticas ecodistópica e espiritualista — ainda que inspiradas em lendas indígenas. O protagonista enfrenta primeiramente a batalha contra os portugueses e os tupiniquins, depois lidera a Balaiada, no Maranhão, participa do movimento de resistência contra a

22 Não se pretende esmiuçar aqui a problemática de um suposto "cinema independente" no Brasil. O termo "independentes" foi aqui empregado para designar cineastas profissionais ou amadores que trabalham com baixíssimo orçamento, e cujos filmes nem sempre atingem o circuito comercial, circulando prioritariamente no âmbito doméstico, universitário, dos festivais ou até mesmo dos cineclubes.

ditadura militar, na década de 60, até finalmente se deparar com a guerra pela água, no Rio de Janeiro de 2096. A ideia de controle corporativo da água nos remete a *Sleep Dealer* (2008), longa de Alex Rivera, enquanto a descrição de um Rio *cyberpunk* pós-apocalíptico relembra a atmosfera da Bogotá futurista de *En Agosto* (2009), de Andrés Barrientos e Carlos Andrés Reyes, curta-metragem de animação colombiano sobre dois personagens vivendo em duas realidades temporais diferentes, fábula que também mescla lenda indígena a distopia futurista. Em sua revisão da história oficial do Brasil e de seus heróis nacionais, *Uma História de Amor e Fúria* aborda questões identitárias nacionais sob uma perspectiva pós-colonial – em outras palavras, o filme problematiza a nação como narração, parafraseando a tese de Homi Bhabha (1990) sobre a construção ambivalente dos discursos nacionais em desacordo com o passado. O recurso à ficção científica e fantasia como moldura de alegoria para uma revisão histórica é evidente no filme de Bolognesi.

Com estreia em abril de 2013, *Uma História de Amor e Fúria* venceu o mais importante prêmio da animação mundial, o de Melhor Filme no Festival de Annecy, na França. Estima-se que a premiação desta fantasia de FC possa vir a favorecer o desenvolvimento do gênero no mercado audiovisual brasileiro, estimulando novos projetos nesse campo. Vale a pena reiterar como não apenas a temática ecologista (na porção da narrativa que se passa no Rio de Janeiro de 2096), mas sobretudo a premissa da reencarnação (de viés espiritualista), parecem "aclimatar" a FC ao horizonte cinematográfico brasileiro.

Lançado em 2014, *Deserto Azul*, de Eder Santos, fabula sobre um futuro no qual a ciência resolveu todos os problemas humanos: não há mais guerras, desigualdades sociais ou doenças. A única finalidade da vida parece ser a evolução espiritual (novamente, questões espirituais em uma narrativa futurista). O personagem principal está em busca de "transcendência", embora ele próprio não saiba exatamente o que está em causa. Com uma atmosfera onírica, o filme desconstrói o tempo e o espaço numa espécie de alegoria distópica que mescla ecologia e espiritualismo, revisitando o que parece ser uma tendência no cinema brasileiro de FC. Filmado em Brasília e no deserto de Atacama, *Deserto Azul* aproveita a arquitetura (hoje) distópica oferecida pela capital brasileira. De acordo com Santos, "Quando começamos a criar o filme, o pessoal estava inventando prédios e eu disse 'Olha essas fotos de Brasília, não precisa ficar desenhando esse tanto de coisa, já temos nossa cidade futurista'. Foi muito divertido pra gente fazer isso, Brasília é meio que a distopia brasileira" (Ferreira, 2013). Os cenários do filme também contam com a presença de obras de 11 artistas contemporâneos brasileiros, como

Adriana Varejão, Carlito Carvalhosa, Nydia Negromonte e Rita Meyers. Eder Santos, o diretor, também é artista plástico.

Finalmente, uma atmosfera e iconografia um tanto quanto oblíquas de FC também podem ser encontradas em *Brasil S/A* (2014), de Marcelo Pedroso, uma espécie de filme-ensaio, sem diálogos, no qual um homem que trabalhou em plantações de cana-de-açúcar perde seu emprego devido à mecanização das lavouras, e acaba recrutado para a primeira missão espacial brasileira tripulada.

Curtas

Uma última palavra ainda deve ser dita em relação ao cinema de FC em curta-metragem. Produções totalmente independentes ou de baixíssimo orçamento, realizadas no âmbito de festivais, universidades ou escolas de cinema, os curtas de FC têm papel fundamental na experimentação com o gênero, sua manutenção e desenvolvimento, não só no Brasil como em todo o mundo. Impossível comentar de forma exaustiva e aprofundada a produção curta do gênero neste momento, mas vale a pena destacar alguns filmes-chave, sobre viagens no tempo, como *O Fim* (1972), de Elie Politi, *Barbosa* (1988), de Jorge Furtado, ou *Loop* (2002), de Carlos Gregório; curtas de José Mojica Marins (o episódio "Ideologia", em *O Estranho Mundo de Zé do Caixão*, 1968, entre outros exemplos); os filmes em Super-8 de cineastas como C. Perina C. (*Outra Meta*, 1975) e Marcos Bertoni (*Sangue de Tatu*, 1986); *Projeto Pulex* (1991), de Tadao Miaki; as fantasias futuristas do cineasta mineiro Carlos Canela (*Bailarina*, 2001; *Dois Lados*, 2003; *O Homem da Cabeça de Papelão*, 2007); *Tempo Real* (2004), de Mino Barros Reis e Joana Limaverde; *Nada Consta* (2006), de Santiago Dellape; curtas de zumbi de Rodrigo Aragão (*Peixe Podre partes I e II*, 2005/6), Joel Caetano (*Minha Esposa é um Zumbi*, 2006) e Rodrigo Brandão (*Era dos Mortos*, 2007), entre outros; e finalmente *Recife Frio* (2010), *mockumentary* de Kléber Mendonça Filho. A FC em curta-metragem tem se beneficiado de tecnologias digitais que barateiam a produção e potencializam a exibição, embora alguns ainda percebam no cinema digital apenas uma possibilidade para a emulação do cinema de FC americano do tipo *disaster movie* - talvez como no caso de *Céus de Fuligem* (2005), de Márcio Napoli. Convém lembrar também tentativas de seriado televisivo no Brasil, como a *web*-série *Stufana* (2010), produto do Projeto TelaTeatro, com apoio da Fundação Joaquim Nabuco e Massangana Multimídia, ou o piloto de *3%* (2010), dirigido por Daina Giannecchini, Dani Libardi e Jotagá Crema, rodado com câmeras Red One e apoio do programa FICTV/Mais Cultura - ambos projetos na esteira de sucessos estrangeiros como *Arquivo X* ou *Lost*.

Na segunda metade do ano de 2013, o panorama para o cinema de FC latino-americano parece brasileiro é promissor, ainda que os obstáculos principais ao desenvolvimento do gênero permaneçam em muitas frentes. Sinal discreto, porém significativo dessa gradual mudança de perspectiva (para melhor), pode ser observado a partir da repercussão de produções recentes.

The Flying Man (2013), curta concebido e dirigido pelo brasileiro Marcus Alqueres, é exemplo de como um bom roteiro, alinhado a um razoável conhecimento do gênero fantástico e domínio das ferramentas do cinema digital, pode resultar num trabalho promissor. *The Flying Man* conta de forma econômica o impacto das primeiras aparições de um justiceiro voador. O personagem contraria com desenvoltura a lei da gravidade, voando pelos ares de uma metrópole americana na caça a bandidos e corruptos, ao estilo de Charles Bronson na série *Desejo de Matar* (*Death Wish*).

Lunatique é outra produção recente em curta-metragem, também citada pela matéria de Rodrigo Salem para o jornal *Folha de S. Paulo* em 23 de julho de 2013. Dirigido por Gabriel Kalim Mucci, *Lunatique* foi rodado no centro antigo de Santos-SP e custou R$ 200 mil reais (Salem, 2013). O curta descreve um futuro pós-apocalíptico, no qual a personagem principal, à procura de comida, acaba se deparando com uma estranha criatura.

Ainda na matéria de Salem (2013), Cláudio Torres, diretor de *O Homem do Futuro* (filme que arrebatou mais de 1 milhão de espectadores), observa que "[o] cinema brasileiro está se solidificando como mercado". Segundo Torres, "[a] ficção científica é um gênero curioso no mundo inteiro e não tem aceitação garantida. Mas temos um terreno fértil, como o ET de Varginha, [o paranormal] Thomas Green Morton e pistas de aterrissagem de discos voadores no Planalto Central" (*Ibidem*).

De fato, ao contrário do que possa parecer à primeira vista, o imaginário coletivo brasileiro (folclore, lendas urbanas, cultura popular e até mesmo algo da erudita) não é vedado a visitas da iconografia de FC. Ao contrário, não raro uma iconografia da FC pode ser identificada na cultura popular ou no imaginário coletivo brasileiro, sob forma de "cifras", "permutas" ou "traduções". Lembremos aqui, sobretudo, da música popular brasileira (MPB) e de nossas telenovelas. Em outras palavras, se nos EUA a Área 51, o Hangar 18 ou o caso Roswell alimentam o imaginário popular com uma mitologia moderna contemporânea da Guerra Fria (embora devamos sublinhar que a FC não se resume a narrativas de abdução ou invasão alienígena), no Brasil ganhou fama nos anos 1990 o boato sobre o E.T. de Varginha-MG. E narrativas fantásticas envolvendo *tropos* como o alienígena, a espaçonave ou a máquina do tempo, entre outros exemplos, têm se multiplicado no contexto cinematográfico e audiovisual de países considerados subdesenvovidos, em desenvolvimento ou periféricos. Um caso curioso de deslocamento da cena da invasão ou do *disaster movie* dos grandes centros econômicos e de poder mundial (como Nova York, Londres ou Washington) pode ser buscado no curta uruguaio *Ataque de Pánico* (2009), de Federico Álvarez. Sucesso de visualização na internet, o curta relata o ataque devastador de enormes robôs e objetos voadores (alienígenas?) à cidade de Montevidéu. Tais deslocamentos geopolíticos, como a presença de alienígenas em Johannesburg, no longa *Distrito 9* (*District 9*, 2009), de Neill Blomkamp, ou o *cyberpunk* latino ambientado em Tijuana, no longa *Sleep Dealer* (2008), de Alex Rivera, ilustram o que este diretor americano define como uma "FC do sul" emergente. Em entrevista a Dennis Lim, do *New York Times*, Rivera explica:

> A ficção científica do passado sempre olhou para Los Angeles, Nova York, Londres, Tóquio (...). Nós nunca vimos São Paulo, ou Jacarta, ou a Cidade do México. Nós nunca vimos o futuro do resto do mundo, que vem a ser o lugar onde vive a maioria das pessoas. (2009)[23]

A esta "FC do Sul", o deslocamento geopolítico da iconografia de FC, a inclusão da maioria da humanidade em ficções especulativas e a permutação ou tradução de ícones da FC *lato sensu* sobrevivendo em culturas locais, gostaria de atribuir o nome de "fator Varginha". Termo especificamente colado ao caso brasileiro, o "fator Varginha" traria embutido em si mesmo um sentimento de ambivalência em relação à ficção especulativa, programas utópicos e agendas de ciência e tecnologia - algo consoante à famosa expressão de Paulo Emílio Salles Gomes, "(...) nada nos é estrangeiro, pois tudo o é" (1996, p. 90). *Mutatis mutandis*, "nada nos é alienígena, pois tudo o é".

É preciso ressalvar, porém, que entre as tentativas de novos cineastas e filmes como *O Homem do Futuro* existe um abismo, não só de condições econômicas e infraestruturais, mas também de propósitos. Numa perspectiva mais flexível da FC, filmes como *O Homem do Futuro* somam-se a comédias como a franquia *E Se Eu Fosse Você*, de Daniel Filho, todas produções com apoio da Globo Filmes. Sob essa ótica, não haveria exatamente uma "atmosfera rarefeita" para o cinema fantástico ou de fantasia no Brasil. Mas será esse tipo de fantasia ou de FC a única variante possível? Comédias de quiproquós que requentam velhos motivos de troca de corpo ou viagem no tempo? Ou filmes espiritualistas, que mesclam ícones

23 Esta citação, assim como todas as demais originalmente publicadas em línguas estrangeiras, foram livremente traduzidas para o português pelo autor.

pseudocientíficos, pinçados a esmo, com narrativas de transcendência que caíram no gosto popular? Não seria produtivo voltarmos os olhos ao que foi ou está sendo realizado em outros países latino-americanos, como na Argentina, Colômbia ou México? Filmes como os argentinos *Moebius* (1996), de Gustavo Mosquera, *La Sonámbula* (1998) e *Adiós Querida Luna* (2004), ambos de Fernando Spiner, ou *La Antena* (2007), de Esteban Sapir, a animação colombiana *En Agosto*, e o longa mexicano *Depositários* (2010), de Rodrigo Ordoñez, entre outros exemplos. Mesmo aqui no Brasil, fora do alcance das lentes da grande mídia, iniciativas como o curta *Tyger* (2006), de Guilherme Marcondes[24] - fábula inspirada no poema "The Tyger", de William Blake -, oferece possibilidades pouco exploradas para o cinema de fantasia ou FC no país.

Considerações finais

Conforme pudemos observar neste breve inventário das manifestações da FC no cinema brasileiro, podemos reconhecer dois eixos principais. Um predominante, ligado à comédia desde muito tempo, e que se apropria dos mais diversos temas da FC – muitas vezes de forma meramente tangencial – para trabalhá-los na chave da paródia. Esse corrente poderia ser mais ou menos associada ao que Ismail Xavier (1993, p. 227) denomina "lúdico-carnavalesco" em sua análise do Cinema Novo e do Cinema Marginal - notadamente a obra de Júlio Bressane, Rogério Sganzerla e Andrea Tonacci. Filmes como *O Bandido da Luz Vermelha* (1968, de Rogério Sganzerla) e *Brasil Ano 2000* poderiam ser "acoplados" a essa categoria "lúdico-carnavalesca" - e não apenas esses títulos, relacionados ao cinema moderno no Brasil, mas também paródias como filmes d'Os Trapalhões, o Terrir e algumas pornochanchadas. A predominância de tais estratégias "lúdico-carnavalescas" é assinalada pelo próprio Ismail Xavier em seu exame do Cinema Marginal, quando o autor comenta que

> A título de sugestão, é bom lembrar que, no teatro brasileiro, pelo menos desde o século XIX, a comédia, a farsa, a paródia ou, em termos mais gerais, a mistura de estilos (que inclui Nelson Rodrigues) têm se dado melhor do que as tentativas do grande drama. Norma "nacional" que cabe investigar. (1993, p. 263-264)

24 Atribuo a lembrança do curta *Tyger* ao crítico e escritor Roberto de Sousa Causo, amigo com o qual sempre troquei muitas ideias a respeito de FC no Brasil e no mundo, e a quem devo agradecer por *insights* e observações valiosas, influentes neste e em outros trabalhos.

O outro eixo aglutinador corresponde ao "sério-dramático", também tomado de empréstimo de Ismail Xavier em *Alegorias do Subdesenvolvimento* (1993, p. 227). Tal eixo, mais raro e aspirante a intenções mais "sérias", privilegia temas de orientação política, a problemática ecológica e ambiental (no caso dos longas) e o motivo das viagens no tempo (no caso dos curtas). São ilustrativos desse eixo "sério-dramático" filmes como *O Quinto Poder*, *Parada 88* e *Abrigo Nuclear* - a despeito de quaisquer adaptações de uma iconografia de FC estrangeira ao contexto brasileiro, com ou sem recurso a uma estética tropicalista ou antropofágica.

Enquanto em Hollywood a FC é empreitada de grandes estúdios, sendo praticamente sinônimo de efeitos especiais, no Brasil o gênero é pouco explorado comercialmente. A justificativa mais comum para a irregularidade da FC no cinema brasileiro baseia-se na falta de dinheiro, uma vez que o gênero demandaria cenários elaborados e efeitos especiais. Para Adam Roberts, FC no cinema é sinônimo de efeitos especiais (2000, p. 152-3). Mas será mesmo que o gênero depende tanto assim de efeitos e, como consequência, fazer cinema de FC custa muito mais caro do que outros gêneros? E os filmes que prescindem de efeitos especiais sofisticados, explorando outro veio de criatividade? Não haveria então outro fator, além do econômico, capaz de desestimular nossa produção de FC em qualquer mídia? Além do fator econômico, suspeita-se também de aspectos culturais, obstáculos já comentados por M. Elizabeth Ginway (2005), e que teriam a ver com a supervalorização do romance realista e com o histórico nacional de subdesenvolvimento. Segundo o escritor Gerson Lodi-Ribeiro, o fraco desenvolvimento do cinema de FC no Brasil "talvez se dê em função da persistência de uma noção equivocada de que são necessários efeitos especiais grandiosos para se contar uma boa história de FC. Noção equivocada típica de quem tem pouca intimidade com o gênero."[25]

Segundo Francisco Alberto Skorupa, "é controverso o papel que desempenha o desenvolvimento científico-tecnológico na produção de FC" (2002, p. 93). Skorupa aponta que existem fortes evidências de uma relação entre desenvolvimento científico-tecnológico e produção de FC, sobretudo a partir da Revolução Industrial e da explosão científica nos séculos XIX e XX. Sobressaem os casos dos EUA, ex-URSS, Reino Unido, França, Japão e Alemanha e, em menor escala, Austrália, Canadá e Itália, como exemplos da proximidade entre o desenvolvimento científico e a FC (2002, p. 93). Por outro lado, Skorupa observa que tal argumento pode parecer equivocado à primeira vista, uma vez que, embora a tecnologia tenha nacionalidade e

25 Gerson Lodi-Ribeiro, entrevista por e-mail concedida a este autor em 04/03/2006.

até proprietário(s), "a imaginação livre não é nacionalista", ela extrapola fronteiras e pode ser inspirada por estímulos estrangeiros (Skorupa, 2002, p. 316). Segundo Skorupa, entretanto, "não se pode ignorar que um ambiente cultural que valorize a pesquisa e a educação científica esteja direcionando ou educando a percepção e a sensibilidade individual para uma idéia de progresso técnico-científico" (*Idem*).

Autores como Roberto Schwarz (2000) e Darcy Ribeiro (2006; 2008) também podem ser úteis a um exame mais detido dos entraves ao desenvolvimento da FC na cultura brasileira. Schwarz (2000) propõe o conceito de "ideias fora de lugar" ao abordar a literatura brasileira no contraditório contexto sócio-econômico nacional do final do século XIX. A escravidão desempenha um papel importante nessa relação de amor e ódio com os valores ocidentais ou o legado cultural europeu. O ensaio de Schwarz começa com uma análise do seguinte argumento:

> Toda Ciência tem seus princípios, de que deriva o seu sistema. Um dos princípios da Economia Política é o trabalho livre. Ora, no Brasil domina o fato "impolítico e abominável" da escravidão.
> Este argumento - resumo de um panfleto liberal, contemporâneo de Machado de Assis - põe fora o Brasil do sistema da ciência. (2000, p. 11)

De certa maneira, tal "quadro psicológico" parece persistir em alguns setores até hoje, reprimido ou entrincheirado. Nesse sentido, não surpreende que a FC no cinema brasileiro seja tão geralmente encarada como um "alienígena intruso" em nosso planeta cinematográfico ou atmosfera cultural, por vezes reagindo ficcionalmente à ciência e tecnologia, hipotética ou utópica, de forma um tanto quanto xenofóbica - lembremos de filmes como *O Quinto Poder, Roberto Carlos em Ritmo de Aventura,* ou ainda *O Homem que Comprou o Mundo* (1968), de Eduardo Coutinho.

Darcy Ribeiro, por sua vez, nos lembra que uma das principais marcas distintivas que singularizam os brasileiros é a extraordinária homogeneização cultural, fruto da brutalidade de nosso processo de formação histórica, realizado sob as pressões da escravidão (2008, p. 24-5). O antropólogo observa também que

> O povo brasileiro, produzido por essa mó da estratificação escravista, se vê imerso numa cultura intrinsecamente espúria. Tamanhamente que atribui ao negro e ao pobre a culpa de sua própria ignorância e miséria; cega que se faz para a evidência de que, aqui, o inferior, o ruim, não é o povo ignorante, mas a elite, rica, educada, refinada, que sempre organizou a

> produção e a vida social em seu próprio benefício, indiferente ao destino do povo. (...) Nada melhorou para o povo trabalhador quando ingressamos na civilização industrial, pela via da atualização histórica, regida pelas empresas multinacionais. (2008, p. 31)

Darcy Ribeiro ressalta que tal "modernização" baseia-se numa "(...) industrialização reflexa, que não é capaz de gerar a transformação social do país, o que faz perpetuar o subdesenvolvimento e acentuar nossa dependência externa" (Ribeiro, 2008, p. 31-32). Suspeita-se, portanto, e sem surpresa, que tamanha controvérsia entre arcaismo e modernização tenha impacto sobre a cultura do país em sentido mais amplo. Ainda segundo o antropólogo,

> A resistência às forças inovadoras da Revolução Industrial e a causa fundamental de sua lentidão não se encontram, portanto, no povo ou no caráter arcaico de sua cultura, mas na resistência das classes dominantes. Particularmente nos seus interesses e privilégios, fundados numa ordenação estrutural arcaica e num modo infeliz de articulação com a economia mundial, que atuam como um fator de atraso, mas são defendidos com todas as suas forças contra qualquer mudança. (2006, p. 228)

Guardadas as devidas proporções, essa "vontade de inércia" já se apresenta, em si mesma, como fator obstacular a um gênero discursivo de orientação utópica (a FC) - o qual, conforme observa István Csicsery-Ronay, Jr., guarda pontos de contato com o marxismo justamente em sua vocação utópica e de crítica da realidade social (2003, p. 113-24).

Mais pistas da controversa relação da cultura brasileira com a FC também podem ser buscadas num ensaio utopista de Darcy Ribeiro - "Ivy-Marãen: A Terra sem Males, Ano 2997" (2008, p. 37-58). Sob o disfarce do narrador Olav, escandinavo que visita o Brasil em 2997 na companhia do chinês Piing, o antropólogo explica que Ivi-Marãen significa, em tupi-guarani, "Terra sem Males". O ensaio de história alternativa de Darcy Ribeiro oferece "retratos" de diferentes regiões desse Brasil futuro que teria dado certo. Destaca-se, entre outros cenários, a permanência de Brasília como a capital do país. Sobre a cidade, então esplendorosa e livre da burocracia nefasta, Olav/Darcy faz um comentário de claro teor utopista – e talvez mesmo ingênuo, ou tendencioso: "[a]s cidades antigas, por bonitas que sejam, surgiram por acumulação no tempo. São irracionais e absurdas. Brasília floresceu primeiro na cabeça de um homem, depois foi plantada no chão do mundo pelo duro trabalho de milhões" (2008, p. 50).

Em resumo, os entraves ao maior desenvolvimento e visibilidade do cinema brasileiro de FC são certamente variados, mas nenhum deles isoladamente fornece uma explicação satisfatória para o cenário. Uma boa metáfora para o cinema nacional do gênero talvez seja a de uma espaçonave obsoleta e com excesso de peso. Essa carga excedente se compõe de itens tão diversos como velhos preconceitos artísticos, carência de políticas públicas mais longevas e consistentes com foco sobre o desenvolvimento científico e tecnológico, problemas na percepção pública da ciência e tecnologia, ausência de uma "cultura da invenção", baixa auto-estima, valorização excessiva do realismo em detrimento de outros estilos ou estéticas, elitismo cultural, deficiências no sistema educacional, vícios e precariedades dos mercados editorial e audiovisual brasileiros, etc.

Atualmente, a FC tem sido redescoberta fora do eixo EUA-Canadá-Europa, por meio do trabalho de autores cientes das limitações da abordagem eurocêntrica, dentre eles europeus ou americanos como Rachel Haywood Ferreira, para quem "[...] no Norte, mas em especial nos EUA, sofrem de uma certa miopia em nossa percepção do mundo e suas literaturas" (2007, p. 456). Ferreira cita o crítico argentino Pablo Capanna, que descreveu esse fenômeno como "a incapacidade, característica de todos os centros imperiais na história, em entender o que ocorre longe do centro de poder, ou como pensam aqueles que vivem na periferia" (2007, p. 456). Italiano radicado na Argentina, Capanna foi pioneiro no estudo da FC na América Latina, autor de *El Sentido de la Ciencia-Ficción* (1966), entre outras obras.[26]

Em seu estudo da literatura brasileira, M. Elizabeth Ginway advoga que a FC "[...] fornece um barômetro para medir atitudes diante da tecnologia, enquanto que ao mesmo tempo reflete as implicações sociais da modernização na sociedade brasileira" (2005, p. 221). O que Ginway observa na literatura brasileira ocorre em paralelo no cinema. De fato, por vezes a FC forneceu ao cinema brasileiro alguns instrumentos (*tropos*, alegorias, estratégias narrativas, repertórios) para a crítica social e política, especialmente durante a ditadura militar (1964-1985).

Por fim, talvez não seja o caso de sublinharmos a rarefação da fantasia no audiovisual brasileiro – dezenas de filmes, novelas e minisséries de televisão poderiam ser reivindicados como contra-exemplos ou contra-argumentos. Talvez a "atmosfera rarefeita" seja observável, de fato, no território de um determinado tipo de ficção fantástica ou especulativa, aquela do

26 *El Sentido* foi revisado, ampliado e republicado com o título *El Mundo de la Ciencia Ficción: Sentido e Historia*, em 1992.

"estranhamento cognitivo"[27] mais genuíno, nos termos de Darko Suvin (1979; 2005), misteriosamente interdito nas áreas mais superficiais e habitáveis desse curioso planeta audiovisual brasileiro.

Contudo, a história do cinema brasileiro de FC continua a se (re)escrever...

Bibliografia

ANÔNIMO. *Guia de Filmes: Produzidos no Brasil entre 1897-1910*. Rio de Janeiro: Embrafilme, 1984, p. 26-27.

ASSIS, Wagner de. *Nosso Lar. Bastidores do Filme*. Rio de Janeiro: Cinética/ Federação Espírita Brasileira, 2010.

BHABHA, Homi. *Nation and Narration*. London: Routledge, 1990.

BETHENCOURT, Francisco. *Racisms: From the Crusades to the Twentieth Century*. Princeton: Princeton Univ. Press, 2014.

BROSNAN, David. *The Primal Screen: A History of Science Fiction Film*. Londres: Orbit, 1991, p. 157.

CALIL, Carlos Augusto; MACHADO, Maria Teresa (orgs.). *Paulo Emílio: Um Intelectual na Linha de Frente*. São Paulo: Brasiliense/Rio de Janeiro: Embrafilme, 1986.

CAPANNA, Pablo. *El Sentido de la Ciencia-Ficción*. Buenos Aires: Editorial Columbia, 1966.

______. *El Mundo de la Ciencia Ficción: Sentido e Historia*. Buenos Aires: Letra Buena, 1992.

CLARESON, Thomas D., ed. *SF: The Other Side of Realism*. Bowling Green: Bowling Green University Press, 1971.

---

27 Segundo Darko Suvin, a FC pode ser melhor compreendida como "a literatura do estranhamento cognitivo" (2005, p. 24). Para Suvin, o fenômeno do estranhamento pode ser tanto cognitivo quanto criativo, fornecendo a moldura formal da ficção científica (*Ibidem*, p. 26). O crítico afirma que, "Como gênero literário, a FC é totalmente oposta ao estranhamento metafísico ou sobrenatural, tanto quanto ao naturalismo ou empiricismo." (*Idem*, p. 26-7). Com algumas adaptações, os trabalhos de Suvin podem ser transpostos para a análise da FC cinematográfica ou audiovisual, fornecendo elementos interessantes. Nessa perspectiva, o cinema de FC também seria um "cinema do estranhamento cognitivo".

CSICSERY-RONAY, Jr., István Csicsery-Ronay. "Marxist Theory and Science Fiction". In: JAMES, E.; Mendlesohn, F., eds. *The Cambridge Companion to Science Fiction*. Cambridge: Cambridge University Press, 2003, p. 113-24.

CUNHA, Fausto. "A FC no Brasil: Um planeta quase desabitado". In: ALLEN, L. David. *No Mundo da FC*. São Paulo: Summus, 1976.

GINWAY, M. Elizabeth. *FC Brasileira: Mitos Culturais e Nacionalidade no País do Futuro*. São Paulo: Devir, 2005.

GINWAY, M. Elizabeth, *et al.* "Chronology of Latin American Science Fiction, 1775-2005". *Science Fiction Studies*, 34.3, 2007, p. 369-431.

GOMES, Paulo Emílio Salles. *Cinema: Trajetória no Subdesenvolvimento*. São Paulo: Paz e Terra, 1996.

FERREIRA, Jairo. "Vôo entre Galáxias". *Filme Cultura*, n. 45, mar. 1985), p. 84. (Arquivo Hemeroteca Cinemateca Brasileira).

FERREIRA, Jairo. *Cinema de Invenção*. São Paulo: Max Limonad, 1986.

FERREIRA, Rachel Haywood. "The First Wave: Latin American Science Fiction Discovers Its Roots". *Science Fiction Studies*, n.103, nov. 2007, p. 432-462.

FERREIRA, Nadiajda. "*Deserto Azul*, o filme brasileiro de ficção científica que misturou editais e Kickstarter para existir". *Gizmodo*, 2013. Disponível em: http://gizmodo.uol.com.br/deserto-azul-um-filme-brasileiro-de-ficcao-cientifica/. Acesso em: 07/02/2015.

HARDY, Phil (ed.). *The Overlook Film Encyclopedia: Science Fiction*. New York: Overlook, 1995.

LIM, Dennis. "At the Border Between Politics and Thrills.". *The New York Times*, 15 mar. 2009. Disponível em: <www.nytimes.com/2009/03/15/movies/15denn.html> Acesso em: 22/06/14.

MIRANDA, Luiz F. A. *Dicionário de Cineastas Brasileiros*. São Paulo: Art Editora, 1990.

NORONHA, Jurandyr. *Pioneiros do Cinema Brasileiro: 1896 a 1936*. São Paulo: EMC Melhoramentos, 1997. CD-ROM.

RAMOS, Fernão; MIRANDA Luiz Felipe (orgs.). *Enciclopédia do Cinema Brasileiro*. São Paulo: Senac, 2000.

RIBEIRO, Darcy. *O Povo Brasileiro*. São Paulo: Companhia das Letras, 2006.

______. *Utopia Brasil*. São Paulo: Hedra, 2008.

ROBERTS, Adam. *Science Fiction*. London: Routledge, 2000.

ROCHA, Glauber. *Revolução do Cinema Novo*. São Paulo: Cosac & Naify, 2004.

SALEM, Rodrigo. "Brasileiros se aventuram na onda boa de filmes de ficção científica". *Folha de S. Paulo*, 23 jul. 2013. Disponível em http://www1.folha.uol.com.br/ilustrada/2013/07/1314885-brasileiros-se-aventuram-na-onda-boa-de-filmes-de-ficcao-cientifica.shtml. Acesso em: 24/07/2013.

SCHWARZ, Roberto. *Ao Vencedor as Batatas: Forma literária e processo social nos inícios do romance brasileiro*. São Paulo: Editora 34, 2000.

SUVIN, Darko. *Metamorphoses of Science Fiction*. New Haven: Yale Univ. Press, 1979.

______. "Estrangement and Cognition". In: GUNN, James and CANDELARIA, Matthew, eds. *Speculations on Speculation: Theories of Science Fiction*. Oxford: Scarecrow, 2005.

VENTURA, Zuenir. "Fora de ordem e de lugar". *Blog do Noblat*, 13.03.2013. Disponível em http://oglobo.globo.com/pais/noblat/posts/2013/03/13/fora-de-ordem-de-lugar-por-zuenir-ventura-489272.asp. Acesso em: 03/07/2013.

WOLFE, Gary K. *The Known and the Unknown: The Iconography of Science Fiction*. Kent, OH: Kent State University Press, 1979.

XAVIER, Ismail. *Alegorias do Subdesenvolvimento: Cinema Novo, Tropicalismo, Cinema Marginal*. São Paulo: Brasiliense, 1993.

ZWEIG, Stephan. *Brasil, Um País do Futuro*. Porto Alegre: L&PM, 2013.

HORROR, FICÇÃO-CIENTÍFICA E TECNOLOGIAS DA COMUNICAÇÃO EM TRÊS FILMES BRASILEIROS[1]

Laura Loguercio Cánepa

Este artigo propõe considerações sobre três longas-metragens brasileiros cujas tramas trazem a fantasia de um retorno violento do passado articulada ao interesse pelas possibilidades de exploração de universos desconhecidos através de tecnologias de comunicação. Os filmes, realizados na década de 1970, são *O Signo de Escorpião* (Carlos Coimbra, 1974), *Excitação* (Jean Garrett, 1976) e *As filhas do fogo* (Walter Hugo Khouri, 1978). O que se pretende investigar através da observação de alguns aspectos temáticos dessas obras é como um universo cultural vinculado ao misticismo em torno de vidas passadas e de maldições ancestrais encontrou espaço para ligar-se ao imaginário tecnológico, repetindo um fenômeno verificado em várias cinematografias nacionais, mas que ganhou, no Brasil, algumas características particulares.

Questões de gênero: horror e ficção-científica

No âmbito da discussão sobre os gêneros narrativos ficcionais, a ficção-científica e o horror costumam ser vistos como bastante próximos, tanto em suas origens no romance do final do século XVIII, quanto em seus sucedâneos teatrais, cinematográficos, radiofônicos, televisivos e literários ao longo dos mais

1 Este artigo é uma revisão do texto publicado em: CANEPA, L. "Tecnologias da comunicação, horror e ficção científica: o caso de três filmes brasileiros". *Revista Contemporânea — Comunicação e Cultura*, Salvador, n. 1, v. 10, jan./abr. 2012.

de duzentos anos que se seguiram. Steve Neale, por exemplo, em seu compêndio *Genre and Hollywood* (2000), no qual identifica e classifica os gêneros narrativo-ficcionais hollywoodianos, apresenta o horror e a ficção-científica como um gênero único, o qual denomina, nesta ordem, "*Horror & Science Fiction*" - que teria, por sua vez, ligações com outros gêneros, como o criminal e a aventura. Segundo Neale:

> Como tem sido frequentemente observado, por vezes é muito difícil distinguir entre horror e ficção científica. Não só isso. Às vezes, pode ser difícil também distinguir entre o horror e o filme de crime, a ficção científica, a aventura e a fantasia. Filmes como *Frankenstein* (1931), *Psicose* (1960), *Guerra nas Estrelas* (1977), *ET – O Extraterrestre* (1982), *A Coisa* (1982) e muitos outros têm suas próprias maneiras de testemunhar a propensão para a multiplicidade e sobreposição entre os gêneros em Hollywood. Não surpreende, portanto, que se torne difícil obter definições precisas que diferenciem a ficção científica do horror, ou mesmo da fantasia, da aventura e do crime. Também não é surpreendente que os artigos e livros sobre o cinema de ficção científica e de horror discutam muitas vezes os mesmos filmes. No entanto, se existem áreas e instâncias de hibridação e sobreposição, existem também áreas e instâncias de diferenciação: poucos descrevem *Dracula* (1931) como ficção científica, como poucos descrevem *Fuga no século 23* (1976) como filme de terror. (Neale, 2000, p. 92, T. da A.)

A visão agregadora de Neale não é compartilhada por todos os pesquisadores que teorizaram sobre esses gêneros, mas também não está isolada. Por exemplo, para o escritor brasileiro Roberto de Sousa Causo, em seu livro *Ficção-Cientifica, Horror e Fantasia no Brasil* (2003), esses gêneros pertencem a uma tradição narrativa mais abrangente do que eles, a qual identifica como *literatura especulativa*, derivada da capacidade humana de *fantasiar* a respeito de outros universos possíveis, de imaginar realidades diferentes daquela percebida na experiência concreta do mundo. Segundo o autor, no centro dessas narrativas está o desejo de criar realidades alternativas que vêm relativizar a nossa própria e, nesse sentido, são praticamente infinitas as variações e combinações de universos fantásticos possíveis, herdeiros de uma tradição mítica que acompanha a humanidade desde sempre:

> É possível afirmar que o objeto deste estudo - a literatura especulativa - existe e sempre existiu sob a forma de narrativas orais: o que era contado em volta

> das fogueiras do paleolítico deviam ser narrativas de deuses e demônios, fantasmas e avatares, cujas ações podiam promover o desenvolvimento ou a destruição de uma comunidade. Em termos de crítica literária, eram narrativas próximas ao que se chamou de mito. (Causo, 2003, p. 25)

Entre muitas outras obras que buscam relacionar a ficção-científica a gêneros de fantasia em geral e ao horror em particular, também *Intersections: Fantasy and Science Fiction* (1987), organizado por George Slusser e Eric Rabkin, revela, em uma série de artigos, a preocupação de teóricos do cinema e da literatura a respeito das formas de sobreposição de diferentes gêneros ligados à ficção-científica, apontando não apenas para a gênese comum, mas para um tipo de consumo, por parte do público, que se compraz justamente na combinação de gêneros. Para os autores: "A ficção científica já é um composto de dois tipos de discurso: a ciência e a ficção. E, como ela se conecta à fantasia, todo um grupo de formas potenciais se apresenta como possibilidade de variadas interações: o sobrenatural, o maravilhoso, o horror, o romance, o mistério". (Slusser; Rabkin, 1987, p. VII, T. da A.).

Entendidos dessa forma, a ficção-científica e o horror podem ter, de fato, uma ligação profunda – e, não por acaso, escritores, roteiristas e encenadores trataram de reuni-los de diferentes maneiras desde, pelo menos, o século XIX. Ao longo do século XX, o cinema foi, literalmente, o aspecto mais "visível" desse processo, ainda que suas histórias se tenham originado, em grande parte das vezes, de experiências diversas na literatura e nas histórias em quadrinhos.

No Brasil, país que poucas vezes teve uma indústria cinematográfica com a continuidade e capacidade produtiva para realizar filmes em série que pudessem dar origem a gêneros próprios – salvo exceções como a chanchada e suas derivações, em particular a comédia erótica chamada de "pornochanchada" –, a presença da ficção-científica e do horror em filmes comerciais de longa-metragem foi sempre rarefeita e dispersa, estando ligada, em boa parte das vezes, a tentativas de emulação de produtos estrangeiros em versões nacionais mais baratas ou em paródias satíricas. Mas isso não significa dizer que tais experiências não tenham sido legítimas, ainda que apenas recentemente tenham sido alvo de estudos acadêmicos de maior fôlego pelos pesquisadores do cinema brasileiro, dentre os quais se pode destacar Alfredo Suppia, autor de *Atmosfera Rarefeita – A Ficção-científica no Cinema Brasileiro* (2013) e Lúcio Reis Piedade, autor da dissertação *A Cultura do Lixo – Horror, Sexo e Exploração no Cinema* (2002).

Do levantamento realizado por esses pesquisadores, entre as raras obras cinematográficas brasileiras de longa-metragem que sobrepuseram o horror e a ficção-científica, encontram-se, por exemplo, as comédias *O Segredo da Múmia* (1982), *As Sete Vampiras* (1986) e *Um Lobisomem na Amazônia* (2005), paródias de estilo chanchadesco dirigidas por Ivan Cardoso e roteirizadas por Rubens Luchetti, escritor especializado em histórias fantásticas que conjugou clichês clássicos dos dois gêneros, como cientistas malucos, plantas carnívoras e diversos monstros milenares. Luchetti também foi roteirista de *Inferno carnal* (1977), filme de "cientista louco" dirigido e estrelado por José Mojica Marins. Há também algumas obras vinculadas ao cinema infantil que se aproveitaram da reunião do repertório do horror e da ficção científica, mas de forma muito mais anárquica, como *O Incrivel Monstro Trapalhão* (Adriano Stuart, 1982).

Neste artigo, porém, interessam três filmes que abordaram o potencial horrífico da ficção científica - ou científico do horror – através das tecnologias de comunicação. Realizados nos anos 1970 por cineastas ligados ao cinema erótico brasileiro, esses filmes exploraram a noção, então muito em voga, de "paranormalidade", a qual se refere a fenômenos sensoriais e psíquicos humanos que parecem violar as leis naturais (Zuzne; Jones, 1989, p. IX). O tema foi preocupação do pensamento ocidental pelo menos desde o século XIX, mas, na década de 1970, quando a Guerra Fria gerou várias experiências cientificas em torno de indivíduos com supostos poderes extra-sensoriais (como o israelense Uri Geller, que alegava ser capaz de entortar metais à distância, e viajou pelo mundo inteiro exibindo seus talentos), a paranormalidade foi assunto que ocupou tanto a ficção quanto o jornalismo, com a divulgação de inúmeros relatos que causaram comoção e legaram grande variedade de histórias e lendas urbanas, entre as quais os filmes aqui discutidos.

As tramas desses filmes brasileiros sobre paranormalidade trazem tanto a fantasia de um retorno violento do passado, típica das histórias de horror clássicas, quanto o interesse pelas possibilidades tecnológicas de exploração de universos desconhecidos, típico da ficção-científica. Em *O Signo de Escorpião*, um astrólogo reúne, em uma ilha, doze pessoas para testarem uma máquina de mapas astrais capaz de prever o terrível futuro que as espera. Em *Excitação*, uma mulher que sofre com traumas psicológicos começa a ser atacada misteriosamente pela televisão e por outros eletrodomésticos em sua casa de praia. Em *As Filhas do Fogo*, duas moças se envolvem com uma mulher que usa gravadores e microfones para tentar captar vozes de espíritos desencarnados.

O que se pretende investigar, a partir de algumas observações sobre as tramas desses filmes, é como um universo cultural vinculado ao misticismo em torno de vidas passadas e maldições ancestrais encontrou espaço, no cinema brasileiro, para ligar-se ao imaginário tecnológico que, supostamente, deveria superá-lo, repetindo um fenômeno verificado em várias cinematografias do mundo, e que é bastante revelador sobre os processos de adaptação das sociedades às mudanças tecnológicas.

Mídia e mediunidade: aproximações

Como salienta o pesquisador brasileiro Erick Felinto, pensadores tão distintos como Walter Benjamin, Gastón Bachelard, Theodor Adorno e Hans Blumenberg já sugeriram que mito, imaginação, racionalidade, ciência e tecnologia são realidades muito mais próximas do que podem parecer à primeira vista (2005, p. 54). Segundo Felinto, especialmente as tecnologias eletrônicas – por serem, de certa maneira, "invisíveis", circulando fora das experiências humanas do espaço e do tempo – aguçam facilmente a imaginação de quem as usa. E, à medida em que tanto teóricos quanto ficcionistas se debruçam sobre o imaginário tecnológico, pode-se falar da existência de uma nova história das tecnologias que narra as aventuras da imaginação humana no confronto com o mistério aparentemente insondável de máquinas e técnicas. Assim:

> ... um grande número das representações correntes sobre as novas tecnologias consiste na retomada de antigos mitos, representações arcaicas e anseios primevos. Associadas ao absolutamente novo, essas fantasias ancestrais funcionam como muletas para a aceitação daquilo que aparentaria ser inteiramente incompreensível para nossas limitadas mentes, ao mesmo tempo em que ampliam o poder e o fascínio das novas tecnologias. (Felinto, 2005, p. 55)

No caso específico das tecnologias de comunicação, Felinto descreve a curiosa e ao mesmo tempo evidente correspondência entre os novos meios e um dos mais antigos mitos da humanidade: o fantasma. Para o autor:

> Moldado pelo material flexível e etéreo do ectoplasma, o fantasma é uma tecnologia de comunicação eficaz que conecta nossa realidade com o mundo do além. Por volta da primeira metade do século XIX, acreditava-se que o fantasma fazia uso do "magnetismo animal" para poder manifestar-se. Essa energia universal, explorada pelo médico Anton Mesmer em suas curas "milagrosas" na Europa do século XVIII, seria a chave para o mistério da comunicação espiritual. Como nossos aparelhos de som e imagem, a tecnologia do fantasma não poderá funcionar sem que esteja plugada,

> por assim dizer, em uma "tomada espiritual", em uma fonte de energia metafísica. Desde o século XIX, portanto, a questão do fantasma possuía uma tonalidade fundamentalmente científica e tecnológica. O magnetismo animal explicava o funcionamento da tecnologia fantasmagórica. No fim das contas, não havia nada de exatamente sobrenatural nisso tudo. O fantasma, a comunicação espiritual e o magnetismo eram então objetos de uma "ciência" das coisas invisíveis. (Felinto, 2006, p. 11)

Tal correlação entre as possibilidades comunicativas do mundo imaterial (representadas pela ideia do fantasma), e as descobertas científicas que levaram ao desenvolvimento dos meios de comunicação, teve desdobramentos ficcionais variados, como se percebe em uma infinidade de histórias que tratam do aparecimento de imagens e vozes espectrais que se comunicam com nosso mundo, intencionalmente ou não, através de fotografias, captações de áudio e de vídeo, mensagens digitadas em computadores etc.

Por outro lado, principalmente os adeptos do espiritismo – religião que surgiu no século XIX, inspirada, em grande parte, no cientificismo então imperante – fazem há muito tempo experiências de cunho relativamente científico explorando as possibilidades de comunicação do mundo dos espíritos com o nosso através do uso aparatos técnicos como o rádio e a TV, substituindo o dom comunicativo que estaria nos chamados *médiuns* humanos (pessoas com o dom de receber mensagens do além) pelos *media* técnicos – que, não por acaso, recebem seus nomes a partir do vocábulo latino *medium*, que significa *meio, veículo*.

Esse potencial de um imaginário ao mesmo tempo científico e religioso, apesar do paradoxo, ainda parece longe do esgotamento em pleno século XXI, sendo reforçado e diversificado a cada nova invenção tecnológica de comunicação. No campo da ficção cinematográfica, essa confluência temática se observa, por exemplo, em produções hibridas de ficção-científica e horror como as do cineasta canadense David Cronenberg, desde os anos 1970, e do japonês Kyioshi Kurosawa, desde os anos 1990. Tal fenômeno também não poderia deixar de marcar algumas histórias fantásticas brasileiras, que se caracterizam tanto por um fascínio tecnológico específico, decorrente tanto de nosso processo tardio e dependente de industrialização, quanto pela permeabilidade nacional ao sincretismo religioso – que pode ser exemplificada, inclusive, pela facilidade com que a própria doutrina espiritualista, por si só bastante híbrida, foi recebida em nosso país no final do século XIX, popularizando-se continuamente desde então, e chegando a dar ao país a fama de maior nação espírita do planeta.

Os fantasmas e as tecnologias: três filmes brasileiros

O período em que o cinema brasileiro mais pôde experimentar com os gêneros importados do cinema hegemônico – entre eles o horror e a ficção-científica – foi aquele marcado pela emergência do erotismo ligado ao consumo popular, ao longo dos anos 1970, num ciclo conhecido como *pornochanchada*. Num intervalo que começou no final dos anos 1960 e acabou no começo dos 1980, esse cinema erótico, produzido em grande quantidade e, muitas vezes, de forma apressada, aproveitou-se com frequência de sucessos internacionais para fazer similares nacionais mais baratos, recorrendo a um uso bastante particular dos códigos dos gêneros narrativo-ficcionais canônicos. Nesse contexto, foram realizados, principalmente nas produtoras localizadas na região chamada de "Boca do Lixo" paulistana, dezenas de *westerns*, filmes de horror, filmes policiais, comédias, ficções-científicas e melodramas recheados de erotismo, o que garantia, ao mesmo tempo, o interesse constante do público, em função do apelo erótico, e seu fácil entendimento das histórias em função da popularidade dos filmes de gênero. Foi nesse ambiente cinematográfico que surgiram os três filmes aqui examinados, ligados à experiência da pornochanchada, mas, ao mesmo tempo, tributários de uma tradição de gênero fantástico e de um desejo de contar histórias capazes de reunir atributos da ficção-científica e do horror, a despeito da rara presença desses gêneros em nossa cinematografia nacional.

O primeiro desses filmes foi *O Signo de Escorpião*, também conhecido como *A Ilha dos Devassos*, dirigido em 1974 por Carlos Coimbra, experiente cineasta popular. O filme foi co-roteirizado por ele e Ody Fraga, um dos roteiristas mais prolíficos da então emergente indústria da Boca do Lixo. Trata-se de uma comédia erótica com ares sombrios que reúne magia, ciência e astrologia numa trama de assassinatos em série que remete ao clássico da literatura policial *O caso dos dez negrinhos* (hoje rebatizado de *E não sobrou nenhum*), de Agatha Christie.

Em *O Signo de Escorpião*, o astrólogo Alex (Rodolfo Mayer) organiza uma festa em sua ilha particular para anunciar sua mais nova invenção: um computador criado para a leitura científica de horóscopos, capaz de prever o futuro imediato das pessoas e comunicá-lo através de textos impressos de maneira automática e sem qualquer interferência humana. Ele reúne nove convidados de signos diferentes (entre eles, belas mulheres com pouquíssima roupa), que, somados com ele próprio e com seus dois empregados, formam um zodíaco completo. Tudo começa bem, mas, ao longo das horas, em crescente desespero, os convidados vão sendo mortos um a um, tendo seus assassinatos sempre anunciados previamente pelo computador. As suspeitas, é claro, recaem sobre o próprio Alex, mas, quando este aparece morto, os sobreviventes descobrem que o segredo é muito mais terrível, porque incontrolável: os assassinatos são praticados pela dupla de empregados que pertencem a uma seita muito particular, na qual se comunicam telepaticamente com o misterioso espantalho Ezequiel, entidade protetora da ilha que comanda o computador de Alex com seus poderes mágicos, sem que o astrólogo o saiba.

Para surpresa de seus realizadores (além de Coimbra e Ody, o filme teve produção da família Massaini, proprietária da Cinedistri, a mais poderosa produtora do cinema paulista na época), *O Signo de Escorpião* foi um fracasso de bilheteria, a despeito de elementos atraentes ao grande público: o *plot* baseado em Agatha Christie, a referência à astrologia, a presença de belas mulheres com pouca roupa, a trilha sonora especialmente composta por Carlos Lyra (que atua no filme ao lado de sua mulher, Kate Lyra), além das belas paisagens de Angra dos Reis e Parati, no Rio de Janeiro. O desinteresse dos espectadores, no entanto, talvez possa ser justificado por problemas de ritmo e estrutura do filme: *O Signo de Escorpião* traz personagens pouco desenvolvidos, apresenta excesso de tramas paralelas e mostra-se canhestro na construção da tensão, revelando a indecisão de seus realizadores (e também de seus atores), que parecem não saber se estão participando de uma farsa ou de um drama.

Mesmo sem atrair o público, o filme de Coimbra tornou-se historicamente importante, pois marcou a estreia do tema dos assassinatos em série no cinema paulista e conjugou, também pela primeira vez na pornochanchada, três gêneros que seriam recorrentes naquele cinema a partir de então, mas nem sempre juntos: o filme de crime, o horror sobrenatural e (mais raramente) a ficção-científica. Nessa junção ainda desajeitada, que revelava inexperiência na lida com os códigos dos gêneros, destacava-se o caráter policial e um certo horror gótico explicitado na maldição ancestral de uma região isolada, enquanto o imaginário da ficção-científica parecia desempenhar um papel apenas inaugural e decorativo, ainda mais por ligar-se à astrologia (ela própria, também um bom exemplo de tentativa de reunir-se ciência e misticismo). Mas o primeiro passo estava dado.

Já *Excitação*, dirigido em 1976 por Jean Garrett e co-roteirizado por ele e Ody Fraga, foi esteticamente mais ambicioso que *O Signo de Escorpião*, e melhor sucedido em todos os sentidos: no uso dos códigos genéricos, na construção da tensão e no apelo de público – que, desta vez, se traduziu em mais de oitocentos mil espectadores. Naquele momento, Garrett, que despontava como um dos mais competentes cineastas da Boca – tendo obtido enorme sucesso com o filme de assassino serial *Amadas e Violentadas*, que atraíra mais de um milhão de espectadores no ano anterior – realizou *Excitação* explorando o potencial do horror sobrenatural e da ficção-científica de maneira mais consistente do que fizera Coimbra, e alcançando um resultado mais próximo das experiências canônicas nos gêneros.

Para isso, ele contou com a colaboração de mais três artistas além de Ody Fraga: o cineasta Carlos Reichembach, que atuou como diretor de fotografia e colocou em prática seu grande conhecimento do cinema de horror italiano (celebrado justamente pela qualidade das atmosferas aterrorizantes construídas a partir da fotografia); o músico Beto Strada, que compôs a trilha sonora do filme usando referências do cinema de horror e de ficção-científica, recorrendo a ruídos eletrônicos que davam atualidade à obra; a atriz Kate Hansen, que deu coerência e intensidade à sua estranha protagonista.

No filme, que foi produzido por Miguel Augusto Cervantes (até então mais conhecido por ter produzido filmes de José Mojica Marins nos anos 1960), Kate Hansen interpretava Helena, mulher perturbada mentalmente que é levada pelo marido, Renato (Flávio Galvão), para uma casa à beira-mar, onde é deixada sozinha e começa a ser atacada misteriosamente pelos eletrodomésticos, numa série de acontecimentos inexplicáveis que sugerem um fenômeno *poltergeist* (movimentação de objetos ou aparelhos eletrônicos com o poder espiritual ou da mente), na época assunto muito em voga na ficção e na imprensa sensacionalista internacional, e que se tornaria tema e título de famoso filme hollywoodiano em 1982. Mas, enquanto Helena tenta se proteger dos ataques, ela também começa a ver, repetidamente, o espírito de um homem que se enforcara na casa algum tempo antes, e que parece tentar se comunicar com ela. Levada ao esgotamento nervoso, a mulher acaba sendo internada num sanatório, sem perceber de que tudo não passa de um plano maligno de Renato, engenheiro que criara uma máquina capaz de mover os aparelhos da casa à distância para enlouquecer sua mulher e roubar sua fortuna. O que Renato não desconfia, porém, é de que o fantasma visto por Helena é real, e a ajudará a perpetrar a sua vingança.

Como o longa de Coimbra, *Excitação* era também um filme erótico (apesar das cenas de sexo pouco vinculadas à narrativa principal) que mesclava características do filme criminal, da ficção-científica e do horror, desta vez com elementos diferentes: a alma penada, o crime perfeito e a parafernália cibernética. Como observa Alfredo Suppia (2006, p. 26), o filme dialogava com um imaginário de ficção científica que ganhava força no cinema internacional daquele período. Suppia cita, por exemplo, que a imagem da mulher atacada por eletrodomésticos estaria presente em *A Geração de Proteus* (*Demon Seed,* Donald Camell), filme hollywoodiano do mesmo ano, no qual um supercomputador assume o comando de uma casa informatizada. Suppia também aponta as cenas de pesados computadores em operação como inspiradas na ficção-científica da época, chamando a atenção para o próprio personagem de Renato, um engenheiro apaixonado por cibernética que, neste caso, funciona como uma derivação do tradicional cientista louco. Mas, ainda segundo Suppia, o final de *Excitação* reforça a proeminência e predominância do horror na narrativa:

> *Excitação* ... transpira uma certa moralidade católica ou espiritualista, e nisso se assemelha a outro suspense sobrenatural, *Revelação* (*What Lies Beneath,* 2000), de Robert Zemeckis, em que também o marido peca e acaba punido, mas é a sua mulher quem sofre. Enfim, *Excitação* não é um filme de ficção científica, embora jogue com a sugestão de elementos do gênero na elaboração de seu suspense. (Suppia, 2006, p. 26-27)

De fato, apesar de trazer o imaginário da ficção-científica em seu *plot,* pode-se dizer que *Excitação* segue, em sua narrativa, a estrutura clássica das histórias de fantasmas e de casas mal assombradas iniciadas com a literatura gótica inglesa no século XVIII, e que acabariam conformando o modelo canônico das histórias de horror do século XIX, no qual o passado – e não o futuro representado pelas novas tecnologias – vem acertar as contas com os personagens. Mas, como também nota Suppia, mesmo uma leitura horrífica de *Excitação* é problemática. Afinal, ao dar ao fantasma um caráter benigno, o que sobressai no filme é a trama de crime e vingança resolvida pelo sobrenatural – o que nos leva ao melodrama religioso, gênero muito popular e que ainda sobrevivia no Brasil nos anos 1970, especialmente em sua versão espiritualista – o que só reforça o caráter hibrido do cinema brasileiro que emulava os códigos genéricos.

Dois anos depois, seria a vez de Walter Hugo Khouri – cineasta que influenciou vários diretores da Boca, e particularmente Garrett – trazer sua contribuição ao processo iniciado em *O Signo de Escorpião.* Leitor confesso das histórias góticas e fantásticas, Khouri era, então, um cineasta sem igual no cinema brasileiro. Oriundo do cinema dos estúdios paulistas e influenciado pelo cinema de arte europeu dos anos 1960, ele funcionava como um "mentor" dos cineastas da Boca por conseguir realizar filmes reflexivos e, ao mesmo tempo, carregados de erotismo – e que, não raro, atraíam as imensas plateias da pornochanchada.

Khouri já flertara com o universo do horror em um de seus primeiros filmes, o *Estranho Encontro,* em 1958, que trazia um psicopata no encalço de um casal de amantes. Também já fizera um filme propriamente de horror: *O Anjo da Noite* (1974), no qual uma babá responsável por cuidar de um casal de crianças numa mansão isolada começa a receber telefonemas estranhos durante a noite. Mas, em *As Filhas do Fogo*, de 1978, fica mais evidente a intenção horrífica e suas relações pseudocientíficas com as tecnologias de comunicação.

Do mesmo modo que *Excitação* e *O Signo de Escorpião*, *As Filhas do Fogo* era um filme erótico que tratava de crimes e de temas clássicos do horror derivados do imaginário gótico (a maldição ancestral de uma região, a casa isolada, o fantasma) misturados a um fenômeno inexplicável derivado do uso de tecnologias de comunicação – porém, esses elementos foram trabalhados pelo realizador numa chave cinematográfica mais enigmática. Segundo Khouri explicaria, na época, em entrevista ao jornalista Jairo Ferreira, as múltiplas referências fantásticas do filme tinham como objetivo desorientar e ao mesmo tempo encantar os espectadores:

> O meu fascínio pelo clima fantástico, pelo irreal e pelo insólito vem desde as minhas leituras de infância (...). Desde muito cedo me familiarizei e me apaixonei por autores como Edgar Allan Poe, Henry James, ... Sheridan Le Fanu e Lovecraft. (...) Dentre as novas pesquisas surgidas e divulgadas em anos mais recentes (apesar de sua origem remontar há muito tempo) a que mais me fascinou foi a que se refere ao registro de vozes de pessoas aparentemente mortas em gravadores de fita magnética. A conjunção de um elemento de alta tecnologia eletrônica e de um fenômeno parapsicológico marcante e estranho me pareceu algo fascinante e aterrador (...). Foi sempre minha intenção captar o sentido poético e trágico que o fenômeno das vozes de pessoas mortas registradas em aparelhos eletrônicos sugere. E, a partir dessa posição concebi uma história de clima fantástico e atemporal, onde as épocas e os acontecimentos se misturam e se sucedem em sincronicidade, ampliando, assim, o espectro dos fenômenos parapsicológicos além do registro das vozes. Assim, também a premonição, os universos paralelos, os elementais, a percepção extra-sensorial e muitos outros fenômenos coexistentes no filme, num clima de fantasia poética e mórbida, envolvendo todos os personagens. (Ferreira, 1979)

As Filhas do Fogo teve produção da Editora Três e distribuição da Embrafilme, sendo lançado junto com uma curiosa promoção da *Revista Planeta*, que sorteava viagens ao exterior para quem enviasse uma crítica do filme junto com um relato sobrenatural verdadeiro. Sua história não era simples: Ana (Rosina Maubouissíon), uma jovem estudante de São Paulo, vai ao Rio Grande do Sul, na cidade serrana de Gramado, visitar sua amiga e amante, Diana (Paola Morra), que mora numa mansão com dois empregados e uma governanta. A mãe de Diana, Sílvia (Selma Egrei), que morrera há alguns anos, paira como um fantasma sobre a casa. Então, um dia, passeando pelos bosques da região, Ana e Diana encontram a vizinha Dagmar (Karin Rodrigues), ex-amante de Sílvia e dedicada à parapsicologia, que realiza experiências para captar vozes de pessoas mortas. Após o encontro, as amigas passam a viver estranhas situações: um andarilho, que procurara a casa em busca de trabalho e comida, aparece morto no bosque; as estudantes vão a um suposto baile na casa de Dagmar, no qual Ana garante ver o espírito de Sílvia; Ana morre misteriosamente, afetada pelo medo do espírito de Sílvia; Diana, desesperada, mata Dagmar e tenta fugir, mas finalmente descobre que está sozinha na casa, a qual se encontra sob espessas folhagens e de onde não poderá mais escapar.

A narrativa, repleta de elipses e silêncios, pode ter causado alguma dificuldade ao grande público, assim como o trabalho de direção de arte que dá destaque à antropomorfização da natureza. Também o trabalho de direção de fotografia (que Khouri assina) sugeria o domínio de vários clichês visuais das histórias fantásticas vistas pelo cinema, enquanto o roteiro, de autoria de Khouri, mostrava domínio das histórias fantásticas que tematizaram a homossexualidade feminina – como o romance vampírico *Carmilla* (1872), de Sheridan Le Fanu.

Se o horror é o gênero estruturante deste filme, o mesmo não se pode dizer sobre a ficção-científica – como já acontecera com os filmes de Coimbra e Garrett. Afinal, a investigação tecnológica empreendida por Dagmar para a captação de vozes de mortos serve apenas como pretexto para atrair o fantasma de Sílvia contra a jovem Ana, amante de sua filha. Mas, de qualquer forma, a própria entrevista já mencionada de Khouri atesta ter sido essa a sua atração inicial pelo tema. E, se a ficção-científica aparece apenas marginalmente, o mistério em torno do crime que vitima o mendigo é ainda mais periférico, o que transforma *As Filhas do Fogo* mais claramente em uma obra de horror.

Apesar do entusiasmo do próprio diretor e de alguns críticos, como se percebe na grande quantidade de matérias jornalísticas publicadas na ocasião de sua estreia (sobre isso ver Canepa, 2011), essa seria a última experiência de Khouri com o horror. Ele voltaria a tocar, porém, em temas fantásticos, como em *Amor Voraz*, de 1984, que traz a personagem de uma mulher apaixonada por um homem alienígena à beira da morte.

A máquina, o crime, o fantasma

O Signo de Escorpião, *Excitação* e *As Filhas do Fogo* fizeram, cada um à sua maneira, uma mistura do horror, da ficção cientifica e do filme criminal, variando tanto no clima construído quanto nas "doses" de cada gênero, mas com pendor notável para as soluções sobrenaturais, reforçadas pelo apelo gótico de ambientação das histórias em locais distantes cercados de antigos mistérios – o espantalho Ezequiel, o espírito do homem suicida e o fantasma de Sílvia. Num tom respectivamente mais cômico, aterrorizante e poético, os três filmes mostram que seus realizadores tinham a mesma percepção de Steve Neale, já mencionada anteriormente: a de que, às vezes, pode ser difícil também distinguir entre o horror e o filme de crime, a ficção científica, a aventura e a fantasia. Assim, ainda que mostrem algum desajeito na sobreposição, eles fazem ligação evidente com as formas canônicas dos gêneros – embora apresentem argumentos que remetem, todos, ao irracionalismo e ao sobrenatural, mais do que ao poder da ciência ou da investigação racional.

Como observa Erick Felinto (2005, p. 86), a introdução de toda a tecnologia em uma sociedade excita o imaginário coletivo, levando-o a produzir imagens de sonho ou de pesadelo em torno de objetos técnicos. Para o autor, quando confrontada com algo cujo funcionamento não consegue apreender, a cultura "sonha" com a tecnologia e a "explica" no plano do imaginário, remetendo-a a um passado já conhecido. Numa cultura como a brasileira, na qual a presença do misticismo sincrético e da industrialização tardia são características amplamente observadas, as representações que tentaram harmonizar esses dois universos, a partir de uma mistura por vezes canhestra, é reveladora de uma curiosidade que poderia ter tido maior desenvolvimento se outros cineastas lhes tivessem dado continuidade. Isoladas em seus processos, e feitas pouco antes do espiritismo virar tema de filmes populares em 1980 (como o melodrama *O Médium*, de Paulo Figueiredo, e também o filme-catástrofe baseado em suposta psicografia de fatos reais, *Joelma – 23º Andar*), tais obras são mais próximas do fantástico e do místico, mas sua opção por recorrer à ficção-científica demonstra tanto o diálogo com as metamorfoses que o gênero sofreu ao longo do tempo, quanto o interesse pelas formas místicas do imaginário tecnológico.

Bibliografia

CÁNEPA, Laura. "Notas para pensar a onda de filmes espíritas no Brasil.". *Revista Rumores,* São Paulo, n. 13, v. 7, jan./jun. 2013.

______. "Tecnologias da comunicação, horror e ficção científica: o caso de três filmes brasileiros". *Revista Contemporânea — Comunicação e Cultura,* Salvador, n. 1, v. 10, jan./abr. 2012.

CAUSO, Roberto de Sousa. *Ficção Científica, Fantasia e Horror no Brasil* (1875 a 1950). Belo Horizonte: UFMG, 2003, p. 337.

FELINTO, Erick. *A Religião das Máquinas: Ensaios sobre o imaginário da Cibercultura.* Porto Alegre: Sulina, 2005.

______. "Imagens que Matam: o Imaginário do Pânico Midiático no Novo Cinema Oriental". *Revista Ícone,* Recife, v. 9, 2006, p. 11-28.

FERREIRA, Jairo. "Os Mundos paralelos de Khouri". *Folha de São Paulo,* São Paulo, Cinemateca Brasileira, 5 mar. 1979.

KHOURI, Walter Hugo. "*As Filhas do Fogo*: uma visão poética do amor e da morte". Entrevistador: EWALD FILHO, Rubens. *O Estado de São Paulo,* São Paulo, 4 mar. 1979, p. 35.

NEALE, Steven. *Genre and Hollywood.* Londres: Routledge, 2000.

SLUSSER, George; RABKIN, Eric. *Intersections: Fantasy and Science Fiction.* Carbondale: Southern Illinois University Press, 1987.

SUPPIA, Alfredo. "Ficção científica no Brasil: que bicho é esse?". In: LYRA, Bernadette; SANTANA, Gelson. *Cinema de Bordas.* São Paulo: Editora a Lápis, 2006, p. 16-41.

______. *Atmosfera Rarefeita: A Ficção-Científica no Cinema Brasileiro.* São Paulo: Devir, 2013.

ZUZNE, Leonard; JONES, Warren H. *Anomalistic Psychology: A Study of Magical Thinking.* Hillsdale, New Jersey Hove and London: Lawrence Erlbaum Associates, 1989.

AGRADECIMENTOS

Agradeço primeiramente a todos os autores que contribuíram para a realização deste projeto: Laura Cánepa, Sonja Fritzsche, Mary Elizabeth Ginway, Rachel Haywood Ferreira, Eva Näripea, Ewa Mazierska, Carlos Abraham, Roberto de Sousa Causo, Barry Keith Grant, Mariano Paz, Lúcio Piedade, Lúcio Reis Filho, Cornel Robu e Mariano Martín Rodríguez. Sem a generosidade desses pesquisadores, este livro não seria possível.

Devo duplicar agradecimentos a Roberto de Sousa Causo, Lúcio Reis Filho e Mariano Martín Rodriguez, pelo apoio no esforço de tradução e revisão dos originais.

Agradeço também aos professores Marcius Freire e Nuno César Abreu, ao Programa de Pós-graduação em Multimeios da Universidade Estadual de Campinas (UNICAMP) e à Coordenação de Aperfeiçoamento de Pessoal de Nível Superior (CAPES) pelo apoio e viabilização deste projeto.

SOBRE OS AUTORES

Carlos Abraham é Licenciado em Letras (Universidad Nacional de La Plata). Autor de *Borges y la Ciencia Ficción* (2005), *Estudios sobre Literatura Fantástica* (2006), *La Editorial Tor* (2012), *Las Revistas Argentinas de Ciencia Ficción* (2013), *La Literatura Fantástica Argentina en el Siglo XIX* (2013) e *La Historieta Argentina de Ciencia Ficción* (no prelo).

Laura Loguercio Cánepa é jornalista e pesquisadora de cinema. Doutora em Multimeios pela Universidade Estadual de Campinas (Unicamp, 2008), mestre em Ciências da Comunicação pela Escola de Comunicações e Artes da Universidade de São Paulo (ECA-USP, 2002) e graduada em Jornalismo pela Universidade Federal do Rio Grande do Sul (URGS, 1996), é docente e coordenadora do Programa de Pós-Graduação em Comunicação da Universidade Anhembi Morumbi. Concluiu Estágio Pós-Doutoral no Departamento de Cinema, Televisão e Rádio da ECA-USP em 2014. É membro da Sociedade Brasileira de Estudos de Cinema e Audiovisual (SOCINE) e co-editora da *Rebeca - Revista Brasileira de Estudos de Cinema e Audiovisual.*

Roberto de Sousa Causo é Bacharel em Letras Inglês/Português, e Doutor em Estudos Linguísticos e Literários em Inglês, ambos pela Faculdade de Letras da Universidade de São Paulo. É autor dos livros de contos *A Dança das Sombras* (1999) e *A Sombra dos Homens* (2004), dos romances *A Corrida do Rinoceronte* (2006), *Anjo de Dor* (2009) e *Glória Sombria* (2013), e do estudo *Ficção Científica, Fantasia e Horror no Brasil* (Editora UFMG, 2003). Sua novela *O Par* ganhou o 11º Projeto Nascente. Tem contos publicados em onze países, e ensaios na revista *Extrapolation* e em livros nacionais e estrangeiros.

Sonja Fritzsche é Professora de Alemão e Chefe do Dept. of Linguistics & Germanic, Slavic, Asian & African Languages, no College of Arts & Letters da Michigan State University. Organizou o recente *Liverpool Companion to World Science Fiction Film* (2014), publicado pela Liverpool University Press. Também é editora da *World Science Fiction Series*, publicada pela Peter Lang. Seus trabalhos incluem o livro *Science Fiction Literature in East Germany* (Peter Lang, 2006), capítulos em coletâneas e artigos em periódicos como *German Quarterly, German Studies Review, Film & History, Extrapolation, German Politics & Society, Utopian Studies* e *Women in German.*

M. Elizabeth (Libby) Ginway é Professora Associada no Department of Spanish and Portuguese Studies, University of Florida, EUA, onde ministra cursos de graduação e pós em Literatura Brasileira e Latino-Americana. É autora de *Brazilian Science Fiction: Cultural Myths and Nationhood in the Land of the Future* (Bucknell, 2004), e co-autora de *Latin American Science Fiction: Theory and Practice* (Palgrave, 2012), com J. Andrew Brown. Publicou artigos em *Hispania, Foundation, Extrapolation, Science Fiction Studies, Femspec, Revista Iberoamericana, Luso-Brazilian Review, Brasil/Brazil* e *Modern Language Studies.* Também é autora de capítulos em antologias críticas de ficção científica como *New Boundaries in Political Science Fiction*, e *Black and Brown Planets* (no prelo). Seu projeto de pesquisa atual tem como título "Experiments in Gender and Genre: The Body in Brazilian and Mexican Science Fiction.".

Barry Keith Grant é Professor do Department of Communication, Popular Culture and Film na Brock University, St. Catharines, ON, Canadá. Com Ph.D. pela State University of New York at Buffalo, tem uma carreira destacada como docente e pesquisador nas áreas de gêneros cinematográficos e audiovisuais, cinema documentário, ficção científica, música popular e cultura popular. Editor de *Film Genre Reader 4* (Austin: University of Texas Press, 2012), é autor de uma variedade de ensaios e livros, dentre eles *100 Science Fiction Films* (London: British Film Institute/Palgrave Macmillan, 2013), *The Hollywood Film Musical* (Malden, MA: Blackwell, 2012), *Invasion of the Body Snatchers* (London: British Film Institute/Palgrave Macmillan, 2010), *100 Documentary Films* (London: British Film Institute, 2009), e *Film Genre: From Iconography to Ideology* (London and New York: Wallflower Press, 2007).

Rachel Haywood Ferreira é Professora de Literatura Latino-Americana na Iowa State University. O seu trabalho sobre a literatura de ficção cientifica fundacional e a era de ouro latino-americana tem sido publicado em jornais acadêmicos, na *The Encyclopedia of Science Fiction* e em compilações como *Latin American Science Fiction: Theory and Practice, Parabolas of Science Fiction* e *La ciencia-ficción en América Latina: entre la mitología experimental y lo que vendrá* (edição especial da *Revista Iberoamericana*). O seu livro *The Emergence of Latin American Science Fiction* foi publicado pela Wesleyan University Press em 2011.

Mariano Martín Rodríguez é Doutor em Filologia (literaturas românicas) pela Universidad Complutense of Madrid (Espanha), além de tradutor profissional na European Commission em Bruxelas (Bélgica) e pesquisador associado do Centro de Pesquisas Literárias e Enciclopédicas da Universidade Babe-Bolyai, em Cluj-Napoca, Romênia. Co-dirige o periódico online *Hélice* (www.revistahelice.com), dedicado a estudos de ficção científica ou ficção especulativa. Publicou diversas edições críticas de romances científicos (*scientific romances*) espanhóis do século XX, bem como uma variedade de estudos sobre scientific romance, ficção utópica, ficção científica, dramaturgia, etc. Também traduziu literatura especulativa do romeno e outras línguas para o espanhol.

Ewa Mazierska é Professora de Estudos de Cinema na School of Journalism and Digital Communication, University of Central Lancashire, Reino Unido. Ela publicou cerca de vinte obras entre monografias e coletâneas de ensaios, dentre as quais *Postcolonial Approaches to Eastern European Cinema: Representing Neighbours on Screen*, with Eva Näripea and Lars Kristensen (I. B. Tauris, 2014), *Work in Cinema: Labor and Human Condition* (Palgrave Macmillan, 2013) and *European Cinema and Intertextuality: History, Memory, Politics* (Palgrave Macmillan, 2011). Seus trabalhos foram traduzidos em mais de dez idiomas, incluindo francês, italiano, chinês, coreano, português, estoniano e servo-croata. Ela é a editora-chefe de *Studies in Eastern European Cinema*, periódico publicado pela editora Routledge.

Eva Näripea é Diretora da Cinemateca Estoniana (Estonian Film Archives) e Pesquisadora Sênior na Academia Estoniana de Artes (Estonian Academy of Arts). Concluiu seu doutorado com a tese "Estonian Cinescapes: Spaces, Places and Sites in Soviet Estonian Cinema (and Beyond)", em 2011. Coorganizou *Via Transversa: Lost Cinema of the Former Eastern Bloc* (2008), com Andreas Trossek, e uma edição especial sobre cinema estoniano para *Kinokultura: New Russian Cinema* (2010), com Ewa Mazierska e Mari Laaniste. Dentre seus trabalhos mais recentes está uma contribuição para o volume

Postcolonial Approaches to Eastern European Cinema: Portraying Neighbours on Screen, de Ewa Mazierska e Lars Kristensen (2014).

Mariano Paz é *Lecturer* em Espanhol na University of Limerick, Irlanda. Possui graduação em Sociologia pela Universidad de Buenos Aires e PhD em Screen Studies pela University of Manchester. Lecionou Estudos Hispânicos na University of Liverpool e University of Glasgow. Publicou diversos artigos sobre política e ideologia no cinema de ficção científica latino-americano, tais como "Vox Politica: Acousmatic Voices in Argentine Science Fiction Cinema", "Maradona on the Moon: Cultural Hybridity and Postcolonial Politics in Argentina's *Adiós Querida Luna*", e "Buenos Aires Dreaming: Chronopolitics, Memory and Dystopia in *La Sonámbula*". Seu e-mail é paz.mariano@yahoo.com.ar.

Lúcio Piedade é Mestre e Doutor em Multimeios pela Universidade Estadual de Campinas (UNICAMP), com Pós-doutorado Programa de Pós Graduação (Mestrado) em Comunicação da Universidade Anhembi Morumbi (UAM). Pesquisador independente, é autor de diversos artigos e capítulos de livros sobre cinema brasileiro, cinema de horror, cinema documentário e cinema *exploitation*, entre outros temas.

Lúcio Reis Filho é Mestre em Comunicação (UFJF, 2012), Historiador e professor da Universidade do Estado de Minas Gerais (UEMG) – Unidade Campanha. Defendeu dissertação sobre o "modelo romeriano de horror" e as relações entre Cinema e História através do filme *A Noite dos Mortos-Vivos* (*Night of the Living Dead*, dir. George Romero, 1968). Atua como professor orientador de pesquisas de iniciação científica e desenvolve estudos no âmbito da interlocução entre História e mídias, tais como cinema, literatura e games. Doutorando em Comunicação pela Universidade Anhembi Morumbi, São Paulo, é membro da Science Fiction Research Association (SFRA) desde 2012.

Cornel Robu é Professor de Literatura na Universidade Babeş-Bolyai, em Cluj-Napoca, Romênia. Aposentado em 1993. Autor de diversos ensaios sobre ficção científica, muitos publicados em inglês, como "A Key to Science Fiction: The Sublime" (*Foundation* #42, Spring 1988). Editou a primeira reimpressão e edição crítica (1986), com posfácio em inglês, do pioneiro romance romeno de ficção científica *No ano de 4000, ou Viagem a Venus* (*În anul 4000 sau O călătorie la Venus*, 1899), de Victor Anestin. Também editou a antologia de ficção científica romena *O tempo é a nossa sombra: Ficção Científica Romena*

1969-1989: Antologia Comentada (*Timpul este umbra noastră: Science-fiction românesc dinultimele două decenii: Antologie comentată*, 1991), com posfácio em inglês. Uma de suas obras mais amplas é *Panorama do Romance Romeno Contemporâneo: 1944-1974* (*Panorama romanului românesc contemporan: 1944-1974*, 1974), em co-autoria com Ion Vlad.

Alfredo Suppia é professor no Departamento de Cinema (DECINE) da Universidade Estadual de Campinas (Unicamp). Membro da Sociedade Brasileira para os Estudos de Cinema e Audiovisual (Socine) desde 2001, e da Science Fiction Research Association (SFRA) desde 2007, é autor dos livros *A Metrópole Replicante: Construindo um Diálogo entre Metropolis e Blade Runner* (Juiz de Fora: Ed. UFJF, 2011), *Cinema(s) Independente(s): Cartografias para um Fenômeno Audiovisual Global* (Juiz de Fora: Ed. UFJF, 2013) e *Atmosfera Rarefeita: A Ficção Científica no Cinema Brasileiro* (São Paulo: Devir, 2013), entre outros trabalhos.

Alameda nas redes sociais:

Site: www.alamedaeditorial.com.br
Facebook.com/alamedaeditorial/
Twitter.com/editoraalameda
Instagram.com/editora_alameda/

Esta obra foi impressa em São Paulo no verão de 2017. No texto, foi utilizada a fonte Arno Pro em corpo 11,5 e entrelinha de 14 pontos.